The Political Philosophy Analysis
about the State Governance

国家治理的
政治哲学分析

张文喜 著

中央编译出版社
Central Compilation & Translation Press

图书在版编目（CIP）数据

国家治理的政治哲学分析／张文喜著. —北京：中央编译出版社，2022.7
ISBN 978-7-5117-4155-4

Ⅰ.①国… Ⅱ.①张… Ⅲ.①国家-行政管理-研究-中国 Ⅳ.①D630.1

中国版本图书馆CIP数据核字（2022）第066069号

国家治理的政治哲学分析

责任编辑	杜永明
责任印制	刘　慧
出版发行	中央编译出版社
地　　址	北京市海淀区北四环西路69号（100080）
电　　话	（010）55627391（总编室）　　（010）55627313（编辑室）
	（010）55627320（发行部）　　（010）55627377（新技术部）
经　　销	全国新华书店
印　　刷	佳兴达印刷（天津）有限公司
开　　本	880毫米×1230毫米　1/32
字　　数	311千字
印　　张	15
版　　次	2022年7月第1版
印　　次	2022年7月第1次印刷
定　　价	98.00元

新浪微博：@中央编译出版社　　微　　信：中央编译出版社(ID: cctphome)
淘宝店铺：中央编译出版社直销店(http://shop108367160.taobao.com)
　　　　　（010）55627331

本社常年法律顾问：北京市吴栾赵阎律师事务所律师　闫军　梁勤
凡有印装质量问题，本社负责调换，电话：（010）55626985

目 录
CONTENTS

导论：治国理政与正道之辩 ··· *1*

第一章　政道与政治的根本关怀 ··································· *34*
　　导　语 ··· *34*
　　第一节　对以国家理性为依据的治理问题批判 ········ *35*
　　第二节　基于中国特色社会主义的治国理由 ·········· *64*
　　第四节　重新思考理性有限和自发秩序信条 ········· *114*
　　第五节　社会认识中的无知现象 ························ *132*
　　第六节　自由与责任 ······································· *148*

第二章　国家的本质和法权正义之间 ························ *164*
　　导　语 ·· *164*

第一节　国家概念的界限 …………………… *173*
第二节　理性国家观与法权正义批判 ………… *194*
第三节　唯物史观中的法与正义 ……………… *214*
第四节　城市和人口思想 ……………………… *264*

第三章　国家治理对象与平等者共同体 ……… *289*
导　语 ……………………………………………… *289*
第一节　群众的政治性意义 …………………… *295*
第二节　性别和政治制度 ……………………… *347*
第三节　智力平等原则与教育实践 …………… *406*

索　引 ……………………………………………… *454*

导论：治国理政与正道之辩

党的十八届三中全会首次提出"推进国家治理体系和治理能力现代化"这个命题，并把"完善和发展中国特色社会主义制度、推进国家治理体系和治理能力现代化"确定为全面深化改革的总目标。我们应该看到，"国家治理体系""国家治理能力"作为相对较新的提法，自党的十八届三中全会以来，已经在高层决策圈以及部分研究者中产生了巨大的影响。与此同时，"国家治理体系""国家治理能力""中国特色社会主义制度"这三个概念在研究我国国家治理的过程中渐渐得到了全面的、辩证统一的诠释。十九届四中全会宣布《中共中央关于坚持和完善中国特色社会主义制度、推进国家治理体系和治理能力现代化若干重大问题的决定》表明，治国理政问题不能仅仅被视为国家发展和转型的问题，而且应当是一种道路自信的问题。国家治理能力和政府质量对人民福祉都是极为重要的。

一、概念：治国理政的不同视角

究竟什么是治国理政呢？用定义形成一个易于处理的简单命题或判断，使人不必费多少力气就能达成一致，我们不擅长于此道。不错，在我们中间，关于"什么是治国理政"这个问题，通常在其被正确地提出之前，某些漫无边际的"闲谈"很可能立刻就已经开始了。从某个方面来说，这种情况也很正常。每次哲学探讨开始的时候，也因为我们并不知道这一语词未经考察而有着多么广泛的语义范围，所以我们都会处于"闲谈"或"老生常谈"的包围之中。反之，如果一种正确的说法一出现，它将很快变成"闲谈"或"老生常谈"，那么我们会发现自己已经陷入了一场永恒的交谈和毫无成果的喋喋不休之中。

一个很好的例子是，有些人分析认为，马克思生活在当时的国家和21世纪应该被称作的国家几乎是两样不同的东西，尽管两者之间可能会有一两个共同元素。所以，有人发现，马克思的国家概念是一个不够周延、定义尚不完善的范畴，只能分析出在他的时代这个概念的大略含义，诸如管理、组织、统治社会以及一个阶级统治另一个阶级的机器，等等。但是，这套国家概念真的陈旧了。然而这掩盖不了，当马克思评论"真正的共同体"比如"巴黎公社"这个新政治体时，所谈论的政治组织与其曾描述的国家根本不同；在起源、目的、主要功能以及所反映的利益秩序上都不同。在此，"公正性"可以用一种有意义的方式进行确证。但事实上,为什么在众多研究成果中,我们感觉到很难给予这个概念以清晰的定义,因为人们在不同的场合、不同的语境曾给予"治国理政"以诸多的界定。不惟对我们马克思主义哲学界来说是如此,在外国哲学、中国哲学和政治学等学界的讨论中,此种概念的混乱同样严重。

因此,我们也可以感到"治国理政"这个概念本身的历史性和多维度性。与此同时,我们在最开始的时候虽然也感觉到这一概念是不易于变成实践上和合理意义上的约定俗成的概念。既然我们要从混乱中寻找客观明晰性,我们何不简单地说,"治国理政"就是从国家观念产生的一切治理的思想和实践呢?国家的概念不就是以政治的概念为前提吗?而且,正如有人指出,"有些治理模式是以国家为中心的,有些却更多的是以社会为中心。但是,当我们理解'政府'和'国家'① 在治理中的角色时,宁愿把它们看作一个连续统一体,而不应持截然对立的两分法观点","与国家依然维持着关键性的角色相关联,人们已经看到了这些方面的差异,更多的是程度上的,而不是性质或类型上的"②。非常明显,从这些观点可以看出,"治理"概念在此被理解为某种与"政治"或毋宁说与国家相关的东西。

---

① "政府"与"国家"概念之间的差别是显而易见的。从制度、起源各个层面看,它们间的差别也是显而易见的(后详)。
② 参见[瑞典]乔恩·皮埃尔等:《治理、政治与国家》,唐贤兴等译,格致出版社、上海人民出版社2019年版,第26—27页。

同样，如果将今天这种广泛、急切提升我们国家治理能力的做法转移到自由主义的"行政管理"概念上去，那也是错误的。邓小平曾说过："我们的政府管得太多了，要尽可能少管。"想必，不管是年轻一些的还是年长一些的，我们都能体会邓小平用以表达这种观念的深层哲学根据的词语：人民。我们国家最大的优势，是和人民关系密切，我们党从人民中来，人民是我们党的根基。我们党不忘初心、扎根人民，在这里汲取强大活力。这种活力从20世纪20年代开始，让中国国富民强。当然，被理解为"管得太多"问题的社会主义，曾经是社会主义国家20世纪出现的这种现象的面向之一。但是，这绝不是一种对社会主义的详尽而准确的"阐释"。

在这里，我们试图通过一个当代最重要的政治分析来进行分析：福柯对秩序自由主义治理技术学的基本议题。福柯讨论这个问题最重要的著述是《生命政治的诞生》。在那里，福柯发现依据国家理由的治理实践暗含了最优惠条件下治理能力的最大化的预设，而作为自由主义者，福柯从社会出发诘问："对社会来说为何必须进行治理？"各个流派的自由主义都曾经从这个角度批评过"社会主义"。自由主义视野中的"社会"大都呈现出负面品格，以致像撒切尔那样的人攻讦所谓"没有社会这种东西"。在我们看来，福柯划分自由主义和社会主义国家治理的目的并不是对自由主义的框架提出异议，毋宁说，同样被理解为"过度治理"问题的自由主义，依然在玩弄跷跷板平衡术，是要用一种权力钳制另一种权力，这样就达到了自由主义的治理体制内部的平衡。这就是福柯所谓批判社会主义有国家理论,却缺乏国家"治理性"的理由。福柯说,贯穿自由主义的原则:"我们总是治理得过度——或者至少应该总是怀疑我们治理得过度。"① 在有了这样一种议题设置之后,便产生出一种理论,认为有必要区分国家治理和社会治理,让它们相互消解。因为:"依据国家理由的治理实践的合理化暗含了最优条件下的治理最大化,因为国家的存在立刻假定了治理的运行。自由主义的思考不是从国家的存在出发,在治理中找到达到这个为自身的目的的方法;而是从社会出发,后者与国家保持一种既外在又内在的复杂关系。正是社会——它既是条件又是最后目的——使得不再提出这个问题:如何以尽可能最少的成本来尽可能最大地治理?"②

我们看到,福柯作为自由主义战略设计者小心翼翼地使国家社会保持平衡,就如同一位建筑师使房屋保持平衡一样。其实,只要麻雀飞落到房屋上去,就会打破平衡,导致房屋的坍塌。结果,"它很快引发了诸多反自由主义的态度"③。

对我们来说,社会主义不是一种与现实产生碰撞,并且无法纳入现实的梦想。从空想变成现实,它在以人民生活为中心中形成评判"过多""过度"这个原则的基础。我们认为,从

---

① [法]米歇尔·福柯:《生命政治的诞生》,莫伟民译,上海人民出版社2011年版,第281页。
② [法]米歇尔·福柯:《生命政治的诞生》,莫伟民译,上海人民出版社2011年版,第281—282页。
③ [法]米歇尔·福柯:《生命政治的诞生》,莫伟民译,上海人民出版社2011年版,第283页。

依法治国的观点来看,必须对这个原则作出肯定的回答。但是,坚持这种观点的人还需要看到,一个以政治方式存在的民族共同体不能仅仅包含一系列依法治国原则;事实上,依法治国原则需要与政治原则结合起来共同产生作用。换言之,一方面,治理与政治相涉,才能算国家治理;另一方面,在当代,治国理政作为一个全球性问题爆发出来,我们必须重视国际力量在当今的国家政策中所发挥的作用。但是,需要注意的是,在探讨许多性质完全不同的问题时都会同时提到政道(或正道)问题。政道,兹事体大。

约瑟夫·奈在阐述政治科学的危机时指出:"政治科学正趋向于对小而又小、细而又细的问题作长篇大论。"① 在政治哲学领域,列奥·施特劳斯对时代的危机也发出过同样的警告。② 现在,他们都预言对政治哲学将会有"新的发现"。比如,为什么要研究这些个边界模糊的"自由""公平""正义"论题?这些个不是亚里士多德说的要"用努斯来把握的东西"吗?"治理术"这个概念也非常成问题呀,不太平等

---

① 转引[瑞典]索伦·霍姆伯格等主编:《好政府——政治科学的诠释》,包雅钧等译,北京大学出版社2020年版,第1页。
② 他说:"在现代,政治史学科仅仅是许多历史学的一个分科,并且它绝不比其他学科更基本的或更核心。现在,综合的历史学主题也不再是政治行动和话语,而是叫作'文明'或'文化'之类的东西。所有关乎人类的东西都被叫作文明或文化一部分:所有——因此,尤其是哲学。然而,如果哲学成了文明或文化的一部分,哪怕是很本质的一部分,那么,哲学不再是严格意义上的哲学。因为严格意义上的哲学是一种旨在把人类从任何文明或文化的特殊前提里解放出来的属人的努力。"(参见 Leo Strauss, *The Rebirth of Classical Political Rationalism*, Selected and Introduced by Thomas L. Pangle, The University of Chicago Press, 1989, p.75)

呀，那么为什么要研究呢？一句话，不应该忽视政道，而应通过政道来决定治道和治术。

我们在这里开始的时候只能给出简单扼要的回复：中国过去一直确信自己的目标，确信可以实现全世界人民的大团结。因此，中国十分清楚地看见自己的未来就是人类命运共同体的未来。如今，必须重塑那种确信和清明，正是因为我们有些人对未来感到绝望。举例来说，相比于经典马克思主义将议会民主制看作资产阶级统治的政治外壳，我们有些人认为这是政治上的中立形式，其内容取决于私有财产、自由市场、货币制度所形成的力量平衡，他们发现这些方面的理念与自己的政治价值观若合符节。我们必须看到，这种误认或绝望说明了当今我们有些学者就事论事看问题，只是从"治理术"出发着手问题的解决，而不能从政道着眼来考虑危机产生的原因。因为在他们看来，政道不过是沦为了意识形态，根据他们的说法，在意识形态中，政道是用来收拾人心和论证统治（国家治理）合法性的。从总体上讲，他们持有的这些观点关系着国家的两个不同而又相关联的方面：它们关涉谁应该统治和依据什么样的权威来统治这个问题，以及政府应该做些什么这个问题。其实，由此，无论在理论层面上，还是在实际层面上，都不能解释我们国家的政治状态，确切地说，不能解释我们国家作为一国人民的政治状态。

对我们来说，一国人民作为现存的实体，也是主体，必须自始至终实际地在场。我们要研究国家和人民群众，因为这是个问题。在此，我仅仅指出这一点：我们必须把干部与群众的关系当作平等而非从属的关系。干部必须把他自己的职责作为一种服务，使自己成为人民群众的服务者。于是就必须把从属—服务关系与我们国家及政党的观念加以联系和比较，例如与群众史观联系，也与西方的无关政道的治理术概念相比较、相区别。我们同样会看到一个根本性的问题：即有关社会主义国家权力观念和组织形式问题。也就是说，在西方的治理术中，在"谁统治"这个问题上，有一个个人化的模式，它总是自由主义式的。它局限在"以精神为名的群众动员"。从基督教"牧领权力"运行伊始，西方治理术的重大发明，概括起来说，就是"心灵管理、宣传、群众、绝对敌人"[①] 四要素。

因此，毫无疑问，我们对治国理政合理性的反思，存在多种视角，既可着眼于不断增长的治国理政的"术"的层面，也可着眼于更为基本的治国理政之"道"和原则的层面。在这里，第二方面是更为重要的。因此，重新回到治理术的真正主题的源头——政治哲学也就是顺理成章的。或者说，政治哲学成为了治国理政的视域。我们会关注国家治理活动，更会重点关注构成我们理解国家治理活动的思想原则，但是更具政策关联性的政治科学问题却不在本书所讨论的范围。

二、政道的价值

现有评估表明，治国理政问题实际上已经摆在各个学科领

[①] 参见赵汀阳：《坏世界研究：作为第一哲学的政治哲学》，中国人民大学出版社2009年版，第195—210页。

域研究者面前。如今，在不同专业乃至不同学科中，人们都在讨论"善治""恶治""国家能力""国家失能"等。但是，一般地说，"治理""善治""恶治"这些概念过于宽泛，难以衡量。于是，有些人试图倚重可界定和测量的面相而提出"政府质量"这个概念。由此开启了对"什么是政府质量"的探索。比如说，政治科学研究甚至已经介入婴儿死亡率、早逝、疾病、缺乏安全的饮用水、幸福感匮乏和贫穷等问题计算的传统统计处理中。经济学则早已依附于经济系统中的风险"模型"研究。在此，我们很清楚，这是在一般意义上或实证型政治、经济研究上使用这些词的。它的指向是增加各个国家和政府治理能力以及对其改革的规划的可操作和可测量的问题面向。然而，这些可操作和可测量的规范和决策是技术上的治理，而非原则上、根本上的治理。对于我们来说，就问题或理论阐释而言，关于治国理政问题的研究，是在我们国家特定历史条件下提出来的。或者说，我们的问题在给出自己的定义后，应当展示一个新的视域或结果。此一视域旨在以"中国性"为基准，衡量国家和政府的治理能力。因为，"推进国家治理体系和治理能力现代化"这一命题提出的主要原因之一是我们党对关乎政道的制度建设认识的深化。1980年，邓小平有关制度建设的谈话就产生了深刻的影响。党的十五大到十九大都对制度建设提出了明确的要求。这些要求本身虽然受到历史条件的雕刻，但是，在效果历史意识的中国共产党的智慧中保持自觉的意识，这也很重要。归根结底，适合中国国情的一种良好制度只能靠中国人自己来创造，或者是由一个对中华民族及世界各国进行过实践性思考的领导集体来建立。

然而问题是,世界上和历史上都有各式各样的理想国家秩序,是否它们都有同一个政道?回答显然是否定的。正如牟宗三中肯地指出的,"唯民主政治中有政道可言"①。除了民主政治外,其他所有的政权看来都没有政道。也就是说,对于牟宗三来说,从历史的角度来看,不管它们是什么样的政治形式、原则和要素(君主制、贵族制,纯粹的君主国、共和国、法治国等)相互结合,它们在具体的实施过程中,都不可能具有"一集团所共同地有之或总持有之之'道'"。依据此一理解,即使近代以来西方的法治国理论也只能被视为一个旨在确保公民自由和确保国家权力相对化的系统。或者说,由于公民自由和权力制约都是有前提的,而这一点本身是没有办法通过证明去证明它们自己的前提的。因此,法治国的理念需要求助外道(上帝或自然)证明。比如说,近代法治国家理论是以应当受到监督的国家本身成为这个系统的预设为前提。虽然公民自由的原则能够限制和约束国家,但从更深层根据来看,公民自由绝非是一种政治形式或国家的根本基础。对于中国传统来说,与其说国家的基础是公民自由,毋宁说它的真正的基础是公正之上的信任。所以,孔子曰:"自古皆有死,民无信不立。"② 这就是为何孔子要在政治上面临军备、粮食和信任取舍的治国难题时,首先要捍卫老百姓对统治阶级信任和权威的原因:传承给我们的传统常常是被证实和经受了民众信任考验

---

① 牟宗三:《政道与治道》,广西师范大学出版社2006年版,第5页。
② 孔子:《论语·颜渊》。

的事物，权威是从信任产生的。想必，孔子并没有说什么样的政道或权威应该得到捍卫，这不是他的意图。他只是想强调它们表明了历史的丰产性：历史呈现出霸道、王道混用的局面。因为孔子也要面对他自己的古人。面对传统和古人，使孔子能够克服或缓和他从属于历史的那些疑难。确切地说，孔子倡导的王道政治，对他的古人所主张的政道业已有一个突破。

在今日中国，思考中国传统政道是一件颇具意义的事情。因为它与转型中国有着极大的相关性。中国传统的政道究竟如何，这个概念是在世界范围内普遍适用（如中国传统哲学概念中的"天下观"），还是要针对不同文化应用不同定义？这个概念是指"王—霸"政治，还是应该被定义为解释它们的因素（如用当今的行政和经济效率）？政道应该包括治理者如何代表被治理者这方面的原则和内容，还是仅限于治理者治理国家的能力？无论如何，这些问题首先是由中国现代化转型与国富民强追求所产生的。但这恰恰意味着历史的援助。就像人们如今所见的那样，"中国现实的政道，两千年来就只是'以力假仁'的霸道。而这个政道，也正是现代以来流行世界的政道。从这点上说，我们早已进入现代"[1]。但我们认为，这并非全部的论证。在历史上或现实中，误用"王—霸"理论，在国内外寻找敌人，无限上纲上线，动辄从政治上将持不同价值观的人或国家划分为敌对势力，这不可取。进而言之，假如没有一个能被普遍接受的规范标准来界定什么样的政道是称得

---

[1] 张汝伦：《政治世界的思想者》，复旦大学出版社2009年版，第24页。

上"好"的，那么人们就没有办法判断什么样的治理体系是可以接受和适当的。假如对国家治理的研究等同于公民如何自我治理相关的方方面面的研究，那么恐怕政治科学和政治经济学不堪重负，因为这意味着它们的所有议题都要划入这一领域。①

应该如何重拾这种概览呢？我们看到，西方自由主义的预设是对权力的不信任。实质上，自由主义把国家视为主要敌人、把政治视为必要的恶的体系。"政府，其最好的形态都仅仅是必要的恶而已；其最差的形态则是无可容忍的。"② 这是托马斯·潘恩所谓的"常识"。站在这种立场上，这种政治哲学不能否定从"人性本恶"的观点中产生国家学说。公民自由原则或许能够限制和约束权力，但却不能自动地提供一种国家政治形式的基础。政治上，自由对解决实质问题毫无意义，正如马志尼所说，"自由并不构成任何东西"③。自然法理论以虚幻的史前自然状态为基础，认为存在一种先于一切实定制度的自然法和自然状态，这种自然状态是以极端个人主义为特点的。这些理论假定，自然状态的逐步恢复与人类制度的逐渐改善是一回事。显然，这种理论的哲学基础是十分脆弱的。梅因

---

① Keefer, P. 2004. "A review of the political economy of governance : from property rights to voice," World Bank Policy Research Working Paper 3315, Washington, DC. p. 5. (参见［瑞典］索伦·霍姆伯格等主编：《好政府——政治科学的诠释》，包雅钧等译，北京大学出版社2020年版，第18页）
② 参见［美］艾尔伯特·杰伊·诺克：《我们的敌人：国家》，江西人民出版社2015年版，第21页。
③ 转引［德］卡尔·施米特：《宪法学说》，刘锋译，上海人民出版社2005年版，第213页。

指出:"这些先验理论也使人类的理智丧失了自制力,这使得人类的理智,在 18 世纪行将结束之际,就陷入了放纵的境地。"①(比如,法国大革命)可以说,除了一般的这样一些观点以外,西方人对政道的批判几乎不能作出任何其他贡献。某些观点虽然有启发,但不能引导人们从根本上创造制度。

因此,在西方的所论问题的领域和概念丛中寻找中国社会主义国家治国理政依据,我们对此充满疑惧。我们所讲的治国理政路径是以国家为中心的路径。我们相信,尽管时下流行的观点和信念是把特定政治体制作为研究对象,以及对于凝聚性更小的接近民主制的"民众政府"的依赖有所增加,但是国家是无可争辩的权力与调控中心。有些人似乎认为,我们无法设想比自由民主理论所描绘国家的形象更好的"典范"与"标杆"了。近现代西方国家显现的控制力使得早先一切国家都形同儿戏。而我们现在仍需考虑的问题是:在对国家职能的理解中,拥有和行使这种力量带来了什么样的社会变化。有些人发现了国家内部建立起来的批判的"治理理性"。与此相应的是,正如盛极一时的所谓"历史终结论",认为人类能够发明的社会制度种类并不多。所以,对治国理政之主题进行政治化的门槛似乎很低。政治不是单纯的事务,凡事都能与政治挂钩。诚如卢曼在批判社会学脉络中所提醒的:"人们只需要点出在既定关系中仅仅是未被充分满足的一种价值就能制造一个主题,比如在风险政治中,这个价值是

---

① [英]梅因:《民众政府》,潘建雷等译,上海三联书店 2012 年版,第 1 页。

'安全'。剩下的则是预防工作或拖延工作。经常能在诉求的强化中发现一种'关于某某的权利'。虽然这是一个自相矛盾的论据，因为如果存在这样一种权利，那么政治上的积极主动就完全不必要了，人们能直接在法庭上让权利生效。"① 问题正是由于"关于某某的权利"与国家"安全"这组二项结构而被强化了。因此，"许许多多的抵抗或不服从的形式于焉诞生，而这也就是福柯所谓的'通过其他目标或形式而得救'的欲望"②。

回溯文明的历程，能够发现存在着根本不同的政治组织。它们之间的不同不是量上或程度上的，而是质上的。因此，问题不在于自由主义提议设置中的政府管"太多"或"太少"，而在于寻找另一条出路。然而，有些人似乎认为，中国治理体系可以一下子从传统或智慧女神般的头脑中蹦出来，这个想法很危险，它与有些人为重建天下/帝国的政治概念而试图从"全球化"研究者所指明的方向的幻想如出一辙。

在我们看来，在新时代，中国特色社会主义的新政治观开始冲击传统政治体制。按照这种新政治观，治国理政就不仅仅是为自己的国家内政着想，而是倡导人类命运共同体意识。然而，有人错误地认为，与西方（特别是美国）相比，相对于由统治合理性转向管理合理性的根据变化，社会主义国家迄今

---

① [德] 尼克拉斯·卢曼：《风险社会学》，孙一洲译，广西人民出版社2020年版，第212页。
② 参见 [法] 阿兰·布罗萨：《福柯：危险哲学家》，罗慧珍译，漓江出版社2014年版，第111页。

为止尚未走出缺失治国理政合理性的困境。此种观点有些抬高了西方的舆论，应当从根本上加以清理。我们提出，政道应该贯穿整个国家。比如，在今天这样一个时代，人们可能抱有希望，国家应当通过坦诚而完备的信息公开赢得信任。但是如果没有隐瞒任何东西，那么信任又作何用呢？也许同样存在另一种愿望，通过掌握更充分的信息来赢得信任，但这无异于将增长的信任缺失作为前提，我担心它们之间呈现的是那些互相矛盾的东西。而在一个尚未确立起某种包容性共识同时重视民生问题回应性的国家治理体系中，这些方面所产生的矛盾是特别难以克服并引人注目的。

在这些情况下，人们必须重视学术共同体建设。在各个学科群体努力争取建立一种共识的情形下，让这一共识以一种与这些学科群体的价值相一致的方式引导或影响这个社会中的其他成员。对任何试图对治国理政问题进行思考的学者来说，基于某些终极价值和基本原则的思考总是必要的。因此，问题不仅在于围绕学科构成的领域（例如，政治学、社会学、法学，等等）展开，更为首要的前提是如何证成中国特色的社会主义国家治国理政之道（"政道"），阐明治国理政依据的科学性与有效性。特别是面对西方及美国的挑战，一方面，我们不能把治国理政之理论体系的建构仅仅以某种方式理解为治理术或合理的政策、决策；另一方面，我们也不能把社会治理的依据与治国理由相互混淆。因为，尽管治理体系涉及国家和社会之间关系的变化，但两个概念的区别是显而易见的。而这种区别只能被限定在具体的讨论之中。

我们通常说，在私人领域与公共领域划分之外还存在着一个日常生活领域。一般说来，"社会作为一个整体是由公共领域、私人领域和日常生活领域构成的"，"国家和政府只是公共领域的核心地带"①。无论社会治理具有什么样的性质或类型，都需要一定规则的支持。有人认为，社会治理的规则具有"具体性""灵活性""长期稳定性"以及"从属于具体的行动目标"②。想必，一个大国的治理模式为了长治久安，其政府形式也需要具备安定性，以及将一个好的节制有度的形式奉为理想。现代社会和现代国家应当把社会与国家互斥的关系实现融合。特别是在我们国家，关于政府与社会之间的关系模式是统合胜过多元主义，虽然社会治理的目标和规则与国家治理的目标和规则不尽相同。

不言而喻，治国理政的锚地是国家本身，在治理过程中，社会发挥着一定的补充作用，偶尔发挥着竞争性功能。社会成员的角色是向政府表达他们的需要和要求，并通过政治过程纳入政府议程。颇有争议的是，国家和政府在治理中的角色和市民社会在治理中的自我约束的力量之间究竟该是什么关系？一般说来，治理须以某种合宜形式的市民社会的发展为基础，而不是依赖于国家自身的行动。所谓社会与国家之间的联结应当遵循历史唯物主义的基本立场。然而，全球化之不可逆转的趋

---

① 参见张康之:《社会治理的经络》，社会科学文献出版社2020年版，第136—138页。
② 参见张康之:《社会治理的经络》，社会科学文献出版社2020年版，第353页。

势，把民族国家置于治理的核心依然符合中国的国情。比较而言，西方19世纪晚期的例子表明，国家的活动范围大大扩大，而这一历程在各个国家有所不同。相对而言，我们提出的治国理政应当是以历史进程中的中国特色社会主义现代化的总体布局和导向为问题意识，凝练出治国理政的原理、原则，并且从总体性的治国理政依据出发深入探讨当代中国治国理政的最终政治哲学基础。

需要强调的是，在打破了种种加在我们这个民族身上的片面性价值枷锁之后，"不断提高运用中国特色社会主义制度有效治理国家的能力"，本质上是为社会主义道路独立于自由资本主义道路提供经典论证。卢梭曾经说："大国中存在的最大不便之一是超出所有不便，它导致在大国中保持自由非常困难。"① 显然，卢梭的观点认为，国家治理的能力与政府规模大小相适应。似乎小国寡民就是好政府？但在当代政治与学术论辩中，如拉波塔等人所述，相反的观点屡见不鲜。② 因此，就大国意识来说，只有从由其自身原则所支配的意识形态视角出发，才有可能对具有自身特殊社会—政治含义的治国理政概念进行阐释。或者说，只有塑造及反映自身政治秩序的法律才具有合法性。这直接关涉能否保证我们国家制度和社会生活方式的独立自主问题。

在这个意义下，坚持中国特色社会主义道路的要义在

---

① [法]卢梭：《政治制度论》，崇明等译，华夏出版社2013年版，第66页。
② 参见[瑞典]索伦·霍姆伯格等主编：《好政府——政治科学的诠释》，包雅钧等译，北京大学出版社2020年版，第18—19页。

于，如果将"中国特色"作为一种民族原则对于社会主义道路的创新形式来理解，从战略高度和宏观视野探寻中国社会主义国家治国理政的依据，将给我们带来不同于资本主义治理术的新开端。

三、"政治"："政"抑或"治"

如前所述，从概念与理论视角来看，政道，乃是治理国家的政治理念。它是对国家治理可能性分析的一般原则、哲学逻辑，以及方向性的政治原则。它还是批判和匡正现实政治的标尺。重要的是，在政治思想斗争中的政治家，总是把政道、治道（既定行政的章法）和治术（具体行动的方式）分开。他们倒是可以各取所需：把为政者的政道与治道推广到道德领域扫除了一部分政敌，推广到政治领域又整饬了另一部分政友。人们假设，援引所谓的政道、治道、治术区别，能够表明智识、道德或者历史的偏好。比如，儒家的政道是王道，法家的政道是霸道。在民族历史的各个时刻，它们都是国家政治生活之船在狂风巨浪中不可动摇的坚石。但为什么现实政治中很难分辨这种差异？为什么大多数的政治思想派别支持者也根本不理解这些差异，即使理解了也会因为现实政治的原因抛诸脑后？

首先，政治"儒家"与"法家"曾经各有其意义，然而因为支配实际政治的原因，经过相当长的时间之后，就没有人不知道这两个词的区别了。一些人确实在信念上隶属于儒家或王道，但是大多数儒生信奉这个王道或那个王道，至多也就是因为某些民众教化者对他们有吸引力罢了。事情在于，政道，不单纯是我们可以对它进行反思的内在自由的情境反映，而且也表现为它为满足一片国土承载着的民族所依存的那个历史中的社会现实状况。看不到这点，就不可避免地把问题简单化了。不妨来看一例。在中国思想史上，在对最好的国家形式的思考中，以"文化国家"命名的理想模式不止一种。孔子是高抬和高估文化国家的第一人，把政治秩序的概念与道德人文主义的本质挂搭在一起。"对于中国古人来说，政治的目的决不是利益的协调与分配，而在于'教'、'养'二字。"[①] 由此引出教育之重要性。这种高抬和高估导致一种特殊的权力主张，道德（世界秩序）把自己误解为一种理想的政治。像孔子认为的那样，"文化是古代聪明的国王的。分封而建的国家，不是盲目的服从、上级和下属之间精神的联系。爱是国家的基础，它可以使一切变得可能。首先，它是一个使国家得以保持的想法"，所以，史怀哲说，孔子的伟大之处在于"他对于思想力量的信仰"，但是，"如果把一切考虑在内，孔子只带来损失"。[②] 因为有巨大的、现实政治的压力，"宋明儒干脆只讲政道，不讲治道，遑论治术，使得王道在多数人眼里是非常不合时宜的东西，仅仅是少数人的政治理想和批判现实政治的标尺，却不能对现实政治有丝毫影响，终不免在近代被彻底抛弃

---

① 张汝伦：《政治世界的思想者》，复旦大学出版社 2009 年版，第 30 页。
② ［德］阿尔伯特·史怀哲：《中国思想史》，常暄译，社会科学文献出版社 2009 年版，第 166、167、175 页。

的命运"①。

其次,在这个问题上,中国自身政道和治道思想传统复杂而绵长。与儒、道、法三家的政道和治道("德化""道化"和"物化")相对谈,把凡是缺少现代西方理性主义性质的政治思想一概称为没有民主的政治是不正确的。放在中西古今之轴心上,它的谬误比拟说来是基于正统论哲学为反对革命而提出的立论。与某种成见不同,政治理想(政道、治道)问题今天以某种实质性内容摆在我们党提出国家治理体系现代化问题之际。历史形势再次回应着时代对古今中西一整套治国理政思想罢弊的需要。

再看西方。所谓自由主义不是植根于法律思想,正如它不是渊源于经济分析一样,因而它不是由契约性纽带联结政治社会的观点出发,而是在寻求一种自由主义的治理术过程中,人们发现,法律能够或者可能有效地推动管理、节制统治者权力。因此,人们通常将自由主义视为对现实"治理术"的批判。简单地说,自由主义是对治理实践的批判反思形式。它的意思和意义虽然人言人殊,但是它批判那种所谓文明时代越是向前进展,统治阶级就越是把自己与整个社会统一起来,以及凡对统治阶级是好的,对整个社会也应该是好的论调。正是借社会之名,自由主义不再这样设问:人们如何从社会中获取有效的需要和需求进行政府自身统治能力的评估?而是这样反问:为什么要治理?易言之,政府存在的必要性何在?就社会而言,社会本身的"治理力",其程度又如何?从自由主义角

---

① 张汝伦:《政治世界的思想者》,复旦大学出版社2009年版,第24页。

度看，世界上最有效的政府是那种能够面对社会天然冲突但崩解之不利后果却不会发生的政府。社会治理力这一观念，使治理技术的发展奠定在"国家力量的悖论"上：从自由主义立场看，"我们传统上视为强势国家的制度性特征——抗外界干扰的制度和强有力的政治中心等——似乎在某些方面不利于更广泛的以国家引导为特征的社会交换。类似地，很多我们通常认为是弱国家基本特征的东西——制度的碎片化与分权的制度结构——显得比强国家能更好地适应协同治理，因为它们与外部环境有更多发展得很好的接触点"①。看起来，古今中西对国家和政府之政治活动的理解有很大的差距。治理理论颠覆了我们对于国家力量的很多传统观点。

从此，在更明确的、更宽泛的政治社会语境中，政治哲学在确立自身的学科价值方面愈发困难。至少，政道是不是正道、它的实际运作是否完全符合它的政道，就是多余的问题了。在西方民主制度国家，思考治国理政学说的本质问题便被归属于社会学、管理学等学科问题之列，亦即有限地、实证地思考国家的目的，甚至取消涉及国家目的的那个根本问题，并将其联系到治术而就事论事，国家治国理政科学方法论随即成了"无根之学"。

我们认为，在治国理政有关之政道、治道和治术的政治学或管理学的当代论证中，尚未在政治哲学层面上触及的，实际上恰恰正是在人们讨论治理现代化之前就应当在这个层面探讨

---

① ［瑞典］乔恩·皮埃尔等：《治理、政治与国家》，唐贤兴等译，格致出版社、上海人民出版社2019年版，第26—27页。

的问题,即"治"之要义在于知"道"(事物自身的原因、在自身中的原因、规律、原则等)。因为,就一个国家内部而言,在不同制度层次和在不同的制度层次之间通过不同形式的协同来追求集体利益时,需要一个强大的治理核心。因而,国家和治理(governance)并不是福柯所谓的对立面,也只有国家才能给治理以目的、手段与方向。相反,那些治理失败的国家,根因在于,其政府在将其目标传达给社会时遭遇到了障碍。在这一意义上,中国特色社会主义治国理政概念的第一个方面,就是一个实践概念,就是一个目的概念。所以,孔子并不现代,他强调的是国家精神。但是,按照目的概念形成的本性来讲,每个目的概念却都包含目的和手段的对立。值得注意的是,在由治国理政理念、思想激励的行动中,我们却总是看到它的另一面,即西方某些"地方性"意识,甚至种族主义、沙文主义的病态形式。

照此来看,理解在一个深度全球化与网络环境中的国家治理能力,仍然任重道远。因为治国理政并不是像有时它所表现出的那样,可定义为封闭的或开放的。今日,正如尼采在19世纪欧洲的思想状况中所看到的,一种"病态的疏远""在欧洲各国之间诱发了各民族的疯狂",这种疯狂所具有的政治性质是:一方面,政治将疏离于普通民众;另一方面,"鼠目寸光、玩弄权术的政治家"靠着这种民族性疯狂的帮助"目前正在执掌政权"。① 没有人能不说,哲人虽逝,言犹在耳。

---

① 参见[德]尼采:《善恶之彼岸》(第256节),谢地坤等译,漓江出版社2007年版,第319页。

正因为如此,我们就必须为一种"讲政治"的社会主义予以恰当的历史定位,避免国家治理沦为公共治理的异化物。我们一方面要在马克思主义指导下进行国家治理能力提升、转型,并重新思考它的功能、表现。这个中国特色社会主义治国理政之道同样必须显示一种创新能力。或者说,对这一中国治国理政之"道"的确信,彰显的是中华民族善于综合、包容全部人类的文明的特点。这在治国理政之道上讲,就是要阐扬我国的政道;另一方面,仅仅阐扬、说明它的目的概念还不够,还要指明如何能够达到目的的手段。这在治国理政之道上讲,就是说明治道以及治术。所以,中国的治国理政之道是当代世界国家治国理政体系的一种特殊的、正在发展和崛起的模型,远远超过人们迄今为止所谓"中国模式"的发现。在今天正确的观念中,坚持和发展社会主义所指的"正道",须通过落实为执政方法和政治体制才能显现。在总体上,讲中国特色社会主义治国理政之道就是政治学、法学、管理学等学科的任务,也是哲学特别是马克思主义政治哲学的任务。我们研究的对象和内容则侧重于后一方面。

这是因为:我们国家为了解决问题而必须以自身特有的方式去联系社会的治理,从而展现出极具中国特色的治道与治术来。有一个趋势是,讨论马克思主义政治哲学在国家治理能力中的影响力看来已经颇有影响了,这是一个与过去的传统很不相同的变化,而且某种程度上的确如此。但是,国家治理成败的本体论探索方面是错综复杂的。我们如何去发现与观察那些国家盛衰之理?我们对权势之宜抱有怎样的权变?考虑此议题对国家来说显然很重要，察盛衰之理事关政道，审权势之宜则联系治道。众多同仁考虑此议题的方式或许指出了，有效的治理会以某些清晰的方式来证明自己，就像大多数实证型政治科学家认为的那样，诸如"好政府""政府质量""国家能力"这样的概念不仅能被界定，而且可以操作化并被测量。很明显，对于一国国民来说，政治科学中那些极为核心的变量（环境的、经济的因素）与人民幸福感实现的程度是紧密相关的。

四、秉持马克思主义的信念政治

对政治哲学家关于中止当前政治哲学危机的提议，我们予以如下回应。如果要去总结当今全球化进程中与人类福祉背道而驰的那些治理失败、强国转弱、弱国仍弱所潜藏的深层原因，我们的研究成果表明，无论别的具体的学科关注治国理政之道的方式可能是多么不同，但政治哲学上讲中国特色的治国理政之道必须要回应人们的种种质疑。自柏拉图、黑格尔直到马克思都用目的和手段的辩证范畴来讨论国家政治问题。在这个意义上，讲治道，首先必须讲政道，这是我们在政治哲学上讲治国理政之道这一概念的基本意义。

放在全球化背景下，在我们时代富有特色的各种对抗中，也许最关键的是日益破坏着我们的两种东西："是非感""公正感"。当前，西方关于"好政府"的政治科学文献已经讨论所谓"影响力腐败"或"合法腐败"，由于实践方面的原因，

"还挑战了当前反腐败工作的基本假设,即腐败会引发某种程度的反腐败的动员与集体行动"①。然而,我们首先要认识到,西方治理模式和中国治理模式在理念、原则和操作等方面具有根本性差异。举例来说,我国诉讼法秉持大陆法系的法院主导原则,司法判决奠立在依据法律和事实的实质正义原则之上。然而,美国诉讼法秉持的是一种当事人自由博弈的仲裁原则。在后一种制度安排下所形成的"辩诉交易"理念,更像是有钱有势的资本家加上拥有暴力的国家跟无权无势的弱势者的不公平决斗。马克思早就说明,资产阶级法律维护的是有钱有势者和拥有暴力的国家。以我们正在检讨的国家的政策环境部分为基础,对这一西方法律的实质或许有些许不同的解释。但是,在它们自身的政治体制之内,国家实际上已经不能够对司法不公进行有效的控制。恰恰相反,像美国那样的国家的统治者已经将法律工具变成了在所谓的全球治理中掠夺本国和他国利益的工具。我们甚至可以发现更深刻的逻辑就在西方意识形态与其实际历史的不同,以及与中国决斗的关系。由此产生了人所熟知的信念论政治和怀疑论政治的冲突:针对"我们可以在多大程度上相信国家能力"这个问题,人们总是不断提出一个带有挑衅性的问题:是否中国模式(有特色的社会主义)总比西方模式(新自由主义,以及寻求在自由主义、社会保障和国家干预之间的平衡的主张)运转得更好?与此相关的问题是,就政府的质量而言,哪种类型的政治体制会产生较好的国家治

---

① [瑞典]索伦·霍姆伯格等主编:《好政府——政治科学的诠释》,包雅钧等译,北京大学出版社2020年版,第72—87页。

理效果，是代议制民主政体、一党制、君主制，还是军事独裁体制，亦或其他？

显然，在从事政治思想研究的人中间，每种体制每天都在实际地展示其力量的差异，但若对作为制度的命数比较测量，那么各种制度性优劣的根源依然晦涩难解。换句话说，关键的问题在于，从实证主义的角度看，质量可靠跨国比较测评不太可行。这刺激了人们的想象力，以为人就像莎士比亚《暴风雨》中的普罗斯佩罗一样，手里攥着历史事变的玄机。须知，这场思想竞赛的典型表现，不但展现在各国在建立现代国力，以及国家与市场、国家和社会之间关系的不同治理的实践路径，而且也展现在包括凭《历史之终结与最后的人》一举成名的福山那样的思想家的言论中。现今，福山又喜欢想象自由的主体性有一种隐蔽的力量。在最近的《观点报》中，福山和记者的对话，以及他自己独立思考后得出的结论对国家治理能力问题进行了回答。他的结论是："我承认新自由主义已死，但中国模式难以复制"——"我们将回到1950—1960年代的自由主义时代"。在此，福山同样充当那种在"幕后"发挥作用的掌握着神秘力量的人，这使他能无意识地预谋控制人类历史。

我们看到，在自由民主与国家干预这一维度的任何一端，政府质量都是有很多变数的。最近一些侧重于政府质量差异的研究，在实证研究部分之外，也开始强调文化和宗教价值的重要性。然而治国理政原理的基本概念不能单纯基于文化和宗教渗透、参与政府能力建设，而且就我们这里所关心的问题而言，也不能期待讨论政府质量的这种要求会有多大收获。我们这里关注的是国家能力差异以及政府质量本身最终的本体论根据。

比如说，在疫情大流行的当下，正在兴起的争议是"多层次治理"概念，其中治理活动同时发生于多级政府：诸如世界卫生组织、民族国家和各类次国家区域组织，等等。尤其引人注目的概念是，允许其他体制参与国家治理。一种关于"国内社会制度"必须受"世界制度"约束的观点①，便包含着这种信念。但是，在福山的言论中，对于这种关于民族国家未来的结论，基本上仍是老调重弹——从基于自由主义的观点加以定义——对权利和国家完全是从18世纪的含义、从人类与自然共存的角度加以解释：其基本根据是有关独立的、自由的人在打算共同生活时自我限制之必要性的见解。在他看来，"国家制度与战胜疫情的成果之间没有必然联系，决定各国表现的是国家能力与卫生制度，这同时还涉及到公民对政府的信任问题。"②当福山退出纷乱的政治万象，走进东方的所谓"控制权力""家长制氛围"时，他的言论没有了历史的取向。对于现实中的中国是什么样子，故意视而不见。空间上遥远的现实，也能被他用作逃避当前美国的现实的手段。随着福山上了年纪，旧事物的可贵便又展示在他面前。现在是旧的＝改变过的＝真实的＝重现活力的，等等。

随着现实的发展，人们再次遇到了政道与治道、与治理术的矛盾。西方人怀着并不乐观的关切认识到，政体类型和政府

---

① 参见赵汀阳：《天下体系——世界制度哲学导论》，中国人民大学出版社2011年版，第25页。
② 参见《文化纵横》2020年4月刊。

质量可能存在矛盾,那些高度发达的民主国家有可能政府质量很好(比如,在福山眼中的韩国);但在那些最专制的政体下,政府质量有可能是不低的。一个得到信赖的国家体制并非问题的关键。因此,对于任何想要解决系统性政府失能问题的国家来说,我们所要做研究的政治原则意义在于:人们经常把国家治理体系是否称得上"好"解释为各国文化和价值观的差异,但我们认为这一差异应当被理解为用来区分两者的政道,即对于一个国家来说,好的治理体系是与生产力发展水平相适应的。显然,如何提升国家治理能力这种问题与唯物史观的政治面向有密切关系。由于事关人类进步,因此,治国理政也是属于达致历史唯物主义真理、排除谬误,使真理赢得成功的现实沃土的论题。

五、本书梗概

本书分为三章。全书将关注的焦点放在治国理政的哲学基础上。我们有理由认为,治国理政不能仅仅依靠"警察"或"政府"① 的技术程序。任何一种国家制度的核心都有一系列哲学假定,这一制度由此得到奠基。如同罗尔斯那样,我们把正义视为制度的首要的"善"。然而,现代西方国家治理已经偏离了"公正的制度"基础。我们关于治国理政的方案需要

---

① 参见《马克思恩格斯全集》第 11 卷,人民出版社 1962 年版,第 385—389 页。

放在马克思主义对公平正义、平等批判的语境下加以考虑,意味着在国家治理的哲学前提上以及对象、方式和内容等方面区别于西方国家治理的视野。

写作思路是从阐释马克思主义的国家治理理由开始,之后是分析作为国家治理基本底线正义怎样,最后是研究治国理政的对象是什么,即我国国家治理的落脚点为什么是人,而且是处于群体关系中的人这一逻辑展开。

第一章的任务是聚焦于治国理政概念、政道等概念的义理分析。我们将从政道概念出发对治国理由进行详细探讨。"政道""治国理由"这些概念是有很大歧义的。在本书中,我们所讨论的"政道理论"需要比较研究。究其原因,首先是因为在西方和中国,国家治理的含义存在着一些本质的差异。因此,国家治理问题仍涉及一系列基础性的观察,需要马克思主义政治哲学和历史唯物主义的理论支撑(见第一节)。实际上,对中国的政治文化而言,中国特色社会主义是国家治理创新的基本规定,也就是说,是有而且生长于创新的基本规定(见第二节)。同时,在理念层面上,马克思主义国家理论中的理性主义逐渐析分阶级斗争已成为现实与常态。关于国家理由的讨论,首先讲的依然是在国家民族范围之内行使治理。观点、概念、逻辑都应当是中国的(见第三节)。然而,由于自由主义的影响,尤其是哈耶克在中国的走红,以及他所谓的社会认识中的理性有限和"无知"现象的分析,国家与社会之间僵化的关系业已松动(见第四节)。自由主义的国家理论渐渐对传统社会主义国家模式和强势地位形成强烈冲击。这一观念假定，国家正变得越发"难以治理"（见第五节）。以哈耶克为代表的自由主义把个人自由同以整体人群为对象的政治自由相区分。然而，我们并不认为自由主义会对我国政治体制产生实质化的影响。但仍需注意的是，它关于自由与责任等理念对市场治理及政策都具有政治影响力（见第六节）。

在第二章中，我们将进一步探讨马克思国家理论批判。对我们而言，马克思对国家的传统模式和强势地位形成强烈批判。马克思揭露了一个只有功能却没有精神或意义的国家观（工具主义或表现主义）的实质。国家，应当顺应新世纪之人类共同生活秩序与形塑，朝向马克思主义国家哲学思维全新类型的过渡（见第一节）。其中最为突出的是，唯物史观可能解决什么问题，这是个首要问题。最简单的回答是，唯物史观试图推进一种社会主义政治和法律制度，证立以公有制为主体的法与正义观念。而以往唯物史观理论解释是如何证立的？人们完全没有提供这个证立。人们只是简单地要么说这是历史发展的结果，要么说这是从社会现实中抽象出的某种规范。更准确地说，唯物史观与法和正义的问题，似乎很少被提及，而且也似乎早已解决。我们之所以试图"重新发现"唯物史观的法和正义论，使之成为一个能够为社会主义体制正当性辩护的法律概念，其中的动因是与对资本主义（个人主义）法律观的挑战有关。在法律的核心领域，亦即所谓私法里面，这种挑战再清楚不过。现在已经有了这样一种看法，即如果中国已经进入所谓的"市民社会"，那么这个社会就必须具有现实的法律，建立起以个人的法律为出发点的法律体系。这毋庸置疑地意味着那种个人化对社会化的牺牲（见第二节）。今天，我们讳莫如深地使用"资本主义"的概念，人们宁愿用"市民社会"这样的说法，实际上是欲盖弥彰地论证着资本主义法律公式的政治哲学价值。人们忽视的是，"资本主义"为什么害怕自己被称为"资本主义"？本书大体上相信法律保障公民自由与独立，并于诸民族以及人类之间组织起一种秩序的合作关系，因而它似乎是普遍有效的。但是，这样的观念必须在全新的唯物史观语境中予以批判和诠证，即使是理论家与实务家也无法对付自由与社会正义冲突问题（见第三节）。此外，国家理性治理术在发展过程中把人口作为政治思想关注的中心，对人口的关注就是对人的重视的体现（见第四节）。

在第三章里，我们知道，现代西方"治理"理性以人群为对象，以保护个人权利为逻辑出发点，发展至今，其国家治理效能愈益削弱。我们将以唯物史观的视角来探索对我国国家治理而言适当的哲学基础是什么？我们的回答是：平等。确切地说，应该是平等的"人与人的关系"的治理。其中，特别重要的关系有三重，即"干部群众关系""性别关系""师生关系"。以此观之，有效的政治意义上的基本治理机制应当植根于群众史观。一般而言，中国特色社会主义国家治理需要依赖平等、没有压迫的制度和团结合作而获取的力量（见第一节）。

在马克思主义国家理论中，恩格斯的《家庭、私有制和国家的起源》是很重要的文献。恩格斯著作中关于"国家之前"和"国家之后"关系的讨论在本质上是治理合理性、治理样态的研究。有趣的是，没有哪部著作能够像《家庭、私有制和国家的起源》这样清晰地展示了唯物史观对于性别平等的基本观点。婚姻和家庭都是共同体。资本主义发展导致这类共同体溶解为各种纯粹的单子式个人主义关系。恩格斯对国家产生之前氏族社会治理体系的描摹，指明了奠基于血缘共同体之上的氏族社会的制度基础。在氏族社会，低水平的规范化制度却携带着自由平等的可能性和趋势。就像男人和女人的关系一样，父母与子女的控制关系也被氏族共同体所拘束。在这个文本中，恩格斯探讨了感情基础上建立制度的可能性问题。随着生产力发展，氏族共同体异化为国家，血缘共同体异化为地域共同体，作为阶级统治的国家治理存在着内在矛盾。我们聚焦于其中最重要的一个矛盾，即感情与制度相对立。因此，在考虑共同体纽带的社会主义国家治理时，必然要以唯物史观来理解公共领域和治理的异化现象（见第二节）。

此外，我们可以用大型学校的模式来理解社会世界治理问题。从这个视角看，平等是一种真实的教育形态。西方的民主作为一种真实的国家形态，是以智力不平等来迷惑人的。它将那需要接受教育的人民看作"牧羊人"模式中的"羊群"。教育机构是社会与秩序的象征。各个政府俨然就是作为讲解人的教师，一套治理术运营所产生的结果是师生不平等的逻辑。但是，任何教学实践都把知识、智力的不平等视为过错，这种过错需要在时代进步中加以克服。为了打破社会—政治不平等的循环，我们以师生的平等关系为切入口去澄明智力解放的"政治"原则，并从政治思想和哲学教学关系所典型地体现出智力不平等的预设去揭示社会机构所预设的不平等的现实。正是在这个观点上,我们从"无知的教师"中抽绎出平等智力预设的实践证明。我们对新时代发出了彻底不同的声音:实施社会主义的平等性原则须进行教育上的治理(见第三节)。

第一章 政道与政治的根本关怀

导 语

长期以来,在关于社会主义国家的治国理由的思考中,人们将国家的治理说与国家的统治说割裂开来、对立起来。现在,是我们应当反观一种新的治国理由的可能性的时候了,这就是:国家与非国家、国家与社会、国家与个人、统治与治理、民族原则与社会主义不是陷入冲突,而是应该逐渐进入契合。从治理概念及其在现代学术思想的发展看,"国家治理体系和治理能力现代化"就是对我们国家(社会)制度和生活方式的创新。我们将以马克思的辩证思维为基本方法,试图在马克思主义哲学领域中重申坚持中国特色的社会主义道路。我们提出，坚持中国特色社会主义道路，重要性在于，将"特色"作为一种民族原则对于社会主义道路创新的形式来理解，把我国社会主义治国理由看作是不同于资本主义自由主义治理术，并要求一个新的国家治理的开端。其本质的目的是要建立另外一种国家治理方式，依据另外的一些基本原则对国家进行治理。在马克思主义政治哲学统摄之下，我们援用一种将政道与治道、治道与治术之辩证统一的逻辑来对比不同制度下的民族国家的治国理由，并确认相应于"国家治理体系和治理能力现代化"问题要求民族之间相互尊重和依法治国的原则，以此衡量适合我国社会主义治国理由的"好的"或合理性的标准模式。

第一节 对以国家理性为依据的治理问题批判

以国家的阶级统治、国家消亡说为主轴的马克思国家学说极具重要性。它质疑了以黑格尔为代表的"政治的和法的理性应在的"国家观念，但实际上就是普鲁士王公们的利益的观念。在此，马克思看起来根本没有触及为了有国家而进行合理治理的问题。当时德国正处于国家陷入专制主义的苟延残喘中。正因为如此，总有不少人谈论国家理性。所有人都来插手，被淹没在学院喧哗里的人有之，担任国务活动的人有之，年轻又无礼的激进分子亦有之。19世纪一二十年代，国家理性似乎还是一个时尚的东西。问题在于，人们谈论的究竟是什么？谈论的是国家理性吗？是否真的有一个国家理性的模式？这些问题迫使我们重新解释马克思的文本。或者说，它迫使我们对国家得以继续存在并保持为当今形态的原因或治理术给予哲学层面的关注。从文本看来，通过实践呈现出来的样式，通过政治经济学批判，通过公共舆论的掌握，当时，马克思对以国家理性为依据的治理问题有过特殊的思考。

  我们的探讨意在把马克思与依据国家理性的治理作为问题提出来。其理由是：对国家理性观念的批判是马克思政治哲学的一个重要、独特的组成部分，但是，它在我们最近一代人中间却需要解决那种对此成问题的理解。直到今天，人们还认为马克思在治理的时代被边缘化了。人们不会在他那里寻找治理术。于是，在实践中就出现了诸如所谓我们社会主义国家缺乏马克思主义国家治理理论与我们要改辙易辙把"学费"交给自由主义国家（例如美国）学习管理经验之类的先入之见。如今，我们不得不追问：是否真存在一个实际上的马克思国家理性学说和治理的本质方法？而如果这样的发问还算洞见到了问题的话，那么，就不能否认任何现存国家内在固有的治理规律自有无所成见的前提。即便在缺乏国家理论指导的情况下，任何国家却不能缺乏治理技艺。反过来也可以说，即便"搞到"一套治理行为目标并将之"整合"到一个我们国家的特定目标中去，那也会一如就其获取它（西方的治理技艺）的途径来说是那么错综、那么劳累不堪，这一道路或许反倒是误导性的歧途而达不到目标。显而易见,其他主义或许不缺国家理论,却缺乏这种"治理"的批判性。因此,我们把治理的批判性问题意识归入马克思的政治哲学,就并不是限于对以上述及的理论问题的一种适逢其时的反应。对这个问题的专题讨论本身就是马克思政治哲学的任务。

一、对马克思国家学说的最新发展的评述

讨论伊始,我们须承认,从现有的人们对马克思国家理论和可能对象的认识状况中,我们找不到一个适当的方向,借以对马克思与国家治理学说之关系作一种积极的、启发性的评论。在1978年,阿尔都塞才向我们道出了个中原委:马克思缺少对权力的分析,关于国家治理和党的政治理论也是缺席的,现在是将对这些东西的研究提上议事日程的时候了。① 这段话,作为一个关于特定历史时期马克思主义危机的原因探究和哲学发展的任务,如此地具有视野的确定性,以至于在此后几十年间,它一次又一次地出现回响,像一个"暗号"一样,从阿尔都塞到福柯,继而又到波普尔和杰索普——所有尝试了解马克思的其他人也都是这么说的——全力以赴地形成一个观点:马克思的著述忽略了国家(权力)这一问题。它既没有任何论述作为制度整体的国家可能服务的各种目标,也不会有

---

① 参见陈越编:《哲学与政治:阿尔都塞读本》,吉林人民出版社2003年版,第250—265页。

一种为了服务于这些目标而进行治理的问题探究。

人们若就此还要进一步细谈，也无非是表达出：马克思所言的国家，实质上是阶级统治说，国家只是一套镇压性的"机器""机关"，马克思是在将机械性象征当成对"工业"时代的思想表达。但对作为一整套包含较为严格的理论合法性概念和在任何国家都必须有一种治理的国家行为，往往只是从它们在存在的现实性的基本原则维度上加以批判。因此，人们向来是在这确定的视野里把属于上层建筑（城市之建筑象征）第一层面的国家当作马克思的国家定义。于是，常常被人们引证的一个20世纪末的预言便是：马克思主义国家理论尚未是"科学的"国家理论，而是被称为"隐喻性的""描述性的"理论。① 它的特征在于：它给自己对象所下的定义其实没有超出描述的范围，或只是有了理论的开端。而与此同时，还应当要求理论的发展。它的未来发展须实现视角的回归，即以"国家归位"的理论目标及其治理、元治理为定向。② 结果，人们不得不承认，马克思主义传统上一并称之为国家和社会的二元论，现在像作用力与反作用力一般轮番出现。这里，人们或许会看出，传统守成的压力是当今马克思国家学说历史发展的组成部分，各个派别均以这样一种方式行事：人们既可以谈论对马克思主义者来说那种阶级统治的国家认识论，但又不能超出

---

① 参见陈越编：《哲学与政治：阿尔都塞读本》，吉林人民出版社2003年版，第329页。
② 参见何英子：《杰索普国家理论研究》，浙江大学出版社2010年版，第27、40、124页。

这一马克思主义原则所允许谈论的国家理论之今后一切发展的范围。人们若要从受到的限制和诸多羁绊中挣脱出来，那意味着，可以通过给马克思的国家理论补充点"别的什么东西"而使之成为可能。据称在如此行事之前，蕴涵于国家理性中的"治理"① 没有在具有马克思主义精神的社会主义那里化为现实，人们也就不可能在那里提出这个一般性的主题。相反，据称，那个合乎信仰的国富民强、善治理念和最佳的国家形式的获悉，只有联合经济学/自由主义才能成为某种牢固的东西。

如果要更确切地获悉这种立场的特征，那就意味着，在此之后，我们将能懂得，为什么近几年人们不自主地或者犹犹豫豫地放弃了多少属于他们从前不能放弃的马克思主义信仰和原则，同时也为这种放弃获得了理由。因为，根据这样的问题来说明所列举的对马克思国家学说的理解，治理观念构成了从本质上说来是某种异质性的新的酵素。不过，在这样一种阐释定向中，马克思国家学说倒像是可以比喻成一个"袋子"，它随着人们往里面塞进每一种"新的东西"而改变形状，但它愈发地结实！人们不只深信国家治理说与国家阶级统治说的观念对立，而且深信他们努力寻找的治理术，并不能在马克思那里找到，因为与过分认可权力思想的黑格尔等人相比，马克思的问题根本不是维护德意志式的国家概念。

然而，当人们这样说的时候无疑已经带出了某种"前见""前理解"之类的东西，即对思想历史实情的遮蔽。而对于这

---

① "治理"（government），此处采用的语义是指，在国家机构的框架内，并借助这种框架，对国家权力的治理或者说人的行为方式予以管理的活动。

种遮蔽的原因，我在前面提出的论断，还只算很粗糙的描绘。这样的描绘不仅不能再将其装进桎梏般的框架，而且不援引具体情况也根本不能把捉住。我所说的具体情况是这样一些事实：关于马克思国家理论的发展，流俗的观点往往以误导性地说明马克思早期的国家体系（作为意识形态）的批判与成熟期的资本体系（作为科学）的批判之差别为阐释定向，并以此仅仅是通过年代学（时间顺序）给人一个概观。依此，看起来，只是在对黑格尔法哲学批判时，马克思尚可算作是涉及了所谓依国家理性对政治理性进行批判性反思。更为具体清晰的一点乃是，人们把马克思《关于林木盗窃法的辩论》作为该种解释的基本尺度。因为它的主旨就是私人利益与国家理性的关系。当时，正处于1815年至1848年间议会制思想的鼎盛阶段。无数的省议会议员在谈"国家观念"，在谈"法理感和公平感"，就是要诉诸一种总体意识来化解社会矛盾，但马克思表明，这都是"装装样子"的。因为，如果诉诸私有财产的神圣性，所有的法条就不能成立。省议会议员却说，国家理性一直在好好地运行。好比黑格尔理性主义者就普鲁士国家说"这就是国家"；在这里，马克思倒像马基雅维里所看到的那样，普鲁士国家，不是理想的国家，而是具体的国家。这样一来，马克思终于能够质疑德国地主在其领地范围内施行的治理术。所谓"人民"代表却用不同的语言将一种对国家理性的原始理解表面化和肤浅化。在他们的辩论中充斥着权力（领主裁判权）的滥用，而实际上国家的议会不再是以理服人的场所了。而且，马克思在此为一种根据纯粹片面的立法给出了一个批判。他说:"分而治之的原则不可能运用得比这更妙了。讨论前一条时不考虑后一条,而审议后一条时又忘记了前一条。……由于根据完全相反,两条都凌驾于任何讨论之上。"① 可是,省议会议员却说,这样做并没有错,而且理由一大堆,把在施行某种法律和政策时对弱势者"好话说尽"②、做做思想工作就算成了的客观现实鲜明地展示了出来。这一切说明了马克思触及到了当时德国的治理实践正威胁着国家理性这一实质性问题。

那么,我们该如何思考这种被思考的马克思的国家理性观呢?我们知道,这样的追问在一种根本意义上是有歧义的。为此需要有正确的理解。在一个领主应当如何从政治上对待其领地上的农民的问题上,马克思与省议会有着深刻的分歧。马克思批判的乃是善治幻想而非事实的、实践性的政治形式,并揭穿了国家理性实质上就是德意志诸侯等级代表的私人利益。而在另一层面,我们却发现,这种说明并没有吃准马克思原文的主旨。一般而言,马克思在此要说的是,一种超越阶级的、与我们今天所说的治理的政治形式有关的、代表一切人利益的国家理性,是对那种"私人利益的空虚的灵魂""被国家观念所照亮和熏染"③所特有的维系力。这样一来,在国家对财产的权力问题上,马克思的思想往往容易被人们张扬为两义性的。一个几乎尚未得到过澄清的问题现在也变成了半斤对八两的说

---

① 《马克思恩格斯全集》第1卷,人民出版社1956年版,第280—281页。
② 《马克思恩格斯全集》第1卷,人民出版社1956年版,第285页。
③ 《马克思恩格斯全集》第1卷,人民出版社1956年版,第261页。

法。如果人们在蹩脚的说明中，把青年马克思的著作假扮成是"黎明前黑暗的著作偏偏是离即将升起的太阳最远的著作"（阿尔都塞语），那么，他就必然屈从于这种两义性话语。可是，当人们跨越了这两种言辞的真相并理解了这两重说法的关联，那就必须提醒自己质询这样一个问题：假如马克思的唯物主义思想转折是一段"时期"，那么，马克思此时是处于开端、结尾还是中间？如果确实有早期、中期和晚期的马克思相对立的形象，如人们通常所理解的那样，那么，在这个文本中，对国家理性抨击的马克思相对于他的思想本质又处于何种时期呢？于此，让我们惊奇的是，我们体会到，在马克思思想中，某种东西不能反对，也不能调和，当然更不能在理论上装模作样作坚决表态状。比拟着说，像奥格斯堡《总汇报》的记者那样认为"君主政体应当设法用自己的方式去掌握社会主义和共产主义思想"，简直"异想天开"。① 但在另一方面，如果我们对理性主义国家观念的丰富内容不容加上概念定义的狭小桎梏，那么我们同样不能避开阶级统治说与国家治理说彼此间辩证发展的张力——"如果抽掉'治理'，'统治'还剩下什么呢？"（赛德尔语）我们认为，这样的质询一以贯之地出现在马克思那里，至少施加在马克思思想发展的诸多后面发展的阶段之上。只有以这样一种意义上的陈说，早期马克思才将国家和市民社会的区分视为一种历史普遍性。不过，马克思这里所谓的"市民社会"已然是由作为一个个个体"国家"

---

① 《马克思恩格斯全集》第 1 卷，人民出版社 1956 年版，第 292 页。

而被区分并组织起来的存在,即所谓的市民被吸纳为国民。或者说,即使不谈政治性的国家,国家依然会保留在市民社会本身中,因而须有一种治理。这条将国家还原为社会的历史性认知之线,只勾出了马克思对过分的国家政治理性的限制的轮廓,要是连这个轮廓都没有,就不成其为我们对马克思国家学说的历史性表述了。而作为正确的理解,马克思对国家的思考的基本面相的确是在别的方面,即摆脱国家理性转而思考无产阶级专政的职能的变化及其权力关系和新的管理形式。

在这里,我们在其中看到的事情本质是,一方面,马克思在《资本论》中把国家打上"括号",这无非是因为国家没有"独立的"属性,权力政治的介入归根结底只能遵循资本主义经济原理。从这一角度看,在马克思的政治经济学批判主题和现代国家以科学形式出现治理实践主题之间或许有很大的区别,这使传统马克思主义者轻视国家理性的现代形式批判,即权力或权力政治批判,或者相反使他们回归到所谓前《资本论》的马克思的国家理论;另一方面,还有一个区别也绝对不容忽视,即在马克思赋予无产阶级夺取政权并转化国家形式与无产阶级要推翻国家的使命之间的区别。在这种定向中,我们可以说明作为教条的那个马克思国家理论的开端,即说明传统马克思主义者何以错误地把依国家理性的治理问题简单理解为和自由主义相关的问题的根源,而同时,对国家革命化转移到治理化之轨道上,从而也殊为鲜明地显示了现存自由民主社会和国家何以需要一种关于公正分配的理论而非国家理论。

可是,这里须说明,这个判断并未得到决断,还在进行中，其中还有不少不准确的地方，也有不少假设成分。如此一来，可能会促使人们重新去思索众说纷纭的关于马克思的国家理论要素的种种可疑问题，同时，也促使人们重新去思考关于马克思国家理论发展的疑难问题。

二、从治理实践的主题考察马克思政论的思想地位

1842 年，马克思 24 岁。当年，马克思主笔《莱茵报》，他的职业梦想并未受到根本威胁，警方的高度监控并未阻碍他做自己想做的事，纵是他在所有战线上与人笔战有点"暴烈脾气"，他抨击了书报检查令，《德意志年鉴》没有发表他的文章；他依"自由化且理性化的国家"理念为婚姻世俗化辩护，《科隆报》的主编海尔梅斯攻击他；他"鼓吹法国式思想"，一些柏林的官员指责他，说他"说了不少对宗教不敬的话"，省总督沙佩尔警告他……"①，但这些小灾小患，以马克思的抱负之大，似乎在所不免。根据梅林的观点，马克思"对待每个问题的实事求是的态度"，显然比鲍威尔或施蒂纳的文章"更能使报纸股东们容忍青年黑格尔主义。否则就无法理解，为什么在他的第一篇文章发表几个月以后，在 1842 年 10 月，股东们就请他做了该报主笔"②。易言之，在马克思生平和著作年表上，1842 年或许实为平平淡淡的一年。当时，

---

① 参见 [法] 雅克·阿塔利：《卡尔·马克思》，刘成富等译，上海人民出版社 2010 年版，第 39—43 页。
② [德] 弗·梅林：《马克思传》，樊集译，人民出版社 1965 年版，第 50 页。

第一章 政道与政治的根本关怀

人们称马克思为政论作者,借助攻击性文章、讽刺性评论,从事一种反舆论操纵性的职业。那么,我们应当如何评价 1842 年的马克思呢?如果我们扫一眼现今的报刊复印资料,那么,在学者计算式中,这个年代的马克思作品的分量,仅仅是与"书报检查官""主管机关""辩护人""报刊编辑""警察""这么一批政府所熟悉的万能天才""挑选这些人才的人",所有这些施行治理的人打打"笔墨官司"而已。往马克思是没有权势的人方面去想,马克思这样一个饱学之士与当权者的争辩,其效果只不过从话语里掉落了些唾沫星子而已,当今学者从这唾沫星子出发绝不能"回到马克思"——除了给学者他们大量的课题和推动之外。既然如此,我们又从哪个角度认为马克思参加《莱茵报》的工作有着特别重要的意义?他对时事进行针砭诊断的热情,究竟是出于哪一种实际"功夫"?

在此,我们又起疑惑了。1842 年,在当代思想史上,为马克思撰写《1844 年经济学哲学手稿》前两年或他撰写《德意志意识形态》前三年。这两部作品的声誉赖以存在的特点和杰出之处,是以一种发现了所谓"真正的马克思"的思想才能著称的。因为它们的巨大成就便容易获得"地位",也由于它们的成功就更容易忽视当年马克思撰写的这一系列政论文章。今天还一如梅林的时代。所谓的正统观念总是会限制其深度和广度的评估。据说,黑格尔的现实性要求是这些政论的一个极端重要方面。而一旦人们把思想才能同作品的"地位"扯在一起,又多么容易导致那些在概念史逻辑名义下目的论治史思路(一种单线治史性的描述)的形成。自从梅林在他的名著《马克思传》里说这些文章还带有"某种不稳定的性质"以来，自从阿尔都塞把"认识论断裂"带进了马克思思想史以来，上述两部作品的"地位"因为"成熟"就变成了一种极其固定化的了，相反，作为政论作者，马克思在1842年的思想才能似乎变成了极其不稳定的了。从这种印象中推导出来的某种结论通常会告诉我们，依据必然的理智规律，不固定的东西要依赖于固定的东西方能获得定位，并从它那里得到支持和内容。那么事情就是，这些政论的思想才能是没有保障的，其地位是成问题的，因为它们都是不稳定的。从流俗所见的，就是当年列宁作出的区分，说在《莱茵报》上的文章"可以看出马克思从唯心主义向唯物主义、从革命民主主义向共产主义的转变"[①]。

　　理智的重要职能虽然就是把世界的每项内容纳入固定的规定性之中，但写作的人却不会愿意用一种习语规定自己的思想。因此，出于公正也要求我们承认，"转变"不是指让某个事物稳定，相反，有的事物必须不稳定才能真正保持稳定，毕竟这两者——思想才能和作品地位——都不是固定的。或许，依据不同的原则它们也处于各种不同的界限之内。而如果人们因此想寻求一个令其中一个成为另一个的框架，即使也有很好的理由去搜寻逻辑线索，但却有可能成为任意的武断。对此，我们其实知道得很清楚：人们不应该从现成传记或文本学研究中查阅马克思被当代人重视的程度。马克思的作品就其本质来

---

① 参见《列宁全集》第26卷，人民出版社1988年版，第83页。

说是无法估量的。众所周知,在他的学术计划中,除了已经完成的论文以外,大多数却是未竟之作。实际上,马克思之所以思想才能卓著,不是因为他在持续地发挥这种才能,更主要的是因为他是能够把自己的思想转化为历史行动的人。由此,"马克思在政治上的迅速发展"才拖延了对黑格尔进行批判性的研究。① 至于如果马克思能够在今天就知道明天他能做什么,并把各种激情和事件囊括其中,那么,他的作品就会具有多么神秘的法术了。这已经算不上什么新的观点了。我们的意思是说,我们注意到马克思自己不愿在固定框架上被学者衡量,而是作为正在涌现的思想时代来说明永远变化的思想被衡量。另一方面,他虽然具有强有力的逻辑感,但他并不总是觉得须用科学的逻辑来表达他内心的根本思想。因而,他经常不仅要面临理智上的巨大疑问,而且也面临良心上的巨大拷问:他预感自己将处于一种从未遇到过的尴尬局面。《莱茵报》时期的作品促使我们必作如此沉思。

因此,说到底,这些政论表面看来虽似末端小节,却是以前思想的症结,也是以后思想裂缝和奔腾洪流的机缘。如前所述,马克思原本无法提出一个像权力问题那样明确地被旧哲学标准排除的问题。这个观点虽不准确却事出有因:所谓马克思在明确反对在形而上学或神学基础上弄清楚国家的来源和发展,弄清楚治理者与被治理者的关系,但这种反对又好像默默承接了黑格尔和德国人那种思维方式的局限。如同人们在研究

---

① 参见吴晓明:《马克思早期思想的逻辑》,云南人民出版社 1993 年版,第 130 页。

德国历史时反复当笑话说的话:英国人不能理解德国人的合理性。在德国人的历史视野中,世界并非上帝独造,而是和什么人合作完成的。人们乐意把因祸得福的事归于上帝恩典,可是好事变成坏事的情况则是归于另有他人作祟。对此作精确理解是必要的:如同迈内克所言:"在英国,没有哪个感到有兴趣去较为深刻地思索理性国家与实际存在国家之间的冲突,因为英国人拥有的实际国家被他们自己觉得是最为理性的。"① 沃格林也发表过这样的意见,他说:"同许多政治制度并存的,反而是从康德和赫尔德发展至费希特、黑格尔、谢林和马克思的一系列对形而上学和神的思考。与法国和英国的思想家不同,德国思想家的思考努力,并没有使人们理解或知晓一个民族政体所具有的制度,因为这些制度并不存在。"② 源自这种历史解释的东西,我们似乎只能接受。然而,真正的问题在于:沃格林等人对马克思和他的先辈不加区分的评断是颇为可疑的。而如果果真完全局限于建构出一个所谓"颠倒的"黑格尔,那么马克思在何种意义上说"**我们只要求坚持不懈地、全面地健全普鲁士的基本机构**"③呢?马克思不仅这样说,马克思还认为:"就连普鲁士政府自己也承认我们还缺乏某些国家形式,如果不承认这一点,政府有什么理由来建立新的国家形式,即委员会呢?"至于,马克思同《科隆日报》论战并谈到

---

① [德]弗里德里希·迈内克:《马基雅维里主义:"国家理由"观念及其在现代史上的地位》,时殷弘译,商务印书馆2008年版,第489页。
② 参见 [美]埃里克·沃格林:《革命与新科学》,谢华育译,华东师范大学出版社2009年版,第14页。
③ 《马克思恩格斯全集》第1卷,人民出版社1956年版,第408页。

第一章 政道与政治的根本关怀

当今普鲁士国家只有"政府",却没有"国家",所谓在"官僚势力还是太强大"时,人民没有"过着真正国家生活"是什么意思呢?一边发表这样的议论,一边还不断责难目前的整个普鲁士国家组织没有"生动的内容充实自己",这难道不是在批评政府并关乎治理的主题吗?而如果人民的不满或人民不相信这些国家机构①,难道问题不是更严重了吗?如果确实如此,比起"治水""治大气污染"来,难道人民的相信和满意不是一个更值得颂扬的政府的政绩吗?对于这些设问,惟有联系《莱茵报》时期乃至整个马克思的文本,期间的因果关系恰是我们所谓马克思早期著作中的国家理论之当代发现的重点。按其理念来说,这位已卷到"最危险的"政治里去的真正才识全面的人已经对治理的合理性进行恒常的批判了。但对我们来说,还鲜有深思的是,我们能从这些政论说些什么新内容?

这里显示出这样一个谜团:"国家理性(reason of state)"是在一个复杂、盘根错节且意义并非一成不变中存在的。② 因此,我们完全无意区分"理性"一词的不同意思(比如,谈谈理性与规则的关系),也不想辩论通用的"国家"一词同样众多的含义。为了思入马克思的思想深处,有必要对这里讨论的"国家理性"作一个定义,但不能让这种理念组合与特定概念的联系过于紧密。我们不妨从先行评估迈内克的《马基

---

① 参见《马克思恩格斯全集》第1卷,人民出版社1956年版,第406—407页。
② 参见"国家理性"(reason of state)的德语和法语词典的"staatsräson"和"état raison/Raison d'Etat"词义是指在一定情形中服从国家利益对私人利益侵犯的借口或托词。在政治思想转换上若选择翻译成国家理由,则搁置了褒贬色彩。

雅维里主义》这本书所采用的对这个词应有的理解入手。因为，国家理性观念正是作为他论及19世纪甚至20世纪时的国家学说的重点。他是根据思想史来确定现代国家理性概念的。其中，每一个基于如何克服政治"经验主义与理性主义、实际存在国家与理性存在国家之间的剧烈分裂"的国家观念都被他视为（现代）国家理性观念。① 在此，由于我们的研究框架，我们将满足于注意到被他常常用来表明一种审视治国方略和权力政治这个主题的立场。历史地看，我们所知道的国家理性有：马基雅维里主义，国家的权力政治或者权力和生活意志，"由普遍的权势状况规定的行为方式的一种理性认识"②，"国家为了不时臻于其存在的巅峰而必须做什么的考虑"③，或者甚至是必要的为了国家利益的"可怕的'暴力压制'"④，权力问题、权力政治和权力国家观念只是"国家理性"的现代替代用词⑤，等等。

值得注意的是，迈内克把历经四个世纪之久的丰富的国家理性观念编织在巨幅的观念史地毯上，仅仅把国家理性概念定义为一种关于权力追逐、权力政治和类似的东西之完全普遍的

---

① ［德］弗里德里希·迈内克：《马基雅维里主义："国家理由"观念及其在现代史上的地位》，时殷弘译，商务印书馆2009年版，第488—489页。
② ［德］弗里德里希·迈内克：《马基雅维里主义："国家理由"观念及其在现代史上的地位》，时殷弘译，商务印书馆2009年版，第539页。
③ ［德］弗里德里希·迈内克：《马基雅维里主义："国家理由"观念及其在现代史上的地位》，时殷弘译，商务印书馆2009年版，第56页。
④ ［德］弗里德里希·迈内克：《马基雅维里主义："国家理由"观念及其在现代史上的地位》，时殷弘译，商务印书馆2009年版，第561页。
⑤ ［德］弗里德里希·迈内克：《马基雅维里主义："国家理由"观念及其在现代史上的地位》，时殷弘译，商务印书馆2009年版，第567页。

观念，并无可避免地陷于权力政治和普遍道德诫条之间的对立视角。这是极其矛盾的。因为只要稍稍确定国家理性的一般范围，就不能不注意到以国家理性治理问题的特殊性。对于理解国家历史发展的人来说，有待思考的东西并不是权力与伦理的原始对立，倒不如说，是现代国家之开端即在于承认治理的问题化进入政治领域的本质意义。因为，惟有在现代国家治理中，作为国家理性才能逗留和活动。它应合着国家理性之"好的""明智的""健康的""管得合宜的"和"坏的""愚蠢的""病态的""管得太多（少）的"理由而变化。这显然不曾引起迈内克的兴趣。而且，说从马基雅维里延伸到兰克和特赖奇克，从绝对王权论延伸到民族国家意味着国家理性观念的"进步"[1]，也是个大胆而引起纠弹的提法。因为，如果从马基雅维里、弗雷德里克大帝到黑格尔作为"卓越超群"的"三位最突出的人物"[2]可以耸立在这条国家理性观念线上的话，那么，以冀说明它越走近现代，其结构便越是以黑格尔化的方式增强着，直至在19世纪的国家思想中达到巅峰，这才是危险的。其实，这条线漫长辽远，在它开始时，就面临着赤裸裸的分叉的威胁。如果说黑格尔的国家理性观念的确是受局限的马基雅维里主义的一个杂乱、任意、冒险的变化的观点是正确的，那么围绕黑格尔的国家理性观念展开的见解和观点本

---

[1] ［德］弗里德里希·迈内克：《马基雅维里主义："国家理由"观念及其在现代史上的地位》，时殷弘译，商务印书馆2009年版，第537页。
[2] ［德］弗里德里希·迈内克：《马基雅维里主义："国家理由"观念及其在现代史上的地位》，时殷弘译，商务印书馆2009年版，第512页。

身就蕴含了各种可能性的观点,就更是正确的了。在它们由后期"新的"个性伦理和"新的"历史主义引导下,国家理性却看到了伟大而强有力的个体。国家理性观念随即成为作为一个个体的国家之内在运动法则①而非黑格尔思想体系下的国家,即所谓"众秩序之秩序,众制度之制度"(卡尔·施米特语),或者成为"支配单个国务活动家的个性的国家个性观念"②。

与此同时,如果马基雅维里、弗雷德里克大帝、黑格尔等人伟大的国家理性观念创造,是四个世纪以来具有宏大至伟的纪念碑意义的学说,那么,迈内克大概最终以为可以在"一种被净化了的、更为真正明智的"③国家理性中找到国家存在的理由。可是,照他这样讲下去,为什么没有廓清原足以阐明国家理性根源的马克思呢?表面上看来,马克思对国家理性观念的兴趣并不大,但在其政论中明确地作了探讨。可以说,如果迈内克仍然满怀信心地将一种力求在对立之中取得平衡的道德二元论看成是他解决暴虐的国家理性问题的"良药",那么根据马克思给我们讲的一般性原则——"同整个国家理性和国家伦理联系起来来解决每一个涉及物质的课题"④也并非无关紧要:治理就矗立于政治与伦理的接合处。可是,这并非是

---

① [德] 弗里德里希·迈内克:《马基雅维里主义:"国家理由"观念及其在现代史上的地位》,时殷弘译,商务印书馆2009年版,第538、545页。
② [德] 弗里德里希·迈内克:《马基雅维里主义:"国家理由"观念及其在现代史上的地位》,时殷弘译,商务印书馆2009年版,第538页。
③ [德] 弗里德里希·迈内克:《马基雅维里主义:"国家理由"观念及其在现代史上的地位》,时殷弘译,商务印书馆2009年版,第592页。
④ 《马克思恩格斯全集》第1卷,人民出版社1956年版,第290页。

我们通常所谓唯物主义与唯心主义的对立,却也无妨将马克思此时的世界观定义为"法权世界观"①,即法权或者实际领域的权力必须出于国家理由而被考虑。像通常人们认为的那样,难道我们仅仅因为马克思后来对自己原先用国家理性观念承载国家和权力问题的总体阐释的疑虑,因为它的表述不够"唯物主义",就不应该把它当作当前的一个重要问题吗?难道它不是以其独有的内涵而与一个特定的时代,与19世纪的共产主义思想之理论上的现实性联系在一起吗?

我们相信,止于研究马克思那里是否真的赞成有一个国家理性的模式已经不够了,还必须进一步阐明马克思拒斥黑格尔的国家理性观所坚持的治理化的社会产生并决定国家这一命题的思想内涵和实践意义。不管怎样,马克思要求我们"从由国家内部结构所造成和决定的那些现实差别出发,而不要从国家生活领域倒退到国家生活早就使其丧失意义的某些虚构的领域中去"②。由此,我们从马克思国家理性观念本身的转变中出现的不同概念、不同元素中,呈现出两个不同的可讨论焦点:一是,那些批评国家理性的人会说,尽情地挖掘那特定的、马克思意义上的治理术吧!我们其实只能找到马克思主义,也就是说,除了诸如"国家是私有财产的维护者""特殊利益在政治上的独立于国家是国家内部疾病的表现"等观点之外,什么也找不到;二是,那些坚持国家理性的人

---

① 参见张一兵主编:《马克思哲学的历史原像》,人民出版社2009年版,第507页。
② 《马克思恩格斯全集》第1卷,人民出版社1956年版,第334页。

会说，实际上我们寻找治理的理由，跟作为19世纪的马克思的思考基准点，没有关系，但并非不宜将它作为一种治理的主题。我们通过马克思的观点来增进我们寻求治理之政治算术的兴趣。

如果这些分析是持之有据的，对16世纪以来就已不断加剧的世俗化以及与之附随的治理客观化趋势的思考，就会使人们发现可以将国家理性理解为理性治理，其简短的表述就是要求"依法而治而非依人而治"。对马克思来说，这当然意味着用我们称之为法权（理）批判的唯物主义替代那种"让私人利益为法制定法律"的"下流的唯物主义"。①然而，马克思让我们再次提问：人类要"依法而治"而不"依人而治"的根据何在？在这里，我们不拟展开探讨，而只是提一下"法律的眼睛睁着"这个历史的隐喻。今天这个关于法之根据的隐喻阐释听上去已五味杂陈："讽刺的、平静的或警示的"②。对马克思来说，一方面，从前自由主义国家法哲学家根据"本能，例如功名心、善交际，或者虽然根据理性，但并不是社会的而是个人的理性来构想国家"，而现在从事国家法的自由主义者认为，"个别公民服从国家的法律也就是服从他自己的理性即人类理性的自然规律"。比较起来，马克思认为，后

---

① 参见《马克思恩格斯全集》第1卷，人民出版社1956年版，第288—289页。
② "法律的眼睛"这个比喻隐藏着历史的法的功能理解：从古典时期到20世纪的专制时期，法律根本上转变了它的角色，即从"神的眼睛""正义之眼""君主的眼睛"直至转换成警察、监控，等等。（参见米歇尔·施托莱斯：《法律的眼睛——一个隐喻的历史》，杨贝译，中国政法大学出版社2012年版。）

者"更加理想和深刻",它突出了整体观念来构想国家。① 而如果整体观念可以连结到人民整体的利益,而不只是连结到一个基于个人主义的市民社会的话,那么整个"法律"的片面性实际上就已经需要调整了;另一方面,马克思又必然注意到,在现代法律不再具有超验性与正义赖以确立支持的神圣性要素趋于衰竭的情形下,它愈来愈使得法律本身矮化为议会手中的公民政治的"假面舞会"——"对一方是合法的东西,对另一方却是违法的东西"。② 双方在整个世界里都只能看到自己,所有"他方"都是自己特殊利益的"绊脚石"。这个富有特色的"一方对另一方"包含着议会自由主义与民主政治的全部混乱状态。我们所旁观到的这个游戏,被马克思置于批判国家和市民社会区分的特定的治理图式之中。

首先,在围绕政府官员有没有能力处理公共事务上的辩论,马克思揭露了社会现实与官僚在办公室里所设想的社会现实之间的矛盾。如果假借国家名义来实行管理,而这个国家并非是人民的国家,那么,对国家意志的诉求就导致如下结果:人民的意志与国家的意志是两种完全不同、相互冲突的意志。光是考虑到这一点,就必须从官僚界内部走出来,"允许对官僚一手创造出来的管理原则和制度的完善性表示怀疑",消解"官方的认识**更加高明**的观点"。③ 摆脱德国陈旧的、带有半封建色彩的君王主权治理术;其次,既然无论什么样的超验性引

---
① 《马克思恩格斯全集》第1卷,人民出版社1956年版,第228页。
② 《马克思恩格斯全集》第1卷,人民出版社1956年版,第122页。
③ 《马克思恩格斯全集》第1卷,人民出版社1956年版,第372—373页。

入一国的民主政治生活都不足为凭,那么高与低、上与下、治理者与被治理者之间的实质性区分便不成道理。相反,应当用"公民的理性"取代"等级的非理性"①,促成德国政治"当代的历史同时代"之自由理性的治理术,而如果重要媒体也如同一种所谓"道德矫正",据此就理所当然申明"废除书报检查制度"②;最后,马克思关心的并非"某一**特殊的国家形式**",而是"一个**合乎伦理和理性的共同体**"③,人民是历史的实体与政治的实体。它有通道进入历史叙述。尊重民意必然是一个治理问题。不过,它是不同于自由主义那样扣紧国家制度建制而思考的治理问题。一般而言,那些关注政治的人是民意的载体。在民主舆论的沙砾上,最关键的问题是,管理和引导社会舆论。预防抽象地"把政府同人民对立起来"、预防某种价值颠倒——政府做了符合人民精神的"好"事却被心怀恶意的人从"坏的"方面理解,或者政府本身做了违反人民精神的"坏"事却打压"出于善良的意愿"④的批评。换句话说,当公共领域发生了价值评价翻转时,就会发生国家理由的介入,以保证治理者与被治理者之间沟通的动态关系。所以,与民主时代相适应的政治盘算至少一半是舆论操作技术。

---

① 《马克思恩格斯全集》第1卷,人民出版社1956年版,第427页。
② 《马克思恩格斯全集》第1卷,人民出版社1956年版,第134页。
③ 《马克思恩格斯全集》第1卷,人民出版社1956年版,第426页。
④ 《马克思恩格斯全集》第1卷,人民出版社1956年版,第427页。

三、马克思对作为一种治理范式的国民经济学的批判

记得培根曾在什么地方说过,经济学的诞生、政论作者的产生,标志着治理术的源头、形成和建立。福柯则补充说,"经济和舆论","这两点就是治理将要掌控的两大现实元素"。① 马克思则会将该思想升华到历史观层次上说,在人类历史上,随着"作为全部社会生产行为的基础和主体的人口"② 压力问题域的出现,国民经济学和舆论操作技术,也就通过治理科学得到了真正的本质规定。我们认为,这里的问题不在于马克思是否独立分析了具体的治理科学,而是将作为一种治理范式的国民经济学与之作对照、比较。在此描绘的关联显而易见:一方面是"免于饥馑的国民"。一旦处于历史流变中的国家建立,只要国家作为一个国家而存在,就要为此种作为日常治理的国事所宰制、所扰攘。另一方面除了肚子之外,就是脑袋,就要使舆论操作变得合理化的原则和方法。从这个角度说,国民经济学可作宏大叙事看待。

众所周知,欧洲社会之所以率先成为现代化国家,归因于依据国家理性的治理理由发生了转型,即从诉诸宇宙学的、神学的、宪政学的理由转向经济学—社会学的理由。具体地说,

---

① 参见 [法] 米歇尔·福柯:《安全、领土与人口》,钱翰等译,上海人民出版社2010年版,第240页。
② 《马克思恩格斯选集》第2卷,人民出版社1995年版,第18页。

一是从倚重权力的强制力和道德的感召力转而顺从国家的理由，即以国家本身为目的之必要治理的理由。另一点则是从简单地强加一些真实的或虚假的信仰转而加强日常政治思想教育。作为一种实践合理性的国家理性的重构的重要特性，就是伴随社会舆论的改变去改变人们的（政治）思想方式、行为方式。但在马克思看来，应当"把国家看作是相互教育的自由人的联合体"，而不是"看作是被指定接受上面的教育并从'狭隘的'教室走进'更广阔的'教室的一群成年人"①，而且是从国家观点出发"终归使同国家疏远的人心又转向国家"。因此，政治论证应该给自己确定这样的目标："要把国家由神秘的、僧侣式的东西变成公开的、人人了解、个个有关的尘世的东西，要使国家变得与公民骨肉相联。"②

我们发现，在马克思早期思想中，萦绕于怀、深切关注的东西并不是国家，然而它却扮演着不能化约的角色。当然，国家之强大，并不是说它要使一切不属于国家的东西变得归属于国家。即使人们认为，建立一个独立于国家的经济或独立于经济的国家，都是可能的。但从现代国家观点出发，决定性的关联点始终是我们是依归抑或摆脱国家理性。它关乎"独立于国家的"社会内部的差别是否应当受到国家的约束。毫无疑问，不被曲解的国家之生存理性的治理本然要求摆脱面带菜色的国民。欧洲之所以发生重商主义与重农主义和与之相应的经济政策之间的争论，都跟当时频繁发生的粮食匮乏及其纾困之

---

① 《马克思恩格斯全集》第1卷，人民出版社1956年版，第217页。
② 《马克思恩格斯全集》第1卷，人民出版社1956年版，第403页。

道相联系。所以,马克思准确地认识了资本主义所包含的各种新的制度结构性的矛盾,认为,国民经济学的根本意义不在于群众的社会疾苦,更不在于财富的公平分配之类的政治问题。因为,贫困是"从现代劳动本身的**本质**中产生出来。社会的最富裕状态,这个大致还是可以实现并且至少是国民经济学和市民社会的目的的理想,对工人来说却是**持续不变的贫困**"①,而决非斯密所谓的"共同富裕"。因此,就出现了对财富生产的服从之极为特定的不幸。也就是说,"在财富已经达到它可能达到的顶点的国家","大多数人"是"不幸福的"。② 如果用斯密所谓的作为"政治家与立法者科学的"经济学来盘算经济的政治实践,这本身就是一种没有主体的幸福。斯密等国民经济学家所表现的大胆宣扬资产阶级合理的经济利己主义说的是"国家的幸福",似乎从来无关"人的幸福"。它将一整套增强国家力量的"说教"叫作"经济的治理",却将工人的物质的或精神的救赎抛在脑后。这当然不是富裕国家可能的"政策错误",也不是这种以国家理性的名义的治理理性还很年轻而无法不偏不倚地计算每个人的幸福之故。相反,它恰恰是当时政治经济学的"富国穷国"之争的一个根本性的"安全"政策。在重农主义政治家的政治思想中,出于反治理的理由,设定饥荒和灾害并非是必须预防的危机,而是难以避免的不幸,至多可以虑及把这种不幸引向有益的方向,利用这种不幸以遏制更大的不幸。而如果一个关于政治的、道德的和宇

---

① 《马克思恩格斯全集》第 3 卷,人民出版社 2002 年版,第 232 页。
② 《马克思恩格斯全集》第 3 卷,人民出版社 2002 年版,第 229—230 页。

宙论的不幸概念就出于这一"典型的"手法，那么如同马克思所看到的，"商品质量普遍低劣、伪造、假冒，无毒不有"，这并不是非正常的情况或什么例外，相反是国民经济学不断使用隐晦证明——以"人性恶"这样一种一般哲学观点和方法论的结果，并使这种结果证实某种治国之术（譬如，把富有和贫穷看作经济领域的控制因素）所实行的政策也是"国民经济学最喜爱的状态"①。马克思在评普鲁士改革时指出："一个国家越是强盛，因而**政治性越强**，那末这个国家就越不会理解**社会疾苦**的**普遍性**，就越不会在**国家的原理**中，也就是不会在**现存的社会结构**中去寻找社会疾苦的根源。"② 这是政治理智的悲剧。从这里出发，马克思把政治经济学理解为治国之道的问题意识明确地触及了现代政治、道德和法律的悖论。最根本的悖论在于"需求和供给之间的比例失调在整个生产的重要结果——人的生存——上得到最显著的表现"③。但国民经济学家解决此一悖论，其特性并不在于不注意生产本身、不认为生产本身的发展是社会财富的基础，而在于以某种方式把生产的目的看作"带来多少利息"，把工人看作商品，把处于资本与劳动对抗关系之外的劳动人看作不存在。这些人是只"在医生、法官、掘墓者、乞丐管理人等等的眼中才存在的**人物**"，只是"小偷、骗子、乞丐，失业的、快饿死的、贫穷的

---

① 《马克思恩格斯全集》第 3 卷，人民出版社 2002 年版，第 244—245 页。
② 《马克思恩格斯全集》第 1 卷，人民出版社 1956 年版，第 480 页。
③ 《马克思恩格斯全集》第 3 卷，人民出版社 2002 年版，第 348 页。

和犯罪的劳动人"。① 换句话说,他们是在国民经济学领域之外旨在保障现代资本社会之表面安全的治安科学管理的对象。

就此,在国民经济学那里,马克思发现了隐藏在背后的、几乎没有言明的、实际上是由常态与非常态之二元对立所主宰的国家理性观念。在马克思看来,国民经济学将异化等同于外化、等同于常态,它将一种极端不正常状态看成是正常的。它的逻辑出发点是一种不正常状态的存在:劳动依然奴隶制般地屈从于使人不成为人的状态,"劳动本身也成为工人只有通过最大的努力和极不规则的中断才能加以占有的对象"②。从此,在资本主义这座愚人院里能够把这整个发展纳入规律化、正常化,或作为世界受到小小的干扰但却基本上属于正常情况来解释和把握。因此,我们在此看到了国民经济学解决政治、道德和法律问题的方式自然地取向于俭省治理以对抗国家理性的霸权和过度治理。就它对过度治理的危险的警觉理由而言,它寄寓于如下问题及其解决的态度,即基于需求和供给之间的矛盾之上,种种矛盾不可能通过强制管理系统面面俱到地解决。国家之所以不同于保育院,就在于"照管"的范围太大了,而只能通过诸如重农主义的经济表或斯密的"看不见的手"这类概念。它还得靠改变或惩戒人们的心灵和行为方式。所以,在国民经济学领域不断掀起了关于奢侈抑或节约、勤奋抑或懒惰、增进人口繁衍抑或抑制人口繁衍等话题的争论。照这样理解,从现代国民经济学的角度看,该怎样准确地理解什么叫作

---

① 参见《马克思恩格斯全集》第3卷,人民出版社2002年版,第282页。
② 《马克思恩格斯全集》第3卷,人民出版社2002年版,第268页。

治理术呢？问题的关键却在于联系数目字管理的计算。激起现代人基本态度变化的便是依赖这门科学的结果而生活着。对人口增减的调节比拟着说就是对"现金流"的调节，对"人流"的调节比拟着说就是对"物流"的治理。这难道不是想"把尽可能**贫乏的**生活（生存）当作**计算**的标准"，"而且是普遍标准；说普遍的标准，是因为它适用于大多数人"。① 但不容否认的是，人们原本就无法解决这一道运算——例如把一个个充满变量的人口生育"意愿"或"民意"累加起来，统计数学以其便利的条件顷刻间便得以完成。此间却与把原子式个体纳入社会这一进程背道而驰。从此，国民经济学这门关于财富的科学假设可以被描述为：在国民经济学领域之外，作为"没有感觉和没有需要的存在物"的工人的生存是个"幽灵"。②

假如我们把这种对合理利己主义路线的说明看成是对以《国富论》为代表的资产阶级政治经济学的真实意图与目的的表述，则它在很大程度上就是某种治理术。对马克思而言，这个说明要比当时德国资产阶级经济学家把"国民经济"称作"国家经济"借以适应君主制国家机器和国家"社会政策"的那一种说明有过之而无不及。因为，实际上，政治经济学在德国"缺乏生长的土壤。它作为成品从英国和法国输入；德国的政治经济学教授一直是学生"③。而斯密等人所表现出来的对法律与政府进行更有雄心的探究，在很大程度上也可以说，

---

① 《马克思恩格斯全集》第3卷，人民出版社2002年版，第341—342页。
② 《马克思恩格斯全集》第3卷，人民出版社2002年版，第282页。
③ 参见《马克思恩格斯文集》第5卷，人民出版社2009年版，第15页。

经济学在其体系中所占据的实际上是虽关键却绝非主导的位置。所以结论只能是：在政治经济学体系中，它长久地表现为"政治学"的一个要素、"国家学"的当然的一部分。这里根本不能说是我们对《国富论》等经济学著作之真正主旨的本质领会有害，也不能说无害。相反，在理论上，国民经济学体系必包含有一个清晰可见的自由主义治理术的某些逻辑结果。比方说，重农学派断言"土地所有者是惟一的真正的生产者"，因而也是一国的主要纳税人，但是，现代国民经济学却相反地证明了"土地所有者本身倒是惟一的完全不生产的食利者"。① 作为这样的争论，不只是在国家的"行动着的机构"面前的"市民社会"的科学（专家）的思考，而且还包括彼此浑噩终日的减损或合理化当前的治理术之意识形态操弄。而我不得不重复马克思对于"生产"的关注，正是在生产环节，马克思发现了资本增殖的秘密：租金是工人无酬劳动的结果。不过这对于马克思这里对国民经济学的批判而言似乎别具意味：相对于重农学派名号下寻求旨在使君主权力受到限制的管理，现代国民经济学则在不同政治语境中对政府治理提出不同的问题和方法，并认为法律工具才是有效治理的形式。从重农学派到现代国民经济学的发展，全新的事实意味着，资本所有者所拥有的政治特权并"参预国事"取决于他们缴纳什么税种以及他们是不是"主要纳税人这一事实"。② 随着政治权力在欧洲社会趋向于越来越集中的形式，民主就面临从经济和财

---

① 《马克思恩格斯全集》第3卷，人民出版社2002年版，第251页。
② 《马克思恩格斯全集》第3卷，人民出版社2002年版，第351—352页。

政方面而来的威胁。在现代大众民主制下,只要经济对立是一种阶级对立而伤害民主的本质,那么古老的为人们所信奉的缴纳赋税与人民代表的牢固联系和责任担当便不再可能维持下去。现代国家治理面对着一个全新的"财政"问题,即关于国家收支的正确比例和公正分配的预算民主建设问题。对我们而言,重要的是从目前的时势中观察这个问题,而不是用一些文艺性的赞誉对反腐情势作解说来抹灭它。另外,还有其他与之相关的问题,留待日后详叙。

第二节　基于中国特色社会主义的治国理由

坚持和发展中国特色社会主义,我们还有很长的路要走。十八届三中全会提出了完善和发展社会主义制度是全面深化改革的总目标,四中全会又提出了依法治国的方针。我认为,全会实际上提出了将国家治理上升为一门特殊重要学科的决定。很明显,这并非以此学界或彼学界的方式而徒然增加了一个专门领域或学科,而是由此必须在一个高得多的思想层次上集国人的智慧进行辩证综合的论述。因为,能否以特定的方式,将治国思想整体归入一种特定的领域学科,本身仍不无疑问。至少,法学的、社会学的、伦理学的国家理解之间,并非相互分离。我们看待这一新学科的方式,也并非由这些部门学科构成的专门领域得到理解，而是应由一个真正能够确保中国特色社会主义国家治国理由①来证成。因此，我们不能仅仅把国家治理体系以某种方式理解为治理术，就好像这种方式是可以通过例如将治国大业视为等同于处理司法或经济等局部问题而发展起来。在这一意义上，只要认为有一个内容上属于专门的领域的、与其他领域并列的治理技术领域，只要这种广为传布的观念占上风，关于治国理由的任何观点交流必变得混乱。所以，就其以整个中国特色社会主义现代化的总体布局为背景，提出国家治理现代化概念，应该考虑如何克服作为以法学、社会学、管理学为标志的分离和专门化，克服诸如纯法学的、纯社会学的与纯历史学的等观点之间分立的讨论，并从这一总体性的治国理由出发来探讨治国方略的根本性的知识基础。我们有理由说，这才证明了作为一门为社会主义国家治理科学奠基的科学之可能，进而从根本上使人们认识到国家治理体系现代化是中华民族生活的一大创造，即创造出一种文明和生活方式。

---

① 这里所用"治国理由"一词，由对欧洲政治观念史上"国家理由"概念所改变了的意义发展而来。后者蕴含着对权力问题和权力国家力量的现代再发现，也隐含着一个体国家按照自己的法则运动的逻辑再创造等含义。（参见［德］弗里德里希·迈内克：《马基雅维里："国家理由"观念及其在现代史上的地位》，时殷弘译，商务印书馆2009年版，第546、567页）人们或许会认为，现代是一个"充足理由"的时代。但这在事实上是不可能的。我们从马克思主义的观点出发所提出的"治国理由"概念究其实无疑是反笛卡尔思想的，即反对国家权力被我思的普遍性共识而提升为绝对者。我已经在之前的文章中尝试说明"治国理由"主题如何隐含马克思的两大基本思想方面，亦即马克思的时政文章对舆论操纵治国术的批判和作为治理范畴的政治经济学批判。（参见张文喜：《论马克思与以国家理性为依据的治理问题》，载《哲学动态》2015年第1期）

一、在现代学术思想中的治国概念之两个向度的内在紧张

在这里有一个必要的初步评估：（1）"治理和国家"这种理念组合只适宜于作为某个特定时代的政治哲学思考的基准点；（2）对治理合理性的反思，既能为不断增长国家治理"术"辩护，也能转而坚持一种治国之"道"的普遍观点。

一般地说，何谓"治理"（governance）？治理这个词，如同其他一些无论其是直接还是转义的方式已给治国理政这一领域打上烙印的词一样，来自古希腊罗马社会。与较为狭隘的"政府"或"统治"（government）不同，治理涵盖力更强。认为古汉语中就有这个词，这并非无稽之谈。但我们确认这一点，那么需要提到的并非只是哪种语言，在其字典中是否出现有这个词，而是哪个民族，和这一民族的创造性力量。事实上，在特定的时间内盛行于特定民族国家之中的治理思想，类型千差万别。如果我们习惯在未厘清"民族""国家""制度""秩序""历史"等用语及其关系之前就使用"国家治理"这样的用语，那么我们就不自觉地用了盛行于某个时代、语意不清的词汇。笼统来说，所谓治理，即不同的民族通过自己的思想家、农艺家、国务活动家和艺术家们承担起历史上发生的对领土意义上、管理意义上的国家的塑型活动。就某种秩序思维而言，也可以说，一切事物都以某种方式处于治理中，一切可能的事物都须有一种治理，譬如，儿童治理，家庭治

理，财富治理，地方治理，等等。但是，这样的治理概念并不载有任何能量和本质意义，只有从由其自身规则所支配的意识形态视角出发，才有可能对具有特殊社会意义的治理概念进行阐释。

因此，如果要对"治理"一词达成实践上和合理意义上的理解，它就不能如此停留于浮泛的表面，而必须与政治哲学理论联系在一起，让其从属于一个伟大的思想传统。此种思想传统假定"治理"即在国家——亦即一个民族的政治的统一体或社会形态的凝聚体——机构框架内的"治理"。因为所有上述种类的治理都是被假定内在于国家的。诸如，家长在国家内治理家庭，金融家在国家内治理他的财富。而所谓"社会治理"，毋宁说是在其所有惯例中也是以国家与社会的区别为前提而得以讨论的。同理，连当今已经流行的"全球治理"这样一种意在寻找国家间新秩序的观念，实际上是通过国家治理理由提出的。设想一个世界性的超级政府（议会）是荒谬的。我们可以将它视为众多国家处于一种竞争关系的理论原则（包括话语权）的反映。其立足点是，每个国家按照治国理由都有自己的利益，它们通过相互之间的竞争之实力关系和对实力关系的盘算将外国纳入本国的政治计算和调节机制内。尽管在今天不再可能有任何内政能够在一个特定国家的框架下排外地产生效果。尽管也并非所有一切都可能与国家有关，但这恰恰是国家迄今为止持续地存在在那儿，你提及或不提及，它都存在在那儿。即便那种摆脱国家、抵制国家乃至废除国家的运动，也都与促进国家的运动，处于持续的互动之中。① 可以说，若是国家本身若有若无，譬如，领土不保、没有成文法，还谈什么当前的治国理由、执政能力和使命责任呢？黑格尔说："国家之上无执政。"② 大致如同地上的神，国家之上无权威。如果我们可以承认黑格尔这样说是合理的，那么，他所阐发的"国家形式主义"③ 有理由假定，国家的现实构成部分例如家庭、市民社会是分离的、分立的，但同时有必要"把政治国家看作机体，因而把权力的不同不再看作机械的不同，而是看作有生命的和合乎理性的不同，——这是前进了一大步"④。

然而，黑格尔的错误在于他所阐述的现实的现代状况。从历史的角度看，国家从以往的理性神学统治的讲坛上分离出来，意味着确定一种新的治国理由。这乃是说，国家被看成治理者肇始于现代观念。治理成为问题是现代性的本质。自16世纪末17世纪初以来，例如，在攸关封建君王在其辖治的领土内的安全和某种新的行动者（即人口）的出现时，治理才作为一个普遍问题呈现出来，从此以后，确保国家强大和永续以抵御"一切破坏者"成了"治理之理"。⑤ 在这种限制的意义上，国家是一个要通过治理加以建构的目标。而世界上所有

---

① 参见［法］吉尔·德勒兹、菲利克斯·加塔利等：《资本主义与精神分裂（卷2）：千高原》，姜宇辉译，上海书店出版社2010年版，第621页。
② 转引［德］弗里德里希·迈内克：《马基雅维利主义："国家理由"观念及其在现代史上的地位》，时殷弘译，商务印书馆2008年版，第68页。
③ 《马克思恩格斯全集》第3卷，人民出版社2002年版，第144页。
④ 《马克思恩格斯全集》第3卷，人民出版社2002年版，第15页。
⑤ 参见［法］米歇尔·福柯：《生命政治的诞生》，莫伟民译，上海人民出版社2011年版，第3页。

的政府都以这种或那种治国理由来延续此一大业。故此，人们通过"治理"一词可将国家本身视为一种历史—政治的权力；一个民族形态的凝聚因素；一种特殊的、具体的区域存在类型和形式化，即英文中讲的"state"，"nation"，"country"。从经验上看，一旦把治理的应做和国家的应在统一起来，那么国家治理理由之形成，首先符合人们从古到今在大多数国家之存在所可能观察到的经验现实状况。① 此种观点也导致了马克思主义国家概念的丰富化。从这一角度看，如果治理主要意指在国家框架内对人的活动进行引导或规范社会行动的一整套实践，那么治国理由与政治哲学中的普遍概念（比如，统治阶级、人民主权、国家、市民社会等）之间的一种重要联系因此也凸显出来。因此，在人们关于治理实践概念的富有特征的政治哲学讨论当中绝不缺乏"治理和国家"这根红线：相对于这种治理实践，相对于这种治理实践的效用估算来说，就像黑格尔所断言的，国家，是"伦理观念的现实"，"理性的形象和现实"。② 从这一方面看，国家的概念扮演着人们无法化约的角色。

但是，我们并不能否认，现代性伊始，正是在非常强大的国家中，曾经被认为不可动摇的国家和政府观念也受到了前所未有的冲击。它兴起于自由主义"宏大叙事"对治理合理性的反思。从这一点出发，现代治理理论同时又假设那种顺从权势冲动的治国理由已日渐消逝。它不仅要以此否定黑格尔意

---

① 参见《马克思恩格斯全集》第1卷，人民出版社1956年版，第464页。
② 参见《马克思恩格斯选集》第4卷，人民出版社1995年版，第170页。

上的国家伦理学，而且也要否定康德和自由个人主义的国家伦理。恩格斯指出，对于文明时代国家"权威"，其实只有顺乎非"强迫手段获得的"才配称"无可争辩的尊敬"。[1] 在此，我们看到，权威的性质的变化随着从野蛮到文明的时代运动是如何显明的，即作为统治权威与治理权威的区分、对立，进而完成一种前现代的完全以强迫为主的统治、倒转为现代的以自愿或同意为主的治理方式。这从政治哲学和国家伦理学上看非同小可。另一方面，这同时也意味着，流行于政治思想中完全从消极层面和负面品格考虑国家权力的观点已从哲学根本上加以深化了：诽谤政治，归恶权势，古今中外概莫能外。譬如，马克思痛斥黑格尔国家形式主义，其实质就在于官僚政治根本谈不上国家治理能力。这种思想在具有两千多年影响力的古希腊传统中已有其源头。因此，我们同样看到，治理可以指为所谓的权力滥用或集权设限，从而在权力之上披上一层自由的纱帐。在这种情况下，政府概念是在一个分立和监督系统中作为受到法律优先和司法独立限制的事物得到讨论。相应的政体被理解为立法形式或政府形式。用恩格斯的话来说，"文明时代越是向前进展"，国家越是"把自己与整个社会等同起来了"。凡对国家是好的，"对整个社会也应该是好的"。[2] 这种观点也导致国家治理学说的本质问题归属于社会学问题，列在国家的一般社会学之列。可是，这样一来，它在国家治理科学方法论上成为无根之学，尽管在多种观察方式之中尚包含许多法学、

---

[1] 参见《马克思恩格斯选集》第4卷，人民出版社1995年版，第172页。
[2] 参见《马克思恩格斯选集》第4卷，人民出版社1995年版，第178页。

历史学等方面的讨论。

从传统马克思主义阶级理论视角看，没有任何政治动机的国家治理科学，意味着掩盖阶级矛盾。若无法肩负方法整合重任的国家治理科学，那么统治或治理问题就得不到根本解决，而只是被置换、某种视点和概念的转变。地地道道的自由主义"国家"已经全然化于无形。它不再对公民提出强迫性的要求，也不让国内物质权势手段都服从于国家权威，更遑论什么国家目的。但任何一种"自由"即便人群之中"自由的意见一致"或"同意"，也是以某种治理或统治手段来激活和取得的。"国家义不容辞的义务是拥有这些手段并加以运用。"① 自柏拉图直到马克思都用目的和手段的范畴来讨论这些问题。从这一意义上看，保存可想象的国家手段要比完全没有国家好。但如果这种种手段掌握在某个社会集团或者个别人的手里而又不受监督，如果由此导致国家治理机制或政府机构的膨胀、所有权力僵化，那么，就会和该国家制度基础继续存在所要求的具体内部秩序、纪律相互扞格。这恰恰也表露其治理或统治合理性的反面，可以与一种以无政府主义的方式等而视之。

在西方的解释语境中，如今，治国理由体现的是从多重力量关系（多元主义）进行界定的权力分化概念。或许与此相适应的治理概念，其最显著的特点在于撇清对权力理解的意识形态分析范式，它最激进的主张同时也是自由主义治理技术的

---

① 《马克思恩格斯全集》第1卷，人民出版社1995年版，第261页。

基本议题是：一个好的节制有度的政府应该回到一种俭省治理，所谓回到一种"朴素的治理技术学"①，并将治理的危机归咎于"过度治理"。这种观点还认为，治理过度特别体现在某种传统社会主义体制的治国理由中。我们看到，自那场讨论社会主义经济计算大辩论之后，原本不仅仅是一个经济组织问题的社会主义制度却长期以来被曲解地等同于计划经济体制。当时，有些人相信，社会主义计划模型本身超出了现代计算能力。另一些人相信，"经济核算只能以生产资料私有制社会里的生产要素市场的货币价格为手段"②。否则，正如在列举中可以提到的，社会主义国家建设（如铁路建设、公路建设，所有可能的交通设施和工程设备建设），都会在"过度治理"的清单下被置于所谓无限的、无可实现的"国家计划总体调度"这个概念之下，并滋生腐败的诱因。

像这样或类似这样来理解社会主义国家治国理由的人一样，许多非马克思主义者批判传统社会主义观点所理解的"国家"是含混不清的。仅仅从经验上看便可以发现，许多国家，甚至那些声称并不是实行社会主义的国家也可能实施某些经济的和财政的计划，引入控制或调节经济的组织和规范化。反之，马克思主义社会主义国家也不可被理解为、也从不能被理解为如此绝对的"超级行政化国家"。今天看来，有些非马

---

① ［法］米歇尔·福柯：《生命政治的诞生》，莫伟民译，上海人民出版社2011年版，第284页。
② ［奥地利］路德维希·冯·米塞斯：《社会主义——经济与社会学分析》，王建民等译，中国社会科学出版社2012年版，第107页。

克思主义者有时出于论战目的所说的,或者有些社会主义同情者有时按照简单化的理解所假设的,都不是事实。当有些非马克思主义者高谈社会主义中缺少一个治理的合理性界定的时候,我们必须将他们所说的下述情况理解为武断的表述:在社会主义国家里,重要的是认识到"在这种国家中,治理术和行政管理之间可以说互相融合和接续,构成了一种厚重的基石"①。这种说法之所以成问题,是因为,正是这个所谓"厚重的基石",这个所谓问题的核心给出某些暗示,即否定作为"适合社会主义国家治理的可能性"。

我们知道,马克思主义的意义之一就在于,区分了空想社会主义和科学社会主义,实际上为社会主义在这里比在那里"更正确"提供了比较依据。这种依据因时代的不同和国家的不同而大有差异。时代和国家的命运,虽未必因马克思主义取得了这样的理论成果而必然导致与马克思主义社会主义对应的经济体制和政府管理体制在某个现实国家的诞生,但公正地说,对于这样一些国家,说社会主义"不可能"其实不是等到例如冯·米塞斯、哈耶克和福柯等人才开始的。事实上,它在马克思的唯物史观的体系形态建构中是齐头并行的。② 早在《黑格尔法哲学批判》中,马克思即已确认,黑格尔自以为"他在自己的法哲学中已奠定了普鲁士制度的基础,而且政府

---

① [法]米歇尔·福柯:《生命政治的诞生》,莫伟民译,上海人民出版社2011年版,第77页。
② 参见张文喜:《论马克思与以国家理性为依据的治理问题》,载《哲学动态》2015年第1期。

和德国公众也都这样认为"①,但其实黑格尔对国家哲学例如对行政管理的阐述"不配称为哲学的阐述"。此种错漏的产生乃因为行政权无非是被他"作为官僚政治来阐明的行政机关","真正的行政管理是最难阐明的"②。既然黑格尔把法律的国家概念与哲学的国家概念混为一谈,既然这已经是由来已久的形而上学错误,所以,它也完全解释了那种看似不可避免的错误:人们通过掩饰或推延社会主义国家治理体系和治理能力现代化的客观条件来否定它的治国理由的合理性。

有一个既成的事实是清楚的,有些非马克思主义者之所以可以设法绕开国家的性质、结构、功能及其政治本质问题,以此凸显社会治理不同于阶级统治的政治,就是因为他们有谋求一套双簧话语的手法。除此之外,他们提出的国家概念是含混不清的。恰当地说,他们大都出于论战目的指认苏联的"专制"国家,并大体上依据历史陈说将"国家"这个词的含义局限于管治化、警察化的尝试,于是,满足他们的理想国家观念便意味着政府、管理机器,总之,他们会说理想的国家治理体系,即自由主义体系。只要他们已经举起这杆旗帜,就不再研究国家治理理论,转而研究政府治理理论。如潘恩所谓政府起源于社会的共识和共同协议之上,政府创设的目的是"自由与安全"。这种方案有更清楚的原因,它源于洛克。所谓在一个政治国家概念和政治的对立被相对化消解的时代,直到今天古典自由主义的后裔还说社会主义治理合理性还是一个问题

---

① 《马克思恩格斯全集》第 1 卷,人民出版社 1956 年版,第 425 页。
② 《马克思恩格斯全集》第 3 卷,人民出版社 2002 年版,第 57 页。

成堆的概念。在他们看来，正是出于取消这样一个概念的理由，才能提防学术见解的对立立即表现为政治对立，从而避免具体涉及"政治正确"的立场和倾向。他们进而出于放弃经济自由主义和政治自由主义之间的区分，并且因此也拆开了两种通常被提出来以便进行对比分析的模式。对于他们来说，原来攸关国家制度、政治制度的价值理性问题，本质上是可以蓄意不说明白它在多大程度上是或者不是"价值无涉的"。但是，对于我们来说，今天，任何人都不应该认为，诸如生态治理、环境治理、核武器治理仅仅涉及作为工具理性问题而非同时作为价值理性（譬如宗教、伦理学）问题而存在的。（谁会相信，政府可以把蓝天的消失看作一种自然现象，认为人在这种现象面前只好听天由命，只能设法减轻这种现象所引起的自然必然性结果。事实上，即使一个国家的气候变化也会因为人的价值理性干预而被改变！）

　　话又说回来。由于单纯地从执政合理性与权力技术观之，我们这类价值思考如今并不在一个受到学术界基本关注的视野之内。这虽奇怪却也不可避免。尽管任何人都不致如此简单地可能用"这些问题（生态治理、环境治理）并非国家体制问题"便认为一种思想基础或实践真理已得到证实。但只要在这个立足点上接近其所开出的端绪，它便成为治理性之去目的性的、随之也具有了去"国家性"的政治动机。比照着说，从历史上将治理问题局限在工具理性层面上，这与工具性国家观念是相符合的。如今，它却是一个令人生疑的立场。对于我们的主题而言，关键的问题在于，究竟是否有一种依据社会主义治国理由的治理？在人们对作为治理学说的社会主义"不可能"的真实含义的不同解释中，我们分明看到他们之中的这样一个解释方向，即在传统社会主义体制的根本层面上，公共管理等同于治理；在公共政策的所有利益相关项上，公共管理的功能相当于国家权力干预。由此，这种观点认为，社会主义国家治理等同于作为政府和行政机构的治国治理。也许我们可以说，这是一个类似于小党派的治国理由。自然，小党派构想与实现社会主义国家的目的这样的大政治构想是不匹配的。

我们无法也不应以"小党派"的治国理由来理解或穷尽我国社会主义治国理由的本质。毋宁应该说，治国理由有各不相同的甚至矛盾重重的涵义。而且，应该注意到，像一般人例如福柯那样观察的是"国家"现在（譬如，福柯在 1979 年 1 月 31 日讲授"国家恐惧症"的那段时光，这仅仅是某一时段）的样子，而不是将会成为的样子。同理，随着世易时移，以往一直作为前提的社会主义国家治理随之成为新的问题。在重新思考国家治理这点上，马克思首先指出，"由于私有制摆脱了共同体"，奠立在私有制基础上的"国家获得了和市民社会并列并且在市民社会之外的独立存在"的样貌，"现代的国家政权不过是管理整个资产阶级的共同事务的委员会罢了"。[①] 它的目的远非"自由与安全"，其图谋绝不在此。它图谋的主要是一个阶级对另一个阶级持续性的经济掠夺。这正是现代政治的特点，即把维护私人利益变成公共事务。国家等同于私

---

① 《马克思恩格斯选集》第 1 卷，人民出版社 1995 年版，第 132、274 页。

人。与之相比,社会主义国家之行政管理和公共管理应该是什么样的?这不仅是关涉时下讨论到底采用"管理"还是采用"治理"这个词的争执所带来了某种理论向度的差异效应,而且是关涉治国理由如何赢获以坚持和发展社会主义的可能性为矢的问题。如果说本质性的判断是行动,那么,社会主义的历史合理性、经济合理性、行政公共管理合理性,这样一些合理性,毫无疑问很重要且应该予以充分承认,但更为重要的是那种新观点,即社会主义国家借由新的治理术为社会主义制度作为整体国家秩序提供效力。但事实上,我们经常错误地在西方的概念丛(例如西方的法律概念或所有权概念)中寻找社会主义的治国理由,迄今为止我们也会听到在西方世界中还有一种占主导地位的舆论,这种舆论认为,相对于管理合理性的变化,社会主义国家直至目前还没有走出缺失治理合理性的困境。直到今天,直到十八届三中全会,此种舆论当从根本上成了迷思。因而,用社会主义"国家治理体系和治理能力现代化"来定义一种可能带来人类社会和国家的和解所必需的客观条件,是对人类未来的贡献。每个伟大的民族及其文化都应当用自己的语言对这些条件进行探讨,至于我们应当如何遵循国际规则为民族国家利益服务,那是另一个问题。无论如何,首先要认识到,这要以一个现在仍然存在的社会主义国家理由为前提。在我们看来,这绝非是接过了自由主义的话题,也绝非在确定概念领域时让上述种种错误舆论牵着鼻子走。迄今,围绕着我国治国理由概念的真正论争方兴未艾。假如我们真正打算理解马克思讲的将来共产主义社会中"国家消亡"含义的话，那么坚持和发展中国特色的社会主义国家治理是题中应有之义。而强调"不断提高运用中国特色社会主义制度有效治理国家的能力"，本质上乃是为社会主义道路独立于自由资本主义道路的荣誉提供经典论证。

二、为什么社会主义治国理由要求创新

十八届三中、四中全会提出的中国特色社会主义国家治理体系现代化的蓝图，这决非偶然。因为，时至今日，纵观我们国家已有的治理体系，还没有哪条法规能够以规范的方式、用体系自足的条例来完善处理领导制度、组织制度的问题。从作为国家治理结构核心的社会主义价值体系要素看，国家治理体系现代化就是要以真理的历史的合理性为依据，建立不同于自由资本主义国家的治理术。这里必须对付的是最困难的课题。这是因为，它从本质上说是没有先例的事。它只能在治国术的创新而且是在某种新的合理性政治理想和理论模式创新基础上进行思考。如果人们可以把资本主义治理合理性问题的主要特征看作获得以市场的自然机制和让现象顺其自然发生的规律问题，那么，不言而喻如何思量社会主义国家治理合理性是应该进一步讨论的问题。

由于我们的治理概念面临上文描述的内在的学术思想斗争，也由于在斗争中存在着使其观念模糊不清并存在方法危机的"政治不正确的"危险。因此，要正确把握中国特色社会主义治国理由思想，首先要弄清楚如果把它作为人类历史上一

个崭新思想的话,它新在何处?在我看来,治国理由之新,不仅仅在于它所要求的更新制度设计和制度演化生成的模式,而且在于它的成就过去不可能做的事情的使命,在于治国理由思想比以往得到了更明确、更具本质性的表述,在于它意识到责任在肩、作为一种国家制度和制度执行能力已同当今治国理由不相适应了,在于它首先使制度生成中的思想方式乃至语言运用处于问题化之中。一句话,它是一种以全新的角度思考国家治理体系。因此,和既成的现代性思维不是一回事,根本也无法用传统思维去理解。

然而,世界上,治国理由既非今天才有,更非中国才有。在谈它的新之前,我们也应当考察它过去的发展。发展到今天,我们已经创造出来的治国体系比起有待创造出新的体系来说又有什么新的问题?或者说,至少也得承认适用于一定时期的制度在情势发生变化了的时期如何就不适用了?因此,所谓新旧,是"新",还是"旧",也就是有没有活力,能不能适应!我们看到,从我们的意识所能把握的世界历史中的社会主义国家治理内容着眼,它曾是一场围绕诸如民族原则和社会主义的联合,或者社会主义与国家制度的关系等问题和概念的斗争场域中展开的。譬如,对我们中国人来说,今天同样使用欧洲的"state"(国家)"insitution"(制度)"nation"(民族)这些兼有历史影响力和现实内涵的词语,从现在我们国家治理思想基础和根据方面观察,是很不现代化的东西。因为,按照传统马克思主义的观点,民族—国家仅仅体现为促进民族解放运动的一面,才是革命性的。这种革命会在世界社会主义国家的这个大范围内爆发。我们今天能说是在这种意义上使用"民族—国家"或"革命"这样的词吗？当然不能！从另一角度看，在由治国理由激励的行动中，我们却总是看到它的另一面，即西方某些"地方性"意识甚至种族主义、沙文主义的病态形式。说民族—国家是属于现代性的概念，它可能会真实地消失，以让位于一种新的政治形式，或许是正确的。但在我们看来，这似乎没有违背这样一个事实，即不同的国家，依据历来的习惯性思维、行为，一定会在用语、概念与形式上有所体现，以求顺应其现存国家形态与历史传统的变迁。它不得不假定，即使不同的国家有"同一个"治国理由的现代化问题，它也受制于那个特定国家的特殊国情导致的修改和具体化。

这就是说，我们必须区分我们的概念和语言试图用以确定存在的那些历史进程与对语言之存在的直观。在关乎国家制度和特定民族命运问题上，任何概念性的词和语言绝对不是空洞的和贬义上抽象的东西。从这个层面理解，如果有许多概念的连结——如"中国特色"与"社会主义"，"社会主义"与"市场经济"等——能够生动地连结两个或多个同样极具内涵的现时代概念，那么，我们看到，例如，"社会主义"与"市场经济"的连结与一种要在社会基础处找回自然状态背景的自由资本主义原则就毫不相干。我们的国家治理科学体系建设，就可能藉以有效地防止所谓因缺乏西方式的"制度性思维"来重提别人的旧事甚至保存别人的旧制的危险。同样地，按照当代语言分析本体论哲学，任何理论都有某种指谓的概念框架，没有任何理论可以独立于某种概念框架而得以讲说和辨认。可以认为，因为上述这种词和概念的连结具有符号性的多重决定的理论意义，既没有放弃矛盾的事物本身辩证发展的任何紧张关系，也使我们得以建立一种严谨的辩证思维的国家治理科学体系成为可能。简言之，从思想表述所藉以可能的概念工作模式这层，中国要走自己特色的社会主义道路，这个世界整体的现代性的治理体系必须作为辩证的扬弃的对象，却决非意欲用自己的民族原则和国家制度原则挑战其他例如西方文明的价值，因为其中包含着的各种不同的可能性，它从根本上摆脱了陈旧的东西方政治文明之间挑衅的窠臼。在这方面，我们不会走西方的老路。我们决非因循守旧、抱残守缺。总之，在真正适应于承载对我们国家治理体系和治理能力现代化建设的总体表述的基本要求上，被称为民族—国家的模式——在其最为多样的、生动的、个别的形式之中——正是被我们确认为实现不同发展道路的国家治理模式。以此观之，坚持中国特色社会主义道路，其重要性在于坚持将"特色"作为一种创新的形式来理解。

同样道理，在民族的实体或者实体化层面上，我们未必要（也未必合理地要）假定某一民族国家是如何为社会主义国家治理体系的发展所"必须"，或者反过来，某一民族国家"需要"社会主义。换言之，从民族的历史决定构成的角度看，我们无法想象，一场更为彻底的我国社会主义国家制度治理体系的建立会使白人或黑人世界沦为一个以黄皮肤人为中心的世界边缘。我们更不会从这个不亲和、不包容的想法去仿效他人而声张："我们中国人就是社会主义者。其他人不可能是社会主义者。"① 进而言之,社会主义与民族国家例如中华民族之间的联系不能从诸如社会主义公有企业性质中寻找,也不能从社会主义国家所谓集体化当中去寻找,而是应当透过社会主义治理实践所带来的历史变化中去寻找。也就是说,公与私、国与非国、社会与个人等的限定将取决于国家治理体系建构的总体战略。在这个意义上,一件自相矛盾的事情是:马克思主义最终使科学社会主义理论成为可能,社会主义国家的治理实践却不能说成是从马克思主义文本中推导出来的。对于我们今天应当选择什么样的国家治理体系进行正当化的根据,不是在于对某一文本或一系列文本的契合的普适性知识,而是在于一个民族作为主体决定他们自己的命运和国家的生存,在于"在我国历史传承、文化传统、经济社会发展的基础上长期发展、渐进改进、内生性演化的结果"②。只有顾及这种内在演化的独特性论证,这样产生的社会主义制度本身才有生命力,才够得上现代化。

其实,在有效治理国家能力的意义上,所有的国家"尤其现代发达的国家,在自身中总含有它存在的本质的环节"③。对此,不仅是我国,而且是各个国家,都有人提出了独立的、系统的论证。因此,即使我们通常说到"国体",我们也不是

---

① 斯宾格勒认为,社会主义是德国人的本能,"德国人就是社会主义者。其他人不可能是社会主义者"。(参见 [德] 奥斯瓦尔德·斯宾格勒:《决定时刻:德国与世界历史的演变》,郭子林等译,上海人民出版社2009年版,第477页。)
② 习近平:《习近平谈治国理政》,外文出版社2014年版,第105页。
③ [德] 黑格尔:《法哲学原理》,范扬等译,商务印书馆1961年版,第259页。

指以类观之的一个种类的普遍性，而是指国家运行、治理、发展和衰落的方式。所以，任何国家治理模式中一个不可分割的元素就是创造这种模式的民族及其文化。可见，社会主义与某一民族国家之间的联系，绝非先天的安排，也绝非单单是像语言那样被结构起来的集体无意识。一种功能主义的解释方式更不能够完全了然其中的关系。此外，人们认识到社会主义继资本主义而发生的演替的规律是一回事，而认识到资本主义本身从生到灭的演替规律则完全是另一回事。从哲学层面上看，建立任何哲学模式去处理两种不同演替规律都是不可能令人满意的。正因为如此，可以说，迄今为止，世界上的任何社会主义国家还未进至真正使用"治国理由"一语的地步呢！

回眸历史，自列宁"十月革命"成功以来，人们谈论的是革命（或许也谈建设），谈论摧毁国家。显然，此种谈论之所以悖谬，就在于它是从某种预先形成的观念出发的。而当时意识形态宣传之战立即使之滑落入社会主义与自由资本主义对立的论争。结果，实际的社会主义历史之轮的滚动，是一种在法学上不可理解的诸多历史事件的复合。而如果再次从传统的马克思观点来看，这些错误是遗忘经济是正当国家的基础的历史效果，也是伟大的革命家受变幻不定的治国理由之流变的摆布的结果。毫不奇怪，在论战时代的西方人中间，我们不断发现这样的观点：在现实的实践中，似乎社会主义国家不可理解，在政治或行政上毫无章法，以致在上个世纪初甚至一整个上个世纪的一系列诸如法哲学、国家学说等西方文献中，尤其得到成规模的一整套战略式宣传。这些文献对社会主义的制度及其基础的看法明显持有訾议的态度。有些人否认这个基础可能有其制度，另一些人则否认这个制度可能有其基础。他们大都宣称对内、对外治国理由以及治理决策的方向上，所有社会主义国家尚缺乏任何一种传统，几乎没有任何马克思主义方向。① 假如以这样的方式，哪怕我们仅仅通过否认社会主义可以被自由资本主义通过舆论战而消灭或吞并的可能性，那也是在保卫和维系社会主义国家的治国理由。

出于这个理由，我国现在的治国理由的提出，如果要对其政治责任和当今现实的形势中有清醒的头脑，便必须时时注意到，那种以危险的方式让此一概念反对彼一概念的二元论以及主观思想是很容易发生的。从历史的兴趣来看，西方社会之所以始终有人怀疑社会主义国家能够建构起一整套行之有效的国家治理体系，原因依然是他们带有曲解马克思的阶级统治说的预设立场。因为据说"治理"是资产阶级和小知识分子的理由，"他们非常清楚阶级国家不可能成为治理有方的社会"②。而在西方社会，治理一个国家的行政事务是很超脱的，因为它让阶级国家例如对生产资料是否应该社会占有之类问题受自由理论的摆布。基于资产阶级的阶级性的深刻本性，他们心之所系是，即使已经成为统治阶级，"也将一切政

---

① 参见［法］米歇尔·福柯：《生命政治的诞生》，莫伟民译，上海人民出版社2011年版，第76页。在现代国家理论中，赫尔曼·黑勒、路易·阿尔都塞、鲍勃·杰索普等人是持此立场的重要的和值得关注的名字。
② 参见［意大利］安东尼奥·葛兰西：《狱中札记》，曹雷雨等译，河南大学出版社2014年版，第334—335页。

治决策交给国家"①。在他们看来,"国家"假若比拟着说它的职能仅限于保卫、治安、维护法律的尊严,便刚好适中而且始终适中,它就与资产阶级自己的思想意象与国家治理的关系符合了。言下之意,在西方解释的语境中,对于社会主义阵营而言,"治理"这个概念实在只是一个为这一他者(西方)历史渊源所累的妥协性概念。然而,在我们看来,这简直等同于宣布如今必须缔造一个新的社会主义治国理由,而将传统社会主义国家阶级语境中的治理概念从思想史上降格,而不是将之宣布无效,否则,我们以全新的方式思考社会主义国家治国理由便是成问题的。就此,这个论证还有一个隐含的意义:只有当民族国家适应社会主义发展时,国家治理有方与社会和谐才变得可能。纵观中国现代政治和思想史状况,无论这种观点所提出的问题有着怎样因应令人厌恶的西方话语霸权的意味,它却始终构成了一个中华民族自立和解放的追求,只有这样,才能确立我国现代国家体系的。

回顾历史,在上个世纪的政治文化批判中,类似的观点和思想方法达到了最尖锐的程度。人们动不动把英国或德国模式搬出来,就如同现在动不动把欧美的模式搬出来。这实在是一件很便当的事情,因而就一直成为一种流行的、被动不动就拿来用的证据。但是,这种现象恰恰反映出现代性政治的根本问题:规定国家制度的终极正当性被看作受因果律决定,由此导致它的基础被动摇了。早在1919年,斯宾格勒就曾急不可待

---

① [美]汉娜·阿伦特:《极权主义的起源》,林骧华译,生活·读书·新知三联书店2008年版,第184页。

地抛出他的预言,认为"唯一能与马克思主义的社会主义对应的是英国式的资本主义。由政府管理经济事务这一普鲁士观念自然而然地将德国资本主义转化成社会主义的经济模式"①。斯宾格勒这里立论的基点是将社会转化成了自然,显然无论在当时还是现在,它都有可能错误地成为诸如政治学、管理学效仿的做法,并取代了严肃的政治思考和理论创建。不过,我们甚至不需要费心思量就知道,尽管有西方诸国典范可供效仿,但是社会主义国家治理的政治合理性、经济合理性、行政合理性却决不能在资本主义、自由主义治理术的内部产生,更不能在与其嫁接的社会、政治理想中生长出来。相反,如同我们曾经对舶来的革命的效颦,不同国家的社会制度被如此混淆,以至于现在看来它们比谎言更糟糕。我们今天所需要的既不是像占星家的预言中混杂着各种不同性质的概念成分及其配比,也不是避开了经精确界定的事实,而仅仅是头脑清醒的思考。因为,假如世界上和历史上存在着各式各样的"社会主义"或"资本主义",就如同存在着各式各样的政权以及与其相应的治权理念一样,人们就不能通过概念混搭使"社会主义"和"资本主义"以及"民主制""君主制""共产党""社会党"这类词变成一个抽象一般,更不能使"马克思主义"这个概念变成"工人阶级的资本主义"②。一个人能说,我们今天是

---

① [德]奥斯瓦尔德·斯宾格勒:《决定时刻:德国与世界历史的演变》,郭子林等译,上海人民出版社2009年版,第219—220页。
② 参见[德]奥斯瓦尔德·斯宾格勒:《决定时刻:德国与世界历史的演变》,郭子林等译,上海人民出版社2009年版,第242页。

可以在抽象的唯规范主义和概念工作模式意义上用它来讨论不同民族国家的治国理由吗？既然可以如此谈论历史，那么异想天开的简单结论可以设想为："君主政体应当设法用自己的方式去掌握社会主义和共产主义思想。"① 关键在于，不论在实践上或者理论上，这都在对政治论证方式上或者法律创建上没有多大意义。

可见，围绕社会主义国家与民族原则的论争并非单纯地就是空泛的词语论争，而是一场具有巨大现实性和临在性的斗争。只要考虑到西方政治和思想史中将各个不同的国家制度和民族性现象勾连，就很容易说明这一点。我们已经屡次提到，我们国家制度和治国理由的类型不能以西方民族主义进化图式来界定，而更应该通过其内生性演化来界定。无论是领导制度，还是组织制度与民族性的独特的、历史的结合都只能从政治制度的思想基础和根据出发加以理解。譬如，如果说所谓政党领导人民治国是"一种英国的思想"②，那么它只是在如下意义上是正确的："它在各种无先例的基础上无计划、无意识地经历了一系列渐次的过渡和转折"③ 中发展起来的。我们或许可以说，假如英国的国家制度能够取得模式化的地位，那么本质上是在这样一种意义上来说的，即一切重要的国家制度都是当时的环境和事物本身在时间之流中从自发到自觉的产物。

---

① 《马克思恩格斯全集》第1卷，人民出版社1956年版，第292页。
② 参见［德］奥斯瓦尔德·斯宾格勒：《决定时刻：德国与世界历史的演变》，郭子林等译，上海人民出版社2009年版，第482页。
③ 参见［德］卡尔·施米特：《宪法学说》，刘锋译，上海人民出版社2005年版，第330页。

但这不等于说，除了英国民主政治之外，别的国家不能施行政党领导人民治国。反过来看，若说英国具有典范意义的话，那么，英国的典范却包含着一种危险的、可能沦落为一个放弃形成有意识的制度目标的不确定的概念。常常有人说，英国人实际上并没有什么国家理论。英国人所能够找到的最现代的国家理论还是在霍布斯的《利维坦》那里。① 但是后者不过是一头满足其嗜血欲望的野兽，信以为征服是一种永恒的统治方法。在这一点上，我看不会有人提出异议。争论仅仅涉及如下问题引起的怀疑和思想分歧：英国自由主义国家治理体系是通过确立国家理论或在其基础上来运转，还是在根本没有国家（治理）理论的情况下却治理尚可？如果这是在正确地提出问题，我们就会发现，问题的答案已经包含在《利维坦》这一书名的象征意义之中了。换言之，英国是"一个国家分散在全世界"的政治体。作为"典范"的英国表明，为了扩张而扩张，是其"民族的政体和作为政治手段的征服之间的内在矛盾"② 的反映。资产阶级原本只顾无限度地发财，而非创立国家制度。治理之事可以交给任何一种国家制度安排。对那个受制于不断发财欲支配而不得已转向政治的资产阶级来说，国家的所有合法权限在于效用化，却全然意识不到国家效用之局限及其目的。无论如何，过去和现在都告诉我们，一个国家的征服者不可能

---

① 参见［法］米歇尔·福柯：《生命政治的诞生》，莫伟民译，上海人民出版社2011年版，第76页。
② 参见［美］汉娜·阿伦特：《极权主义的起源》，林骧华译，生活·读书·新知三联书店2008年版，第189—190页。

如同治理他们自己的国家那样去治理别的民族国家。他们不是不愿意这么做，而是他们没有能力（不可能）这么做。在此，我们所关心的是如何理解自由资本主义国家意志的形成所处的冲突和混乱状态。缪勒在他《治国术原理》中尚采取"对一切事物及其对立面的不讲道德的欣赏"①。想必，反映在内政上，此一政党攻击彼一政党、所有政党攻击国家和政府都能成为他心目中治国之策略性手段。这样一种国家形式之所以成为西方一切具有执政能力的政党的政治信条，那根子在于选票政治。翻阅西方政治思想史可知，这是数百年来一直就有的说法。

不过，无论从何种意义上讲，如果他人有好东西，那么中国人总是知道，"把他人的好东西化成我们自己的东西，这才形成我们的民族特色"②。我们现在知道，地球再也不会有孤立的国家，它们的地图上的线条只是想象的边界。但是对于社会主义国家来说，民族国家政治比其他任何体制的政治都应当更受这条边界的限制。说到底，民族国家不仅是一种政治性质的共同体，而且确实是一种命运性质的共同体。所以，人们不免会有这样的印象：现代伊始，中国智识人"学习他人的好东西"，看重的其实不是他人看重的东西（例如西方现代法理和政制思想），而是自己看重的东西（例如国民道德）。这种印象有法理与道德二元简单化概括之嫌，但也有部分道理。因为一个属于民族的或者一个民族国家的东西首先是一件涉及自

---

① 参见［德］卡尔·施米特：《政治的浪漫派》，冯克利等译，上海人民出版社2004年版，第119页。
② 习近平：《习近平谈治国理政》，外文出版社2014年版，第106页。

己民族或民族国家本身的事情。比如说,人家通常讲的法治化,就不是局限于某种纯粹形式的抽象原则中,而是奠立于法治化的进程,亦即是一个形成特定的民族传统的进程。因此,举例来说,反腐倡廉,从世界各国的情况看,无论是德国模式还是英国模式,它们的法治化反腐倡廉进程都有悠久的法治国家的传统意识,进而形成一种有意识的或有法权感的法律制度。反之,美国作为一个反面的例子,正如黑格尔曾评论的那样,它缺少能够被他称之为"国家"的任何东西。现在,我们可以进一步认为,美国是建立在让美德和腐败保持紧张关系原则之上的国家,实在是"骑虎难下"!在美国,"自由主义的工作伦理在历史上看也是罪过缠身的",与其说是因为"它没有能力为自己确立一种能使它避免腐败的美德"[1],毋宁说,是因为把利润乔装成一种美德才符合韦伯所谓的新教伦理——资本主义精神。然而,比腐败更糟糕的是,不腐败的美国人要求自由主义自然原则成为国家的奠基者,而非治国理由的调解者。国家削弱,已经缩于最小权威的国家。这是一个在经济和科学上的巨人的国家,却也是在社会和政治上矮人三分的国家。于是,在这层意义上,如果说"权力制约、平衡和分立"绝非是消除腐败的唯一出路[2],那么富兰克林写了

---

[1] [英]约翰·波考克:《马基雅维里时刻:佛罗伦萨政治思想和大西洋共和主义传统》,冯克利等译,译林出版社2013年版,第552—553、576—578页。
[2] 参见[英]约翰·波考克:《马基雅维里时刻:佛罗伦萨政治思想和大西洋共和主义传统》,冯克利等译,译林出版社2013年版,第548页。

"不过度治理"① 则为美国人提供了一种根本（治国理由的）选择，即一种生活态度的模式。对于用马克思主义思考问题的人来说，它在希望绕开腐败与私有财产制度问题来诊断自己国家面临命运的严重性，却完全没有在政道和治道根子上对其予以审查。从治国术原理中的这样一个实际细节，就会让人产生痛心的体验：一旦一个人或一个社会今日认为治理术与国家制度、社会制度无关，那么就他或它潜在地可能是一个彻头彻尾的机会主义（实用主义或霸权主义）而言，他或它就会在明日因盲目而置政治规矩于不顾。

这就令我们洞见到，我们今天经常想知道中国社会主义国家治理的话语权存在何处，又是什么样的理论根据在往昔令它如此"虚弱"！现在我们意识到我们知道它在哪儿了，它就在我们民族自身健康的机体内部。因为，民族原则对于社会主义国家的意义来说，就是出自对于世界历史进程的洞察的努力：对于现代进程具有决定性意义的两大进程——一方面，民族国家似乎愈益认识到不断扩张自己政治或价值观的危机和局限；另一方面，商业和市场拥有自己的逻辑，不会担心有特殊性和局限性的民族之间的联合——的相互交叉，同时也照亮了初看起来近乎悖谬的社会主义民族国家观念，即一个民族越是做好自己的事情，也就是说，越倾向于因为自己的特点而正确认识到自己的局限，这个民族就越能够倾向于尊重其他民族的特点连同它的局限。这正是真真正正的民族意识的觉醒！因

---

① 参见［法］米歇尔·福柯：《生命政治的诞生》，莫伟民译，上海人民出版社2011年版，第21页注释。

此，在我们曾经共同感受到的民族屈辱、绝望命运中，我们今天更能够感受到中国人走的道路在那提供世界历史最大的希望中滋长。

当然，和其他人一样，有时，我们依然除了诉诸"政治正确"① 构成社会主义国家治理之必须外，不知道有什么回答。有时，我们或许会觉得建基于公平合理分配的方法解决贫富对立，胜过社会主义国家治理体系和治理能力现代化理论艰难创建本身，感情、想象与清晰思想便总是这样难以分清。正如黑格尔在世时认为他创立了普鲁士国家理论，而实际上他创立的只在英国或者法国才有存在基础的现代国家理论。② 以史为鉴，中国现代化进程中曾经被西方（包括马克思主义教条）的政治原则塑造过，难免会遗留给现代中国人依然只懂得模仿的方式系结于西方政治的特别心结。但是现代中国人不会不更清醒地意识到，今天，我们以更一般的、面向未来的方式提出的问题——适合社会主义治理实践需要的可能性会是什

---

① 福柯曾说："在社会主义内部或对于社会主义，人们总是会提出的问题：对还是错？一种自由主义没必要是对或错。对于自由主义，人们总是问它是否纯粹、是否激进、是否始终连贯、是否温和保留，等等。"（[法] 米歇尔·福柯：《生命政治的诞生》，莫伟民译，上海人民出版社 2011 年版，第 77 页）我们可以发现，福柯在法兰西学院讲授"治理实践"的课程，他的立场于今持续回响着。它明显表现出对作为一种治理实践的社会主义的批评和对同样作为一种治理实践的自由主义的同情。尽管如此，福柯不是这一方或那一方的辩护论战者。

② 马克思和恩格斯曾经讨论过黑格尔哲学的彻底革命的思想方法，但是黑格尔作为一个德国人，他并非怀有"攻击国家制度的基础"的"明显企图"，以致"黑格尔在世时认为，他在自己的法哲学中已奠定了普鲁士制度的基础，而且政府和德国公众也都这样认为"（《马克思恩格斯全集》第 1 卷，人民出版社 1956 年版，第 425 页）。

么?——依然还远未成为不需要详细探索和证明的东西。所以,今天提出国家治理现代化,"它是新的概念。不是像有些人所说的那样是抄西方的"①。这就是为什么我们说"不断提高运用中国特色社会主义制度有效治理国家的能力"是新规划。当我们看到它是一个新规划,向全部科学社会主义学说中的一些基础原理发出再做深入研究的召唤时,一个更高的真理体系便在法学、政治学、伦理学诸多学科因素的综合中形成。这种真理体系将不会处于乌托邦力量与现实力量斗争之间,而是处于希望诞生于现实中的不同理想之间。我们要做的是,概括出一个转向新的国家治理理由的历史的内在逻辑。

三、适合社会主义的治国理由的标准是什么

在所有这些问题当中,我们必须理解何为一个治理得"好的"社会主义国家。就真正的适合社会主义的"好的"治国理由如何形成令人满意的定义而言,无论对国家或是个人来说,"好的"或"适合的"东西,有许多因素,并且明显地存在着重大分歧。在传统马克思主义中,有些人总是依据市民社会支撑国家的治理能力来对其考察。或者有些人总是从以下方面来考察:市民社会总是作为国家的矛盾因素,作为对抗、反对、摆脱国家、政府或国家制度的一种实在。于是,我们看

---

① 俞可平:《国家治理现代化的几个重要问题》,载《社科动态》2014 年 11 月刊,第 11 页。

到，人们认可要对国家进行批判，要限制国家对社会的、经济的、宗教的对立的控制。但另一方面，在这种普遍批判内部，人们曲解了这个事实，以为在这种限制中，私人力量、市民社会等会掌握历史发展的霸权。历史的诡谲在于，对于国家制度基础而论，"反国家的因素现在表现为一种普遍光芒照不到的、远离公开自由的发表场所而被赶进政府批评家的办公厅里去的特殊东西"[①]。人们意欲认同市民社会的实在性力量，却又把它本身建立在"属于18世纪的缺乏想象力的虚构"[②]之上。

但我们不是说，这些特殊的东西应当被遏制或者应当被彰显。因为，它们几乎不需要我们这样做，自由资本主义一直在用心建造此种现代乌托邦，即市民社会神话。而它们就在现在嘲笑那些遏制它们的努力。从而，市民社会以及由此产生的各种掌握历史主动权的力量会自动被延伸。但是，我们必须问一个简单的问题：如果我们现在把市民社会称为以私人利益为取向的公共领域，并且它是把私人利益当作国家利益来捍卫的领域，那么人们所依赖的历史逻辑，本质上只是新部落社会或一群群人之间的自利和经济追求，并把它当作原则、规律、行为规范或内在合理性。我想美国的身体暴力在全世界面前并独占鳌头便说明了问题的本质。如果这在我们看来是错误的话，那么，错误不在于对它（市民社会）估计不足，而在于估计过头了。显然，在自由资本主义制度下，国家的治理化与被治理

[①] 《马克思恩格斯全集》第1卷，人民出版社1956年版，第122—123页。
[②] 《马克思恩格斯选集》第1卷，人民出版社1956年版，第1页。

化的社会并行，国家力量同时也是反国家的力量，这两点同时在进行合理化。可是，社会主义不能纠结于把私人利益追逐当作国家治理化的理由。因为，社会主义国家利益不能缩小为私人利益，即缩小为一种把所有其他老百姓排斥在外的一个个小集团利益。在这个本质意义上说，国家公共利益意味着依法治国，因为它把法律感和社会感包蕴其中，因而同时又保障尊重个人的利益。简言之，中国特色社会主义"国家法则"虽然不是"普遍者（全）"的法则，但也绝非"无（反国家的社会）"的法则；而根据对理想类型的看法来判断，它绝不仅仅是具体而非抽象地说的，作为行会、工会或社团这种形式的社会主义"国家法则"。这是一方面。尽管如此，但前面在另一关联中应该提到，我们不应当放过机会，在治国术这层，要利用这种18世纪以来新出现的社会模式来治理，要吸取这种模式在经济—私人领域制衡、限制国家权势扩张的正面功能来治理，甚至要吸取民间处理事务的有益经验来治理，但是问题不是也不可能是：市民社会就是一种最终归入社会主义国家治理真理体系的根本性因素。

在这里，考虑到实际时代环境，"'看不见的手'和'看得见的手'都要用好"①。如果说这就是社会主义国家治理理由非常关键的秩序观念，那么，当一种弊端已经尽人皆知的时候，政府之手总的来说恰恰也应当被作为一种匡正形式。而且，更值得注意的是：这里，问题的提法不在于自由和限制，

---

① 习近平：《习近平谈治国理政》，外文出版社2014年版，第116页。

也不在于中央集权或放权的固执，而在于人们自上而下或自下而上地普遍交流的符合社会主义原则之合理性方式。在这种场合，问题不再是关于"管得过多或过少"，而是关于治理的"好或坏"的决定性标准。由此产生了，在什么是实现所有人福祉的最好道路这一观点上，社会主义治国理由与自由资本主义有不同的逻辑。其中最重要者，在于治理者与被治理者之间的关系类型不同。前者贯彻它自己维护公平的正义的任务，我们采用治理措施，更多的不是因为社会的抽象总体伦理去治理，而是因为为了任何人创造同等发展能力的机会，同时又促进治理者与被治理者两相和谐。后者则只是或仅仅是为了市场去治理，促进治理者与被治理者的同一性（原子式的均质社会）。按照事物的本性来说，自由资本主义政治制度的发展同时也阻碍了民主制的进一步发展。

我们在国家和市民社会关系方面所谈的一切，同时也说明了国家和市民社会的分离关系，说明了它只是属于治理的特定的图式，即自由资本主义。没有任何政治哲学的讨论会对这一点置之不理，即国家的意思（meanings）和意义（implications）至少就在于其具体现实性。从这一点看，社会主义国家使得大规模的企业以及相对应的公共职能的组织得以可能。我们把社会主义理解为另一种治理的图式，要从中看到在社会主义国家那里存在一个治理问题域。这一点恰好提出了社会主义的活力以及历史生机的根源问题，也说明了马克思的国家学说认为国家可以消亡的真实情况：国家的消亡并不是人们有意为之，而是顺应社会各种关系的客观本性而事所必然。我们最终会看到,"随着治理有方的社会的各种要素变得越来越明显,不难想象国家的强制因素会逐渐消失",当然,这个观点违逆现时的"新'自由主义'的"① 观点,它却不仅能从社会主义国家理论的许多固有的因素,而且能从我们国家的历史那里得到印证。从知识批判的立场看,西方各国历史表明,尽可能弱化国家的口号,担忧的是个人自由任何可能的减少,我们党则基于我国现阶段特定历史时期国家的社会性(可治理性),以"不断提高运用中国特色社会主义制度有效治理国家的能力"作为可能的途径来予以回应。因为,在社会主义国家历史发展过程中,有一个依据其功效原则逐步自我完善和自我显示合理化的过程。因此,我们在研究我们国家性质状况时,不能如同一个短视的治理者那样把具有特殊局限性的地方观念(譬如西方本位主义)同统一的国家观念对立起来,并在这个问题上产生某些糊涂的想法:"他的辖区内的情况是否良好的问题,也就是他是否把这个地区治理得很好的问题。而管理原则和制度到底好还是不好,这个问题他是无权过问的。"② 在他看来,管理原则和制度是无关紧要的、一个无生命的东西。唯一紧要的是,一切具体案例都不同于它所服从的规则。相反,在我们看来,"依据国家的自觉的、积极的存在体现于管理机构这一原则"③,社会主

---

① 参见[意大利] 安东尼奥·葛兰西:《狱中札记》,曹雷雨等译,河南大学出版社 2014 年版,第 342—343 页。
② 《马克思恩格斯全集》第 1 卷,人民出版社 1956 年版,第 373 页。
③ 马克思认为,在官僚界内部,因为存在自大的肤浅,导致"那种不管时代怎样变化都要保持自己的权威的官僚现实",这种现实引发种种流弊。阻止"由管理机构即国家加以改变"构成了官僚政治本身。(参见《马克思恩格斯全集》第 1 卷,人民出版社 1956 年版,第 374 页。)

国家在政治上的合目的性要求对一切社会集团和整个国家的治理原则和制度的联系,应当有比较全面的和比较深刻的认识。这一点,在几十年并不算太长的时间里已经得到印证:中国当今社会生活之迅速重新分化和组合这种现象,导致所有政治哲学、法哲学等的讨论都将国家制度建设看成最为重要的东西。这一点不再是这里需要细述的问题。我们只是期望,这些讨论能够提出更全面的现代国家治理理念,能够充分认识到它容易面临时代错乱的危险。譬如,目前,人们提出风险社会概念,却尚未认识到同样有其必要提出相应的治国失误概念。[①] 历史告诉我们,一方面,如果从国家理性着眼,被推向极端重要性的政治国家固然与社会主义的合目的性是矛盾的,而另一方面,我们要像马克思当年那样殷切地对自己的国家加以理性认知,将需要关注"'国家的公开性不强','日常的'、公开的、不同往常的'政治思想''还不成熟'"[②] 的问题。这样一来,国家治理体系和治理能力现代化,才能被解释为新的课题,所要表达的只是我们的治国理由尚未根本地认识到怎样治理国家才治理得不错。

但是,青年马克思在《奥古斯都的元首政治应不应当算是罗马国家较幸福的时代?》中发表的最重要的意见,大概最好地鉴照了一种"好的"治国方式。该篇主旨是论述奥古斯

---

① 杰索普提到,国家的治理失败,意味着"未能实现重大的政治目标,即保障公众利益,防止它受到特定利益集团的侵犯"。(参见俞可平编:《治理与善治》,社会科学文献出版社2000年版,第71页。)
② 参见《马克思恩格斯全集》第1卷,人民出版社1956年版,第415页。

都所建立的国家治理得不错的原因和维持国家政体的手法。以其对元首政治的种种手法的描述，该篇还反映了"好的"和"坏的"治国理由的比较性区别。然而接着，立论需要的事实和判断还大量借自对奥古斯都时代、尼禄时代、古代人、同时代人、现代人和异国人对奥古斯都时代的历史评价，特别借自罗马诗人贺拉斯、历史编纂学家塔西佗对它的评价。马克思的结论是："奥古斯都所建立的国家是最适合他那个时代的国家。""由于元首下令改变了机构和法律，往昔为护民官、监察官和执政官所拥有的一切权力和荣誉都转入了一人之手，所以各种自由，甚至自由的任何表面现象全都消失了。"也就是说，奥古斯都时代确实实施行了一人掌舵操纵国家大权，但"尽管如此"，罗马人为什么"还是认为，是他们在进行统治，而'皇帝'一词只不过是先前护民官和执政官所担任的那些职位的另一种名称罢了，他们没有觉得他们的自由受到了剥夺"？马克思惊人的判断是："独裁者倒可能比自由的共和政体更好地保障人民的自由。"[①] 这种历史的诡谲意味着，即便是隐蔽的君主专制，也可能因为它同一个绝对中心联系在一起，从而有了这样一种建制意义上的真正的国家制度建立的可能性。可以说，马克思能够辩护"元首政治"，正如他所做的，因为在奥古斯都时代，隐蔽的君主专制还是革命性的，它是真实的、有生机的，等等，而在19世纪，君主制已经成为一个陈旧的历史角色了。所以，在历史的维度上，在一个国家

---

① 参见《马克思恩格斯全集》第1卷，人民出版社1956年版，第461—465页。

所实施的政治目标可能的失败,或者说显露出严重的局限性,但是在另一个国家,同样的治理措施却可能带来了正面结果。反之亦然。用今天的语言来说,奥古斯都帝国治理国家反映了前期罗马帝国典型的国家问题,是立法权与行政权的关系,即强大的行政权反对无执政能力的"元老院、公民大会"的斗争。奥古斯都时代以不同于尼禄时代、"那些更坏的统治者的时代"的方式解决了有执政能力的行政权问题,随之让统治变成了真正意义上的治理。或者说,它把元首政治这种国家政治制度形式变成了能够适应行政(政府)运转的一种组织形式。我们认为,马克思的这种历史对照是持久性的、真正治国术创造的来源的判断标准。而那种好的治国理由,其特点是由是否促进整个国家普遍幸福所决定的。或者说,好的治国理由,既是促进民众的幸福,也是促进统治者的幸福;既是要结束围绕治国准则的正确性而进行的党派纷争、"风尚纯朴""积极进取""官吏和人民公正无私",也是促进"各种技艺和科学繁荣昌盛"。但同时,也促使人们意识到"善治"与一种与之相配的权威观念相辅相成。

从马克思的这篇讨论奥古斯都时代国家理念的文章看,它认为治国理由的判准必须置于政治文化批判和时代批判的基础上。事实上,各个时代的人们表达了他们各自社会存在的国家治理好坏的不同标准。问题在于,凡是拿一个罗马皇帝与一个20世纪的统治者作比较的人,会把双方改造成某种错乱的形象。例如,把尼禄皇帝打扮成一幅现代模样,或把希特勒塑造成一幅古代模样,这就是历史认识的时代错乱的产物。但出于现实政治兴趣并被当作现实政治分析工具的历史类比,则与此有所不同。进而言之,一般而言,如果一个国家治理得不错,如果存在着治理术及其对象和运作特有的一种道理,那么治理实践只有遵循这种道理才能做好它要做和该做的事。与此同时,相应于它的政权而言就有相应的政道(关于安排政权的道理);相应于它的治权而言就有相应的治道(关于治理国家的道理)。至于纯粹政策的治国术往往是因为人们发明了它,而且人们也时常看到人们可以破坏它,法规兴替,如同昼夜轮回,这显然很容易被等同于与司法或立法脱节而成为应付特殊、突发事件和不测之事而带有一定神秘性的技艺。以此观之,今天,就中国推进国家治理体系和治理能力现代化来说,对这一体系的规定根据、整个治国理政的本质,我们必须更本原地加以把握。具体地说,主要是在以下几个方面。

1. 在表明国家治理体系和治理能力现代化目标和论证治国之道时,这里的问题是,向现代化目标进发时体现为一种"道"所要求的创新,并将"道"视为治国之本。很明显,对于国家只是作为想象的共同体的人来说,不会提出"道"的问题。与此不同,对于社会主义,我们总会提出"道"的问题,即对错问题。标准是,是否在对错之间作出判断的能力。这种能力即是一切治国理政活力的原则:不仅在现代俄国历史中,而且在整个社会主义内部,都承认有正确与错误之别,并且不惟是存在过模仿"普鲁士道路""美国式道路""俄国道路"之间的争执问题,而且整个中国现代政治思想史,都表现出这一思想方向。科学社会主义是作为国家政治生活的正当性的终极原则。很明显,这里的"道"或"原则"不可解释为单纯的意识形态套话,而是以确定的方式建立的、对一般治国方法和原则之社会主义的本质理解。

在这里,我们也清楚地看到,我们通常理解的"国家治理体系和治理能力的现代化"大致应该包括以下诸项:经济资源配置的适当的经济会计体系;统计学在手;使用所有那些介于数学科学和社会技术之间的计算方法;策略、侦探、网络安全、外交手腕的数字编码;人的数字化;掌握并发展政治经济学、大地测量学、人口统计学以及劳动组织学等学科和一整套计算方法;符合现代经济发展需要的财政税收制度;发达的冶金技术;关系国家生存的真正现代化武器;现代先进的商业法律;司法和治安;工程师、农学家等专家治国;公务员专门化的考试制度;能够反映真实的经济的市场;追求实际利益的国家观;治理成功或失败的行为准则;对国家事务进行有原则的、公开的讨论,如此等等。一般说来,具备了这样一些条件,我们方可以说一个国家治理实践适应了现代化。有鉴于此,如有人从理论和实践方面思考治国术提出现代化问题时,便用英国 1689 年之前"不能在数目上管理国家"来说明"数目字管理"对于治理者,尤其是中国成为现代化国家的重要。① 但是这样说似乎恰恰还没有把握我国国家治理体系和治理能力现代化中的特殊之处。相反,它还只是完成了这一概念之最低的一层,用牟宗三的话说,即"技术"

---

① 参见黄仁宇:《万历十五年》,中华书局 2007 年版,第 247—249 页。

这一层。且不说，这一层在中国文化中并不是一个纯然正面的概念。而作为关于中国特色社会主义道路的思考，它既不是思考怎么样积极或消极地去"适应""凑合"这样一些国家的现代形式，也不是思考所谓追随现代化所出现的新技术，而是应当思考这种种国家现代形式在种种力量的斗争中何以给关于中国道路的问题建立根据。而形成这样的根据是实质性的国家治理体系和治理能力的现代化的开端，亦即是从科学社会主义原理同中国国情结合出发必然生发出这个东西。在我们看来，它之所以能建立此种根据，是因为我们正确理解的"国家治理体系和治理能力的现代化"问题，不止于是向上述这些目标进发的实践（理性）方面，这个问题必须更深地触及它的目的性的理想方面。即使我们谈论公务员考试这样简单的理念，也是如此。考试的实质与其是针对一种政府机构、管理机器运转的"技能"，还不如针对公务员保持对国家制度的忠诚和奉公守法的义务。"技能"至少并非属于忠诚和奉公守法的对象。而像忠诚、奉公守法这类德性主要不能靠命令的方式来建立，而是依靠某一公务员感到自己被一种普遍的社会联结慑服，并以他最终是否融入一个包容性的整体的制度来确立。马克思指出，"我们倒没有听说过希腊或罗马的政治家是经过考试的"。在现代国家，考试实际上变成了"那些想成为有执行权的国家官员的人"之政治信念的申明。[①] 假使不是这样，就不会适配与之相应的现代国家制度的政治方向，而假使没有这种方

---

① 参见《马克思恩格斯全集》第 3 卷，人民出版社 2002 年版，第 65 页。

向，也就没有可能提高国家机构履职能力，更不可能于"国家治理体系和治理能力现代化上形成总体效应、取得总体效果"①。

2. 由此看来，我们一开始就已经看到，政道、治道为我们铺开了通向治国"形成总体效应、取得总体效果"的道路。它向这个总体效应、效果提供奠基的和完全可靠的论证。对此需要明确地强调，政道、治道是什么，中西古今实际上并没有定说，期间的差异和变化甚大。

若粗糙地把欧洲和西方看成一个单独国家，西方近五个世纪历史最强有力和后果最为深远的脉动，就是从传统的基督教神学向"自然的"科学体系的转变。在政治思考方面，就是古老的政府观念向新的政府观念的转变。它的治国理由相应地发生转变，即从国家向自然现实过程中的国家职能变化并包含变化了的权力关系。若方便地借用梅因的说法，即权力论上从"君主制政府"转移到"民众政府"。② 这后一种思想模式按照它基本上属于个人主义的性质来判断，只能将国家必须为之服务的普遍福祉解释为统一在国家中的个人幸福。但"治权"的转移就像学问的转移那样，是以"德性"的转移来保证的。这一要求意味着与解决民主制（作为政体，作为国体方略，也作为维持政权之政道）概念体系矛盾的纾困之道相比，"治权"转移仅仅是一个次要问题。现今，西方民主政治的形势

---

① 习近平：《习近平谈治国理政》，外文出版社2014年版，第105页。
② 参见 [英] 梅因：《民众政府》，潘建雷等译，上海三联书店2012年版，第2—5页。

第一章　政道与政治的根本关怀

之所以岌岌可危，是因为，囚禁着现代大众民主发展的那些问题是为了形式而关注形式。或者说，形式（绝对）民主思想很容易就像用钩子那样把民主自身高高悬起。比如说，美国业已放弃国家减少不平等的能力。由于民主这个一般关乎政道的概念而认不清在民主国家国情的根本性的差异是一大谬误；由于关注一种次要的但在政治技能上却颇为实用的民主的治权概念，往往失去了根本的实质性品质，这也是一大谬误。就我们这里关心的问题而言，西方的民主制政治虽然讲政道、讲铲除政治特权，但它的前提是"只有特殊利益在实际上成为普遍利益时才有可能"①。

当然，这并不等于说，西方国家不愿意改革，或者说改革也只是表面文章。但是事实上，"为了造成一种改善的假象而不从本质上去改善事物"，这是虚伪自由主义的通常手法："在被迫让步时，它就牺牲人这个工具，而保全事物本身，即制度。这样就会转移从表面看问题的公众的注意力。对事物本身的愤恨就会变成对某些人的愤恨。有些人以为人一变换，事物本身也就会起变化。"② 这完全符合实用主义者的治理方式，而且他们始终坚持他们的实用主义哲学推理，"把自己的国家制度估计得如此之高，竟认为这些制度能使软弱无能的、平凡的人——官员成为神圣的人"，"把不可能的事情变为可能"。③ 总之，自由资本主义可以不断改换国家形式，但改换国家形式

---

① 参见《马克思恩格斯全集》第3卷，人民出版社2002年版，第61页。
② 参见《马克思恩格斯全集》第1卷，人民出版社1956年版，第109页。
③ 参见《马克思恩格斯全集》第1卷，人民出版社1956年版，第123—124页。

却并没有获得一种新的国家意义，它讲改革，想到的是诸如财税制度改革，那么，对马克思主义来说，一场真正的改革是一种政治经济体制的变革。换言之，如果西方世界现在最终说到底依然被起源于近代工业主义的自由主义国家和私人资本主义（私有财产）对立的原则塑造，那么我们就会看到，即便西方未来会因历史思想灵活和丰富能够解决两大民主的抽象原则平等与自由之间的同室操戈，现在西方各国都是动弹不得了。或许也可以说，一种事实的民主所具有的一切缺点都已暴露无遗了。

当然，在这个问题上，也不是说：西方民主政治一无所成，而是说，假设民主政治才有政道，或者假设民主政治就是现代化的，是荒谬的；假设政道就是正道，也是荒谬的；假设社会主义道路是相对于自由资本主义道路的另一种选择，或者假设社会主义国家和民主制国家是非法性与合法性的两种对立的国家，这同样是荒谬的，因为它们并不属于同一层面问题。事实上其间有许多不同的层面。有一个在思想史上令人感兴趣的因素，即这类假设的论据并非绝对的新东西，而是在古老的政治哲学中就有其论据。照牟宗三讲："民主政治、事功、科学等。这一套东西即是西方自文艺复兴以后所创造出的近代文明。整个这一套的内容中间有个共同的基本精神，我们可以用一个名词来说明，即是'Co-ordination'，可以翻译为'对列格局'，这就是现代化最本质的意义。我们也可用《大学》所向往的治国平天下的理想——'絜矩之道'来说明'对列格局'"："尊重对方，即成两端，两两相对，此即是个'对列格局'。"① 牟宗三以"对列格局"这个词所指的是某种近似提供新外王实践方向和途径的中国道路设想。而这种为民族文化生命立本、为开出新政、为发展科学的看法,它是完全必要的。因为,有过那样的年代,那个年代,无论国家、政府体制与政治机器还是社会生活都拴在螺旋状的失常中,爱国和奉公守法这类伦理性关系在具体生活现实中无所挂搭。在那个年代,法律和道德判断的任何构想都是不恰当的。以致站在所谓道德实践之根上,这甚至不能决绝地否定从人性恶的观点中生发出的国家学说。但是,所有的这些看法尚需跳脱牟宗三—康德式的理性主义嫁接。其实,后来的历史发展简单地说便是需要扬弃此种依然隐含的二元论思维。

在很久以后,一个新的时代才真正到来。因为,现在,根据我国社会整体发展阶段而生发出来的各种学说,可以被说成与中国制度自信一样的新思想。比起文明"和合"来说,如今国家间"竞合"已经变得次要了。西方现代文明背景下的政道思想的主导地位首次真正遭到冲击。广为人知的是,使西方人和社会发生分裂的重大问题是:个人与社会的关系。中国特色社会主义国家治理之道,不仅要以此肯定作为一个具有最高包容性的社会主义的、"总体国家安全"②的国家概念,而且要肯定一种非常现代的、社会与个人辩证统一的社会主义国家伦理。由此,虽然我们提出国家治理体系现代化也可以如上论述那样,从针对西方(他者)方面来理解和定义,但切不

---

① 牟宗三:《政道与治道》,吉林出版集团责任有限公司2010年版,第16—17页。
② 习近平:《习近平谈治国理政》,外文出版社2014年版,第200页。

可以为，我们国家治理体系现代化首先是从西方的总体之中产生的，甚或沦为西方的总体之纯然的伴生物。因为，它不可能是将西方基于元经济学的治理（世界）观转用于我国家的新一番政治经济革命努力的记录。特别应提到的是，中国自身政道和治道思想传统源远流长。与儒道法三家的政道和治道（"德化""道化"和"物化"①）相对谈，把凡是缺少现代西方理性主义性质的政治思想一概称为没有民主政治是不正确的。放在中西古今之轴上，它的谬误比拟说来类似于正统论哲学为反对革命而提出的论点。然而，在提出我国治国理由时，如果将其一部分（或其效应的一部分）纳入其中便是个反思自己现代性局限之有益的尝试。从这个方面看，政治理想问题或（政道问题）今天以某种"新常态"摆在提出国家治理体系现代化问题之际了，其出现的历史形势背景正是回应时代对古今中西一整套治国之道思想罢弊的需要。实际上，就这个时代而言，它并没有为现今炙烤着现代人心灵的对平等、团结和互助的渴望提供哲学层面上的辩护。从一个国家所特有的整体制度发展历史看，毫无疑义，"中国治理"是当代世界国家治理体系的一种特殊的、正在发展和崛起的模式。我们把它称为"一个历史性的象征事件"，这很可能是正确的。

3. 这个论断表明，所有承认中国国家治理模式合理性的当代政治哲学思考，都要求知道它在讨论其体制和形势的中国治理模式是否以及在何等程度上成功致力于个人、集体和国家

---

① 牟宗三：《政道与治道》，吉林出版集团责任有限公司2010年版，第27—41页。

整个集合体的福祉。这正是中国特色社会主义道路应有之义。然而，在对比世界各国大势时，正如前已述及，就治理理由所说的一切，却更容易按照自然现实解释中固有的个人主义原则来谈论，即只将国家必须为之服务的普遍福祉变现为个人福祉。从为现代自由宣传的基础上进行的自由论辩中，更容易理解个人原则。它不像"国家""社会""秩序"这样一些或多或少可以归入思辨层次的事物。也就是说，由于类似的众多原因，治国理由主题从通常的"国家与社会、政府与人民"的极为普遍的辩证的理论讨论向度中改变了其原有的涵义。形形色色的资深专家保证说，眼下，对于这个问题，即对以主权、国家、民族和相应的其他概念的国家制度框架来对治国理由进行阐述的问题，实质上已经过时并被另一个方向的问题，即对以非政治—法律权力概念为基础的治国理由阐述的问题所取代。大量的文章和著述在眼下宣布，这是超国家又是全球化来临的普遍福祉的惟一条件。有些人或许会说，在几十年来为使我们国家经济化而进行种种尝试之后，再以前一种语序包含的问题方式阐述治国理由，似乎在反其道而行之。因为它已经暗示出向逐渐强化的国家性发展。或者反过来说，今天治国理由在主要内容上讲，既不能简单地等同于政治，也不能将它的主要内容视为统治术，而是相反，应该避免"统治"这个词而使用治理的现代方法，这种方法在关键点上要适应其内蕴着违逆共同权利而伸张个人权利之政治权力的决策或行为的理念的取向。

其实，事情并非这么简单。人们对治国理由这个概念的思考模式原本存在着多样性。那么，是作为国家、民族和人民，还是作为现代人的普遍（私）人性——人才成为并且必须成为他作为治理理由的主体或对象？如果说在治国理由中真正存在着上述这样两个不同向度所突出了的原则对立，那么这种对立的顽存性，则正是我们需要正视的问题。一旦把治国理由与"道"连在一起讲，我们观察问题便有了与此很不相同的视角。这是因为，对这一"道"的确信的要求定义了我们关于治国理由概念的一种特别的思考模式。换句话说，从科学社会主义作为一般抽象的原则、抽象的理念看，它必然要求落实在历史的实践中。但现实的社会主义制度，没有，同时也不能在各个方面都符合科学社会主义的绝对（实体）理想。所以，推进国家治理体系和治理能力现代化，同样受制于政道与现实政治的差距。这里，需要关注的问题是，治国理由之简化为纯粹政策的治国术（方法）是不是可容许的？政道和治道的区别与治道和治术的区别应当是什么关系？

一般而言，这是两个在一个不同的国家、体制必然会给出非常不同回答的问题。今天，"我们党开始以全新的角度思考国家治理体系问题，强调领导制度、组织制度问题更带有根本性、全局性、稳定性和长期性"[①]，其思考的焦点正是"常道"（"不折腾"）的问题。

首先应该注意的是，正如前述，纯粹政策安排的治国术自身是一种次要问题：如因通货膨胀和货币政策调整，使人们必

[①] 习近平：《习近平谈治国理政》，外文出版社2014年版，第104页。

须在立法程序上采取非常的方法,这是纯粹的治术,没有一定成规。但是治国之道不可以当作纯粹的治术,或者不仅仅是纯粹的治术。如果行政无规章,任何现实政治便会面临盲目或者罔顾自己的实践目的的危险。治道之为"道"是因为它的根据在于维系政权及其产生治权的制度(即宪法)。所以,现实政治尽管可以服务于不同的实际目的,同时也可以得到不同的实际上的解释,但却不能从根本上与政道扞格。事情并不是人们好像可以事后将其他任何一些原则强加给一个机构、一种国家制度,似乎如果它以往的基础不存在了,便可以加上某一种替代性原则。例如,如果我们附和以非法律权力概念为基础的治理设想,认为自由主义的治理原则是"依从自然而治理",这条原则却不可加给一个像我们这样的社会主义国家。实际上,对于治国术的问题来说,中国特色社会主义在理论上之所以比其他自由资本主义更加正确,这是由中国的历史及其所承受的所有约束条件证成的。举例来说,在今天,地球上任何国家经济增长是社会政策最真实和根本的指向。但对于如何尽可能广泛地为所有社会阶层分享经济成果这个问题来说,对于中国而言,所采用的最终手段归根结底并不是私有财产。它与自由资本主义"个人化的社会政策"① 有一种目的取向之异质性不同。这大概是对所谓治国术不能与政道和治道分离这个观点的富有教益的例证。

但是,现在看来,由于现代科学包括国家治理科学到处在

---

① 参见[法]米歇尔·福柯:《生命政治的诞生》,莫伟民译,上海人民出版社 2011年版,第127页。

尝试将实体化解为功能,并且长久以来就将世道人心这样的概念抛置一旁,所以,在今天流行的观念和言说方式中,治道首先被认为是"依法治国"。因为,一种国家治理理论只有成为国家—法理论时,才有落实处。换言之,当社会越是对国家表现为优势的时候,国家就越会在实然意义上向法治国方向发展。中国特色社会主义的法治道路是中国特色社会主义道路的组成部分,这在治道上本可容易看到它直接包含的政治意义。然而,在历史上的每个时期,都有人要求应由法治而非人治来进行统治。因而,对此,可能会因观察者的基本立场不同而得到不同的解释。有一种法学观点认为,严格的法治国的法律概念实不应该是政治的法律概念,而是超政治的法律概念。法治国的理想或理想的法治国是将国家、政府和公民的一切行动能力彻底纳入一个规范系统中,并由此而对国家、政府和公民加以约束,此中主要的关键是,法治国的保障机制需要对每个政治概念作实质性限制。到此为止,在此种法学观点看来,当政治的法律概念实际上强于或优越于法治国的法律概念时,往往就是将拥有授权权限的立法者例如人民代表大会这样的立法机关颁布的"个别命令、措施、指令"来取代"规范"[1],并因此而产生对规范的一系列不可理喻的偏离。这就导致国家制度的合法性危机,即便是这种取代能够一时一事地保障治国术的成功。

但是,对我们来说,应当注意的是,这种辩护导致了法治

---

[1] 参见 [德] 卡尔·施米特:《宪法学说》,刘锋译,上海人民出版社2005年版,第162—163页。

国与政治形式原则（例如，人民当家作主原则）互斥和不相容。这种辩护有片面之虞。从实践上说，这仅仅只是一种不能担当政治判断之客观评价的法学观点。事实上，将不同国家立法的众多形式和方法都归纳在某个例如"以法律为根据"或"通过法律"这样一些具有一定语境的概念下，这是不正确的。在我国现实政治中，法治国的法律概念提到"要坚持党的领导、人民当家作主、依法治国有机统一"①，它是真实的、有生机的、有活力的。因为（此）法与我们民族相互间是亲和的。它同样主要是从民族的历史和现实形势要求方面规定的。在这里堪称与一种伟大的政治文明形式创造相提并论。因为，政道，与其说是我们对它进行反思的内在自由的情境反映，毋宁说，在于使我们相信它们满足着、一片国土承载着的民族所依存的那个历史中的社会现实状况的记录。一部现代中华民族的历史使我们有理由保持此种政治觉悟：坚持和发展社会主义所指的"正道"必须通过落实为执政方法和政治体制才能显现。以此观之，在我国治国理由中，除了法治国概念外，理所当然包含有这样一个政治概念。虽然这两个概念要求有所不同，但在现实政治中必须将两种不同的要求结合而非对立起来。这是一条真正客观的道路。它应该会让那些轻巧谈论抽象法规或立法者主观性意志的人有所迟疑。这一点，非马克思主义者不能认识这一点。

最后以一句话提醒人们注意：我们优先选择了中国特色社

---

① 习近平：《习近平谈治国理政》，外文出版社2014年版，第146页。

会主义道路,这是进行治理的"理"。只要是尊崇国家长治久安的治国理由,就不能不考量如何连结政道、治道和治术,直到一种更为普遍因而更为有效地拟制出治国领域之"体用"或"本末"辩证关系的方案。

第四节　重新思考理性有限和自发秩序信条

如前所述,在资本主义国家,将政府转变为准商业性公司,并将政府绝大多数服务功能的管理权重新交给较小的治理单位,很有可能促使某种社群主义、协商民主或直接民主的治理模式的复兴。这些治理模式的正当理由往往显得简单、清晰。比方说,直接民主主张,人民应该能够决定那些将会影响他们的重大议题。重大议题由人民自己决定,以防止政治体系沦为疏离人民的决策机构。但是将这套理念作为治理方法时也明显透露出关于人性的基本假设。其中,关乎政道立足点的问题也很多。的确,根据经验观察,针对以往社会主义发展或多或少用绝对控制的方法来进行治理,人们也很容易批评其高估它的国家能力。从历史的角度看,西方人往往批评它是一种社会畸变形态,这个时期的政府和国家是不受约束的。但是,没有分析者能否认过去数十年里社会主义国家在治理决策上所发挥的作用和成就。问题在于,对于治道、治理术的运作分析,

第一章 政道与政治的根本关怀

总离不开知识的场域、主体的场域,而在这个大的面相之下分析治理运行的机制总能带给我们更为开放的视野。与社会主义国家理由不同,治理的兴起迫使我们重新考虑我们对于自由主义与资本主义力量的各种思考方式,以及处于不同发展阶段的社会对此有着怎样极其不同的探讨。因而,我们在这一节要处理的关键问题是:是什么原因使自由主义认为社会主义国家理由存在严重危机,以及为什么不是所有国家能够发展成为一个强国家?

人们一般认为,自由主义是一种兼顾自我批判和自我限制能力的治理技艺。根据弗兰克·哈恩的看法,哈耶克《通往奴役之路》(1944)这部书是他年轻时讨厌的书。这是一本透过情绪来妖魔化纳粹主义和社会主义的著作。由于苏联体制的崩溃、柏林墙的倒塌,哈恩转而赞扬哈耶克反对社会主义的论证。哈耶克终生反对社会主义。按照另一位经济学家熊彼特的看法,20世纪那场著名的"社会主义经济计算大辩论"已经最终分出胜负,其中当时形成的共识是:"作为一种逻辑上的蓝图,不可否认,社会主义的蓝图在更高水平的理性下绘出来了。"[1] 福斯指出,当时稍具社会主义经济可行性的学者几乎把恩格斯的一段话背下来了。在这段话中,恩格斯是这么说的:"社会一旦占有生产资料并且以直接社会化的形式把它们应用于生产,每一个人的劳动,无论其特殊的有用性质是如何的不同,从一开始就直接成为社会劳动。那时,一个产

---

[1] 参见[丹麦]尼古莱·J. 福斯:《奥地利学派与现代经济学》,朱海就等译,中国社会科学出版社2013年版,第58—62页。

品中所包含的社会劳动量,可以不必首先采用迂回的途径加以确定,日常的经验就直接显示出这个产品平均需要多少数量的社会劳动。社会可以简单地计算出:在一台蒸汽机中,在100升的最近收获的小麦中,在100平方米的一定质量的棉布中,包含着多少劳动小时。……人们可以非常简单地处理这一切,而不需要著名的'价值'插手其间。"①

相反,对此,哈耶克等人给出的并非是理论的反驳,而是实践的反驳。哈耶克认为,求解市场社会主义计划模型需要成千上万个方程式,超出了现代的计算能力。②今天,我们面临大数据时代,可以设想,哈耶克们并不相信支持社会主义经济计算的论证会有什么进展。在自由主义自我批判的工具中,政治经济学变成了实质意义的由"经济"开辟制度分析和治理技艺的知识工具和道路。最后,这个拣选出来的知识工具把一种经济学是乌托邦精神用作自己要求政治世界支配权的根据。神秘的自然概念变成了强大的论辩动力。在格罗斯曼和斯蒂格利茨看来,"社会主义计算辩论实质上是这两种经济学之间的区分",辩论的背后归根结底是"对经济理论的认识有冲突"。③我们认为,自由主义作为一种治理模式,看起来像是超脱国家理由的所谓市场让自由主义自我限制这样的怪事。"自然",这种经济自动调节状况从未实际存在(虽然一些经

---

① 参见《马克思恩格斯文集》第9卷,人民出版社2009年版,第326—327页。
② 参见[丹麦]尼古莱·J. 福斯:《奥地利学派与现代经济学》,朱海就等译,中国社会科学出版社2013年版,第64页。
③ 参见[丹麦]尼古莱·J. 福斯:《奥地利学派与现代经济学》,朱海就等译,中国社会科学出版社2013年版,第87—88页。

济学家仍然假设它是实践性政治的实在依据)。因此,反过来说,它将社会主义主题化也是偶然的。这里我们需要再次重提一种与哈耶克"自由秩序原理"的批判关联的观点和看法。

众所周知,弗里德里希·冯·哈耶克是一位对西方现代自由主义理论的转向和发展,以及对当前社会理论研究拓宽领域作出知识上贡献的重要人物。哈耶克也是20世纪学术界对于社会主义(集体主义)的主要批判者之一。在哈耶克看来,国家的主要角色应该是维护法治。他相信市场经济优越于中央计划经济的地方在于"信息传递的优势"①。"理性有限"观和"自发秩序"观是哈耶克自由主义最为重要的核心观念。这里在深入解读这两个观念及其实质的基础上,探讨了经过话语转换后,该种观点对当代中国可能具有的积极和消极的意义。我们通过对哈耶克的"理性有限"观和"自发秩序"观的解读,探讨一下虽是生发于西方发达资本主义社会的语境中的哈耶克理论,但在当代中国的现实语境中仍然可能具有的积极和消极意义。

一、人之理性的发展和社会的进化是不断发现既有的错误的进程

"自发秩序"的理念是哈耶克自由主义社会理论的"核心概念",关于自发秩序,也有的译为"自生自发秩序",哈

---

① 参见[德]约尔格·吉多·许尔斯曼:《米塞斯大传》,黄华侨主译,上海社会科学院出版社2016年版,第314页。

耶克认为，亦可用"自我生成的秩序""自我组织的秩序"或"人的合作的扩展秩序"等术语代替。① 尽管自发秩序这个问题是哈耶克社会理论中的一个核心论题，但是要对自发秩序这个观念的实质、解释范围等方面作充分的把握，却存在着诸多的困难：由于哈耶克对自发秩序这个问题的论述相当分散而且论述的侧重点亦常因具体论题的变化而变化，甚至正是自发秩序这一思想，使哈耶克遇到了一些难以摆脱的困境，使他不可避免地隐入社会进化和团体选择的争端之中；再者当哈耶克关心自发秩序中的"紧张关系"，面对各种不同的基本价值以及价值选择问题，而他对选择机制特点的论述与自由主义的关系并不总是清楚的。所有这一切都要求我们绝对不能简单地解释哈耶克这一多向度的概念。

尽管哈耶克最早提出自发秩序的观念是为了解决一个具体的经济学难题，但是后来，哈耶克却认为自发秩序这个观念还具有更广泛的适用范围，道德、宗教、法律、语言、书写、货币、市场以及社会的整个秩序，都是自发的社会秩序。哈耶克对自发秩序与社会组织所作的分类学上的区别，我们可以把它看作是对自发秩序观念所描画的轮廓。

哈耶克把所有的社会秩序类型分为不是生成的就是建构的，前者是指"自发的秩序"，后者则是指"组织"或者"人造的秩序"。它们之间的区别大致分为以下三个方面：

第一，自发秩序的有序性是人之行动的非意图的后果，而

---

① 参见［英］弗里德利希·冯·哈耶克：《自由秩序原理》，邓正来译，三联书店 1997 年版，第 7 页。

非人之设计的结果;而组织中的有序性却是一致行动的结果,因为组织中的合作与和谐乃是集中指导的结果。

第二,这两种社会秩序类型所依赖的协调手段不同。自发秩序的型构,乃是这些秩序的要素在回应它们的即时环境时遵循某些规则的结果;相反,一个组织的协调则是一种命令与服从的等级关系,在命令中详尽地规定了每个成员的具体活动。

第三,自发秩序为不同的个人实现其各自的目的提供了有助益的条件;相反,一个组织则是一种有助于实施某个先行确定的具体目的的集体工具,自发秩序与组织的这一区别也主要凸现在它们各自的动作所依凭的上述协调手段上。自发秩序所特有的行为规则是"否定性"的,它们只界定个人行动的合法领域,然而,旨在组织协调的命令,则是通过尽可能地规定其成员具体活动的方式来全力推进先定的组织目标的。

应该强调的是,哈耶克的自由主义包括对许多有用的结社、制度和其他社会型构的社会秩序的赞赏,但这些社会秩序只能是人的自发行动的后果,而不能是人设计的结果。这是因为,在哈耶克看来,在社会领域中,人对诸多有助于实现其目标的力量往往处于必然的无知状态之中。他把人类理性、知识和利益的局限性作为认识社会的前提,认为人们所能够理解的只是以他们为中心的狭窄圈子中的事情,能够给他们以激励的也只在他们领域内所接触的事物。哈耶克否定那种宣称人们有能力认识"进步规律",而且这些规律能够使人们预见我们必然趋向于的境况的观点。人对社会进化的认识也像攀登一样,人绝不能攀登得比他并不知道要去的地方高。之所以如此,就在于人关注的只是其所知道的东西。在此进程展开的过程中，那些并不为人们明确知道的特征通常都会被人们忽视不顾，这些为人的"理性不及"的因素，却在社会进化过程中和人们的日常生活中起着重要作用，有些甚至是人虽不理解却在行动中遵循的基本规则。

毋庸置疑，哈耶克的自由主义的社会理论也是一种个人主义哲学（虽然，它是一种试图把个人理解为一种社会存在的哲学）。哈耶克正是立基于个人理性无力脱离社会进化进程并判断它的运作这一观点而认为，我们无力为自己提供任何证明以说明坚守某些规则的理由。因此，哈耶克一以贯之遵循的论式是：对社会进程做有意识的控制或指导的各种诉求，不仅永远不能实现，而且会导致自由的丧失，进而摧毁文明。

当然，哈耶克对社会领域中那些并不为我们所知的东西的作用的强调，并不是否定社会进步、文明创造本身是人的有意识活动的产物，或是人盲目使然，然而，这并不意味着社会进步、文明演进是我们将各种于当下指导我们行动的理念付诸实施，即人之设计的产物。如果说"进步"乃是指一种趋向于某一已知目标的发展，那么，社会进化则不能被称作这种意义上的进步，因为它并不是通过已知的手段努力趋向于一既定的目标这种人的理性来实现的。其重要的原因在于，我们所必须利用的关于各种具体情况的知识，只是以分散的、不完全的个人的知识，而不是以集中的或完整的形式存在，而且，只是以不全面、时常矛盾的形式为各自独立的个人所掌握。譬如，我可以承认人是有目的的，但我不知道什么才是正确的目的，我的理解和你的理解有不同，怎么办？我也承认美德与智慧密不可分，是在具体的时间、地点恰当地做事，但我不知道我现在所做的事是否恰当，抑或还有更恰当的事可以去做？正因为现实社会中的每个人的活动都是具体的，必须在一个个事件中生活，比如说，我就不知道写这本书时我的活动是不是体现了一种与社会进步相关涉的美德，所以，对社会进步的一种更确当的观点乃是将其视为人以其智力进行组合和修正的进程，不仅为人们所知道的种种可能性，而且亦包括各种价值和欲求，这些都在持续不断地发生变化。由于社会进化的导向是发现尚未知晓的事象，因此，它的结果必不可预见。至此，哈耶克把人之理性的发展和社会的进化看成是不断发现既有错误的进程。

二、反唯理主义和理性主义的张力

哈耶克的人之理性有限的观念所承传的是18、19世纪英国人对理性的谦逊和谨慎态度。英国人认为，人并不具有高度的理性和智慧，相反，人是一种十分缺乏理性且易于犯错误的动物。在对社会现象的认识中，人们常常把一些重大的社会成就（如劳动分工）看成是人类知识和理性力量的产物，而实际上这应归功于在时间延续中许多人的经验积累。这种认定社会生活中人的理性有限、历史活动中人的知识也必然有限、无知的必然无限、人无力根据理性来捍卫理性、人的理性是不完善等的信念，是英国传统的经验主义、怀疑论在社会理论上的映现，并与当代波普尔的演进认识论、现代哲学阐释学等理论在学理上有着内在一致的地方。

由于哈耶克社会理论的知识论基础强调处于社会行动中的人的必然无知，又由于人们在对"自发秩序"观念的解读过程中，往往会根据自发秩序的一般性词义而把它理解成一种"自然"或"自足"的状态，而这种理解的逻辑展开就一定会把哈耶克的观点视作"自然主义"或"无政府主义"式的放任自由。这一切都易于使人们误认为哈耶克的理论是一种非理性主义的理论，至少是凸现这些论点的非理性物征。实际上，哈耶克的理性有限观念既不是一种非理性主义的观念，亦不是一种旨在贬斥理性的观念。哈耶克所反对的只是"理性主义"的万能论和建基于其上的"设计"社会发展的欲求，以及"理性主义"能主宰自身的论点和立基于其上的对理性不及的因素和人之必然无知的否认取向。

由于哈耶克自由主义的深层哲学预设中的反唯理主义的和理性主义的要素之间存有一种内在张力，因而，仅从单向度上解释哈耶克的理性有限观念，人们也就无力协调这些论点的非理性特征与其高度理性的几近乌托邦的新自由主义思想之间的紧张。

考察西方人关于"人之理性有限"这一思想的演化过程，尽管西方传统在追求"自由"时对于"理性的推崇，抑或对于非理性的贬抑，理性、非理性都只是作为人类生存的工具"，"人并不能理智地胜任一切"（维柯），"人类理性较之作为探索特定的局部需要和问题的工具而言，远不足以成为构造和预测全世界系统的一般均衡模型或者创造一种包罗一切时代的所有变量的宏大总模型工具，从隐含在主观预期效用理论的理性模型的那种奥林匹亚山神般的图景中，我几乎见不到多少有益之处"（西蒙）。[①] 这些"理性有限"的类似思想早在柏拉图哲学那里已经得到论说，却很少有人将此种观点解读为非理性主义。身处当代境域的哈耶克，虽然与古人存在着解释学意义上的历史间距，但就某种实质性的观点而言，结论似乎是一致的：理性是文明进步的导向，非理性是历史前进不可或缺的"质料"和内驱力。

哈耶克之所以将自发秩序的概念予以强调，不仅在于看到——它与在整体上任何个人所不知道的事实相调适，这意味着自发秩序并不是有意识反思或设计的产物——而且这种在社会生活中自我生存的秩序，能够应付我们对无数事实的无知状态。这也意味着自发秩序能够以一种设计的秩序所无力做到的方式运用社会必须始终依赖的分散于无数个人习惯和倾向之中的实践性知识。比如，杰斐逊曾经谈到，他早期曾经与印第安游猎部落有大量交往，发现他们拥有高度组织化的、良好的秩序，但是却没有政府。论及此，他曾经向麦迪逊写道："这种状态难道不是最佳的吗？这是我犹疑的一个问题。"[②] 正是如此，哈耶克认为："在安排我们的事务时，应该尽可能多地运

[①] 转引自张雄：《市场经济中的非理性世界》，立信会计出版社1995年版，第19页。
[②] ［美］艾尔伯特·杰伊·诺克：《我们的敌人：国家》，彭芬译，江西人民出版社2015年版，第23页。

用自发的社会力量，而尽可能少地借助于强制。"① 若从政治哲学史的眼光去看，哈耶克的自发秩序着眼于社会研究而不是在于国家或政府的研究。而它们附带发挥了许多极其重要的政治的学说所起的作用。对于哈耶克来说，自由主义这一基本原则能够作千变万化的应用，但是，对自由主义事业危害最大的，"莫过于某些自由主义者单纯从某种经验出发的顽固态度，而尤以自由放任原则为甚"。因此，如果要确保一个自发秩序能够较好地服务于涉及其间的个人利益，就必须存在着一系列调整自发秩序参与者行为的规则。不过这些行为规则是社会成员经由模仿成功有效的制度、习惯和传统所作出的选择，它并不是有意构建的结果。

在哈耶克那里，自由、竞争是使自发秩序成为良好社会秩序的必要条件，而一般性规则乃是自由和竞争存在的前提，这一般性规则应是"适当"的，不过哈耶克明确反对试图以一般性公理术语和一劳永逸的方式界定所谓"适当"规则的做法，这是因为他认识到日益变化的社会环境和其他条件有可能会要求对这个问题给出不尽相同的回答。这在东西方各主要社会理论传统论说中，占着主流位置的论说均强调"从知到行"，确是一种不同凡响的思想范式。在东西方都有一些社会秩序的关注者相信，只要我们能告诉人们什么是善、什么是该做的事，社会的恶就可得以剔除。希腊的苏格拉底和中国的孔夫子同样致力于开启人们的心智，使他们认识善的本质。相信

---

① [英]哈耶克：《通往奴役之路》，王明毅等译，中国社会科学出版社1998年版，第24页。

这种永恒真理的知识人宣称的真理与哈耶克个体的自由诉求是不相宜的。国家毕竟是教育合法性的垄断者。此时，我们仿佛又听到哈耶克的老师米塞斯的告诫："在没有对其经济后果进行充分研究的情况下，谴责一种社会制度而推荐替代它的另一种制度，这种行为是不负责任的。"①

三、人之思想自由平等、理性平等的议题

文化就当根据自己现实的语境，适当地改变当代中国的话语结构，以推动社会的发展与进步。哈耶克的自由主义理论告诉我们，在社会转型的过程中不应忘记传统的联系；在政府管理国家方面，应依据规则管理国家，给人民"法治下的自由"，相信自发自愿的协作比强制更有力量；在民主政治的建立方面，将儒家的着重内在德性的培养，期得一个理想人格主政的贤能政治的路数，转化为借客观的制度约束权力与倚持主观德性的培养并重，等等。不过，笔者以为哈耶克的自由主义理论的思想资源除了上述诸多方面值得我们挖掘外，其所具有的价值意义可得以彰显的或许还有如下一些内容。

(一) 理性面前人人平等

从对个人知识的局限性的认训，以及从任何个人或一小群

---

① ［德］约尔格·吉多·许尔斯曼：《米塞斯大传》，黄华侨主译，上海社会科学院出版社2016年版，第655页。

人都无法知道为某些其他人所熟知的事情这一事实中，哈耶克认为，如何处理"知识分工"的问题，是当代大众社会所特有的问题。他解释说，当代社会所面临的问题乃是"如何确保充分利用每个社会成员所知道的资源，因为其相对重要性只有这些个人才知道。简而言之，它是一个如何利用并非整体赋予任何人的知识的问题"①。对于一个社会而言，每个人实际上都对所有其他人来说具有某种优势，因为每个人都掌握可以利用的独一无二的信息。与那种在动态的文明进化中不断为人们所使用的全部知识相比较，那种最为明智的人士所拥有的知识与最为无知之个人能有意识使用的知识之间所存在的差异也就无甚意义了，最为明智的人被哈耶克纳入了无知者的行列。这当然已颇有一点类似于庄子的从"更高的观点"看待每个人的知识的意味，不过两者并不完全同义，因为二者的支配性预见明显不同：庄周是从超越有限的观点，即道的观点看事物，"是亦彼也，彼亦是也。彼一是非，此一是非"。而哈耶克始终在于确立有限的观点。哈耶克的逻辑展开是：社会进步和文明演进是立基于众多人的才智，而不是立基于少数人甚至是"一人的天才"，它是数百代人努力获致的成就。对于一个社会来讲，"一个靠不定期货船的空程或半空程运货谋生的人，或者全部知识几乎就在于知道一种即时机会的地产掮客，或从不同地方商品价格的差价获利的套利人，他们都是以不为他人所知的对一瞬即逝的情况的专门了解，在社会中起重大作

---

① ［英］冯·哈耶克：《个人主义与经济秩序》，贾湛等译，北京经济学院出版社 1989 年版，第 75 页。

用"。"虽然,在这方面利用最好的机会与利用最新科学发现对社会起同样重要作用。"①"奇怪的是,这种知识今天一般遭到蔑视。"哈耶克的这一质询强化了现代学问制度和知识原则的正当性危机,这使我们有机会反观中国古代、近代乃至现代的学问制度的偏狭;在历代中国的学问制度中,国家对学人的个体规定一直很明确:学而优则仕,学人个体可做、能做什么学问是由国家政权和国家统治的文教制度认可和支配的。符号系统不单是知识的工具,也是统治的工具。学问的优劣标准只是一种支配性的宣称,通过这种宣称就可以获得学术的正当性权位。个体生存被知识系统划分、切割。对福柯来说,知识系统区分了疯人—常人、好人—坏人;对中国的学问制度而言,文化秩序区分于雅—俗、主流—非主流、正统—异端。因此,就中国的个体学人而言,对于中国特色社会主义国家理由而言,如何能促进自由、平等的文教—学问制度的建构仍是一个重要任务。

哈耶克所要诉求的新一轮文化颠覆给我们有益的启示是:每个个人主体有限的认知能力迫使主体承认其他主体对其他部分知识的权威性。那种"我"在光亮中、你们(民众)皆在蒙蔽中的启蒙师式的强权并不能使强权得到"真"。"权力意志"的随意性在这里受到了限制。这里尤为重要的是新知识人群众(即相类于福柯所谓的"技术性知识人")及其伦理诉求与古典式启蒙精神、教育和学问系统的紧张;技术性知识人

---

① [英]冯·哈耶克:《个人主义与经济秩序》,贾湛等译,北京经济学院出版社1989年版,第77页。

群众有自己的生活理想和价值观,新知识人群众拒绝精英知识人或永恒真理的知识人作自己的代言人。要建构市场经济新秩序,中国文化现代发展中的一个突出问题,就是应该超越神圣价值与世俗价值的对立、精英文化与大众文化的对立,此类对立或比较往往是不相应的,因为两者本属于不同的领域和层次,如果以为社会的理想性追求只能由精英文化所维系,那无疑是认为"天才"的理性设计比每个人的自由自发创造更重要。在哈耶克看来,这并不是谦逊的理性看法,诚然,人不是或不应该是唯一由自己的利益、需要来支配,但人是并且应该是由他们的兴趣和愿望来指导行动。所以,"应该允许人们按照他们认为理想的方面去努力"。这是人之思想自由平等、理性平等题中应有之义。

(二) 超越理性的藩篱与限制

在哈耶克的自由主义理论脉络中,"理性不及的因素"也是一个很重要的概念,意指社会进化过程中和人的日常生活中所存在的大量的为个人经由各自的特殊知识与特定环境相调适而累积起来的经验和习惯等因素。这些因素虽说为个人的理性所不及,但在人们的生活实践中起着重要作用,有些甚至是人虽不理解但在行动中遵循的基本规则。

哈耶克反对立基于每个人都倾向于理性行动和个人生而具有智识与善的假设、理性具有至上地位,因此凭藉个人理性,个人足以知道并能根据社会成员的偏好而考虑到型构社会制度所必需的境况的所有细节的唯理主义。他认为,这是一种

"致命的自负",是一种"天真幼稚"。因此,为了达致个人与社会秩序间关系的认识,必须"运用理性分析的方法去削弱种种对理性的诉求",而最终必须依凭的乃是对人性和理性有限、理性不及性予以阐释的社会理论。

"人有理性"这是确切无疑的,因而,"理性"必然是"人性"重要型构的质素。但是,这里的"有"并不是在"人有双手"意义上的"有"。"人有双手"的"有"是在"拥有""占有"意义上的"有",这种"有"所有的是一种现成的东西——摆在眼前的双手。而在"人有理性"这种说法中,"有"并不是"拥有"或"占有",而是在存在或生存意义上的"有",所有的不是现成的东西,而是可能性存在,那就不是仅仅眼面前在场的东西。实际上,在亚里士多德那里,人是有"逻各斯"的动物,只不过西方传统哲学用理性、思维来解释"逻各斯",而"逻各斯"的主要意思是语言(当然也包含思维、概念和规律在内)。语言的根本特点就是能表达出不在场的、隐蔽的东西。现当代的人文主义思潮不满足以抽象概念为底而转向现实性,认为当前在场的现实事物乃以隐蔽在其背后的不在场的然而同样现实的事物为根源。前者片面尊崇理性、思维,后者则进而注重想象。胡塞尔在多处谈到事物的"明暗层次"的统一,谈到事物总要涉及它所暗含的视野。这就意味着,出场的、显现的东西以未出场的、隐蔽的东西为其根源或根底。① 宇宙间的任何一事物都与宇宙间万事万物处于

---

① 参见张世英:《哲学的新方向》,载《北京大学学报》1998年第2期,第172页。

或远或近、或趋势或间接、或有形或无形、或有知或无知的相互联系、相互影响、相互作用之中。在这一意义上，每一事物都植根于出场或无知的东西之中，每一事物都生根于无穷尽性之中，事物乃是无根无底的，或是说，是无根之根、无底之底。因此，要对社会事象作"有知"与"无知"的相通相融的把握，就不是单靠思维、概念和规律所能完全胜任的，还要靠想象、感性直观、经验、习惯等人的能力，只有这样才能把不在场的、无知的东西，隐蔽的东西与出场的、有知的东西，显现的东西综合为一个整体。

现实社会中的人生活在万有相通的现实整体之中，活生生的生活本不会把人生限制在主体对客体的认识、思维领域内。当人们试图完全将其周遭环境控制于其理性之下，只试图去做那些他们能够完全预知其结果的事情，这无异于说，人类已然达致了这样的境况，即重复人的知识能够使理性预现一切常规行动的后果并避免一切失望。其实就在我们对这种唯理主义的观点进行讨论的同时，你向窗外望去，街上人群熙攘……难道你不认为我们生活的这个世界的实际离唯理主义的描述太远了？这个世界实在并不是为了唯理主义者的理论才存在的，现实处境中的人实际知道的和做的事情，比他们有意识地知道和做的事情要多得多。人们拥有被他们忽视了的大量的认识能力、行为能力和心理能力。人类拥有且持久地运用许多未被注意的经验，又闲置或忽视了许多能力、潜能和经验知识。美国著名的心理学家艾里克松经常指出，人们无意识地知道的东西比他们有意识地知道的东西要多得多。那种认为在主体、客体

第一章 政道与政治的根本关怀

之间建筑思维之桥以达到概念的认识就是人生哲学的全部，实是理性的僭妄。在这种意义上，我们说，哈耶克的自发秩序所具有的理性不及性和个人理性因内生于社会进化进程而具有的限度的思想以及对"理性不及因素"作用的看重，可以看作是从整体上对人性及其能力的重新考虑。这种考虑实质上可归入后现代性语境。后现代性提出，人类的知识有多种，理性知识没有普遍有效性可言。后现代性理论进一步提出质疑：人的理性设计出来的制度，是否可以保证人的发展、人的自由？这在后现代性的语境里的回答是否定的，后现代理论特别指出，现代性的语境里，社会科学无法解释国家和社会、个人的冲突，因为社会科学的技术理性是非"人"的，而现代国家代表着一种非人的威权结构，是社会的技术化统治。当然，与后现代性语境有所不同的是，如果说哈耶克的侧重点始终在于理性的限度方面，那么他的意思就一定不是说理性根本不具有任何重要的建设性使命。正如哈耶克指出，个人理性是一种"工具"，一种"抽象思想的能力"，因此它服务于个人的方式，乃是引导个人在一个无力充分理解的复杂环境中进行行动，并使他能够把复杂现象抽象成一系列可把握的一般性规则，进而引导他的决策。[①] 这就清楚地表明：对人来说，充分的理性设计和理性指导是不可能的，因为人的知识能力是有限的。但是，人的知识，哪怕有限的知识，也多多少少能够起有助于寻找正确航道的作用，尽量更少地避免险滩暗礁，至少

[①] 参见［英］弗里德利希·冯·哈耶克：《自由秩序原理》，邓正来译，生活·读书·新知三联书店 1997 年版，第 14 页。

是在既有航道到处碰壁不可再用时,能够有备用航道,那就需要建立一种求知的风气,鼓励发挥每一个人的认知能力,促成新知识出现的机会。这正是哈耶克的人的理性不及观念的另一向度的解读。

第五节　社会认识中的无知现象

在人类从野蛮走向文明的过程中,我们一直关注社会治理和秩序问题。虽然我们告别了野蛮,但是我们依然需要政府以对抗"反社会"的行为。因此,自由和奴役、自由和权威、自由和统治的概念就关联着政府的运作方式。如果政府的运作方式只是限于暴力地镇压反社会的行为,才会有所谓合理意义的自由的话,那么政府必须同样遵守规则。理解国家治理能力的一个途径可以是以动态视角来观察国家如何与作为基础的社会进行交易,也就是关注服务型政府建构的可能性。通过触发国家力量与治理能力变革,我们可以观察到国家与社会互动的不同类型:比如,强国恒强,强国转弱,弱国变强,以及弱国仍弱,等等。若情况确实如此,有一个问题便挥之不去,这个问题是:为什么不是所有的国家全都"选择"去发展成为一个强国家?一个明显的理由是:集权减少了国家与其国内社会和国际社会的"接触点"。"当国家的外在环境变化速度加快时，或当变化的主要动力不再是政治而是经济时，接触不足便成为一个问题。"① 在马克思主义的传统观点中，国家是由经济与社会变化决定的。这种观点并非完全过时，但不像以前那么教条主义地有效了。比如说，在马克思那里，国家在社会中的形象较低，这迫使它们逐渐转变为"自由人的联合体"而非稳固权力体制的组织。它恐怕是与马克思称之为"社会的"东西相互适应的东西。

一、问题的提出

从治理的特定视角看，相对来讲，我们国家根据其与国内社会和国际社会之间互动的关系正在以增加与其周围社会世界接触点的方式进行国家能力现代化建设。更细致的考察将发现，这些方面的根本性变化在很大程度上解释着国家（政府）转向学习型而非教导型的历史发展轨迹。"大量研究显示，在政治经济环境中，国家力量并没有那么依赖正式国家制度的能力，而更依赖于它与企业行为体合作有效运行的能力，反过来，国家治理能力在很大程度上依赖于社会构造。"② 这表明，对于传统马克思主义来说，国家治理与社会治理的关系，一方面，当今超越少数先觉的指导者与大

---

① 参见［美］乔恩·皮埃尔等：《治理、政治与国家》，唐贤兴等译，格致出版社、上海人民出版社 2019 年版，第 147 页。
② ［美］乔恩·皮埃尔等：《治理、政治与国家》，唐贤兴等译，格致出版社、上海人民出版社 2019 年版，第 150 页。

众这样一种框架是必要和适时的；另一方面，在历史唯物主义的基本立场上应当重视对社会认识中的无知现象的考察，并认为"集体理性"不可能一蹴而就确立起来。随着我们走向对现实世界的更真实的了解，我们并非走向了对现实社会更好的治理。沃勒斯坦在20世纪90年代阐释的关于他对21世纪社会科学的看法——《所知世界的终结——二十一世纪的社会科学》——已经嘲讽那种所谓理性保证的社会科学及其治理观。① 他认为我们正在黑暗的森林（"资本主义世界"和"知识世界"）中摸索徘徊。② 这种说法无疑是正确的，但是在我看来，沃勒斯坦能够清晰说明问题的地方在于，他看到追求剩余价值的理性方法与"集体主义的前提完全不相容"，犹如马克思所说的："在资本主义生产内部……全部生产的联系是作为盲目的规律强加于生产当事人，而不是作为由他们的集体的理性所把握、从而受这种理性支配的规律来使生产过程服从于他们的共同的控制。"③ 在这种情况下，"集体的理性"只能比拟着黑格尔式的理性。马克思认为，对社会联合的认识不会一举而成。当然，承认这点并不等于说把"在资本主义生产内部"一词换成"在社会主义生产内部"便能够改观的。为什么不能马上成功呢？将此问题放到政治论述层面来看，马克思既是国家主义和无政府主义的批判者，又是"自由与权威这

---

① 参见［美］伊曼纽尔·沃勒斯坦：《所知世界的终结——二十一世纪的社会科学》，冯炳昆译，社会科学文献出版社2003年版，第149页。
② 参见［美］伊曼纽尔·沃勒斯坦：《所知世界的终结——二十一世纪的社会科学》，冯炳昆译，社会科学文献出版社2003年版，第1页。
③ 《马克思恩格斯文集》第7卷，人民出版社2009年版，第286页。

一二律背反"的解决者。[①]

因为这至少有一个过渡阶段,而且这个过渡阶段可能时间很长,相关国家都将作出巨大的经济牺牲。从我们目前的经济体制看,没有一个国家的人民会自愿作出这样的牺牲。即使一个真正的社会有可能会下定决心去做极大的牺牲,为的是一个伟大的目标,并且只要有必要,他们就会付出坚持不懈的努力,但在我们的工业体系下,社会并不是那样的一个社会。我们的物质生产体系已经把社会分为两个部分。我们没有理由不让"集体的理性"听起来没有些异样的感觉。哈贝马斯的"对话的理性"也只是在比喻的意义上容易理解一些。正是由于这个简单的原因,在我们的现行国家和社会关系框架下,当涉及社会政治和经济领域共同存在的问题时,是不可能视全体居民为一个笛卡尔式的单一体的。这就是为什么我们的国家在建立一个新的国内社会和国际社会合作体系任务面前,仍然是能力不足的。这里的问题绝不是像有些人质疑外交和内政上所谓"国大而政小者,国从其政"(《管子·霸言》)的错误的问题提法。事实上,最具决定性的是,如前面已经表明,作为人类社会的知识论假设,像现在这样构成的国家,能够和平地存在于一个社会主义的治理合理性体系中吗?这就是像冯·米塞斯、哈耶克等那些我们前面所谈到过的新自由主义者,特别是米塞斯在20世纪二三十年代,他们否认社会主义经济合理性的可能的观察的立场。我认为毋庸置疑,通过运用现有的知

[①] 参见[日]柄谷行人:《跨越性批判:康德与马克思》,赵京华译,中央编译出版社2011年版,第144页。

识，社会主义经济合理性是完全可能的。事实上，中国特色社会主义建设为这样一种可能性提供了最好的例子。显然，我们国家的人们有整整一代人获得了经济的自由。但这绝不能以为就是指我们已经通达了马克思所谓"集体的理性"。它的特点，不是克服了盲目规律强加于生产当事人的状况，而是"摸着石头过河"，步步稳妥。因此，就像控制那种成为被不可控全球化力量乱踢足球的情境，我们重新认识社会认识中的无知现象，是十分必要的。

所谓"社会认识"，这里所指的是：以社会为对象的认识，是"对社会的认识"的同义语，是特指人们认识社会的活动及其结果，和社会总体通过人们认识社会的活动而实现的自我认识；同样，所谓"自然认识"，指的是以自然为对象的认识；而所谓"无知"并不是指人们心目中带有否定评价的，与愚昧、粗野、罪恶等相联系的一种认识和活动状态，"无知"的本质含义，在本文中指的是"知识缺乏"。

一般而言，人类一切表现自己本质力量的活动都是有意识的，都有一定的自觉性。但是，这种自觉性不是先验的，也不是在任何场合、任何时候都建立在自己活动规律的理解基础之上的，它只能在人类实践活动中和对活动过程的反思之中才能确立起来。马克思始终认为，社会历史中的各种因素和关系，只有在其充分发展、充分展现后才能被充分认识，而其充分展现后又已经否定了自身，转化为更高级的东西了。所以，考察过去的、低级的社会形式反而要以现实的、高级的社会形式为参照系。这就是马克思的实践反思理论具体化了的"从后思索"的社会认识方法,对于社会历史认识来说,"从后思索"是逆向溯因。但是,人们在实际认识社会历史时,因社会历史已经过去,产生社会历史事件、历史过程的原因已经不复存在,人们也就无法像自然科学那样,在实验室中模拟社会历史事件、历史过程的原因,因而,也不可能从原因推出结果。①

这里所面临的社会认识的难题,必然表现为人类实践活动具有不自觉、盲目的一面,实践活动中的不自觉、盲目,就认识的原因而言,是一种"知识缺乏"的表征。因而,对社会历史的实际认识,在认识能力加强的同时,也意味着无知的扩展。而无知的扩展,从反面表征、意味着人类对社会认识能力的提高,从而成为产生新的致知取向的契机。因此,社会认识中的无知自然成了社会认识论研究的一个视域。研究社会认识中的无知现象,力求使我们对社会的认识成为符合认识规律的自觉认识,以合理有效地指导、规范实践,促进人的发展。

二、社会形态的发展是一个自然历史过程

经典作家在自己的著作中,常常将社会现象与外部自然现象联系起来或对置起来加以讨论,把对社会的认识纳入自然—社会的大系统中加以考察,赋予社会认识活动以宏观的历史背景。从本体论的意义上说,社会既是相对于自然而言的,又是

---

① 参见杨耕:《杨耕集》,学林出版社1998年版,第344页。

广义的自然的一部分。因此,要真正认识社会,必须以自然界为参照系统之一。从认识论方面看,认识自然与认识社会构成了人类认识活动的两个基本方面,它们既相互区别、各具特点,又互相联系、互为参照,最终统一于人类改造自然和社会的实践活动中。

从实践的观点出发去反思认识,关键在于把认识当作人的社会历史实践的内在组成部分。换言之,人的社会认识与人的社会历史实践是内在相关、内在交织而又相互促进的关系。然而,正是由于对这种关系的不正确认识,导致了社会认识中还原论思维方式的错误。这种思维模式总企望在人的认识与社会历史实践二者中选择一个立足点,对社会历史生活的实际进程作一种线性的因果决定论的解释,以满足自身对社会进行认识的确定性、绝对性和客观性的追求。它本质上是把社会认识视为对社会历史对象的既成事实性方面或自在的本来面目的刻画或叙述,其结果是把社会认识的对象作为一种类自然过程和类自然存在物来处置和观照,从而势必要把社会认识的方法论归结为在本质上与自然认识方法论并无二致的东西,这正是传统教科书模式。

长期以来,马克思主义哲学教科书一直把"社会形态的发展是一个自然历史过程"看作是历史唯物主义的基石和总纲。其实,正像学界已有人指明的那样,这是对马克思社会发展理论的误读,把社会发展看作是自然历史过程,是以把社会经济规律看作是自然规律的观点为前提的。马克思、恩格斯确实在许多地方确认,"行动的目的是预期的,但是行动实际产生的结果并不是预期的"①，由于人与人对抗的社会形式，使社会规律不得不以自然规律的形式出现，在这个意义上才说社会经济规律是自然规律。比如在《资本论》中，他一再提到"资本主义生产的自然规律"，"一个社会即使探索到了支配它的运动的自然规律——本书的最终目的就是提示<u>现代社会</u>（下划线系笔者所加）运动的经济规律"。② 在此，马克思特殊地将资本主义社会的经济规律看作是自然规律，同时，马克思还从整个经济规律的基础的特殊性上，即"使用价值"的创造是"人类生活得以实现的永恒的自然必然性"的意义上，将社会经济规律看成是一种体现人与物之间"物质变换"的自然规律。但是，只要一进入对任何具体社会形式的分析，马克思立即用社会的眼光来看待经济规律，以"怎样生产"，而不是以"生产什么"来区分社会阶段，始终以"历史"的方法来说明社会，论断经济规律不是预成的，而是在人们的"物质实践"中生成的，是在历史中生成的，在人们面前绝没有一个现成的、一成不变的经济规律可供认识。经济规律同样具有历史性。对社会规律（包括经济规律）的把握是历史地变化的，因此，企图想事先预见到一条社会发展的道路，认为有一条社会经济规律预先存在着，把社会经济规律等同于自然规律，其结果只能把社会经济规律抽象化、逻辑化、预成化，其实质是回归黑格尔的"绝对计划"。

---

① 《马克思恩格斯选集》第 4 卷，人民出版社 2012 年版，第 254 页。
② 马克思：《资本论》，中共中央马克思恩格斯列宁斯大林著作编译局译，中国社会科学出版社 1983 年版，第 4 页。

唯物史观的一个重要原理是：历史规律并不表现为"纯粹的一般"，历史进程取决于具体的历史环境。这就是说，全部社会生活（包括经济生活）从本质上说是实践的，理论要由实践赋予活力，生活的公式高于书本的公式。正是在这一意义上，我们认为社会历史规律的实现是一个历史的过程，而对社会历史规律的认识也是一个过程，认识社会历史的过程必然是从"片面的理解"经过"自我批判"而达到"客观的理解"的过程，这一过程必然表明，历史实践中人的知（认识的东西）必定"是有限的，无知必定是无限的"[①]。因为，社会历史活动中对社会的认识不可能绝对摆脱无知。知识少的人会无知，有识之士也有无知之处。自觉的无知意识正是人的社会认识趋向成熟的一种标志，甚至成了转换致知取向的契机。在列宁晚年对社会主义建设构想的思想轨迹中，充分表明了思想认识的深层中无知意识的影响。探索落后俄国走向社会主义、建设社会主义的道路，是列宁实践和理论活动的中心课题。在探索过程中，并不存在一成不变的模式，从1920年年底以后列宁的有关论述中可以看出，对于俄国社会主义建设之路的构想的提出和实施经历了三次转换：第一个构想，大体产生于十月革命前夕到1918年春。在全国取得政权之前，列宁对俄国社会主义的设想基本上与《哥达纲领批判》中关于社会主义的一般设想相同，即建立高度集中的国家垄断的产品经济形态，应当注意的是，列宁对国家资本主义饶有兴趣，提出

[①] [美] 卡尔·波普尔：《猜测与反驳》，季重等译，上海译文出版社1986年版，第41页。

国家垄断资本主义是社会主义的最完备的物质准备，社会主义无非是变得有利于全体人民的国家资本主义垄断而已。这一新思想，可以看作是列宁探索俄国社会主义道路的萌芽思想。只是列宁在此探索到的只是社会主义道路的大概方向，而对国家资本主义这一通向和建设俄国社会主义的具体做法并没有深切的了解，因而列宁对其内涵的理解并不是固定不变的。在第一个构想中，列宁一方面企图借助于国家资本主义这一中间环节，迂回、间接地过渡到社会主义道路；另一方面在《论"左派"幼稚病和小资产阶级性》中所设想的国家资本主义是和"直接过渡"思想联系在一起的。这种二重性，或者说内在的矛盾，在后来不同的历史时期，分别生长为作为第二个构想的"战时共产主义"政策和作为第三个构想的新经济政策。列宁的这些构想的提出和实施都不是预先设想好的一次性行动，而是一个在新的反思中逐渐实现社会认识取向的转换的过程，即不惟书、不惟圣人，而是面对现实状况与未来发展、尊重实践的过程。列宁曾说，在马克思、恩格斯的著作中，没有一本谈到新经济政策，"没有一本书写到过共产主义制度下的国家资本主义。连马克思也没有想到要就这个问题写下片言只语，他没有留下任何明确的可供引用的文字和无可反驳的指示就去世了。因此现在我们必须自己来找出路"[①]。所谓自己找出路，就是在实践中探索俄国特殊的社会主义道路。

中国正在进行的社会主义建设道路的新探索，对于列宁十

---

① 《列宁全集》第43卷，人民出版社1990年版，第83页。

月革命后对落后国家建设社会主义的探索经验越来越予以重视。邓小平曾经指出:"社会主义究竟是个什么样子,苏联搞了很多年,也并没有完全搞清楚。可能列宁的思路比较好,搞了个新经济政策,但是后来苏联的模式僵化了。"① 但是,应该说,由于时间短暂,即使列宁在最后的思考中,也没有完全解决俄国走向社会主义、建设社会主义的许多难题,并且他也明确指出,东方落后国家将会比俄国带有更多的特色。因此,学习列宁的思想,我们深切感受到历史的辩证法,伟大领袖确实在认识社会历史的时候比常人要知得多、知得深。但是,领袖不可能知一切,也不可能保证其知的永远正确。相对于以后的认识发展,原有的知总有缺陷,相对于层出不穷的新事物、新问题,总有种种不知、无知之处。这里的根本原因在于"实践决定认识","实践决定认识"如果贴标签式地讲一句,那依然是就认识谈认识,以一种人认识对象客体式的自然主义思想方法去认识认识本身,这样的理解必然会导致社会认识的直线性思维,在实践中就容易导致急躁冒进,因此,列宁指出,要"学会实际建设社会主义"。

三、社会认识中的无知现象:方法

沃勒斯坦指出,自由主义与社会科学之间的联系都基于"理性是我们设法要做的事情的关键"这一前提。"如今,理

---

① 《邓小平文选》第3卷,人民出版社1993年版,第139页。

性一度似乎提供诸种保证——对当权者的保证，不过还有对被压迫者的保证——都似乎已经消失。"① 沃勒斯坦的著作再次帮助我们了解所发生的情况：社会的发展同自然历史具有"相似"的一面，然而，相似不等于相同。社会认识与自然认识的关系也是如此，与自然科学相对照，自然科学在很大程度上是遵循严格的决定论的，即只要给定的条件足够充分，我们就可以大体上（或者精确地）预言未来。但是，假如社会历史遵循像自然科学那样意义上的严格决定论，其中一切（或者至少是重大历程）都是预知的、预先被注定了必然会发生的，那么，令人困惑的是：人或者人民又怎么可能是历史的创造者或历史的主人呢？承认人的自觉能动的作用和价值，似乎和历史唯物主义的决定论互不相容。于是，有些人甚至背离历史唯物主义而走得更远，认为在社会认识中如过分突出个人的个性和心理在社会历史发展中的作用，会导致否认存在任何不以人的意志为转移的社会历史发展规律。这样一种理论上的迷乱与困惑，就社会认识论的视域而言，只是社会认识主体对社会现象似有所知而又不全知、好像熟知而又非真知这样一种迷惑不解的认识困境的表征，而困惑只是"无知"的一种变异，它常常由熟知而来。只要我们对这种困惑进行深一层的逻辑透析，就可以发现导致这种困惑的逻辑思路，从表象层面上考察社会的运动、变化，不过是追求着自己目的的人的活动而已。然而，当我们对社会发展本身的规律与人的活动的规律作出有

---

① ［美］伊曼纽尔·沃勒斯坦：《所知世界的终结——二十一世纪的社会科学》，冯炳昆译，社会科学文献出版社2003年版，第169页。

着一种同构关系的界定的时候,已内含着社会发展本身的规律与人的活动的规律之间的异构关系。恩格斯明确地说:"每个意志都对合力"有所贡献,但是,所谓"贡献"并不是"创造历史"的同义语,只有那种同社会发展本身的规律相一致的"个人意志",才能参与历史的创造作用,反之,则起阻碍作用,这同样是社会发展本身规律展现的必然形式。所以,人的活动总是由社会历史现实运动缝合起来的决定和被决定的辩证统一,即明确人是历史的主体与承认历史必然性的辩证的统一。

唯物史观由于把社会关系归结于生产关系,把生产关系归结于生产力——人对自然的关系,不但发现了历史必然的重复性、常规性及其秘密,而且能够以"自然科学的精确性"指明社会的物质变革。这表明,唯物史观也在一定程度上包含着自然科学的实证性,正是在这个意义上,马克思、恩格斯把唯物史观称为"真正实证的科学"。然而,从根本上说,历史必然性就是经济运动对人类历史进程的制约性,生产力和生产关系的矛盾运动决定着历史运动的大致趋势,而这一大致趋势只能形成并实现于人的活动之中,它并不是从历史的外面输入历史的、超历史的"绝对计划""绝对理性"。

不过,人的活动不仅是个体的,也有集团的和类总体的,本质上是经济必然性的历史必然性具有总体性。经济必然性的运动是超个人的结构,无论是资源的配置还是优化,都是超越个人理性能力范围的事,社会经济结构运行的这种超个人性的表现,在于它超出了人类知识与感觉的界限,却不断地进行着自组织进化,安排着人们的经济生活。每个在经济生活中根据自己的目标采取行动的个人,严格说来根本就不知道而且也无法知道他们的相互作用会产生什么样的终极结果。经济运行不仅具有地域性,也具有时间秩序。所以,它的超个人性特征是很明显的,经济结构运行的超个人性,也就呈现出与无意识的、盲目的自然进化类似的类自然性外观。而对未知的适应则是每个人或组织实现自身目的的关键。对此,从认识论入手论证市场经济的必然性和不可替代性的哈耶克指明:"现代市场秩序不断使自身与其相适应的事件总体,的确对任何人来说都是未知的东西。个人或者组织可用来使自己适应未知的信息必然带有局部性,由价格信号通过由许多个人组成的长链加以传递,在这一长链中,每一个人传递的东西都经过了自己的修正,都是多渠道的抽象市场信号的融合,尽管如此,整个活动结构仍然倾向于通过这些局部的、零碎的信号使自己适应不为任何个人所预见、所认识的未知条件,即使这种适应永远也不会完美无缺。"① 可见,在哈耶克那里,市场经济被看成一种非人格化的、无主体的物质自组织进化的社会形式,"是毫无意识的自组织过程"②,是超越个人的社会—经济结构对未知的适应"装置"。

当然,历史的必然性不完全等同于经济必然性。历史的演

---

① [英]F. A. 冯·哈耶克:《不幸的观念》,刘戟锋译,东方出版社1991年版,第98页。
② [英]F. A. 冯·哈耶克:《个人主义与经济秩序》,贾湛等译,北京经济学院出版社1989年版,第5页。

变在任何时候都不是在一种经济的平面上进行的。经济必然性也不能脱离政治、文化等社会要素而纯粹地发生作用，然而，由于社会分工及人们的生产关系、法律关系和政治关系变成独立于个人的、每个个人无法控制的异己力量，由此产生出一个作为整体的、不自觉地和不自主地起着作用的力量的产物。这说明历史活动中的每个个人的活动都不是孤立地而是社会地进行的，人们的活动是相互制约的。正是这种相互制约产生了一种社会历史的超个人运行模式，因而产生了历史中活动着的任何个人都有明确目的，却无法知道他们相互作用会产生什么样的终极结果。这正是历史唯物主义对个人在历史中的作用的科学说明。

作为一种科学的社会认识学说，历史唯物主义主要提示意识和社会存在达到一致的辨证途径和逻辑，所依据的是对社会历史发展主要趋势的分析。在经典作家看来，社会生活中千百万人的活生生的历史创造活动以及他们的"智慧"会创造出一种比最伟大的天才预见都还要高明得多的东西。[①] 所以，马克思主义创始人就把对未来可能发生的事件和过程进行具体的历史预测、预见和预言的任务交给了社会预测学家们。唯物史观本质上是从社会结构出发说明个人，而不是从孤立的个人出发概括社会意识形态的理论，它强调的是对社会历史认识的"群体认识"的意义，个体主体只是其承担者。同时，它也认为，个体对社会认识中的无知，或社会认识中的个体知识匮

[①] 参见《列宁全集》第 26 卷，人民出版社 1990 年版，第 445 页。

第一章 政道与政治的根本关怀

乏,就其本身而言,具有向两个相反方向发展的可能性,它既可能成为个体对社会历史探求真知的一种动力,也可能由无知导致谬误,带来愚昧、贪婪、暴虐。这后一方面的问题,是研究社会认识中无知现象不容忽视的一个方面。对此的探究,我们所能做的事情就是揭露意识形态盲目的观念和实践。米塞斯曾指出:"如果没有充分了解相关的物理、化学和生理学知识,一位正直的伦理学家或教士不会考虑参与那些关于技术问题或治疗方法的争论。可是他们中的很多人却认为,不懂经济学不会妨碍他们处理经济问题……事实是,那些将资本主义作为一种与道德和宗教原则相对立的制度而加以反对的人,已经不加批判地、漫不经心地接受了社会主义和共产主义的所有经济学教导。他们就像马克思主义者那样,把所有的不幸——经济危机、失业、贫困、犯罪和很多其他弊病,都归咎于资本主义,而把所有令人满意的事物——资本主义国家更高的生活水准、技术的进步、死亡率的下降等,都归咎于政府和工会的作用。他们无意识地采纳了马克思主义的所有信条,除了——只是次要的——无神论。哲学伦理学和宗教向反资本主义学说的屈服,是社会主义和干预主义宣传取得的最大胜利。这必然会使哲学伦理学和宗教沦落为图谋毁灭西方文明的势力的帮凶。"① 显然,从今天的视角看,米塞斯的观点当然也充满社会认识的无知和偏见。或者说,一本米塞斯主义的专著使得我们认识到,如何去建构与中国特色社会主义相适应的社会治理

---

① [德]约尔格·吉多·许尔斯曼:《米塞斯大传》,黄华侨主译,上海社会科学院出版社2016年版,第656页。

模式的知识体系，是应当去寻找切实可行的路径。

第六节　自由与责任

接下来我们主要基于对哈耶克著作的理解，从哈耶克意义上的自由概念入手，在超脱出纯伦理学视域、明辨自由概念的基础上，诠释了对自由与责任应有关联的把握，探讨对中国当下经济社会治理及其发展可能具有的某种启发性意义。

读当代新自由主义思潮代表人物哈耶克有关"自由与责任"这一主题的论说，切实地给人一种对传统观念作出重要改变的领悟：从现代人的自由观念出发，发展出一种与社会主义市场经济相适应的自由与责任观，这可以说是我们对哈耶克此一主题分辨的重心，哈耶克倡导的"责任伦理"出入于经济学、法理学与政治哲学之间，超脱出那种始终纠缠于人的自由与行为责任之因果关系的狭窄的传统伦理视域，启发我们对这一问题作出有意义的和合乎逻辑的思考。

一、自由之辨证

哈耶克对"自由与责任"这一问题的申论散见在多部著作中，在《自由秩序原理》一书中有专章集中论述，我对哈耶克有关此一主题的讨论试图从他的"自由辨"开始。哈耶克在《自由秩序原理》第一章里,把他心目中的自由同五种其他意义上的自由概念之间的关系及其差异作了细致的辨析。这里仅限于讨论与主题有密切关系的三种区分。在讨论这三种区分之前,拟先指出一项概念性的区分,借以说明哈耶克思想的特定预设。照邓正来先生的了解,哈耶克意义上的自由,亦即否定性自由,否定性自由指除规则禁止者以外一切都许可。哈耶克所采纳的就是自由的这一原始意义,所谓个人的自由状态,乃是一个人不受制于因另一人或另一些人的专断意志而产生的强制状态。哈耶克的意思是,一个人的自由所要求的绝不是其他人以某些方式的作为,而是其他人以某些方式的不作为,是对其他人作为的否定。对自由作了如此界定后,哈耶克通过揭示与其他意义的自由之间的差异来详尽地阐明否定性自由的概念。正是在这种阐明中,我们引申出哈耶克的"自由与责任"这一主题。

(一)哈耶克把否定性自由同"意志自由"概念相区分

在哈耶克看来,"意志自由"的说法在哲学史上是引起混乱的主要概念之一。而这种混乱主要在于人们在把握自愿行动和责任的意义方面所存在的种种困难。在这一问题上存在着两种对立的立场:决定论的和唯意志论的立场。决定论者一般都认为,由于人的行动完全是由自然原因决定的,所以他们要对其他人对其行动的赞扬或谴责负有责任就是没有合理根据的;而另一方面,唯意志论者则主张,由于人具有某种处于因果链之外的力量,所以这种力量就成了责任的承担者,也是赞扬和谴责的确当对象。然而，哈耶克认为，上述论争双方的各自结论都背离了他们所宣称的前提。因为，责任的观念事实上是立基于一种决定论的观点。因此，宣称意志是自由的观点，与那种否定意志是自由的观点一样，并无什么意义，整个问题本身只是一种语辞之争。显然，关于自由与责任的观念，不是作为思考的对象存在的，而是作为实践行动存在的。

回溯传统对自由意志概念的讨论，核心问题主要集中在两个方面：第一，人们能够充分掌握对其行动负有责任的社会生活的各个方面吗？第二，人们所处的社会生活的方方面面是引起他们自己行动的原因吗？形式地看，这些问题并不难回答，因为基本上我们可以说，人对自己的行为负有责任，如果这一行为是他自己自愿（依其意志）作出的话。人有意志自由，实则是在选择与责任上说，不是由行为主体依其意志作出的选择，我们无法对其加以评价，也无法对行为主体课以责任。人们能够自己决定自己的行动，人们能够使自己成为导致某一行动的原因。这种观点虽然是人们常常持有的观点，但是严格地说，哈耶克却认为是一种谬论。一方面，导致人们作出选择的因素相当复杂，意志正如休谟指出的，只是在人的性质的一方面而已。另一方面，从社会知觉的角度看，意志自由并不纯粹是个人的。意志自由与人的社会境况之间有密切的关联。可见，问题并不在于确定某一行动是否出于意志自由，而在于知觉到别人行动的起因，不论是内部的自由意志还是外部的社会影响。社会知觉把人们行动的表现归因于事件，比如当问及一个职员从一个公司到另一个公司就职时，他会说"那个公司所提出的待遇比前一个公司好多了,我根本无法拒绝",这个回答表明他的选择行动并不是完全由意志支配的。所以,哈耶克说:事实上,我们常常可以通过教育和示范、理性的劝说,以及赞成或反对的方式影响人的行动,这一点很可能从未有人做过持之一贯的否定。

因此,哈耶克认为,对于我们究竟有多大的自由的决定论或唯意志论的回答,都是令人不可接受的。对我们有多大自由的追问,必须考虑到我们的许多方面既受到因果律的限制,又受规则的约束,规则本来是用来遵从的。但同时,作为人,我们的内在本性的复杂性却并不把人的选择自由消融至尽。人创造自己及世界的经验,其间表明了人的精神维度及其感知能力是极其丰富的、具有无限可能的。因此,就道德向善而言,我们主张人有意志自由,而作恶也是意志自由的原本含义之一,对这一点儒家和康德早已认识到。人既拥有自由意志,其直接所蕴涵的即是,人同时拥有责任。而对于责任感,哈耶克认为,唯一的意义是,如果没有责任感,那么人们的行为将会很不一样。一个医生尽可以申辩说病人的死亡是由于意外事故,不是他的责任,但是,只有让他承担对病人生命的重大责任,他才会时时考虑到可能存在的意外因素而更加谨慎小心。哈耶克的意思是,课以责任的目的在于使人们的行动比他们在不具有责任的情况下更具有理性。一个自由的社会很可能会比其他任何形式的社会都更要求做到下述两点:一是,人的行动应当为责任感所引导,而这种责任的范围应远远大于法律所强设的义务范围;二是,一般性舆论应当弘扬责任观念,当人们被允许按照他们自己视为合适的方式行事时,他们也就必须被认为对其努力的结果负有责任。

(二) 哈耶克把个人自由同以整体人群为对象的政治自由相区分

在哈耶克那里,所谓政治自由乃是将否定性的自由用于整体意义上的群体而形成的概念,它指涉一群人作为整体能够在多大程度上实现整体的"意志"。在哈耶克看来,固然,我们可以把个人自由的概念推广到人群(民族、阶级等)自由,即一群人不受外来强权干涉的自决状态,但是对政治自由的追求往往使人们倾向于放弃个人自由转而臣服于外在强权,因为反对外界强权的最有效手段就是强权本身。然而"社会治理对权力的依赖,或者说,运用权力去开展社会治理,带来了诸多社会问题。为什么近代以来政府所走过的历程会让人们强烈地感受到它所制造的问题远比它所解决的问题要多得多?肯定是因为政府的社会治理方式存在着问题"[①]。因而,从哈耶克的立场看,享有政治自由的民族,未必就是一个由自由人构成的民族;此外,要成为一个自由的个人,亦无须以享有这种人群自由为前提,对人群自由的追求并不总是能够增进个人自由的。

个人自由不可侵犯的观念在哈耶克那里已经成为教条,因而,他反对那种以"善"(如政治自由、享有各种福利的自由等)代替"自由",自由并不意味着"善"。哈耶克认为,我

[①] 张康之:《社会治理的网络》,社会科学文献出版社2020年版,第225页。

们也许是自由的，同时又是痛苦的，自由选择往往要求我们承担选择的一切后果、责任以及种种人生的不确定性，一个自由社会所能提供的种种允诺，对于特定的个人而言，始终只能是各种机遇而非种种确定性。在哈耶克眼里，自由并不是一种价值，而是价值的基础，是其他价值欲得到充分发展所必需的土壤，如果自由不被视作最高原则，那么，自由社会所提供的种种允诺，就会因性质的缘故而被证明为是致命的弱弊，并使自由渐渐丢失。在此一意义上，自由是一种独特的善，人类只有在拥有自由的基础上才能追求各种值得追求的东西。

正是立基于自由主义的个人主义本体论，哈耶克毕其一生与法国激进主义自由传统进行抗争，从而哈耶克的自由概念与卢梭的自由概念形成了鲜明对比。哈耶克的理论也同卢梭的理论一样，其出发点与归宿都是人之自由。但是，卢梭的"自由"是与"道德"焊接在一起的，卢梭的"自由"通向"道德"，而不是通向"利益"，这是卢梭和同样谈论"自由"的哈耶克的根本区别之一。卢梭不同于哈耶克，卢梭对社会发展持有强烈的不信任心理，故而才有动用政治国家打断社会自发倾向、重建社会道德秩序的理论设计。而道德理想国的人口唯有使个人意愿与"公意"同化，因而，在卢梭那里，个人自由不在于这一自由本身，反而在于由全体社会成员达成社会契约，通过对个人自由的让渡去掌握政权。经过一番抽象推演，卢梭鼓吹的自由，即使装饰上"公意"的花环，却依然不过是以自由为名的奴役而已。这就难怪他声称要通过强制来迫使人们"自由"了。法国大革命开始之后的第一个月，一个法国人已经敏锐地感到法国式自由理想的悖论:"我们已经迅速地从奴役走向自由,我们正在更迅速地从自由走向奴役!"① 事实上,这一悖论早在法国大革命的实践历程之前,已经在卢梭的政治设计中开始了。这种用"公意"来合法地剥夺一切个人自由的政治设计,在哈耶克看来是最不可容忍的错误,这不仅在于人类的道德只能是演进的。你尽可以对现存社会的道德体系表示不满甚至激烈批评,但是你无法设计出可行的能够取而代之的新道德体系,一切传统的东西都只能演进而无法激变。而且,更根本的在于,哈耶克相信如果每个人的自由都得到维护,那么他们取得的成就便会超出个人理性所能设计或预见到的结果。那些同意放弃个人自由转而追求政治自由的民族,最终由于缺失了个人自由而失去其他所有的自由。

(三) 哈耶克把指涉社会关系的自由同"人—自然"关系中人的自由相区分

毋庸置疑,哈耶克的理论是一种个人主义的哲学,然而,哈耶克将自己的"真个人主义"与"伪个人主义"的基本特征作了明确的界分。哈耶克认为,"真个人主义"主要是一种旨在理解那些决定人类社会生活的力量的社会理论,他坚决批评那种最愚蠢的一般误解,即认为个人主义当然以孤立的或自足的个人的存在为先决条件。哈耶克认为,社会不能够把那些只存有私利的孤独的个人分化出来,对自由主义的捍卫并不需要把人假设为一孤立的、非社会的存在,人的自由问题也只是

---

① 转引自朱学勤:《道德理想国的覆灭》,上海三联书店1994年版,第73页。

第一章　政道与政治的根本关怀

指涉社会关系的自由。处于孤立的自然状态中的人，即使人的存在总体上受到自然的高度制约而使得人只有很少的自由，人的自由问题仍然不可能还原为自然的问题。人的自由在自然中可以说是一个小问题，但对社会中的个人则是一个最大的问题。或者可以说，在一个人的世界里，无论做什么都不会涉及自由或不自由的问题。

哈耶克将自由视为一社会学概念，这切合于以下几个不同概念的释义。蔡元培认为，中国儒家的"义"就包含"自由"这个价值，因为"义"的一个含义是人作为社会行为者的行为之"宜"。他这样诠释孟子的"义"："性善，故以仁为本质。而道德之法则，即具于其中，所以知其法则使人行之各得其宜者，是为义。"① 自由就是个人依照作为"人"即群体的本质的"仁"（亦即伦理的善）自行其是。所以，在中国文化所包容的价值观中，一个人对一切关系的他人都行善戒恶，他便处处左右逢源，所及广远，这不是自由自在吗？类似的思想也可见于西方文化中。虽然西方文化对自由本身基本上规定为个人的自由，但是它从形而上层面说也是从群己关系着眼提出"自由"的。对此，英语里"right"所代表的三个不同概念提供了一个重要的语义学事实："正确"（right as truth）是说你在真理知识的意义上正确（你对问题的回答是正确的）；"确当"（right as justice）是说你用正确的知识把握了正当的行为准则；"权利"（right as claiment），是说你有了自由去做你想做的事

---

① 张汝伦编选：《文化融合与道德教化——蔡元培文选》，上海远东出版社1994年版，第38页。

情，并且别人（由于你行为的确当性）不会干涉你做这件事的自由（这两点合起来就是西方哲学所理解的"权利"）。所以，"自由"这一概念从一开始就和人之行为之宜或道德相关联。①

密尔在《论自由》中曾主张，社会对于只涉及个人自己的事务所进行的干涉，绝不能认为是正当的。但是，就我们看来，个人的事务并非仅对个人本身发生影响。由于人与人之间有着千丝万缕的、微妙的和间接的联系，每个人的行动都会影响他人。因此，在哈耶克那里，"自由"含有人与人在具体分工合作的场合下，逐渐熟悉、相互联系并建立协调的规范和相互责任感的学习过程。个体协调自己的行为以适应他人的行为，这是劳动分工社会中每一个人对他人的"责任"。哈耶克认为，每个人对他人的责任感是自由社会的道德基础的核心。从文化哲学的视域看，现代自由市场制度，就是人类文化伦理精神在当今经济领域内形成的信用制度及其配之以灵活的具体环境下的责任制度，只有讲信用、责任，即人之行为之宜的市场，才是对人类文化伦理的发展"合目的性"的经济形式。

二、责任之辨

世间没有无责任的自由，也没有无自由的责任。哈耶克对

---

① 参见汪丁丁："哈耶克'扩展秩序'思想初论《中庸》"，见刘军宁、王焱、贺卫方：《公共论丛——经济民主与经济自由》，上海三联书店 1997 年版，第 129 页。

第一章 政道与政治的根本关怀

"自由与责任"的逻辑关联的把握正是立基于自由与责任是互为证成的这一基本观点。然而,任何理论的普遍品格,都把作为权利的自由与作为义务的责任两相照看,互不分离。这种不可分性既表明理论的内在一贯原则,同时又借此看到似乎对立的两极所呈现的内在紧张关系而加强对立双方的践行。在我看来,哈耶克所依凭的理论在既反对"强制责任观"(威权主义)又反对"放任自由观"(无政府主义)的前提下,提供了进一步发展的思想空间。在哈耶克的理论中,现代社会中的人们之所以缺乏相应的责任意识,并不在于没有强化责任。那种强化责任,甚至将人们的许多行为规范用法律的形式固定下来,其结果只能导致压制"未知的少数"的创新活动。欲使责任有效的关键,在于将责任具体落实到个人。哈耶克形成自己的反社会主义的观点取向是明显的。哈耶克认为,在一自由的社会中,不存在由一群体成员共同承担的集体责任,除非他们通过商议而决定他们各自承担责任。那种"不断提醒我们对我们的社区、我们的国家或者我们的世界中所有需要帮助或不幸的人负有'社会'责任的做法,无疑会造成这样的结果,即它会不断地强化我们的责任感,甚至我们无从界分那种需要我们采取行动的责任与那种不需要我们采取行动的责任之间的差别"①。哈耶克的这一思想显然受到休谟思想的影响,因为按照休谟的看法,人的心灵天然不能够去关心那些不常与之发生联系的人的利益。而从根本上说,这一观点根源于哈耶克的

---

① [英]弗里德利希·冯·哈耶克:《自由秩序原理》,邓正来译,生活·读书·新知三联书店1997年版,第101页。

方法论的个体主义。作为资产阶级思想家的哈耶克有意无意地从个体的观点出发考察社会现象,所有有关"人"的具体事情最后都要落实到个人身上,他的理论不存在从个体通达整体(民族、群体、社会)的途径,充其量只有从个体达到特殊范围的诸方面的考察,达到对简单事实的经验性的描述性分析,因而,这样的观点显然是片面的。哈耶克的方法论的个体主义本质上受制于他的个人主义立场。哈耶克曾对个人主义立场的本质有过清晰的论述,他说:"在限定的范围内应当让个人遵循他们自己的(而不是别人的)价值和偏爱;并且在这个领域内,个人的目标体系应当高于一切,不受他们任何命令的约束。就是这种承认个人作为其目标的最后判断者,以及对个人行动应当尽量受他自己意志的支配的这种信念,形成了个人主义立场的本质。"① 这种个人主义立场必然会否定客观价值(社会需要、整体利益等)对个人自由、责任的规定性。

与个人主义不同,在马克思主义那里,个人的自由与社会的自由是辩证统一的,"每个人的自由发展是一切人的自由发展的条件"②。"一切自由的首要条件:一切官吏对自己的一切职务活动都应当……向每一个公民负责。……自由的人民国家变成了自由国家。从字面上看,自由国家就是可以自由对待本国公民的国家,即具有专制政府的国家。应当抛弃这一切关于国家的废话,特别是出现了已经不是原来意义上的国家的巴黎

---

① [奥]哈耶克:《通向奴役的道路》,滕维藻等译,商务印书馆1962年版,第59—60页。
② 《马克思恩格斯选集》第1卷,人民出版社1995年版,第273页。

公社以后。"[①] 从马克思主义立场看，现代社会责任感之所以被削弱，根本在于与人们缺乏公心、割裂个人价值与社会价值的统一相联系。对于这一点，那被资本主义历史扭曲的哈耶克的眼睛是无法看见的。不过，哈耶克的如下思想，无论作为实践或理论，对当下中国社会治理都是绝不能忽视的。

首先，哈耶克在反复说明市场经济的核心内容时，是建基于"不确定性假设"上的。哈耶克说，在充满不确定性的世界里，个体不能追求一个确定的最终目标。个体只能追求一系列的"手段"，这些手段可能帮助他们实现那些最终目标。这些手段或"中间目标"是人们（在不确定的世界里）能够确定地看见的东西。人们能够确定这些"中间目标"，是因为他们在各自局部的领域了解各自面对着的具体的机遇。在哈耶克看来，市场社会中人的行为和具体环境的变动性是自由市场制度本性使然。自由市场社会中的不确定性意味着倡导人们自由选择、分散决策，但它同时也意味着人们有义务、有责任承担由自己的选择和决策可能带来的风险。设若市场社会中的每个人或集团都只想行使自己的自由权利，但又都不想承担相应的责任、义务和风险，那么，人与人之间的合作就成为不可能，整个社会就随之分崩离析。因此，强调义务、责任，尊重合作精神，构成现代市场制度另一个重要的道德基础。

对自由市场制度，人们往往会因它充满种种不确定性而忧心忡忡。人们希望有稳定的职业和收入；对一个具备专业知识

---

① 《马克思恩格斯选集》第3卷，人民出版社1995年版，第324页。

的工程师因竞争而下岗，深感不安。对诸如此类的问题的解决，在哈耶克看来，不可能指望依靠某个权威机构或政府指定每个人的工作方式来解决，这不仅因为人的需要千差万别，而人的理性有限无法作出恰当的安排，而且，即便无此困难，让外在权威或政府来安排每个人的工作，那只是一种更大的不自由。只要人们为了实现自己的才智而去寻求市场，就必定会面临这种风险和不确定性。毋庸讳言，一个自由社会将大多数人置于一种压力之下，而且这种压力往往会导致人们的不满。如同弗洛伊德所问："我们不明白为什么我们自己创造的体系制度却不能保证我们大家的安全与福利？"但是，弗洛伊德从历史立论寻找我们痛苦的社会根源。① 与弗洛伊德不同，哈耶克认为，那种认为一个人在其他类型的社会中不会有这种压力的观点，却只是一种幻想。深谙人性的哈耶克确实看到了压力对人的行动意志的激发作用，就他而言，他并不希望竞争少些，而多些歌舞升平的合作和博爱。因为，正如奥肯所说："过度贬低竞争就意味着放弃对个人的激励因素。"况且，就是取消了市场的社会，为争取物质利益的竞争依然存在。现代自由市场制度的进步在于，它使人与人之间的客观的利益冲突明朗化、制度化，给予这种冲突一套合乎规则的调节机制，这也许是迄今为止人类历史上代价最小、收益最大的治理方式。任一社会中的人们，只要他们的行动还被"幸福"所召唤，他们就注定应承受压力，而且"哪怕最低水平的幸福标准（如

---

① 参见［奥地利］弗洛伊德：《文明及其不满》，何桂全译，国际文化出版公司2000年版，第43—44页。

第一章 政道与政治的根本关怀

'温饱')和最高程度的努力,都不能保证人能达到幸福,这一方面因为人的欲求是不确定的,人总是不会满足的,另一方面,自然的不确定的变动并不特别照顾人,再者,人们出自自己的恶劣的情欲追逐着自己的目的,甚至不惜对抗、斗争,从而造成历史中的无数的不幸"。康德的如上观点,实际上也是把"不确定性"作为理论上的预设。"不确定性假设"可说是社会科学、人文科学的基本假设。现代自由市场制度把"不确定性"空前地凸现出来,一个企业面对的是一个不确定性的世界,企业要在这个世界中生存,就得随机应变;一个个体作为自由选择的主体,必须对他自己在这不确定的世界里所选择的生活方式和前途负责,这是市场经济加给我们的负担,也是市场经济能够治理的原因。

哈耶克的"不确定性假设"的理论前提是"不可知论"。哈耶克认为,必须承认所有的人对于实现其目的及福利所赖以为基础的众多因素都存在不可避免的无知,而这恰使自由成为可能。人既然无法"全知""全能",那么,人的一切成功的、正面的经验也都必然要通过那个"不确定性"环节,因而表现为一种"自然"的"合作""配合",于是"生活世界"常展现为一种"恩惠"。

其次,哈耶克认为,"决定我们责任的,乃是我们从其他人提供给我们的服务中所获致的利益,而不是他们在提供此类服务时所具有的品行","自由人的标志乃是其生活并不依赖于其他人对他品行的看法,而只依赖于他给其他人所提供的产品或服务"。在此,哈耶克已在完全不同于传统伦理意义上使用"责任"概念。其意在将人的价值与品行作区分。将道德价值或品行看成价值之一种,但并不是所有的价值都是道德价值,而且我们大多数的价值判断也都不是道德判断,这在哈耶克看来,是自由社会的必然。

由于道德环境(文化)的不同,生活在中西方的道德个体大都接受了各自文化环境的熏陶。中国传统道德取向在实际生活中的表现是:当某种努力对他人具有某种较高价值的时候,我们往往会轻易地把它归之于个人的品行,而且一个人的行为只有得到绝大多数与之相熟的人的赞同才可有效,否则绝无成功之途。我们也太过于习惯性地认定在我们认为有价值的场合就一定具有某种品行。这种习惯有时会产生负效应,可能会阻碍社会进步和人的自由发展,它往往会摧残人的创造性和主动性,这种习惯思维的实质是混淆了道德价值与非道德价值在本体论与价值论层面上的区分。从价值论上说,道德价值往往高于非道德价值,道德价值容易给人以超越、崇高和充沛之感;在本体论上,非道德价值高于道德价值,不仅是因为可以设想一个无道德的生活世界,但无法设想一个无生活的道德世界,而且是因为生活在逻辑上的在先性,所以它是本源性的。如此看来,正确理解了的责任并不狭隘地对应道德世界,它所限制的并不是自由,而只是自由的抽象,即不自由(黑格尔语)。它仅仅限制个人的任性,如此的"责任"概念包含着更积极的"意志"和决定,而不是人们不得不时刻面临的萨特式的种种无可奈何的"选择"。

显然,哈耶克提出的问题基本上也是我们自己的问题,如何在个人的自由、责任与对个人品行评判的尊重之间维持一种个人创新精神和创新活动的平衡,这是背负几千年文明社会传统的中国人的现代课题,也是我国国家治理能力建设的课题。

第二章　国家的本质和法权正义之间

导　语

作为一种"善治","政治"被人们看作是最高级的人类技艺。人们对国家的评价会用"信誉""公道"这样一些词语来表达。国不分大小,但似乎都十分在意"国家信誉"问题。何为国家信誉?恐怕难有确解,但好的信誉在此可理解为行政遵循一定的章法,"政治"源出于"伦理"和"法律",而治理之道莫过于法治正义。从纯粹法学立场看,法律即国家,国家即法律。① 在这一方面,自世界大战以来,有大量的文献指

---

① 参见[奥地利]凯尔森:《法与国家的一般理论》,沈宗灵译,商务印书馆2013年版,第269—284页。

认,"政治"因不再被当作伦理和法律的产物,所以,国家和法律的优势地位基本已经丧失,因此使两者隶属于社会。

值得注意的是,对国家的冲击始终也是对国家合理性(道德标准)的冲击。这里应该提到作为秩序之统一的"国家正义论"与"社会正义论"的矛盾,即从依靠权力和法律的治理到合于自然之社会秩序的治理。所以,有人从西方舶来品中认出,中国的治理模式已经由所谓"管治社会"向"善治社会"转变,相当于说,中国的治理模式已然从依靠权力的治理转向了依靠法律的治理。与此同时,国家已经完成从计划经济的所谓"无限管治"转向改革开放后由市场经济所约束的"有限管理"。也就是说,人们是用简单的"法治"概念去描述和定义此种国家治理模型,至少对中国的"教士"来说,这才是光芒万丈的历史力量的秩序信仰。从与其他国家类型(如司法型国家、政府型国家和管理型国家)相对的立法型国家的合法性制度看,在国家需要"法治"这一点上,应该说是没有异议的。

然而对此我们无法理解,现代人甚至都不能相信法律并非是我们能够找到的唯一价值。如果现代人有法律,它也只是"隐藏一种用任何法律都无法消除的根本缺陷","或者,也许为了造成一种改善的假象而不从本质上去改善事物",才需要"再度求助于法律去反对正是它本身所造成的祸害呢"?[①]

---

① 参见《马克思恩格斯全集》第1卷,人民出版社1995年版,第109页。

当法治与市场经济勾连起来时，无论就其表面而言，还是就其历史形象而言，法制（治）在普遍推崇的经济制度中是"一种可以使鸡鸣狗盗之徒相互交易、相互合作而发展经济的制度"①。甚至希特勒的梦想都曾载入法律。问题就在于，以往历史的共同体是虚假的共同体。而马克思理论中的国家学说，此前从未真正以全面深刻批判的形态登场过，它不仅仅被工具化了，而且很少成为治国理政之科学研究的事实对象和施以社会充分发展基础上的"正义"实现的空间。然而，多数人公认的法正义观批判实质上是个烦难的问题。

首先，法与习俗和道德一样，都是对人的行为的协调，而行为协调必然与一个命令和禁令的体系密切联系。这一点在新康德主义法哲学那里尤其明显地得到论证。这里，我想说的是，在法的背后，有个决定什么是法以及谁下达这个决定是正义的问题。追随霍布斯所谓的"决断论"，施米特曾指出，法秩序的终极根源乃在于一个主权者（权威或最高权力）的决定。在他看来，不管什么法律，而不仅仅是成文法，只是一个无生命的字眼。因为一切具体案例都离不开"一个由个人性意志所支持的决定"②。简言之，权大于法。问题是，如果有人读过施米特上述关于作为个人命令的法的论著，那么他就会问，究竟曾经有多少用最高之手在最高处一手强力实施的决定是完全正义的决定？还有，方法论上的思考必定还

---

① 樊纲：《"不道德"的经济学》，载《读书》1998 年第 4 期。
② 参见［德］卡尔·施米特：《论法学思维的三种模式》，苏慧婕译，中国法制出版社 2012 年版，第 3 页。

会提出这样的疑问,在普遍通过立法来调整社会关系的今天,有哪一种权力从头到尾完全是正义的,又有哪一主权者不认为自己的理由(比如,出于个人的良知)是正当的呢?因此,毫不奇怪,具有怀疑观念的法学思考者也许早已不再关心正义的规范性内涵及实质内容,而是只专注于形式、程序等。

其次,细而论之,公认的正义观念依然是停留在"可能的语义"的界定上进行的,即从尽可能多的人的法权感基础上进行的。即使与尽可能多的人的法权感相联系,法权感在本质上也是私人的、抽象的。它无法证明为多数人所接受的决定也恰好在多数人的法权感中存在。反过来看,法权感中所体现的那种联合性意志不是出于单个人意志的总汇,而是出于非常现实的"合法性压力"。"据此自然一开始就给人造成了内心的矛盾,在一个心室给予了自私自利,在另一个心室给予了道德……这儿它倾向于自私自利,那儿它倾向于道德!"耶林称这种观点为"心理上的两院制"。[①] 当然,我们同时还可以认为,如今,对权大于法的论点的一切尝试进行挑战,已经不是问题,我们很少听说过读者或法官可以任意解释法律的。而且,从遵从合法性的民主要求似乎可以得出结论:只有人民才有能力将正义权力的本质变为现实。诚然,问题仍然在于能否磨砺一种关乎具有多数公认力的正义观念的解释学锋芒。因为,按照把"公共"理解为"尽可能向多数人公开"

---

① 参见 [德] 鲁道夫·冯·耶林:《法权感的产生》,王洪亮译,商务印书馆 2016 年版,第 16 页。

的观点来看，当我们主张正义问题应当奠基于尽可能广泛的民意时，同时也是指公正决定的标准应当以"解释群体所共同认可的规则"为基础。

在这里，我们就不难理解人们提出多数人合意的正义观念对于法律来说所具有的重要的实践意义，而且有理由认为，是马克思首先指明了在"唯意志论"层面给出"由谁决定"的答案是错误的。马克思认为，它是造成某种法律解释纯粹从法理幻想出发的原因。如果我们要完全撇开各种不同法律行为之间的差别而只给它们确定一个公正决定的标准之解释，那么法律批判者不能忘记，"只有当法律是人民意志的自觉表现，因而是同人民的意志一起产生并由人民的意志所创立的时候，才会有**确实的把握**，正确而毫无成见地确定某种伦理关系的**存在**已不再符合其**本质**的那些**条件**，做到既符合科学所达到的水平，又符合社会上已形成的观点"[①]，这段话出自马克思的《论离婚法草案》一文。这篇文章是马克思为批驳莱茵法学家和坚持普鲁士邦法的普鲁士法学家而写的。其意图不是要如同实证性法学那样以所谓公正、无偏私地对普鲁士邦法进行科学的解释，而是要从法律—政治批判的角度对那种统治者乐于向其臣民或公民发号施令的东西进行揭露。这种揭露的关键意义在于，当时大部分法学家不关心正义性方面的启蒙。实证性，其实是不反抗立法者的奴隶般意识的同义词。其中的关于对与正义或

[①] 亦即所谓"符合社会上已形成的观点"。参见《马克思恩格斯全集》第1卷，人民出版社1995年版，第349页。

错与非正义的观念只能是从属于法学本身所演绎的"分别的"律法的结果。

基于此,历史法学派虽然承认法是人民精神的产物,但在对法律上的对与错、法律上的正义与非正义的研究中,它将法律解释的任务仅仅局限在纠正某个具体法律规则中的错误,或者纠正某个具体案件裁决中的错误。马克思认为,它的论据"是实证的,也就是说,是非批判的"①。用这种方法对法律解释来说,法律最终成了抽象范畴运动的牺牲品。对于历史法学派来说,法学问题的使命似乎在于探究例如意思与意思表示的关系、主观解释与客观解释的关系等问题。此外,这些努力的唯一成熟结果是教学上的,亦即从"语法""逻辑""历史"和"体系"等角度来探究具有公认力的法观念。在这种特殊意义上,马克思认为,法学仍然一如既往地缺乏"人民精神"。甚至连这种拘束于教学体系的意义也始终是有疑问的。此外,马克思把他们的著作看作是"奴才夏洛克"凭他所持的借据"来索要从人民胸口割下的每一磅肉"②。当时,马克思就已经看到,即使"像小学生一般地"学了流行于法学领域的权威著作,也没有使他"大大充实起来",不仅如此,他"还忽视了自然、艺术、整个世界"。从马克思对法律的激进批判的角度看,整个当时流行的法学思想将法本身合意过程引上理性的正义考量的轨道是充满矛盾的。而矛盾展开的方法,

---

① 《马克思恩格斯全集》第1卷,人民出版社1995年版,第231页。
② 参见《马克思恩格斯选集》第1卷,人民出版社2012年版,第3页。

即是法学的方法。①

所以，按照我们对马克思法哲学思想的这种解读，我们相信，马克思在早期思想中说的"表面的意思"是：法律应以"公认的"法理和公平原则调整互相对立的利益、应受处罚的行为受到公正的处罚、应对社会当中出现的各种法律问题予以公正的解决②，而与此相对的"真实的意思"却是：对于现代国家而言，具有决定意义的事实是，关于公认的正义的传统式学术定义，总是认为，我们能够以系统的肯定性来确定特定法律规则的内容正义。但马克思认为，这是一种没有约束力的假设。如果我们将法学家和立法者视为代表人民的声音的人，那么他们就应当承担起探查法自身是否"依法"或"违法"的批判性任务，他们就不能只是对处在作为一个法学家关心之外，特别是身份与行帮的关心之外的东西加以抵制。所以，顺便说一句，我们不能将马克思对"人民的自觉意志表现者成为立法者"的讨论与那些同时代赞成解放的人所主张的"具有公认力的正义论"之传统论断混为一谈。

值得注意的是，这种混淆之所以成为问题，"首先出现的严重障碍同样是现有之物和应有之物的对立，这种对立是理想主义所固有的，是随后产生的无可救药的错误的划分的根

---

① 参见《马克思恩格斯全集》第47卷，人民出版社2004年版，第7—12页。
② 这些观点是《关于林木盗窃法的辩论》一文的言外之意。马克思自己倒没有这么明确地将它们说出来，但是我们把它们总结出来。(参见《马克思恩格斯全集》第1卷，人民出版社1995年版，第240—290页。)

源"①。在此,马克思的批判原则是:只有事物的本质才能决定一切伦理关系的存在。从法律行为解释的方法方面来说,这种存在与本质符合的原则是在法律实践中产生的。重要的是要看到,比如,婚姻关系,事实上是反映德国人民之间的关系。因此,"既不是立法者的任性,也不是私人的任性,而是只有**事物的本质**才能决定,某一婚姻是否已经死亡;因为大家知道,**宣告死亡**取决于事实,而不取决于当事人的**愿望**。既然你们要求在确定**肉体**死亡时要有确凿的、无可辩驳的证据,那么,难道立法者不应该只是根据最无可怀疑的征象来确定**伦理的死亡吗**"②?由此可以了解马克思不仅用怀疑论摧毁了法的形而上学,从而为在德国接受唯物主义和合乎正义本质的哲学作了准备,而且他还证明,正义不能从存在中衍生。他宣告了不久的将来要开始存在的无神论社会的来临。这里真正重要的是,马克思对当时科学化的"学术规则"(法律文本)进行批判。那时,人们除了从中要对永恒正义这样的东西进行否定之外,还需要从中寻找一个肯定性的法之形而上学体系——一种古怪的、只有法律专业人士才能明白而置普通人于千里之外的行话。在其"公认力的正义"的理想化的社会制度和政治制度中,马克思看到了文明规则的力量在法的源泉处如何消耗掉一切本质性的东西。

直接受教于马克思的恩格斯认为,公理的过度乐观的

---

① 《马克思恩格斯全集》第47卷,人民出版社2004年版,第7页。
② 《马克思恩格斯全集》第1卷,人民出版社1995年版,第348页。

"胜利","竟是一幅令人极度失望的讽刺画"①。只要国家存在着,这幅画就将持续地存在着。因此,人类的全部发展取决于对政治、宗教和国家的异化的扬弃。鉴于此,我把马克思主义称为反国家(或政治)正义论。但就当时著述的上下文来看,马克思究竟是赞成公认力的正义决定还是反对公认力的正义决定,这个问题似乎具有根本意义上的不确定性。马克思作为共产主义者而否定神的正义,是自然而然的。尽管如此,怎样读懂上述马克思所谓的"人民意志自觉的表现"之正义决定,仍然是困难的。因为他对"公共的人""政治人""公民"的态度与他对"私人的人""市民社会的独立个体"私人化的"人"的态度的区别,给人留下他是以异化批判作为其法律批判(尽管不是全部)的重心的印象。② 当然那种小写的、被国家统治的、私人化的"人"与"巨人"或"自由、平等"的"公共的人"是分裂的。作为人格化的结果,虽然两种人之间精神上的政治斗争是通过法制表现出来,但交战双方却不能通过法律正义来约束自己。因为,实际上,社会群体解释把特定的解释群体(比如"犹太人")从多数公认的法律正义中排挤出去了。"犹太人"是人类生存状况的组成部分,却不是国家确定的正义决定的决定性因素。因此,马克思得出结论说,"这个世界在它这些法律的范围内的运动,必然是法律的不断废除"③。

---

① 参见《马克思恩格斯选集》第3卷,人民出版社2012年版,第779页。
② 参见《马克思恩格斯文集》第1卷,人民出版社2009年版,第45—46页。
③ 参见《马克思恩格斯文集》第1卷,人民出版社2009年版,第46—53页。

在此，全新的、此前不可想象的问题出现了：在全球化空间秩序之下，整个地球即将以全新的治理形态呈现。新的全球政治秩序的建构要求有新的马克思主义国家观念的解释。正当"全球性划界思维"与"人类命运共同体思维"展开激烈交锋之当下，我们认为，基于历史情势下的马克思主义国家概念的解释，要比从工具主义和表现主义角度来说明国家概念更好，也更正确。在思想史中认出马克思的国家思想的遗产，力图将马克思国家概念从西方传统思想史和教条主义马克思主义传统中清理出来，确认马克思国家概念所具有的面貌与内涵，既是发现当今国家治理的理论前提与历史渊源或根据，更是阻挡那种毫无原则地醉心于"公共管理"这一类自我消解的治理运作模式。

第一节 国家概念的界限

我们必须指出，这个时代在精神上有一种特别的断裂。比如，今天人们呈现出来的所谓马克思的国家概念，不能降伏自己的概念，反被概念牵制住，它颠覆了国家是维持社会秩序的机构的假设。国家被理解为统治或支配，也即是说，国家本身就是自相矛盾的。这仅仅展露其最显而易见的一面。它标志着现代政治的开端。除此之外，这一种矛盾还深刻地危及到对马克思主义的前提、路径及其意义的思考。在我们狭义的专业圈内，这个"专门领域"的名字，就是"马克思的国家学说"。比如说，我们对通常困扰企业的诸种问题深有体察，却很少将之与国家干预联系起来。国家垄断土地所有制度，赋予部分人对土地的使用价值与地租价值的垄断权力，此种制度一旦施行，就会要求一次又一次的强制性干预以维护这种制度。也许在1917年，列宁已经有预感。他向布尔什维克的领导人列甫·波里索维奇·加米涅夫（Lev Borisovich Kamenev）请求说："要是有人谋杀了我，就请您出版我的笔记《马克思主义论国家》……我认为这件事情很重要，因为无论是普列汉诺夫，还是考茨基都把这个问题搞得混乱不堪。"① 隔了两年，列宁依然说了同样意思的话：国家问题是"一个最复杂最难弄清的问题，也可说是一个被资产阶级的学者、作家和哲学家弄得最混乱的问题"②。列宁说的这些话，快一个世纪过去了，人们开始疏解黑格尔、马克思、恩格斯、列宁等之间盘根错节的线索和其复杂的承续关系。列宁以及世纪之交的哲学家们写成的那些作品，如葛兰西、张效明、道格拉斯·C. 诺斯等人的著作，主导了马克思国家思想的论辩的方向。然而我们须认识到，"在马克思那里，社会主义社会对国家的超越与工人对生产过程的控制有着密切的联系。当然，如何实现这一点，成为自马克思至今所有马克思主义理论面临的最为困难的问题"③。

---

① ［斯洛文尼亚］齐泽克：《列宁的伟大之处》，周嘉昕译，载《马克思主义与现实》2010年第2期。
② 《列宁选集》第4卷，人民出版社2012年版，第24页。
③ ［英］安东尼·吉登斯：《历史唯物主义的当代批判：权力、财产与国家》，郭忠华译，上海译文出版社2010年版，第211页。

一、马克思国家观的当代解读

如果我们回到篇首所提出的问题,也即为什么作为一种公道和正义的政治理性在现代国家伊始就失落了,我们可以让马克思来回答这个问题。然而,当代对马克思国家观的理解建立在哪些历史根据之上呢?从我们的研究视角来看,马克思有关国家的观点是以一种生产方式的论述为前提,大都来源于对黑格尔法哲学的批判,除此之外他几乎没有进行专门的论述。但是,这只是一般性的解释,而不是对马克思国家概念本身的根本解释。强调扬弃政治性和暴力性国家的马克思及其作为专门的关于"联合起来的个人"的社会理论,却需要在广度和深度方面进一步拓展。在深度方面,马克思的早期、中期的国家思想需要通过《资本论》时期的马克思是如何看待国家来加深,这倒不是因为后者特别适合于用来考察马克思的国家论,而是因为到了《资本论》,那些与马克思的国家相关的概念理解已悉数登场。① 在广度方面,对存在于历史与体系脉络之中的多个且内部互相约束的国家概念要给予考虑。现代自然法的

---

① 参见[日]柄谷行人:《跨越性批判》,赵京华译,中央编译出版社 2011 年版,第 234—245 页。因此柄谷行人的批判很正确,即马克思对《法哲学原理》的批判最终是在《资本论》中才完成的。但是在《资本论》中马克思将"国家暂时打上引号予以悬置",而如果认为《资本论》中并没有对"民族"和"国家"的考察,那就没有理解它的意义。易言之,不但对资本,包括国家和民族也应该从"经济的"结构(作为交换的诸种形态之关系)上来重新思考。这一点值得注意。有必要重新恢复马克思政治经济学批判的方法论,以确立对抗"资本主义—民族—国家"三位一体的哲学—政治学的基础。

核心思考模型，即社会契约（或更精确地说：个人之间的"共识"）和黑格尔的后革命国家的研究成果亦须同时关注。

既然问题在于对马克思的国家的理解，为何要回到自然秩序这个概念的解构？事实上，正是在这里，马克思的国家思想发展才能得到更好的说明。就像人们观察到的一样，马克思的国家理解有一个从康德、费希特的理想主义法哲学（自然法思维）向黑格尔理性现实主义法哲学（理性法思维）的最初思想转换。具体情形当然复杂。但此处处理的不是这个问题。此处是从国家学外部出发，去确认并区别各自以理论、实践为强调重点的不同国家概念模式。这里，与其说是现实国家的逻辑可能性或纯粹形式要件的一般方法论研究，其实更是要导出一个结论。如所周知，古典学说中的"自然权利"（natural right）用法当读作"自然正确"，或更准确地说，古典思想家所说的自然权利这个概念正是"自然正确原理"的基石。然而，在17和18世纪的西方近代化过程中，有了一种前所未有的对于权利的极大重视，即重点在于自然权利学说由强调自然义务转向了自然权利。这种转变可以说明所谓的以自然权利为取向的"自然的自由的制度"：它们不具有固定的国家机器，也不具有总体性的政权和专门化的政治机构。这些理论的实际结果，是对《资本论》从"自然史"或"理论的"视角来观察资本主义社会的立场予以支持的背景。此外，它们也预告了"后资本主义理论"所讲的"全人类"的视角。因此，它和马克思国家概念的"一般意义上的存在"和"具体意义上的"此在国家的理解也是有关的。我认为，马克思自己（比如，在《〈政治经济学批判〉序言》中）也是这么看的。

根据西方历史的划分，古典和中世纪之后，就开启了现代历史。对于中世纪的思想来说，对国家的一般性质的解读主要出自其宗教教条，国家，正如真正的法律源于自然、源于神意，但也开始出现源自古希腊哲学法学从团体成员的意志中推导出国家的思想。这两者都属于法学上的秩序性思维。在上帝及其能动性隐遁之后，现代面临的核心问题是，世俗秩序的根基奠定在何处。围绕这一问题，我们看到，对国家的理解所具有的决定其类型特征的均是从自然秩序这个概念论辩及其逻辑发展中获得意义的。启蒙以降的德国式的思考大致有两种思路。它们是由康德和黑格尔开创的（当然，这绝不意味着，德国国家哲学仅仅是由他们两个人提供的）。在黑格尔之前，近代德国国家学说的伟大时代主要是康德、费希特、谢林等人决定的。基本上讲，康德的理性批判终结了统摄于自然法之国家观的一元论，从而使社会学的、伦理学的、政治史学、政治经济学以及法理的国家概念理解之间处于割裂状态。我们所考察的马克思的国家理论之所以被湮没无闻的根源，在对权利和国家进行自然法思考时所依循的这一路径中可以初见端倪。因为，在一个更为普遍的背景之中，康德意义上的理论理性与实践理性之间的经典对立，有一个理论后果，即在这条路上，人们不仅仅更多地是从体制的角度而非共同体的角度来考察国家政治的。相应地，他们在国家身上看不到其作为种族或者阶级压迫工具的影子，更看不到革命的端倪。环顾四周，如今权力总倾向于增加权力,除了权力、权力,剩下的还是权力,与时代精神保持一致的美国,人人手中的枪也是权力呀!至于对权力的目的和意义的追问,则被认为不属于理论理性范围内的问题。我们看到,所有这些不幸都是"天然的"。在否定正当社会秩序的建立必需有待一个由天使组成的民族而后才有可能时,革命的权利或正义反抗的可能性仅仅是"道德上的"。在康德那里,魔鬼之族与天使之族之间的区别并不重要,因为一群魔鬼如果具备必要的理智,他们同样可以建立起正义的国家。

在这种国家观中,显而易见的是,"权利和国家是可以精心制造的东西"①。这很容易被等同于肯定这样的思想:法律和国家能从高明的个人活动中产生。当然,它首先配之以康德的法制精神,以及把国家贬为必要的罪恶和一架机器的观点,然后配之以费希特"自由唯心论"的在低阶的国家角色理解上立足于个人生存和财富的国家观,在高阶层面上立基于理性、自由而形成的"王国"(Reich)②,最后是配之以后来的谢林关于有机体、世界观与神秘主义的宇宙自然哲学理论,以及以一种概括的方式暗示了理解自由的人际互动关系机制的权利学说。总之,我们在这里看到的,是从个人之间的关系来理解的关于权利和国家的学说。它以一个始终相同的人性因而对自然权利的普适性宣称为前提。不论人们将人看成是生来本善

---

① [德]卡尔·施米特:《政治的浪漫派》,冯克利等译,上海人民出版社2004年版,第106页。
② 参见[德]费希特:《国家学说或关于原初国家与理性王国的关系》,潘德荣译,中国法制出版社2010年版,第11页。

第二章 国家的本质和法权正义之间

还是生来本恶,这在国家理解中大都只是这一基本对立的概括或者特殊用法。在所有的基本问题理解上,它不过是一个从人类共存的角度如何解决合理计算的理智问题。我们认为,它应当被认为是一种适合于讨论源自18世纪个人理性主义视野下、自由人互动关系的、社会创制性机制的严密解说。古典政治哲学用来表述"高尚人士"所谓的大言不惭的目标被否弃了。可是,这不意味着这种国家观能够"科学地"解释事物。相反,在世俗国家的生活中,始终存在着个人与社会作为道德政治的两种主体或原则之间的冲突,它们之间的消长是西方社会结构深刻变化的合理反映。因此,传统的自然权利学者是想证明,在政治地平线上,为了抑制激情,出现了权力和国家。可是他们认为,不言自明的是,人们确实应当反抗来自国家对个人权利的侵犯。在这里,同样不言自明的是,在实践上对于个人而言是正确的事情,对政府的活动而言却并不意味着同样是正确的。当然,对自然权利的这样一种理解显然具有了某种历史的取向,因而仅仅在论证权利的普适性时暴露了许多问题。如果国家的概念以政治的概念为前提,如果无数个个体聚焦在一起并组织起来一起思考和集体决定事情,那么,用这种诉诸自然权利普适性的宣告来论证国家概念就很不够了。据说它除了一种无限制的创制外,并没有任何创造。对此,巴迪欧就说:"在作为集体的思考与实践的政治与作为管理和规范化的权力或国家之间",就像"爱情与家庭之间的复杂关系"一样,"国家几乎总是使得人们的政治期望一再落空。在此,我岂不是也要说,家庭也总是让爱的期望一再落空"?① 和巴迪欧的看法一样，这种强调个人权利的理论在论证国家概念时产生了一个困境，即就其根本来说，它是没有爱的智慧。不过，我并不认同巴迪欧式的"爱的政治学"。在马克思看来，解决这个重大问题的办法，既不在个人和国家两头，也不在两者的综合，而是完全在一种新的层面上。至于巴迪欧，他的观点有不正确的东西，因为我们在这里也看到他是一个教条主义者。对于他而言，爱是意味着"'共产主义'一词一些新的可能性条件"②。他并没有给这种"政治道德"观提供进一步解释。这种构想与费尔巴哈以及如今那些微观政治的钟情者的那种建立在感情和虔诚的依附性上面的理论相一致，并没有什么新意。

在我看来，将政治哲学意义上的个人性统治关系转化成逻辑上是"联合起来的个人"之依赖关系，正是马克思在论证国家时引为正确论述和历史论述的重点。对这种语境中康德一派的自然权利学说在马克思国家理解的方法论方面的贡献的含义，我们不得不留待以后详加阐述。这里相关的提示只是，在德国，共同体的思维模式一直不曾稍歇。马克思最初曾经关注过民主政治社会中的规范共同体和个人间的相互依赖，并把个人自由、政治平等的合法权利与普遍规范联系起来，但很快他就把这种合法权利说成是转瞬即逝的东西。马克思曾说："任

---

① ［法］阿兰·巴迪欧：《爱的多重奏》，邓刚译，华东师范大学出版社2012年版，第86页。
② ［法］阿兰·巴迪欧：《爱的多重奏》，邓刚译，华东师范大学出版社2012年版，第101—102页。

何一种所谓的人权都没有超出利己的人,没有超出作为市民社会成员的人,即没有超出封闭于自身、封闭于自己的私人利益和自己的私人任意行为、脱离共同体的个体。"[1] 从马克思的角度看,正是在严守"把人视为个人"此一立场,才存在着社会主义和个人主义、世界主义和民族主义(nationlism)的矛盾。但是,康德一派的自然权利学说却完全忽视了这一点。在这一思路上,传统的学说所宣称的权利总是针对个人的私人权利所受到的侵犯,这无疑损害了推动历史前进的动力。因为他们误认为,个体的运动变化乃是历史的动力,所以国家不值得信任而应受到制约并将其重要性加以最小化,放弃去揭示所有历史生成的经济学知识背后(只有它才能触及存在)与政治有关的实体性内容。人们在国家身上看不到其作为种族或者阶级压迫工具的影子。传统的整个权利和国家学说,只有在黑格尔影响下,才有了一次新的综合。国家才被理解为一种特殊意义上的有机体(可能像一棵树、一只动物或一个人的机体),即国家观念通过民族意识而成为一个有机整体,它摒弃了将个人化约为原子的做法。黑格尔关注的问题乃是现代以来的、因必然被视为科学目的的自然秩序而引发的同基督教伦理的和宗教的传统的对立。正如萨拜因所指出的,源于个人的理性主义的自然权利观念在哲学和实践上的弱点表明,黑格尔等人面对的是国家学说的重建问题,"表现为如何重新确立国家制度连续性的问题,如何从过去的国家团结

---

[1] 《马克思恩格斯文集》第1卷,人民出版社2009年版,第42页。

中发掘出渊源的问题，以及如何确认个人对其民族文化遗产依赖的问题"①。可见，在这里存在着德国唯心主义哲学发展的一条线索：它发现了自然与精神、政治与道德以及国家与人民的个体性的同一性的基本思想。就黑格尔而言，作为"独立的单个人的联合"，虽然确实包含着革命性原则，就如马克思所认为的"资产阶级的权利和自由"并非完全没有实质的意义一样，但因其原子式孤立个人之主体性的专横，市民社会又是限制"真正的自由"的敌人。这意味着必须有一种体现人类共同利益的理性力量来制约市民社会。黑格尔认为，只有国家才能做到这一点，因为国家是理念的最高体现。从普遍性精神角度看，国家不过像"我们大家"。"国家是在地上的精神"，"个别的人只是些环节罢了。神自身在地上的行进，这就是国家"。② 在黑格尔身上，在各种相互对立的利益和联盟的斗争中，保留了上帝概念的内在（此岸）论哲学找到了最伟大的世界建筑师，使得黑格尔对自然权利论的批判呈现为完全是另外一番情形了：它把上帝拉进世界，上帝是设想的完善的人的过程，并在一种内在性关联上允许法律和国家从客观性的内在论中产生。施米特认为，让具体秩序论思维到达巅峰的是黑格尔的法哲学与国家哲学。黑格尔死后就再也没有国家学者能有力地支持国家所代表的具体秩序的意义。

---

① [美]乔治·霍兰·萨拜因：《政治学说史》下卷，邓正来译，上海人民出版社 2011 年版，第 314 页。
② [德]黑格尔：《法哲学原理》，范扬译，商务印书馆 1982 年版，第 258—259 页。

但是，正如施特劳斯所言，"神法毕竟不是自然法，更不用说自然权利了。"① 谁会理解一种如此抽象的论点？今天对于大多数人来说，超越观念不再可信，以这样一种乍看起来不可琢磨的抽象方式的论述，倒不如实证主义更能满足19世纪的国家观念。但事实上，有时仍然可以看到上帝观念的作用，在这种作用中首先针对的是传统学说提供的抽象权利和抽象自由的思路，即那种完全以个人意志和欲望的偶然和任意为基点，重建近代正当性秩序的思路。

二、马克思的国家概念与扬弃国家的路标

在19世纪后半叶，"德国国家学"有一条路径占据了上风，即：法实证思维形态。按照实证主义的看法，科学知识才是真正的知识。但我们看到，科学知识绝不具有使任何价值判断有效化或无效化的权能。因而，在这个实证主义的时代，那些自始就被看作国家思想中最重要的问题，如"国家的本质""国家的目标和正当性""国家和社会的关系"等，"都被看作超法律的问题，而被逐出国家学的领域"②。当然，我们并不把由此所产生的国家学危机理解为纯粹负面的东西。相反，从思想史的角度看，这恰恰为马克思国家理论的发展提供了契

---

① ［美］列奥·施特劳斯：《自然权利与历史》，彭刚译，生活·读书·新知三联书店2003年版，第87页。
② ［德］赫尔曼·黑勒：《国家学的危机——社会主义与民族》，刘刚译，中国法制出版社2010年版，第11—12页。

机。马克思强烈意识到所有关于法的明确、稳固、可预测的成文法律规定，只是近代科学和理性主义核心图式。而且，为了满足实证论对安定性和可预见性需求，这个图式不仅是近代科学的图式，也是连结着个人自由主义的政治体制图式以及教会秩序和宗教图式。因此，现代国家理论的危机其实源自世俗化了的神学概念。当唯心主义的理论家谴责对手是无神论者时，一个神学概念也就变成政治概念，它制造了概念的危机。对于马克思的唯物史观来说，基督教已经被超越了。但马克思对基本概念危机的清算却不是着眼于从学理上把握那些对立的论证或反驳意见，也不是通过对包括黑格尔在内的前人思想的证伪和超越的捷径，更不是在对黑格尔国家学说的批判中靠单纯指责他的论敌把黑格尔哲学神学化了事，这些做法都不能解决实质性问题。

迄今为止，人们对马克思解决基本概念危机的这种方式并不十分了然。在我们看来，"危机"这个概念在马克思的国家学说里被用于革命性事件，并与历史相联系。在这方面，如果不从比较的角度首先谈谈欧洲和北美有关列宁对于马克思主义的"忠实度"问题，那么对这里的考察所关心的始终是马克思国家概念的思想基础便会不得要领。这是因为，诸多学者对列宁的黑格尔研究的批判性解读，让读者产生不少模糊不清的认识，并给读者理解黑格尔、马克思和列宁之间的关系制造了障碍。这里，关涉对列宁、黑格尔和马克思国家概念的一种批判性研究。此外，我曾经了解的那些事是有关所谓"列宁专制主义"之模糊不清的论断。其实，在我看来，有时要准确

第二章　国家的本质和法权正义之间

地获取那些死去的人的材料，看起来似乎不可能。这不仅仅是档案材料是否已经解密的问题，毋宁说，他们"生前的"定位是需要再辨认的。这是件十分困难的工作。因为，认可和否定总是相互牵扯的。在这里所要讨论的文献中，有施米特对列宁的评论这样的案例，它引导我们深入到列宁的"革命方法"之中。施米特宣称，列宁是黑格尔历史精神的革命薪火传承人。比较而言，马克思、恩格斯这样"两个德国革命家更是思想家，而非革命战争的积极分子"，只有"通过一位俄国的职业革命家列宁，作为教养的马克思主义才形成了它今天展示出的历史性力量"①。这里，施米特一方面想证明马克思、列宁依赖黑格尔，另一方面也想证明马克思、列宁革命理论论证的核心及其特有的国家观的思想基础，即想证明马克思主义受一种特殊类型的形而上学支配。据说它将导致马克思和列宁的思想分野，导致一种教育专政的理性主义与分权的相对理性主义对立的直接使用暴力的理论分野。在施米特看来，列宁是相信直接行动理论的马克思主义者，在政治上，不尊重"规律"、敢于大胆"决断"，正是依靠某种非理性的哲学运动的体现。施米特从这种意识形态中得出结论说："马克思主义在俄罗斯土地上毫无阻碍地崛起，也许恰恰因为，在这里，无产阶级思想彻底摆脱了与西欧传统的一切联系和所有马克思和恩格斯曾完全理所当然地生活于其中

---

① ［德］卡尔·施米特：《政治的概念》，刘正坤等译，上海人民出版社2003年版，第392页。

的道德和教育观念。"① 因此，施米特把马克思主义在俄国出现的工人国家理解为绝对专制的君主制式的国家，甚至比以往任何绝对专制的君主制国家更国家化。

毋庸置疑，这是一种奇怪的论点。首先，从理论和经验方面看，施米特的这种解释本身不完备。如果他想评价一种无产阶级专政的思想在思想史中的基础，他不应以他自己钟情的某种自由主义意识形态作为立场。但是，就这里的讨论而言，如果我们不考虑那个把欧洲大陆一分为二的军事冲突的特殊年代，的确也可以赞同施米特关于列宁的评论。换言之，如果我们拒绝施米特抽象地从形而上学证据的角度论断列宁主义的历史活力的话，我们仍然能够怀着更多的认同说，它有助于对列宁的政治哲学和马克思的政治哲学倾向之间作一种批判性理解。当然，如今，在从事政治哲学和马克思主义研究的学者眼里，施米特版本的列宁故事或许可资用来抵抗资本主义全球化。他们为这个观点找到了各种说法和类比，他们不仅仅让人想起"回到马克思"的口号，还想起"回到列宁那儿去"的口号："回到列宁"意味着对于他们来说，列宁的《国家与革命》因其对马克思论述国家的一些重要著作的分析而获得了某种规范的地位。他们在建造社会主义这座房子时，是一种更高的力量使他们形成了方案，指导着他们的双手搬运每一块石头，最后才建成和完善社会主义的房子。这最高的力量正是列宁主义。

在 K. 安德森、齐泽克、巴迪欧等人的著作中，列宁主义

---

① [德] 卡尔·施米特：《论断与概念：在与魏玛、日内瓦、凡尔赛的斗争》，朱雁冰译，上海人民出版社2006年版，第2页。

与最近十年中出现的对资本主义全球化的最新批判联系了起来。譬如,安德森说,列宁解决了马克思未曾解决的社会主义面临的两个问题(即在"马克思和恩格斯的著作中","没有做出何时可以决定废除国家的指导","没有提出对于用来取代国家的联合体的形式任何明确的建议")。这使列宁主义成为"西方马克思主义"及后来"批判理论"的思想源头。首先是,列宁在国家理论哲学主体性因素方面的贡献:即当时,工人、士兵和农民的苏维埃在理论上开始取代国家,并且这种主体性因素在布哈林那里是没有的。与布哈林不同,列宁不是谈论"利维坦国家",而是谈论苏维埃,即"向资产阶级国家发出挑战和取而代之的主体性因素"①。至于在政治方面的贡献,可以巴迪欧的著作为例。大致说来,巴迪欧把斯大林的国家和列宁的国家理解加以比较,对于巴迪欧来说,斯大林国家的实质是"对真实政治过程的物化,这种物化源于列宁主义认为对国家的理解不可能整合到精神机制之中"②。巴迪欧告诉我们,对于20世纪,它的最大的意识形态的特点之一,就是它有一个合法性的代表概念。它虽然不是自由主义的孤立个人的主体性,而是一种集体主体性或集体的理性。然而,它实质上是被政治目的利用的"一种宏大的封闭整体存在",一种通过对无数的"我"同"我们"的连接方式的承认,是一种

---

① 参见[美]凯文·安德森:《列宁、黑格尔和西方马克思主义:一种批判性研究》,张传平译,南京大学出版社2012年版,第199—201页。
② [法]阿兰·巴迪欧:《世纪》,蓝江译,南京大学出版社2011年版,第114页。

无法抑制的对无数"我"的结晶化。我们于此可以理解,黑格尔主义的建构仍然是"真实政治过程的物化"中的最重要的精神因素。在其中,我们看到,"有机体"这个字眼则一直围绕着国家概念而无法摆脱与"机械论"的缠斗。最后,就如同其他拉丁字源的外来语,"制度"(Institution)也在不知不觉间变得僵化,就这样走过了漫长的历史直到今天。但有别于斯大林,对于巴迪欧来说,列宁和毛泽东的哲学是在实际的社会运动的战斗中形成的,从而,想当年,也只有列宁和毛泽东才是"真正吓坏""那些建议毫无保留地吹嘘自由主义的优点及其普遍同类的人们,或吹嘘商业交流的民主美德的人们"。①

在今天,有证据表明在资本全球化逻辑与人们津津乐道的国家概念之间存在着卑鄙的共谋关系。但是,事实上,在1917年的著述中,列宁对那些永无休止地为革命寻求某种"保证"的人,进行了极其辛辣的讽刺。这种保证在一定形式上就是以上述所谓"共谋关系"呈现出来的。而马克思早已经注意到资本主义是借助国家形式发展起来的现象。他说:"一旦资产阶级积累了钱,国家就不得不向他们求乞,最后则干脆被他们收买去了。这种现象也发生在有另一个阶级和资产阶级对立而国家可以在二者之间保持一定的独立性的假象的时期"。② 反过来,几十年以来的社会主义政党的实践也表明,

---

① 参见汪民安主编:《生产》(第三辑),广西师范大学出版社2006年版,第297页。
② 马克思、恩格斯:《德意志意识形态》,人民出版社1961年版,第408页。

治国理政与治党紧密联系。自由主义国家必须考虑社会性任务，社会主义的国家也必须考虑资本流动或金融计算的任务。庸俗马克思主义没有办法认真地对待国家与社会主义联合的重要性。

当然，就在两代人之前，也就是马克思、列宁写作的年代，国家的社会意义已经与今天完全不同。在资本主义历史演进中，国家不仅改变了形式，而且有了新的意义。马克思国家概念的丰富内容因而也不容许给它加上概念定义的狭隘桎梏。首先，我们不应将马克思国家概念看成是一种国家理论，而是认为这是对国家理论的否定，是扬弃国家的路标。尽管如此，我们还是会反复提到对马克思国家概念应有的理解：国家有时被等同于统治阶级的工具，这解作"工具主义"的国家观，对于其思想特点具有典型意义的基本象征的例子是（国家）"机器""机关"，统治阶级的国家权力通过国家机器而现实化；有时是指国家的性质由社会的生产关系和生产力决定的，这解作"表现主义"的国家观，这里象征的例子是（上层）"建筑""有机体"（这又可能是一棵树、一只动物或一个人的机体）。国家和社会，像作用力与反作用力一般轮番出现。属于国家者，如我们还会反复强调的那样，无法回避社会冲突中的阶级对抗和利益，这也因此打破了先验和谐的必要性。诚然，"法学家以为他是凭着先验的原理来活动的，然而这只不过是经济的反映而已"[①]，这意味着，在马克思那里，国家与

---

① 《马克思恩格斯选集》第4卷，人民出版社1995年版，第702页。

社会分立的双元结构，其所属的实证论国家概念也将随同消失。德国唯心主义以一种同一性哲学来消除对立的尝试被马克思明确地当成不可能的事。我们的意思是说，马克思的国家概念远离德国同一性和关心个体本身的观点的一元论、向着超越政治和道德二元论摆动。

如果当黑格尔以国家作为伦理的最高界面，把道德的功能置于其"历史角色"中，他所明确辩护的观点是：社会是真正的伦理，市民社会及其原则——个人主义在其内部被积极地扬弃了，国家是一种"个体的集体化"，从而也就有了极权主张的理论根源，那么出于革命的原则而违背道德诫律的行动则被马克思看成是对突破既成规范或价值之不可避免的历史的震惊。而如果道德诫律可以联接到黑格尔主义的整体性原则，而不只是联接到康德主义的个人主义原则的话，那么从道德方面提出国家概念便不可能是令人信服的终极之言；如果普遍的道德诫律本身不能径直产生历史力量，因而它在马克思从价值原则之外的判准来考察国家政治本质的分析中所获得的认可便有了某种未决因素。当然，一种将马克思历史观误解成线性历史进步观也无须受未决之言之扰。不过，今天看来，线性历史进步观的拐杖是否可靠又该当别论。也因此，我们来聆听马克思的终极之言：国家概念面临的严重危机，不仅是对旧政治哲学思维方式的批判，而且也是蕴含着过渡到一个未来"联合起来的个人"的共同体的可能性。自此，国家，要么是维护现状，认可现在的所有权状态，那么它就是在为有产者的权力效力，并且证明了"权力为建立权利，不必是正确的"；要么它证明非

第二章 国家的本质和法权正义之间

有产者的权利，权力本身显然不能再依照权力确立起权利的正确，于是它便表现为扰乱秩序的革命原则。当然由此更得重构整体之社会结构。问题是，我们不能再依赖黑格尔式的历史哲学。马克思也不承认超历史或自然的目的，不承认原本拷问这些目的我们便可以辨别"有权这样"或"有权那样"的根据。这种理解可能蕴含了一种纯粹的决断论。这促成了马克思与那个躲到没有政治风险的私人领域的资产阶级的一个重要差别。

于是，从思想史的兴趣方面又产生了另一个疑虑。马克思的国家概念是否以其独有的内涵而与一个特定的时代，确切地说，是与在当时巴黎公社这一具体情势联系在一起吗？因此之故，对于后世它已丧失了典型和核心的启示意义吗？我们时代的重大事件恰恰给人们的这种疑虑作了注释性例示。我们今天已经远离了巴黎公社，远离了多数派的"布朗基主义"和少数派的"蒲鲁东主义"之间的争吵，也远离了实证主义、自由主义、空想社会主义和基督教的社会主义诸如此类的冒牌货。很有意思的是，从后设的反讽的结果上看，"假如当时，比如巴黎公社时，如果没有多数派的'布朗基主义'和少数派的'蒲鲁东主义'，巴黎公社也就不会成为'把人类从阶级社会中永远解放出来的伟大的社会革命的曙光'了。当然，事情也许就如恩格斯所说的那样：'无论蒲鲁东主义或者布朗基主义者，都按照历史的讽刺，做出了恰恰与他们学派的信条相反的事情'"[1]。在这种最简单的解释和证据评价中，我们可

---

[1] 萌萌学术工作室：《政治与哲学的共契》，上海人民出版社2009年版，第87页。

以看到，马克思对国家的理解的理论基础确实附丽于19世纪当时国家本质的整体的具体的情势和巴黎公社一同出现的社会具体形态，那种反抗国家和资本的逻辑便是从揭发权力的偶然（在）性中生发的。在这里，只要指出下列主旨就已足够：在我们解读马克思的国家概念时，应当格外强调在权力集中的地方导入可以增加偶在性的这个系统。① 正是基于这样一个事实，在面对政治性国家之普遍的权力异化系统时，马克思相信，为巴黎公社扬弃近代国家中的市民社会和政治性社会的决断制定了判准和坐标。对我们而言，这一点已经比过去那些关于社会主义的实现只能作为一种必然性或可能性逻辑的思维更容易理解了。因为历史的发展不是别的，正好是所谓的不正常状态的存在对正常状态的存在的挑战，从而将原先普遍规则与合规则性的情势状态置于危机状态，在时间中展示出历史情势的演变。

三、个体阶级的多，而不是个体的多

本节的结论是，我们对马克思国家概念理解的地平线根本

---

① 柄谷行人在《跨越性批判》一书中认为，马克思为了消灭权力异化，对权力的固化保持高度敏感，在权力系统中引入"偶然性"这个系统才能扬弃"政治性国家"。笨拙地提出"偶然性"概念的柄谷行人并没有更加清楚地认识到问题，反而遮蔽和模糊了问题。因为偶然性与必然性在逻辑上具有同等地位，又使我们回到问题的原点：认识到权力的偶然性怎么能克服权力的固化呢？马克思关于创制的思考，是双重的而非单层的，从而"创制性思维"不能是僵化的，人类光是"制度"概念的重建，就克服并超越了规范论、决断论、具体秩序论。人类始终可以选择其他可能性的生存方式。这是偶在性概念所可能包含的意蕴。（参见［日］柄谷行人：《跨越性批判》，赵京华译，中央编译出版社2011年版，第147页。）

不存在于国家和个人之间的关系之中,因为马克思不再诉诸公共领域和私人领域、个人原则和社会原则的划分。他以一种否定即规定的立场把现实中的现代个人和现代社会关系全部划入一种物化世界的自然必然性,以此避开个体的整体性,这使得他对实际的整体性诉求变成无足轻重。因而,他的国家概念既不是要把握人类在政治中的秩序,也不是要把握个人在其中的构成方式。也许在马克思那里,并没有什么法则保证国家的消亡,但这并不意味着国家概念就不是一个危机深重的矛盾的渊薮。

马克思国家概念是确立在多个阶级的对立之中的,作为个体阶级是多个阶级,而不是个体的多,作为行动者的重要性是毋庸置疑的,并且我们可以把消灭阶级剥削作为历史的可能性而保留,但是阶级斗争会以马克思所描述的方式激化这一点尚不能下定论。如果这是我们要抛弃的,那么我们应当开创什么呢?相对于古典的马克思主义者来说,后马克思主义的理论取向中,已经为我们展现的是一种纯粹偶在性的解释,要么是将原本作为根基(例如,生产中心论或国家中心论)的东西偶在化,要么反其道而行之,将现实中机缘的东西(例如,巴黎公社)绝对化。所谓机缘绝对化,就是任何事情都可以是一种不可预料的后果的机缘。例如,马克思平生只有一次机会看到巴黎公社,但是却成为启发他描画社会革命曙光的机缘;布莱克的歌谣没有结束人类剥削,但是却成为影响工厂中童工待遇的机缘,如此等等。既然历史进程没有完结,所以,与国家整体结构的转变乃至消亡紧密相连的各种关系也并非完全可以预测。"至于目前的国家形式究竟在多大程度上能做到一方面以生动的内容充实自己，另一方面又把那些可以用来补充不足的国家形式吸收进来，对于这个问题的回答"，马克思认为应该联系"我们的整个国家组织"来考察。[①] 这导致了马克思主义逻辑上和哲学上的困难，这怎么可能改造世界呢？巴迪欧等人提供了答案：我们生活中的具有普遍意义的一个事件，是我们作为一个主体而存在的见证，尽管这个事件没有既定的意义。巴迪欧等人由此把对国家的批判从延续或保存既久的思维类型中拯救出来。这是一项了不起的成就。对我们而言，它是包含了一种朝向——能够顺应新世纪之人类共同生活秩序与形塑的——马克思主义国家哲学思维全新类型的过渡。

第二节 理性国家观与法权正义批判

马克思的国家观在跟黑格尔的国家观长期争执中具有了一种原则立场。长期以来，黑格尔把国家塑造成为"永远有理的存在"。在一定程度上将作为公正的"政治理性"与现代"国家理性"概念相混淆。在古典古代，"政治理性"由"公正"构成。如果为了一种更高的和更普遍的善而授权违反法律，

[①] 参见《马克思恩格斯全集》第1卷，人民出版社1995年版，第407—408页。

但并不违背法律的本意和目的,那么这是"公正"的。"国家理性"则是统治者的发明,它所捍卫的是当权者的利益。因此,"政治理性"与"国家理性"合若符节的话,既显得神秘,又难掩崇高的历史经验。如果没有作为一个整体主义的法哲学的国家观念,黑格尔的国家伦理学便充满矛盾,站不住脚。

  在马克思那里,任何特殊的现代机构都不可能提供正义的善品。法的理性因素值得彻底批判。一切理性大体首先是以维护既定利益的行为规则的形式出现的。在某种意义上,没有界限,没有圈定的区域,没有神圣的场域,也就不存在法权和财产权。因此,特别是在法哲学的特定领域,我们是以考察马克思对黑格尔有意在伦理意义上将国家神圣化的角度进行批判,并揭示出私人利益与国家理性之间的冲突。我们也看到,今天人们所谈论的国家理性已经不再是近代观念论法哲学中所说的国家理性,国家理性在资本主义体系中已经破碎,且分化为诸多不同的形态。由此呈现出马克思所说的关于物质利益问题的"苦恼的疑问",但这个疑问的进一步和具体规定在马克思那里是对作为秩序之统一的法权究问,即指出穷人的需要与富人的财产诉求的冲突的实质。当然,这个问题(贫富对立)究竟具有什么性质向来没有明确。对于这个问题的理解,我们可以联系马克思《关于林木盗窃法的辩论》来进行。实际上,在那里,这个问题从一开始就是高度政治性的,而不能仅仅是以法律意义上的财产权确权看待。国家理性往往需要根据概念变迁和历史发展作出不同理解,在马克思看来,其根源在于,国家在法理上无法整合穷人的习惯法与贵族的习惯法所包含的内容。在马克思那里,即使问题得到暂时解决,也并不是取决于为穷人的需要在法理正义上的辩护,而是取决于这个疑问所必然展现出来的古典政治经济学方面的逻辑展开。

一、法的正义是对法的价值的批判

马克思的正义批判与当代正义理论所主张的正义,其"正义的"这个谓词根本不同,并且很难说与其通常的含义还有什么一样的地方。在某种意义上,这也是为什么我们会经常遇到这样一种情况,即当人们往往只在传统哲学的范畴体系中对这一概念予以领会时,马克思说的却是截然不同于传统哲学家说的事。后者依然是关于正义的伦理政治和社会哲学的传统观念,在很大程度上属于从"实然"之中寻求"应然",相反,前者则是关于正义被超越了的历史哲学观点,意味着置"应当"于不顾。赫勒曾经指出:"马克思因此将'应当'剔出史前史(在那里,'应当'是无用的)和现实的历史(在那里,'应当'是多余的)。"[①] 在此,关于"得其所得,得其所应得"的观念在许多不同的社会关系中是作为正义合宜的规约原则而出现的[②],但是,能否以特定的方式将马克思本人的

---

① [匈牙利] 阿格妮丝·赫勒:《超越正义》,文长春译,黑龙江大学出版社2011年版,第113页。
② 在界定正义、法律和法律科学的时候,查士丁尼说:"所谓正义,就是赋予每个人其应得之物这样一种恒定而持久的意愿。法学即对于神事和人事的洞彻,也即一种判定正义和非正义的知识。"(转引自 [英] 伊安汉普尔-蒙克:《比较视野中的概念史》,周保巍译,华东师范大学出版社2010年版,第239—240页。)

正义观归入这种特定的思维或正义原则的框架？我们的回答是否定的。也就是说，马克思的正义观与当代正义理论有着根本的差异。因为，即使像"各尽所能，按需分配"的原则也并不是一个关于正义的原则。更准确地说，只有当它被放置到当代正义理论框架中，由此得出结论说，每个人的需要都被平等地承认，它才是一个关于正义的原则。当然，马克思甚至连想都没有想过这个原则可以依照当代正义理论来理解。由此可见，马克思的正义批判是一回事，当前流行的对马克思关于正义的原则的阐释是另一回事。我们重释马克思《关于林木盗窃法的辩论》中的法的正义批判需要先有这种理解。

我们为什么关注法的正义价值批判？我们认为，在许多不同的社会关系中，"得其所得，得其所应得"主要是一个法的理念（理想）。从这个意义上讲，近代法哲学，一提到正义便将其固定于法权框架中，有其必然的理由。因为，在社会关系普遍通过立法来调整的情况下，在这一领域存在各种各样的正义问题。然而，在我们这个马克思主义哲学研究领域很少有人关注法的正义批判问题。我们如何对这种忽视予以解释呢？我们的看法是，虽然当今马克思哲学研究者完全可能公正对待马克思哲学的"得失"，但他们没有特别想要阐述一种关于马克思的法的正义批判学说。他们关心的主要是社会正义的可能性问题，以便在较长的时间内能够解决社会不正义问题，所以更为关注马克思法的正义理论的当代意义，而不是关注马克思的法的正义批判本身。也就是说，当前流行的马克思法的正义原则当然与马克思的法的正义批判原则不相容。或许由于这两者之间的真正区别被人们当作过于细微或远没有它们看上去那么对立，人们就不愿去了解这一区别了。但还有一个原因使当今马克思哲学研究者几乎对作为一种法的正义批判的马克思保持冷淡。在马克思主义"国家"的字典中，充斥着废除法律的字眼，在很大程度上解释了普遍意义上的对法的正义批判问题的掩盖。然而，这种掩盖无论对其所涉及领域的马克思有时所称的上层建筑还是法的正义问题都是一种损害，因为后者最终往往止步于秩序合法性问题，该问题关注的是国家通过什么方式使用暴力的问题，其代价是政治权力自身的获取很可能源自另一种形式的暴力，这形成了一种国际共产主义历史运动中特殊的政治运动结构：即造就法律者是权威，而非真理。在中国，一度误用马克思的言论，论证权大于法，为"一言堂"辩护。如果依此行事，这一理论上的误用就成为实践上的错误。例如，"文化大革命"时期法律规范上的虚无，以及具体的无秩序，"公检法"被砸烂而无力通过一部具有效力的法律去维护社会和谐、稳定及秩序，捍卫社会主义国家胜利的果实。由此可见，社会主义理论不仅不否认法律的有效性，而且坚持其更广泛的适用。

现在简单地讲，问题就在于，在马克思那里，正义是根据法而来的正义，抑或是对法的正义的一种批判？对此，当代杰出的政治哲学家罗尔斯答复说，马克思关注法的正义，而不是关注正义。但这不等于说马克思没有某些正义理念。因为不管怎么说，法的正义并不是与马克思持有的某些正义理念一点也不相关。罗尔斯试图援引艾伦·伍德和其他一些学者的观点证明自己的主张。这其实是说，如果马克思愿意，他原本能够轻松地阐述一种马克思正义观，但这并不是他的主要工作的根本方向。然而，罗尔斯等人的动机恰恰是寻求马克思的某些正义理念。所以他们认为，马克思为历史状况所迫摸索过适合奴隶社会、封建社会、资本主义社会的正义概念。但所有这些又都好像不是正义本身，就像柏拉图可能具有的那种正义，而是正义概念之作为意识形态的功能或作用。直截了当地说，一种特定的正义得到了马克思的关注，尤其是法的正义。罗尔斯对此作了解释，他说，"由于正义是一种司法的价值，因而它在完全的共产主义社会中无法发挥作用"。而且，"得到适当调整的上层建筑的制度包括着这样一种正义概念，它能够帮助作为其基础的经济生产方式完成其历史使命。如同历史上的其他生产方式一样，资本主义拥有某种得到适当调整的上层建筑和某种适合于它的正义概念"。①

我们有理由认为，上述非常粗略的勾勒就能说明问题，即罗尔斯等人对马克思关于正义的概念解释或暗示的内容并不支持他们的立论。由于马克思的明确意图是使人们理解，在史前史阶段，在解决人与人之间和人与自然之间极明白而合理的关系这个问题上持怀疑态度，所以马克思没有明确地讨论现代政治哲学的正义的理念。这等于承认，马克思本人必定没有意识到他自己持有依据罗尔斯的原则解释出来的正义的概念。这里，也可以称罗尔斯笔下的马克思给予我们的正义观实际上是

---

① 参见 [美] 约翰·罗尔斯：《政治哲学史讲义》，杨通进等译，中国社会科学出版社2011年版，第351—352页。

罗尔斯的马克思观。套用俗话说,罗尔斯怎么样看待马克思,马克思就怎么样看待罗尔斯,所以在这种情况下,马克思变成了罗尔斯。

　　罗尔斯谈到马克思的方式与我们会采取的方式完全不同。这里只需提到,罗尔斯等人把正义问题看作与人类社会共存的问题,并把正义标举为"社会制度的首要价值"①。如果这种理解正确的话,那么他们既排除了在"'前'或'后'正义的状况"下一定社会中的制度这一特殊的"历史的"问题,也没有阐明人类社会制度之前或独立于人类社会制度的正义是何种状况的问题。其实,如果正义等于给予别人他所应得的,恰如其分,那也没有什么好感激的,或者说不应优先于另一种价值(比如,自由)。由于希望看到社会制度中的正义,罗尔斯以为这就是人类创造社会制度的实际意图。他能够提出的主张不过是,如果两个或多个要求出现冲突,正义的要求必然优先,它不在美、善等价值之下。这对某些实践目的可能是有用的;但从马克思历史唯物主义体系出发,马克思口中的"正义"并非是"更强的"、优先的规范。正义不过是传统政治—社会哲学作为"假定"的(国家和法律)秩序的统一和无矛盾性的形上原则之一。或更确切地说,正义本身也没有什么"优点"可言。如果说有,也"绝少"。考虑到马克思被罗尔斯等人强迫试着对资本主义进行一种自然主义的解释——该解释认为,只要资本主义的规范被人们所遵循,资本主义就是正

---

① 参见[美]约翰·罗尔斯:《正义论》,何怀宏等译,中国社会科学出版社1998年版,第1页。

义的，因为它有效地完成了其积累生产资料的历史使命——正义本身就更不值得我们给予全面的称许。马克思曾出于反意识形态的意图说到诸如正义、自由、平等在历史上和政治上什么也证明不了。罗尔斯等人对马克思有关这一主题的教诲的解释不是非常令人满意，因为他们没有充分注意到正义这一概念的特殊性，即在绝大多数情况下，正义只是一种消极的原则。如果资本主义发展是靠牺牲多数的个人，甚至靠牺牲整个阶级为代价的，如果迄今为止存在粗俗扭曲的社会条件的可能性，那么谈论正义是无益的。人们没有从马克思那里发现一种正义的学说：在史前史和现实的历史中，正义在实践中不存在，正义甚至不过是非正义，实际上无非是一种对正义的"解构"。当然，这并不意味着马克思怀疑正义可能存在于社会状态中，而是说，正义必须在社会状态中找到它的历史根基。这一根基必然成为一个标准，促使或迫使人们区分正义与不正义。如果这种区分适用于法律，如果法律内容是历史地、系统地生成，并可以区分成正义的法与不正义的法，那么在对历史进行唯物主义解释的全部讨论中，法的正义概念就是对法律内容的批判性揭示，或者，就是对法的正义的批判。

二、贫民的习惯法合乎法律蕴含的正义原则

为什么一个无辜的人被国家错误地判罪？为什么作为一种最终目的的法却是最大的不公正？在法律情形下，可能的非法性为什么被确认为合法？为什么立法者自己为了其他原则而否

认正义原则？不服从法律的行为正当性何在？这里，我们将要分析的《关于林木盗窃法的辩论》，正处在这些问题的中心。它是关于马克思要对物质利益发言所遭遇到的"苦恼的疑问"的法权感的表达。这篇文章是马克思由纯政治转向研究经济关系，从而成为走向社会主义的路标。它的主要论题是：捡拾私有森林中的枯树究竟是否应该被定为盗窃林木罪？贵族等级的代表在辩论中发表的修改意见，均倾向于加重处罚，以给林木所有者更多的法律好处。马克思对这一在私有财产的自私逻辑制约下的法律状态进行了法的正义批判。然而，在这一点上，有人或许会从法学家的角度来看待马克思的批判。我们认为，这样做并没有什么重要意义。他至多证明：贫民捡拾枯树符合产权正义原则。可以确定地说，马克思并不是作为一位法学家来批判封建等级的代表而代表一般"穷人"和"被压迫者"的利益发声的。法学家最显著的特点是太容易局限于法律领域，只知道法律上的对错、法律上的正义与不正义。不言而喻，既然马克思激烈反对这项法律草案，当然也必须对其根本原则进行批判，而不会仅仅就其中的对与错、正义与非正义进行讨论，更不会将对与正义、错与不正义和对法的遵从与对法的违反联系起来去解决这里涉及的物质利益问题。

  首先，作为民主主义者，马克思的法的正义批判的矛头直指封建专制制度的根源。这便是见于马克思在习惯的合法与违法悖论的整个讨论中所体现的基本精神。我们看到，由于德国在当代比其他国家具有更长的历史时期阻碍民主的传统，所以，在辩论的过程中，马克思揭示了法律往往只为强制捍卫私有财产权，那里只存在强者与强者之间的权力分配的正义。这与动物实际生活中表现出来的弱肉强食状况是一样的。动物的法"是特定种的动物和同种的其他动物之间的平等"①。法律替强者的利益说话而牺牲法的原则，即法的正义原则。强者力图借助强力甚至"措辞修饰工作"或"语法上的吹毛求疵"②同法作交易，同法讨价还价，挣脱法的正义。马克思指出，立法者"'维护林木所有者利益的法理感和公平感'是一项公认的原则，而这种法理感和公平感同维护另外一些人的利益的法理感和公平感正相对立"③。也就是说，这种正义，对于贫民、弱者而言，存在不公正。其中尤其以合理性的法和私有财产的自私逻辑的两极性对立，以及人们对待习惯法的不同态度表现出来。

马克思认为，从事物的本性讲，世界上的一切东西都是暂时的，私人财产也不例外。贫民的任何习惯法都是基于某些财产合乎事物本性的不确定性。由于这种不确定性，也就不能明确肯定枯树是私有财产，也不能明确肯定它们是公有财产。个人与财产的性质和形式之间的相互关系都处于变化中，也因此随时间空间不同而变异。但是，对于资产阶级意识形态来说，法权是抽象理智构造物。这一法权体系已经使当下的权力关系固化和物化为永恒的东西。该意识形态非常不幸地暗示将永远满足控制财产继承等最终不合理的欲望。这种欲望产生了有些

---

① 《马克思恩格斯全集》第1卷，人民出版社1995年版，第249页。
② 参见《马克思恩格斯全集》第1卷，人民出版社1995年版，第242页。
③ 《马克思恩格斯全集》第1卷，人民出版社1995年版，第281页。

所有物由于先占权而被法律认作"具有那种预先被确定的私有财产的性质"。① 只是,对马克思来说,坚持让国家保证私人财产的绝对权利完全背离了永恒不灭的自然法则。从这里马克思自然就得出结论说,这种财产的二元的、二重的、不确定的形式是不能仅仅凭理智加以统一的。如果财产权是绝对的,那么那些在世界财产的分配中被排除在外的人如何生存?假如能适当地动动脑筋研究一下,人人都能了解,有些所有物比如这里的枯树"按其本质来说永远也不能具有那种预先被确定的私有财产的性质"。恰恰相反,贫民从自身感到与自然界干枯的树枝、树杈处于与他们贫穷状况类似的境遇,并从这种相似感中引申出自己的财产权。在这里有一种没有人曾违反的自然法,因为没有人能够违反。当谈到遵从各种自然力量才能作为法律秩序——即构成法律秩序的信守规范的心理行为是一个存在于自然实在的世界中的事实,并且作为原因自有其时大时小的效果。激发这些信守规范的心理行为的观念力量一定是某种自然意义上的力量,只是不应该把这一事实与理想的规范秩序混为一谈——的根据来考虑的法的秩序时,马克思用比喻说:"正如富人不应该要求得到大街上发放的布施一样,他们也不应该要求得到自然界的这种布施。但是,贫民在自己的活动中已经发现了自己的权利。人类社会的自然阶级在捡拾活动中接触到自然界自然力的产物,并把它们加以处理。"② 正因为如此,法作为实施正义的尝试,虽然不应该命令富人变得仁

---

① 《马克思恩格斯全集》第 1 卷,人民出版社 1995 年版,第 252 页。
② 参见《马克思恩格斯全集》第 1 卷,人民出版社 1995 年版,第 253 页。

慈，但在任何情况下，负有救济弱者的义务。而贫民在市民社会中的地位就如同一棵枯树在自然界中的地位一样。若像贵族等级代表认为的那样，把贫民当作无关紧要的额外剩余的群体，那么社会无疑就是一个冷酷的地方。但是，即使在实行单纯的封建制度的国家，即实行等级制度的国家里，法律秩序也并非单单是为了君王及其利益集团的利益设立的，因为也必须或多或少考虑到反对阶级的利益。相应的，政府应该使自己关注交换正义。不管这听起来多么矛盾。但是，当时的马克思认为，在一个文明社会中，"一种人靠另一种人为生，而最终是靠那种像水螅一样附在地上的人为生，后一种人只有许多只手，专为上等人攀摘大地的果实，而自身却靠尘土为生"①。这就是马克思的劳动创造"价值"的观点。在这一意义上，特权者物质上的富足并没有什么经济秘诀。在私有制社会，那些无论何时都能操控上千人为自己劳动的人就有可能富足。而现在，"为了用鞭子把整整一个阶级的莱茵省居民驱赶到林中去，在只给水和面包的条件下从事强迫劳动，——就是荷兰的种植场主也未必会想出这种办法对待他的黑奴，——省议会又是多么不惜把好话说尽啊"②！所以，马克思说，即使按君主和强者的意志在涉及他人利益时，他们可能"毫无心肝，连枯枝和活树都不加区别了"③，但他们却不能否定有大量法律是由习惯组成的，因此也是经由民主方式创制的，恰恰在这种

---

① 《马克思恩格斯全集》第1卷，人民出版社1995年版，第249页。
② 《马克思恩格斯全集》第1卷，人民出版社1995年版，第285页。
③ 《马克思恩格斯全集》第1卷，人民出版社1995年版，第246页。

封建专制制度中，马克思认识到，习惯法的重要性应该得到强调。

从这样的观察中，我们看到，马克思承认自然法的存在，并以之为基础为了贫民的利益要求习惯法。马克思用了很大的篇幅来讨论习惯法，即对比贵族的习惯法和贫民的习惯法。正如马克思说的，贵族的习惯法是属于"动物的法"，包括长子继承权、限定继承权，都反映出法律所确定的不平等。这些做法被合法化为"自然的"，反映了封建制度是"精神的动物王国"。但是，穷人的习惯法是自由的体现。在过去，穷人一直拥有捡拾枯树这项"自然"的基本权利。贫民拥有这项权利，就如同"自然"以及自然中不可区分的部分，就如同那些树上落下的枯枝，贫民的权利是印在自然中的。自然之光指明了什么东西与理性的自然或者说正当的、恰如其分的要求相符，从而是同法律的形式即通用性和必然性相符。也就是说，当我们认为贫民的这些境遇理所当然时，贫民的习惯法在内容方面并不反对法律的形式，它反对的倒是自己本身的不定形状态。或者也可以说，贫民的习惯法虽然尚未具有人定法的固定法律形式，但它并不同这一内容（自然的法则）相抵触。自然法规定所有德性（诚实、慷慨、贞洁等），也规定对抢劫、盗窃和谋杀的戒绝，贫民的捡拾枯树的习惯本身也在法"内"，它不是"盗窃"，而是人类自由的体现。进一步说，法律就是靠着与制定法所认可的习惯的关系，通过在合理的习惯中的自我悬置的方式来支撑自身。马克思在所有这些方面的论述或多或少地遵循自然正义原则，但是并不是通过诉诸普遍同意或良心的名义，而是诉诸现实的环境或历史的根源证明自然法的存在。对自然正义原则进行辩护并不需要历史。因为其原则是简单而明晰的。但是当自然正义与历史联系在一起使用时，历史就能够成为一个有弹性的、有效力的论证工具。它在某一层面上既是规范的、又是实证的，既是因果关系的又是释义的。马克思说："在实施普通法律的时候，合理的习惯法不过是制定法所认可的习惯，因为法并不因为已被确认为法律而不再是习惯，但是它不再仅仅是习惯。对于一个守法者来说，法已成为他自己的习惯；而违法者则被迫守法，纵然法并不是他的习惯。"[①] 出于这样一种显而易见的根据，马克思为贫民的习惯法找到了晋升为法律合法化的门径。

但是，现在面临的局势就在于，由于贫民的习惯尚未在有意识的国家制度范围内找到应有的地位，相反，持续了成千上万年之久的贫民捡拾枯树的习惯要被非法地终止了。这意味着，立法者做出了超出法律秩序的行为。与此同时，那种从封建制度土壤中生长起来的理论，就把特权等级任意非分的要求辩护成了合法的要求。马克思看到，在所有把特权变成法的过程中，把穷人的习惯法变成了富人的独占权。特权者的习惯是和法相抵触的习惯。当然，所谓特权者的习惯是和法相抵触的习惯，并不等于对实定的法律秩序没有影响；恰恰相反，这些在特权阶级习惯中超出合理界限的怪癖和非分行为，比如公共财产被独占，却在封建制度下、在一

[①] 《马克思恩格斯全集》第1卷，人民出版社1995年版，第249—250页。

种与自然秩序不同的秩序基础上最终成了归于国家的合法行为。在这种对自然的游离中，习惯变成国家的习惯，并以国家理由、国家伦理等名堂论证其正当性。当这些习惯被封建制度设想为有效的法律行为时，它从一个臆想的国家理由中推演出来，并被设立为"公法"。由此衍生出这样一种包涵排斥的把戏：国家的统一人身既想要法律又想否定法律。从非法来理解法律，从纯粹的权力行为来理解法律行为，这恰恰是那种逻辑上并无可能性的二元论得以产生的根源，在这种二元论中，人类世界是分裂的。我们身处一个以其最贫穷成员的悲惨为代价来换取的市民的德性的现代商业社会。不管怎么说，从法源或效力基础去追问产权和市民权方面的严重不平等，人类是按照阶层、阶级或抽屉来分类的。自此，专制制度于本质上是习惯性的，继而逐渐发展成与民主性的法律针锋相对。正是在此意义上，法律被特权阶级搁置一旁。自相矛盾的是，当法律仅仅在被搁置起来的状态下才生效时，无论何种在法律状态下属于合法的行为方式——比如捡拾枯树——也都可能意味着一种违越——比如物权法。反之亦然，违越甚至也可能被看作是对法律的贯彻落实。这就是说，从符合社会主义要求看，贫民已经意识到，在违反自私自利的人定法并遭受它的惩罚的同时，他在遵守一种更高级的律令：一种不成文的律令；一种既不是今天被造也不是昨天被造的，而是亘古长存的律令；一种没有人知道来自何处的律令。它就是贫民不局限于某个阶级的成员而可能使得他们自己能够进入"更高合法领域的东西"①。

三、穷人的需要诉求与富人的财产诉求冲突的政治经济学表达

鉴于森林所有者和捡拾枯树者之间的利益冲突,马克思发现,在更深的层面显示出森林所有者弄到最后掠取的不是他们自己的利益,而是林木的"利益"。这真是很大的讽刺。林木具有一种像桌子那样会自动跳舞的不可思议的特性:只要林木被偷窃,它的占有者马上就会获得它以前并不具有的国家特性。因此,"林木所有者利用盗窃林木者来盗窃国家本身"。国家就必定是他的私有财产。而未必还需要说明的是,木头的胜利伴随着人的牺牲。所以,马克思说:"没有什么东西比自私的逻辑更可怕的了。"② 我们看到,在《关于林木盗窃法的辩论》中,马克思接触到物质利益问题并对这样的问题感到困惑,产生"苦恼的疑问":国家的全能,照理说,在其法律的特定领域中可以做其想做的任何事情。例如,它应该代表那些除了自己一无所有者的利益,但在事实上它没有做到。

这不仅关系到改善不尽如人意的国家概念如"合适的"使用问题,更为关键的是,在马克思后来的思想里,不再只是达到一个正确的具体法案的判决的目标,而且也将同样为建构总体社会关系的革命目标而努力。不仅是个别公正,而且是社

---

① 参见《马克思恩格斯全集》第1卷,人民出版社1995年版,第254页。
② 《马克思恩格斯全集》第1卷,人民出版社1995年版,第267页。

会总体关系公正，是马克思未来别有一番意义的工作天地。因而，马克思一接触到物质利益问题就会感到困惑，并产生"苦恼的疑问"。我们通常可以这样解释形成疑问的原因：在马克思决定用英国的政治经济学语言"为政治上和社会上一无所有的贫苦群众"利益辩护之前，黑格尔的理性法、国家法这套词汇在德国也是异常时髦的。所有这些仅仅是特殊的意识形态的东西事实上在德意志意识形态领域矗立着。重要的是，在这篇文章中，马克思不仅就法理层面以及当时普鲁士国家法律的正义提出问题时，而且在对贫民的需要所构成的权利诉求和针对富人财产的权利诉求提出问题时，都用到这套词汇。就我所见，在这一文章中，马克思将关于价值、额外价值、单纯价值、估价、财产的二重性、利息、投资机会、彩票、流通硬币以及公共的国家金钱的政治经济学语汇编织进黑格尔的理性法和国家法的法哲学的词汇当中。正是这一事实，导致后一序列的词语否定了它们的原义，也就是说否定了这些词语相当于政治经济学所拥有的含义。这种否定就是"苦恼的疑问"的来源。一方面，马克思认为，任何现代国家总是要符合自己的概念，国家义不容辞的义务就是照亮"私人利益的空虚的灵魂"，这曾经是黑格尔的话语。黑格尔有意在伦理意义上把普鲁士国家绝对化和神圣化，由此方可理解他认为人类原则上已经解决了其政治问题；马克思却要运用黑格尔的国家思想来批判普鲁士专制政府；另一方面，马克思承认，"私人利益的空虚的灵魂从来没有被国家观念所照亮和熏染，它的这种非分要求对于国家来说是一个严重而切实的考验"。

且不说，期望特权者认识到国家的繁荣与保全要求他自己和他所属的阶层或集团在权力上作出让步是不现实的，这里会得出截然相反的结果，即"私人利益希望并且正在把国家贬为私人利益的手段"[①]。这等同于马克思后来接触到的斯密的判断。但马克思当时还没有对经济关系进行深入的研究。在这个方面，我们只是从马克思那里引出了斯密思想的最终结论：在"自然自由"状况下的增长将会化解穷人的需要与富人的权利之间全部的矛盾。这个历史的顶峰，作为历史的终结，同时也就是有关现代世界实际私有产权的必要时刻；对于我们来说，在斯密确信为社会根基之处，马克思看到了陷阱和圈套。一般说来，当马克思站在民主主义实践立场上，研究国家如何面对私人利益、一定的财产存在"也不会因此而脱离阳光照耀的正义大道"[②]的实践理性理论问题时，见于那套描绘市民社会词汇中惯存的财富与德性，私人利益与国家理性、国家伦理之间的矛盾，就充分凸显出来了。正如马克思后来所表明的，要走出穷人的需要是否应该构成针对富人财产的权利诉求的困境，就要超越整个西方政治传统都是围绕市民理想的模式。然而，如所周知，马克思并不是通过他许多观点的源泉，诸如欧文主义或宪章主义这些媒介来解决"苦恼的疑问"，而是通过阅读"沉闷科学"（政治经济学），通过发现斯密、李嘉图时代就被抛弃的历史唯物主义理论。在陈述这些观点时，我们开始看到马克思给自己提出他能解决问题的道路的实例。

[①] 《马克思恩格斯全集》第1卷，人民出版社1995年版，第261页。
[②] 《马克思恩格斯全集》第1卷，人民出版社1995年版，第282页。

自从人类进入商业社会以来，古典政治经济学中存在着一个清晰的辩论，该辩论的主题是富人（阶级、国家）与穷人（阶级、国家）的关系。从《圣经》到《共产党宣言》，富人与穷人，在历史上他们就比肩而立，并发展为阶级之间的生存斗争。正如我们在《关于林木盗窃法的辩论》中所见到的，马克思彰显了商业社会这一古老的悖论。若我们能够简要地陈述这一悖论，那么我们就能够理解马克思由纯政治转向政治经济学的重要性。

在下面，我们所考察的关系可作为马克思疑问的一个特殊解答。在18世纪的政治经济学中，对于穷人的需要与富人的权利问题有着清晰的含义。在斯密那里，这个悖论的理论化表述是：穷人的生存需要通过富人的盲目贪婪所启动的欲望机器得以满足。换言之，解决穷人的需要问题，不是构想有德性公民身份条件的过程，而是依赖制造业生产率提高所带来的经济增长。其方法就是那只"看不见的手"。满足穷人的基本需要并不需要刻意地考虑任何一位作出贡献的参与者的"仁爱"意图。直接的经验给斯密的观感是，这样的商业社会比历史上任何一个社会都能够为穷人提供更好的生活标准。关键在于，对于斯密来说，不是把市民社会政治经济体制看成是"一条权利和义务的法律纽带，而是看成最初指向生存品生产和生命体再生产的一套社会和经济关系"[①]。该社会经济关系构建成一套"自然自由制度"。在自然规律范围内，人类行为的理性

---

① 参见[匈牙利]伊什特万·洪特：《财富与德性：苏格兰启蒙运动中政治经济学的发展》，李大军等译，浙江大学出版社2013年版，第358页。

所依据的是个体所固有的理性。当然，这种非常实际的见解确实潜在地为马克思建立唯物主义的历史观提供了指引。但在当时斯密的方法的合理性绝不仅限于经济学领域，它也包含在法理学层面。对于斯密来说，只要放弃西方产权思想中包含着的那种世界本来是赠予人类去共同拥有的观点，那么关于现代世界实际私有产权的每一种描述都不得不建立在一种历史推测基础上的做法就是不必要的。穷人的需要与富人的权利在法理学层面的论争也就可以绕过去了。因此，在产权的立场上，斯密主张相对于穷人的需要方面的诉求来说，私有产权合法化具有几乎绝对的优先性。①

今天我们不应再乌托邦式地看待这类观点，因为任何国家都必定要建立一种法律秩序。斯密可能是特殊的，但对马克思的"苦恼的疑问"来说，他是最清楚的阐释者，而不是这类观点的唯一阐释者。就中国而言，目前正处于从理想主义向经验主义转变的阶段，应当谨慎处理斯密等古典自由主义经济学的观点。可以想见，财产关系与生存模式紧密相关，有不同的财产关系，就有不同的生存模式，反之亦然。仅此一项就足以说明，为什么在回答历史是如何发展这一问题时，财产关系与不同的生存模式之间的关系会得到唯物主义者的深刻强调。然而，这一理论收获给我们留下了一个处于历史形式变化中的与穷人—富人关系差不多的问题，即今天，"国家理由"（如公共福利）与"私人利益"复杂的综合是如何"退避"到政治

---

① 参见［匈牙利］伊什特万·洪特：《财富与德性：苏格兰启蒙运动中政治经济学的发展》，李大军等译，浙江大学出版社2013年版，第27页。

经济学领域的？这一综合又是如何因为建基于一个有关个人理性的限制性和简约主义的理论，并试图将其从国家与市民、德性与财富、德性与商业的约束性对立中解放出来而被谴责为冷漠、机械且沉闷的经济主义？建立在马克思（对他而言，若按照斯密的意见，"国民经济学的目的也就是社会的不幸"[①]。实际上，资产阶级意识形态明确地意识到它的主要任务是反对穷人的经济或政治权力的要求，但这只是因为斯密"近视"而错误地用的"仍然是革命时期资产阶级的语言，那时候资产阶级还没有让整个社会、国家等向它自己臣服"[②]，斯密或其他经济学家对劳动的全部成果归于劳动者这样一个世界存在之可能性的否定与今天我们社会历史发展所处的阶段之间的关系是什么？在我们已经展开的研究的最后，这些问题依然存在。而现在，"政治"不再是一种高级的人类技艺，而是一种机械活动，法学家则变成了经验主义者。为了在马克思生发出来的框架上解答及应对这些问题，实际上仍需要另作研究。

第三节　唯物史观中的法与正义

在前面回答了"国家理性"是什么样的一种理性这一问

---

① 《马克思恩格斯全集》第3卷，人民出版社2002年版第230页。
② 马克思：《剩余价值理论》，转引自［英］克里斯托弗·J. 贝瑞：《苏格兰启蒙运动的社会理论》，马庆译，浙江大学出版社2013年版，第217页。

题之后，我们必须强调的是，我们一定要把法与正义置于唯物史观语境之内。唯物史观是惟一对资本主义的法律基础及其共同福祉采取严肃的、批判的立场的学说。它克服了在一种专断的法律价值体系基础上来理解社会制度的法的形而上学。唯物史观具有丰富的理论面相。建立在它的基础上的法学分析应当恪守经济基础与上层建筑之间互相作用的原则，还应当提示出法的形式的自我规律性和生命权力意涵。依正确的提问方式和根本的论述方法来理解法和正义，唯物史观解释史的重要意义就在于：（1）揭示了对唯物史观的曲解植根于西方政经知识的整个传统视野。自然科学的研究方法无益于法律关系的发现，这将透过经济决定论本质的考察得到证实；（2）证明了资本主义法律形式是其社会经济据以展示自身，且通过构成买卖的交易公式加以表现的逻辑前提，是把制度的性质限制在眼前占有和财产的现实之狭隘界限内；（3）从扬弃资本主义的法律基础和正义观念出发，创立了社会主义法律基础。唯物史观将法、法律形式作为一种历史形式来研究，这对中国特色社会主义法治建设和市场经济发展具有方向性的启示意义。

马克思创立的唯物史观，对于我们这个时代的社会科学，无疑产生过并且仍然在产生巨大的影响。随着它的诞生，一个成熟的拒绝对社会现象作规范论解释的体系、一门真正的历史科学，取代了简单的不科学的历史独断论。

不过，在对马克思的法哲学批判与唯物史观的关系展开审视和分析时，即便在我们已经拥有的这种根本判断的反思中，这个判断仍然可以有不同教益。这里所作的判断或者可以首先领会为：社会的存在不再是奠基于某些规范的有效性，或者可以理解为真正认识世界、改造世界的根据，不是通过法（道德、宗教等）的意识形式，而是通过社会物质基础。然而，我们无法回避的是，当人们把唯物史观特定的、现实的含义、思想和观点作为前提时，这种领会却往往容易以教条主义的方式延续。就像眼下在我们这里有人要通过法的片面性的本质和教条主义的形式来为法律奠定基础那样，也为"保卫正义"思想寻求一种精神或主观化的标准和基础。因此，面对眼下法律之存在于社会条件中的基础性的、全面渗透的事实，唯物史观却时常被有些人简化成法律的社会学分析。但为什么如此以及对此如何进行解释——在现存条件下，我们还根本未曾触及。事实上，一个多世纪以来，不管法律还是社会理论的反思情况怎样，关于马克思的法哲学批判与唯物史观关系的反思，差不多可以说除了讲"法和国家是资产阶级社会的形式"，除了谈"法和国家存在的历史必要性以及它们消失的历史必然性"，就再也不可能透露什么内容了。于是，在唯物史观历史阐释的那些为人熟知的论述中，反倒潜滋暗长着对法和正义观念的某种虚无主义态度。至于说到至今阻扰正确理解适应社会主义法律原则有效性的科学根基的现实问题方面，我们将会发现，法律理论反思甚至在现实性上研究的也不是现实的即达于社会—历史内容的理解，而是一大堆形式和观念的混杂。

因此，我们首先必须再度反思唯物史观解释史上的正确的提问方式和根本的论述方法。正是从这里出发，我们可望面向事情本身去讨论马克思的法律批判理论在当前的困境及其为现今存在的世界形式的未来存在作准备。

一、唯物史观：法源之争的解蔽与遮蔽

从马克思主义阐释传统观点来看，马克思的法律批判理论是与他对法律根基的探寻不可分割地联系在一起的。在这里，所谓事关根基的问题看起来是历史性的法源[①]问题，实质是哲学上的问题，因为它把握住了问题的根本。法律除了被归结为物质生产关系的现实存在之外，没有自己的历史。[②] 对法律的理解应从物质生产关系着眼。按此批判，法和法律将被降低为保障一定历史阶段的现实的社会生活的一个单纯矢量，公正的主题将被吸收到更广泛的观念、符号、象征功能中，与人们的社会物质生活交换行为交织在一起。就此处问题论述而论，毫无疑问，已经超越了对"法应当是什么？"以及"正义的本质是什么？"的论述套路。

但是，如果说法源问题将决定马克思主义诸多关于法律批判的原则，那么我们须重新认识那种不加批判地接受的如下观点：我们取用马克思1859年《〈政治经济学批判〉序言》关

---

① 传统的法的渊源理论认为，法的渊源包括：实质渊源，法源于自然理性还是君主意志；效力渊源，法产生于立法机关还是其他机关；材料渊源，法的制定是源于习惯还是外国引进；形式渊源，法来自制定还是习惯以及历史渊源，引起法产生的历史事件等。
② 参见《马克思恩格斯选集》第1卷，人民出版社1995年版，第134页。

于法律的类比方式，应无大碍。

若欲正本清源，我们得从马克思在那里使用的那个著名类比说起。根据马克思在那里使用的方法，人们应当区分经济基础和上层建筑这样两种不同的领域，例如，把法的范围以内的东西和法的范围以外的东西区分开来，并表明这样一种相互依存关系，即经济生产和由它所构成的生产关系或财产关系决定国家和法律的产生和消亡。国家和法律这两种现象只是与一定的经济条件共存。① 或者说，它们只是在财产被一部分人占有、另一部分人被剥夺财产之分割性的一定的社会结构持续存在的时候，尤其是在把特权变成法的过程中，才存在。总的说来，如果有产者和无产者分裂为相互对立的两个经济利益集团，那么法律就是呈现为有产阶级为保护私有财产或者继承权之人类冲突的规则。历史唯物主义尤其是马克思政治哲学，就是去批判这个分割性阶级结构、揭示它的法律表现。

我们会从这番审度中发现，马克思首要研究的主题，是资本主义批判，法律批判只是他对资本主义批判主线的派生性论题。这也意味着马克思的重点依据是 19 世纪的市场经济——他视法律为当时阶级问题的一个突出表现。人们在此应当牢记他对由法律所塑造的不平等性、压迫性展开的揭露和批判，其理论任务在于瓦解法的形而上学的形式正义/实质不正义之间的对称或非对称性逻辑构造。这个原则不仅被我们视为马克思考察法律在其社会和经济条件中存在方式的

---

① 参见《马克思恩格斯选集》第 2 卷，人民出版社 1995 年版，第 32 页。

根据，而且被视为他寻找资本主义法律科学之批判的认识论根据。

然而，直到今天，对唯物史观历史解释不会给人留下满意的印象。只要我们从错误的论述方法来考察它，就无法以同情的态度去理解它在我们面前呈现出来的巨大影响力。这里的关键在于，唯物史观究竟沿着怎样的独特路线给法学批判提供方法论支撑？看起来，唯物史观的成就是使法学获得自我正当性，只能从经济着眼来理解法律。这样一来，正如批评者对有关经济基础和上层建筑之间关系类比的讨论那样，其结果不仅是"再也找不到任何关于法概念的更深入剖析"，而且在我们这里关心的资本主义法学的根本性质及其趋势问题上"它肯定没有多大发言权"。① 为什么这样说？

首先，在确定唯物史观与法及正义观念是对立的时候，人们是在一种自然科学思维中动脑筋的。并不需要多么敏锐就可以看出，唯物史观关于社会存在的经济条件和表现为社会普遍意志的法律规定、关于法与社会现实、关于法与其宣称的理想、关于社会正义等学说，同唯物主义史和自然科学发展趋势有着必然联系。站在现在法律发展的高度上，我们很容易把唯物史观说成社会生活的"物质"实现的观点。这比还没有足够的唯物史观洞见而把它说成是"自然科学的生活观"正确得多。因为，对于那种承认法律仅仅是竖立在那独立存在着的社会经济结构之上的"上层建筑"观点而言，从生产方式的

---

① 参见［德］施塔姆勒：《现代法学之根本趋势》，姚远译，商务印书馆2016年版，第49页。

整个社会结构着眼，这里应当脱离和批判因果关系这个带有先入为主或形而上学奇想的表达。确切地说，这里必须警惕从自然科学中得到的"类比"方法来考察法律。我们的意思是说，将自然科学的"类比"作为引导唯物史观历史解释而贯彻于对现代法学的领会是格格不入的。

众所周知，从心理与某种物理现象对比的角度来看，如"反映""投射""映象"之类的词语都涉及物质基础，也即旨在透过物理/心理或生理这个二元机制来揭示"内在的"心理的客观基础。与此相比，因为法律规范事实上渗透着心理上的因素，因此，试图赋予这一方法论一些深度的努力引导有些人，将法律现象与经济现象中的某种要素对比，通过经济基础和上层建筑的空间类比，把作为法律规范当作实在与事实的意志，从而使之变成观察经济与法律系统内部沟通的一个框架。显然，这种类比的可能性是因为因果关系的角度而产生的法律的客观力量。但是从这种类比本身的旨意看，它是被用来表述整个社会结构的，若从经济因素上说明法律的起源并不费解的话，那么基于"物理学的"（甚至所有自然科学）的类比方式所拟制的各种"划分"的根据，即机械唯物主义，就处于近代的误解危害之中了。它在整体上依然受缚于牛顿的机械形而上学的世界形式（时间、空间等）。

在此，假如一切心理和生理过程只是以物理的形式而出现，那么包含在现实和意识形态关系中的困难，并没有通过这种划分的哲学根据得到克服，问题也没有得到解决。作为方法论的错误，传统马克思主义者用生产关系（它们构成经济基础）来解释作为上层建筑的法律关系必定会纠缠于法律科学的悖论，亦即人们总会产生如何经由马克思所谓的社会经济结构来解释法律关系范围以内的东西和它以外的东西的区别问题。① 如同人们会困惑于在黑格尔辩证法采用的客观的不法与主观的不法之间，不再可能言明其区别，也不再可能使用这个划分。② 至少是在法本身试图非常明确地把自身同意味着良心或显失公平之类的东西区别开来时，就是如此。从唯物史观看来，问题在于，这种区分只能"由法的片面**本质**和教条主义形式来说明，这种区分甚至成了法的**主要教条之一**"，马克思说，"这种区分的实际实现就构成**法的发展的**顶峰"③，即证成了现代法律科学。

于是，人们越是强调法律有效性上的这种物质性、必然性，这种物质性、必然性的"意识形态"就越是被排除。换言之，法律，恰恰因为其根据自己的特有经济功能来进行制定或者解释，这样它就自己把自己从整体社会结构观中排除出去。自然主义的或者说虚无的态度促成了所有的那些论证，都产生一个与唯物史观原意图相反的影响。一个寻求正义理想的现代法哲学批判一定会认为，随着社会正义和主体权利之间越来越复杂关系的发生，法律必须产生一种以法律自己的方式为自己奠基的需要。

---

① G. A. Cohen. *History, Labour, and Freedom: Themes from Marx*, Oxford University Press, 1988, p. 30.
② 参见 [德] 鲁道夫·冯·耶林：《罗马私法中的过错要素》，柯伟才译，中国法制出版社2009年版，第7页。
③ 参见《马克思恩格斯文集》第1卷，人民出版社2009年版，第300页。

我们认为，若按照这一机械类比包含因果关系来定义法律，就远远落后于现今世界的社会存在形式，即一个反映为具有过分权势的金融资本专政的世界存在形式。在现在，各民族的经济生活仿佛都陷入了不再从事生产而专谋红利的经济陷阱之中，自然科学的机械论类比是不能证成法律实现正义的。而即便是社会"有机论"的类比也无法使用。在此有必要提到第二个观察方法——唯物史观解释史——中使用的"社会有机体"概念。

　　一直以来，"机械论"与"有机论"的对比就是相互纠缠的。但如同它们在唯物史观解释史上的影响一样，"社会有机体"这个用词也在不知不觉间变得僵化。所以，现代社会主义国家法律制度化思维的历史形成曾经背负了过于沉重——针对批评资产阶级法权——的"保守""反动"的标签。有批评者认为，唯物史观的影响"如今已逐渐变得家喻户晓。它的主要影响力表现在政治领域，因为众所周知，它为现代社会主义奠定了理论基础"[①]。可见，历史上，对唯物史观的走样解释是通过唯物主义科学的实际上是通过抽象的"物质"概念的出场展开的。这位批评者还站在规范论解释这条线上。照此来看，诉诸自然科学类比的唯物史观解释的一切后果都向我们表明：剥离法律规范秩序的独立的经济规律是不存在的，反之亦然。

　　在1859年《〈政治经济学批判〉序言》写作之前很久，

[①] 参见［德］施塔姆勒：《现代法学之根本趋势》，张季忻译，中国政法大学出版社2003年版，第47—48页。

马克思在《黑格尔法哲学批判》中就已经清楚地阐述:"法的关系正像国家的形式一样,既不能从它们本身来理解,也不能从所谓精神的一般发展来理解,相反,它们根源于物质的生活关系。"① 因此,马克思相信,只有从政治经济学而非法的形式出发,才能保持真正的根本原理讨论的水平。这意味着,即便马克思关于法律的观点很复杂,但我们应致力于唯物史观根本原理的思考。同时,也应致力于避免旨在实用性而非批判性思考的害处。

其次,唯物史观具有丰富的理论面相,就是因为"它是一种把社会发展作为活的整体来理解和把握的理论;或者更确切地说,它是一种把社会革命作为活的整体来把握和实践的理论"②。它能使马克思的法律批判更充分地成为它所追求的那种唯物史观——价值学。我们认为,马克思法律批判最先的和决定性的发展已在《关于林木盗窃法的辩论》这一经典论文中露出端倪。根据马克思在那里的说明,法律的公正感本质上是指那种对理想价值即"公正无私"现实内容的实现。也就是说,法律被转化为一个制度体系绝不是单纯的令行禁止法的外在的形式问题,而是"公正感"的社会价值实现问题。例如,就对财产侵犯的行为惩罚而言,人类正义行动不应被单纯地描述为罪责和刑罚或损害和赔偿,而是要通过价值—意义来定义自己的法律行为。马克思说:"价值是财产的民事存在的

---

① 《马克思恩格斯选集》第2卷,人民出版社2012年版,第32页。
② 参见[德]柯尔施:《马克思主义和哲学》,王南湜等译,重庆出版社1989年版,第22—23页。

形式，是使财产最初获得社会意义和可转让性的逻辑术语。"在此，对人类的任何价值——不仅仅是纯物质价值，而且是这种价值所"具有的诗意的个性要求"① ——和欲望系统的批判性反思的重要性是不言而喻的。而唯心主义（马克思称之为"下流的唯物主义"）为法找到的基础完全置这种正当的要求于不顾，它对侵犯财产的行为作出判断的立场，它对侵犯财产的行为进行评价的尺度，仅仅是私有财产者神圣的"寓言教导"。到最后，正如马克思经常拿德意志意识形态批判家作例子，一旦他们在"精神""批判"这些词的感召下，他们就在其纯粹思维中为"群众的社会"与"'批判'及其自己人"相对立作了准备。其结果是，当这个社会是以少数人的特权为基础构建起来时，这种情形，是一种不法，一种宁愿对大多数群众公然不公也不愿限制一个富人的财产的不法。

也正是因为在法/不法这样一种基础性区分的运用上说出他的论断，马克思最终返回依唯物史观的方法运转至法学内部，并且对其为规则和决定生成的规范性质进行批判性反思。与那些对侵权的理想价值批判缺乏感受的人截然相反，马克思认为，为了"政治上和社会上一无所有的贫苦群众"，"我们这些不切实际的人"应该对这种化约成法律制度的私有财产以及私有者权利标准作斗争，拆穿那种"把一切不正当的非分要求点成法之纯金"的私有制辩护者的手法。马克思认为，现代法律的获取程序不过就是把既有的权利（事实）表述出

---

① 参见《马克思恩格斯全集》第1卷，人民出版社1995年版，第247页。

来并把它们宣称为普遍的东西。然而，人类的法，或法的原本目的，乃是自由的体现。这个贫苦阶级"不仅感觉到有满足自然需要的欲望，而且同样也感到有满足自己正当欲望的需要"①。从这个视角看，马克思认为，怀抱整个人类之共同体存在的社会理想，或者说，具有本质重要性的正义理念是一个明智立法者所必须考虑的实际问题。

这个本质已经澄明了。当特权者不满足于那种已经化身为一种规范状态下的权力仍然诉诸自己的习惯法或行政越权时，他就使法的人类内容烙上偶然的、任意的动物形式；但这种形式现在实际上已经越来越小地影响着法律的实施，以致被马克思描述为野蛮的属于人类自然史之"精神的动物王国"②的残留。法律的进步正在于野蛮的、盲目的范围的不断收缩。

由此我们已经看出，在这样言说合法行为和处于合法状态比非法行为和非法状态更正确的可能性意义上，面对法律与生命直接抵触而引致立法必然片面的状况，马克思坚持把贫民阶级的财产权要求称为他们自己的生命形式在物质上的直接表现。马克思甚至说，贫民阶级，这一"人类社会的自然阶级"，更是因为他们在捡拾野果、枯枝等活动中接触到自然力，私有财产必要性问题就更加清晰和一针见血地表现出臆想的性质来。贫民阶级所拥有的生存权，源于"自然界的布施"。法律秩序应当允许这种捍卫生命存在的行为，而法律效力确实需要生命存在。对于马克思而言，这种赋予法律以

---

① 参见《马克思恩格斯全集》第1卷，人民出版社1995年版，第248、252页。
② 参见《马克思恩格斯全集》第1卷，人民出版社1995年版，第248页。

"生命"的经验应当在"有意识的国家制度范围内"找到应有的内容表达。在这种特别的阐释中,法之"应然"被看成了涉及可经验的物质的基本生活"事实"。但这个自称为法的意识和法律意识是人的最显著特点的时代,实际上却不能对既有法的形式和规范价值体系进行批判性省思,反倒是被特权阶级法学有条件地加以过滤和吸收,最终使法律服务于资产阶级。资产阶级的法律首先考虑的是富人的权利,即便这使贫苦阶级走入生活的谷底,也在所不惜。

与此相比,亦即与人定法对比,贫苦阶级自己在劳动活动中感到的是"一种友好的、比人类力量还要人道的力量",而不是坠入某种无可奈何的贫困。从法的习惯、习俗起源的角度看,自然界的慷慨、仁慈并非没有意义,对此也应当把它当作法律和社会学说解释的一部分要求来考虑。① 所以,马克思法学思考以这一批判财产问题作为它的引子,而不是从诉诸预设了关于根本正当性的自然法权出发,继而从非法行动或财产法律保护的角度谈论法的确定性问题,而是批判地审度关乎所有权名下的许多权力与特权导致的法的确定性问题,也就是,对法律自身复杂的冲突性根源进行省思。因此,我们在马克思的法律批判中得到这样一种认识:法律获取的核心并非权利/权力关系的法学历史拟制,它毋宁受制于对这些权力与权利在其法律运行中的重新组合,并在它们的社会制度变化中时不时地重新调整、捆扎。总而言之,对于那个期望法的道德安全性的

---

① 参见《马克思恩格斯全集》第1卷,人民出版社1995年版,第249—255页。

法律发展理论阶段的马克思而言，这不是人与人占有自然力量的斗争，而是一种法与不法、正当与权利之间的斗争。

如果我们这样来理解法律问题，那么前面说过的为法找到一个基础之类比手法的运用的旨意就要丰富得多。马克思这里引入了对生命权的谈论。这里重要的事情是，法权不是抽象的原则，而是生物性生命的核心关切，亦即现实的、有生命的个人的存在与可能的物质条件。然而，面对如此重要的生命权力概念，在我们当前的马克思法律批判当中没有获得足够的重视，它重要的适用范围考量，其中的大部分论题只存在于福柯、阿甘本等左翼思想家的生命政治论当中。因此，就当前对马克思法哲学讨论仍然可能会沿袭经济决定论的教条化危险而言，后者颇具启示性。这种启示特殊地通过一种愈来愈顽固的对法的特殊性和独立性的遗忘所引致的不可化解的矛盾表现出来。

正如庞德所言，人们抽象地征引《〈政治经济学批判〉序言》所形成的法律和法律史解释，绝不是法律自身和法律史，而是"以一种经济理念的逐渐展现为依据而解释法律和法律史"①。换言之，立基经济决定论观点，法是建立在经济活动可能性的基础上，或者说，法律秩序的适用也是建立在采用经济学的语言和它的规律之上。简而言之，有一种错误的唯物史观法哲学批判，是"通过假装事物具有其本身不具有的特性

---

① ［美］罗斯科·庞德：《法律史解释》，邓正来译，商务印书馆2016年版，第126页。

而建立起来的"①。由此人们拥有的法律经济学解释不是法律概念本来的历史唯物主义解释，而是归根结底由经济学去把握为经济范畴的自主展开。所有法（权）只是作为一种经济观念的实现或揭示。这种看法只要稍微加以夸大，马克思的唯物史观就可能被比之于"经济过程中的主导性功能可以被家庭所延续，并且必定与追逐跑车、美女、别墅和游艇有关"②的风俗画。这里，经济决定论的教条化信仰作为一种意识形态成了克服资本主义向社会主义转变的意识形态障碍。因为，它是对资产阶级意识形态的一种逻辑上的证明。因此，有批评者指出，法和国家是资产阶级社会的世界形式，如果无产阶级在对其征讨中被迫转用这些形式，不言而喻，就必须在阻断了的现今存在的世界形式中作根本体会，并添加上社会主义的内容；同时这也意味着，正如政治经济学中有"经济人"的设定，资本主义法律中也有"理性人""过失之人"以及"道德人"的设定，社会主义法律中也应有"友谊""社会正义"以及"团结""共有"的设定，在这里，标签这一抽象的、绝对的宗教一样的东西似乎总是比思想实质更重要。而决定性的一点正在于，经济决定论教条总是对于创立社会主义法律体系合理性以及有益性的所有理由进行审慎的斟酌，以此形成实质性阻碍。

---

① 参见[美]本杰明·内森·卡多佐：《法律科学的悖论》，劳东燕译，北京大学出版社2016年版，第38页。
② 参见[德]尼克拉斯·卢曼：《法社会学》，宾凯等译，上海人民出版社2013年版，第53页。

上述观点的背后，有一种涉及对法的恒常拘束力特性的误解，甚或完全错误的观念。我们已经知道，唯物史观的批评者是怎样遮蔽法和正义的，法和正义怎样有赖于经济生产活动那不可动摇的自然进程，这个自然进程又怎样产生对法和正义观念的某种不以为然。但是，经济生产活动以资本主义法律秩序为前提，而资本主义法律秩序又以商品生产者握有资本和劳动力为前提。因此，在这种情况下，这整个论述方法是在无法知晓"社会经济（法或正义）到底是什么"中兜圈子。要脱出这个圈子，惟有承认有一种真正独特的、无法还原为包括经济现象在内的其他人性化现象的性质，而且在某种意义上是能够诉诸构成法的独特要素的正义理念于实践的。这种实践不是资本主义生产方式发生的起点，而是它的结果。其间自由、平等这些意识形态渐次消失，并被创造出来的社会主义公平正义价值观取代。

再次，近一个多世纪以来，否定法能在某种限度内改变经济基础，就从根本上错误地参与此前经济决定论视域的开展与加固。实际上，恩格斯早在19世纪90年代就在"最新的马克思主义者"身上看到过这种情况。与20世纪早期的法律理论家庞德反对用假定的经济第一原则去解释所有社会系统复杂性不同，对于受制于19世纪法律发展的"最新的马克思主义者"来说，一切法律，只要追溯至源头，都能发觉其经济原因的决定作用，且一切细节上都只是出于经济的因素，而非法律系统自身的扩展和法学自发的进步。但是，从一种抓住了法律选择性或偶在性这个观念看待法律的视角来说，它无论如何也不可能显示出必然如此的情况。相反，不采用法律主观性或独立性原则这个提法，法律照样会按照它自身的系统轨道（法律系统自我描述的形式）运行。而留给当时恩格斯的问题是：什么给了法律在"最新的马克思主义者"眼里如此冲突性的外观？他认为，可以在被他称为法的"一种内部和谐一致的表现"中找到理由。这意味着，经济作为最重要的社会力量，在把各种机会不平等地分配给个人并由此形成矛盾冲突的过程中，法律起到了决定性作用，法律赋予并保护财产权，它通过影响财产的分配而对经济起着巨大的反作用。同时，这也意味着在促使法律和经济之间的联系和重叠不断增加的一种唯物史观的解释成为可能。它已经远远超过支持经济和非经济的依存关系的教条式观点。尽管当时恩格斯似乎只是为了说明经济关系与法律主观性或独立性原则有怎样的区别，但显然他希望阐述，在以法律的专业技能及其显著的职业分工为认识中介的现代社会中，人们应当如何认识特定时期内经济与法律的关系：在现代社会，法律的专业分工和它的技术性成为认识法律的模式。在不同的民族国家，该专业分工及其技术实际上存在与否又是个历史发展问题。

因此，关于全面理解唯物史观解释的问题，从学术研究的分工来看有助于以一种指向法律的特殊性方式关注法律的法律性（比如，公正无私的官员、商人等都有一定的法精神表象）。所以，经济决定论教条的一切矛盾，看起来就是这种情况，即法学家越是努力设法清除"法的理念"及其发展遭受偏狭的现实原则的侵害，他们越是顽强、越是不妥协地排除那种把经济关系直接翻译成法律原则而产生的矛盾,他们实现这个"法的理念"的任务就完成得越完美。这种从职业本身进展到在一定程度上必然形成的纯法律研究的学术优势,反过来说也是决定着法的形成和发展的技术因素。从长远看,社会运行的经济基础即技术被加进生产条件之中,财产制度或生产关系的法律形式被纳入上层建筑。显然,法律,就其有赖于探究性的研究进路而言,不可避免地要求追求真相且由专业的法官来掌控现有证据而不断更替制度,必然比一个不追求真相而由专业的说谎者来掌控证据的制度要正义。而"法的概念"及其发展总的来说就是"通常的意识"和"法官"之间的矛盾。马克思、恩格斯认为,"法官运用法典,因此法官认为,立法是真正的积极的推动者"。他们自认为自己的手艺是"真的"。法的观念如同法官生产自己的商品那样获得尊重,因为"他们的职业是和公众打交道"。① 由于这种职业之研究技术与公众打交道的优越性,对于法律精神或理性研究而言,现在为法律或正义立基的胜任者看起来就是法学家。用黑格尔的话说,"否认一个文明民族和它的法学界具有编纂法典的能力,这是对这民族和它的法学界莫大的侮辱",因为这里的问题看起来是他们要"思维地理解现行法律内容的被规定了的普遍性"。② 这是调动普遍性的独特性问题。他们总是像讨论与先验认识范围有关的形而上学问题那样来讨论法的问题。他们同意的

---

① 参见《马克思恩格斯选集》第1卷,人民出版社1995年版,第135页。
② 参见 [德] 黑格尔:《法哲学原理》,范扬等译,商务印书馆1961年版,第220页。

"法的概念"及其发展看起来好像是从草案到立法的中间过程，或从原则到适用的中间过程中衍生出来的，而并不是从与诸社会系统相联系的实践中衍生出来的。因此，把法律系统看作一个法社会学上的系统与把法律系统看作一个社会学上的系统区分开来，就是顺理成章的。而且，同样顺理成章的是，就像数学定律在任何时间和地点都一样，法律分析的规则也是如此。最后，达致一种符合现代科学原则的形式合法化的外观。用耶林的话说，我们要走上"普遍的法律史"的道路。在此他向德国人叨念"罗马物权法的基本概念——所有权、占有以及地役权，在现在看来跟两千年前几乎没有什么两样"①。所有权，特别是财产法在这里被视为法尤其是私法之始终不渝的坚实基础。

我们觉得，这里涉及意识形态的普遍性问题。大家知道，在批判根据某个单一的和绝对的因素或动因去解释所有的法律现象的做法的过程中，马克思和恩格斯所针对的矛头主要是唯心主义的法律解释。从这个角度上讲，"经济关系反映为法的原则，必然是一种头足倒置的反映。这种反映是在活动者没有意识到的情况下发生的"②，并由此揭示出法律从市场和国家中分离出来，变得更为抽象，以维持针对情境多样性的个性自主的条件。在此基础上，自资本主义以降，法律的功能就在于捍卫象征性秩序——私有财产制度，它是人类思想中向自利取

---

① ［德］鲁道夫·冯·耶林：《罗马私法中的过错要素》，柯伟才译，中国法制出版社2009年版，第4页。
② 《马克思恩格斯选集》第4卷，人民出版社1995年版，第702页。

向所支付的一定代价。然而,这样一种唯物史观的解蔽,对于我们这个时代的法律科学,虽然发生过并且仍然在发生着巨大影响,但这一点被大大地遮蔽了。这绝非偶然。一方面,资产者的利益之所以在法律中使自己得到普遍表现,是因为它总是肯定地表明:由法律构造出来的经济理性为资本主义象征性秩序的平稳运行提供了保障的条件。在一个对法律不能全知甚至例外常常变成规则之现存社会情境中,从非法活动中攫取利益的问题便不再能够仅仅局限于资产阶级本身的自私自利的动机[1],而必须被放置在一个更加广泛也更加深刻的社会物质关系基础上加以领会和探讨——这个基础便是文化根据,或更确切地说是"语言学"的根据。鲍德里亚把语言学和政治经济学称之为"秩序的捍卫者"。他在《象征交换与死亡》中说,社会实践的理论分析产生于理论与实践、经济基础与上层建筑之间所建立的那条"死亡"分界线。这意味着真正的社会实践分析"反倒开始与它相结合了,开始超越它了"[2]。就如人们认为,不公正可以转译成法律,并因此从法律中被排除出去一样,这一切都是在纯粹的思想文化领域即语言领域发生的。于是,我们看到,在一种情况下,唯物史观说出了私有制法律之存在必要性的想象是怎样形成的;在另一种情况下,唯物史观也说出了根除这种想象的可能性是怎样的。但鲍德里亚们有

---

[1] 关于资产阶级从非法活动中攫取利益,参见《马克思恩格斯选集》第1卷,人民出版社1995年版,第134页。
[2] 参见[法]让·鲍德里亚:《象征交换与死亡》,车槿山译,译林出版社2006年版,第332—333页。

所不见：归根到底，从语言学的想象来看，语言想象从来不依赖唯物史观，也不遵循马克思的法哲学批判。与此同时，通过区分经济基础和上层建筑并在语言中的自我意识规定出一个可供分析的社会场域的学者自己而言，总的来说，对唯物史观阐释的经济决定论方向的始作俑者，就是他们。

二、对资本主义的法律基础的政治哲学批判

"法的理念""正义的理念"，这些概念很久以来就已混乱不堪。多亏有了马克思提供的法哲学批判实践面向，我们才对这些课题的解决比迄今一切人的尝试都更切近，就因为马克思是从占有和财产的现实去查看与追寻与法相关的一般事情。因此，大致说来，马克思对法律史的贡献主要体现于他对资本主义法律基础的政治经济学批判中，即体现于他对资本主义生产关系的法律形式的商品和金钱关系的分析批判中。马克思对现代社会所做的决定性说明确认了，自然的物质在资本主义生产关系下仿佛变为具有魔力般价值的商品，而自然人具有的法律主体地位本来是我们必须揭露的唯心主义思想生发之处。换言之，法律形式以商品生产为根基，以劳动者和劳动实现条件的所有权之间的分离为前提而茁壮地生发起来。但如果我们不是从现代社会所理解的复杂性的视野出发，那个资产阶级法律理论之自然法基础便无法暴露，我们就会对马克思法的批判产生片面认识。因此，如果我们对马克思之法律批判的重构是正确的，那么它就应当在深层次上说明，为什么法律在资产阶级思

想中扮演了如此重要的角色,为什么资产阶级需要同时在法理学上服务于它们的政治哲学理想。它也就应当在其阐述中解释资本主义法律文明的限度。

首先,资产阶级渴望法律文明得到的高度发展。他们渴望法律文明什么样的发展?法律的形式合理性的发展,技术的发展。由此出发来对法律思想发展作出分殊,在根本上是从经济思想发展方面来获得解释的。诸如公正、正义、平等、自由等价值概念表明,在这里所有的一切完全是以商品交换上的"适用"为转移。如此即将表明:讨论到为交换目的而非使用目的所进行的物质生产这些术语,似乎就扭曲了不言而喻的政治哲学意义。显然,只要维持契约的自由和私有财产的权利,就同时承认了财富不平等的合法性,因为这是使用这些法律权利的必然结果。但不应忘记,现代法律学说和经济学说表明,财产观念在不同的社会关系中有无数种方式,往往因为财产关系本身是出于具体的生产关系的强制,就会或多或少从一种生产关系方式变异为另一种生产关系方式。无疑可以预料的是,每天都会涌现更多的关于财产、自由、正义的新观念。而且,总的来说,财产概念的变化——"从为所有者个人使用而排他性地占有物质对象的原则改变成为自己的使用而控制他人所需的有限资源的原则,再进一步成为纯然产生于控制交易的法律规则的那种无形的和有形的财产概念"[1]——在法理学上是逐步完成的。资本主义在这个轨道上走来,只是把人的财富的

---

[1] 参见[美]约翰·罗杰斯·康芒斯:《资本主义的法律基础》,寿勉成译,商务印书馆2003年版,第10页。

一种特定的社会形式当作既定事实来承认而已。

自然，取得真正的法状况的途径并非是更多的新观念的涌现，而只能是完全把握或能够把握法律运作的物质基础。但是，谁知道他在致力于资本主义法律科学全部问题作通盘批判中应当证明什么？比方说，自然法学派与资产阶级古典政治经济学，在其作为资产阶级社会的存在条件冒充为所有社会存在的自然条件这回事上，一直让资产阶级思想家讳莫如深。从马克思的观点看，这不是单单归于关于法权的必然或偶然概念和评价就算领会得了的。其实，资产阶级法律在开始的时候也并没有钉死在几个假定——例如人性恒久、平等主体，等等——规范上。倒是历史上后来对资本主义制度基础的争论让人产生这种印象。关于这种争论在此无法细讲。这是因为，在这个过程中，资本主义运作的法律基础究竟是什么这一晦蔽问题占据了重要的角色。

我们说这个问题在地位上具有重要性首先意指，对于马克思主义法学而言，资本主义法律的一般概念和思想只要保持在私法界限内，尤其是财产法，它就是适应于生产取向的资本主义市场经济，令其进入形式上更高度的自由竞争状态。在讲明了的那个自由竞争态势中恰恰是发达的商品交换之社会关系和法网恢恢般的法律形式表达碰在了一起。我们的能力之一的表现就是，将商品拥有者之间的关系与某种程度上被神秘化了的普遍人类意志关系和法律关系并列。但不幸的是，它必然同财富的不平等结合在一起。资本主义下的正义是矛盾的，就像法律所命令的和正义所要求的一样，它在概念上缺乏必然关联。

第二章 国家的本质和法权正义之间

以私法为主要特征的资产阶级社会法律上层建筑的本质规定性,只能将"现存的所有制关系"设想为"普遍意志的结果来表达"①。就是说,它们都"把市民社会,也就是把需要、私人利益和私人权利等领域看作自己持续存在的基础,看作无须进一步论证的前提"②。从马克思历史观点中,资产阶级鼓吹的法律关系对一切人际关系的这样一种永恒平等的相属情况无论如何是看不出来的。而它的瓦解要归因于生产方式的变迁。若否定这种说法,当然是荒唐的。

然而,紧跟着资本主义商品生产的时代,在固执己见的人的心目中就有一种非常支持"自由市场公平论"的某些说法。这种说法认为,在一个从资本无法被有效监管和控制的资本主义概念到被经济活动网络所吞噬的"市场化社会"概念的背景下,马克思有关"一个农民的国家变成一个工资工人的国家"的预言便可彻底走样地解释为非马克思的思想了。因为,它的实现是通过司法权的发展来完成的,并认为唯物史观的真正价值要在例如美国最高法院的法学家的技术或者方法中寻找,在一个彻底实现了理性化的法律体系中寻找。今日,政治经济学在它所有领域内都成了一种获取交易控制原则与技术的、实用的事务。因此,正像我在近日读到的一本著作中指出的那样:"公司组织法律化了马克思的唯物史观"。从这样的

---

① 参见《马克思恩格斯选集》第1卷,人民出版社1995年版,第133页。
② 《马克思恩格斯文集》第1卷,人民出版社2009年版,第46页。

价值理论出发根本"不用废除立法和司法"来"实现共产主义"①，这当然是不正确的。

我们可以认为，对唯物史观的曲解植根于前面所说的一些篡改中。它仅仅是出于西方政经知识的整个传统视野。而且，它展现了一种站在现实历史进程之外观察的观察者的视野，其根本缺陷在于它没能把法的概念放置在实际生产并充分展现了物质经济和相关活动的丰富内涵中来理解。而在这里，资本主义的本质往往被最为通常地概括在"经济自由"一词中，而"经济自由"一词又往往最为通常地意指进入"法制居先于经济"或"规范居先于关系"的现代文明之中。于此，未被深究的现代文明倒是显现出法律形式的荣耀及其永恒化的理想——让人在市场制度的碾轮中不断自由滚动和自己管辖的法律中平稳滑动。

在此关乎观察资本主义法律运行中实际发生的事情的本质所说的，乃是下述这样一个发现："几百年之久，有时甚至几千年之久没有变化的原始社会形式的'法律'，具有一种灵活的和不合理的、随着每一次新的法律判决而更新自己的性质，而客观上不断和急剧改变的现代法律则显示出一种固定的、静止的和完善的本质。"② 卢卡奇将此理解为物化现象同它们存在的经济基础、同它们的真正可理解的基础的分离。这样，一

---

① 参见［美］约翰·罗杰斯·康芒斯：《制度经济学》（下册），于树生译，商务印书馆1962年版，第558—560页。
② 参见［匈牙利］卢卡奇：《历史与阶级意识》，杜章智等译，商务印书馆1992年版，第160页。

方面，资本主义的发展不仅创造了与它相适应的法律，而且也取得了达致对生活的各种法律调节合理化的可能。另一方面，人们又颇为匆忙地宣布按照"法治国家原则"开始运作了。其强调的恰恰是在变幻莫测的市场制度下的致命不变性。在此种成见中，辅之以在法律方面的财产、自由和价值问题上的"灵活法"的要求。据马克思的观点，这里始终有一种人类关系的、假定谜一般的、形式理性的起源和生成。符合一个完整的、普遍有效的法律形式或规范在这里仿佛就是一个巨大的存在事实。但是，未被人们看出，或者说，人们实际上却不知道也不关心与它的内容紧密相关的问题：资本主义的法律究竟表达了什么样的客观的社会关系。当人们依照这种有悖于历史形态发展的外在观点来观察，尤其当觉察到法律的客观力量愈益替代主观冲动，而国家法律对其经济的权力手段又表现得相当充分的时候，他们已然熟习某种经济关系的本质。此种本质便是从法律体系上具有平等权利的缔约双方之所有权"交易"这回事中得出来的。最初并最终标明此本质的，并非普遍权力关系的要求，而是两个或两个以上的交易意志意愿之间的交易实务的发展要求。较之以往，人们现在更处于这样一个境况之中，即"交易"中的冲突和"公正"的仲裁人的连结，就是"市场化社会"制度赖以开始存在并基础巩固的那回事。

其次，在这里，对于资本主义之抽象的法律价值来说，始终有一种超出了资本文明的野蛮没有被说出来，甚至完全忘却了它。在属于这一语境的政治经济学体系中，我们似乎本不必再提别的方面已然由马克思对它作出的根本性批判。只是在某种程度上被神秘化了的或被遮蔽的社会现实能否借助于这种批判被发现时，才意味着有必要重新揭开其真相。为了弄明白以商品生产的社会关系逻辑表达出来的法律概念的逻辑的充分含义，我们须注意古典政治经济学的真正历史研究以及与后来所谓新古典政治经济学发展之间的联系。在此被追问的是在它们之中发生变化的本质。如果允许我们对此做一简略概述，那就可以说，古典政治经济学的残余观念之一便是，人们从"交易""业务机构""业务规则""法院""职业公务员"这样一些术语去勾勒和描绘现代工商理论，把那有人人相互关系的、价值的社会想象为为交易而设的工具。最重要的是，这种理论逐渐显现的问题的总体动向，与先前的问题相比，"经济领域"与"非经济领域"二分似乎已然模糊或被取消了。因为它的研究对象是商品、感觉和个人的利己心自然表现出来的机械作用原则。财产权简约为针对法律关系中的作为第三方的禁止令。法律变成了仅仅是作为私有财产权和完全自由竞争的工具。这按其本质来说是狭隘的，因为，"孤立的、利己的人"之类型的法律特征，既不符合大多数以往社会也不符合未来社会的情况，并且很快就会在引致法律和美德之间分离的严重后果上体现出来。无论如何，如果按照资产阶级自己原先的假定，从长远来看，做道德上不允许做的事情不可能给自身带来利益，那么，"'互惠'才是财产最有力的保障"这个信条就应被赋予更优先的意义。于现代资本主义的所谓真正心明眼亮的历史学家而言，只有致力于取得表现为社会普遍意志关系的法律规范之正当性，只有剥削行为当它像受到规则所引导的实践那样来进行，就合乎其制度（伦理）目的了。因此，随着政治经济学的新发展，便出现了现代社会中所产生的"商业伦理""职业伦理""商誉"这些名词。

在此，几乎不可避免的一个景象和外观是：社会主义、自由主义、资本主义的思想竞争。它们是作为 20 世纪强大的集体运动在不同的交易关系及其经济学领域里的必然产物而出现的。① 而对作为社会主义的"集体行动的哲学"的整体反思，是与财产、平等和自由的法律基础的废除或破坏有关的。② 至于资本主义商品生产是否具有巩固的法律基础，或者隐藏在它的交易中的业务规则是否真的具有法一般的确定性质，还是一个尚未解决的问题。事实上我们只需要以所谓"股灾"为例就可以相信这一点。假如马克思主义法学的论证方式——法之作为真实的普遍性和虚假的普遍性的对立——值得重视，我们就必须十分严肃地对待那赋予我们的问题以直接必要性的事实。这一事实就是，资本主义法律上层建筑最纯粹的形式原型就在它所呈现的享有权利的个人预设中。而它的意义只能在其符合市场经济原理中确定。我们被通常把自己说成是反马克思主义者的人警告，除非我们坚持市场体系的这一成熟形式，否则我们就一定会失去自由和公正。

一旦这种市场教条开动起来，我们就很难再想到，"法治

---

① 像康芒斯所说的那样，一切制度的区别都建立在"交易"这个词的不同意义上。（参见 ［美］ 约翰·罗杰斯·康芒斯：《制度经济学》（上册），于树生译，商务印书馆 1962 年版，第 70 页。）
② 参见 ［美］ 约翰·罗杰斯·康芒斯：《制度经济学》（上册），于树生译，商务印书馆 1962 年版，第 553—584 页。

国家"① 这个19世纪资产阶级自由主义政治武库的词的有效性已经陷入僵死的历史性形式中。这里的事理关键在于，对我们中国人来说，西方政治经济学在超过几代人的时间里，为自由市场决定论—公正论的主题创造了一整套概念和方法，在改革开放之前我们对它了解得不多，虽然这套东西早已存在。现在可以确定的是，这个资产阶级自由主义所特有的言说方式，有助于我们摸清楚呈现在工业比较不发达的国家内产生的矛盾的性质。这是因为，在本质上，在20世纪上半叶社会主义争论场景中，维塞尔、费特这样一些人的著作并不是事后在一种道德世界观（意识形态）的有效运用的意义上出现的，相反，它们的基本立场和态度自身就是历史性的。他们的确是清醒者（在对市场经济自律和他律关系上），然而法之实证规范内容的稳固立足点始终对他们是隐蔽的。康芒斯的制度经济学正是在这个意义上又有颇为独特的理论表现。他的制度经济学削弱了以义务理论或自由理论为基础的传统国家形上理论的霸权地位，同时把法院的行动看作资本主义市场形式发展成为国家的理论根据。对这种理论进行推敲时，我们发现，一种误解在于对制度经济学的本质作用要求过多，另一种误解则在于曲解了资本主义法律起作用的意义。

大体说来，康芒斯和韦伯是站在同一立足点上的。他也认

---

① "法治国家"对立于"权力国家"。因为在法治国家里，权力应该受到限制，受到约束，倘若可能，完全就该被清除。根据这样的观念，"实行统治的是法规，而不是人、权威和当权者"。这样的思想在马克斯·韦伯、卡尔·施米特、凯尔森等人那里都有表述。

为,资本主义的国家本质者就在于它不是"国家",而在于运行中的业务机构。所以,从法律处境特殊性来宣教,一个"企业"就是一个现代的国家,一个国家就是一个工厂。韦伯曾试图把这种关系摆明出来,而其目的是要从此统一中去理解资本主义或西方现代性历史发展的特殊性。① 因而把目标指向法律所起的统理(治)作用,成为资本主义社会财富的东西,就像表现为"庞大的商品堆积"一样,这个经商牟利的世界本身就是在它的呈现为无限关联的法律的范围内运动。这个法律始终服务于同样一个目标:买卖秩序。在秩序良好的资本主义国家,其共同的一个目的就是名义上要消解人与人利益间的冲突。所以,就极容易造成从有关社会制度对它的意识产生影响的一种假象,如同在康芒斯的作品宣传的情形一样,仿佛法院能够而且必须能够产生并保证资本主义的胜利,为资本主义不同阶段的繁荣创造出法制足以建筑于上的基础来。② 就其本质而言,这仿佛意味着精神在哪里主宰着,法院本身就在哪里随时总是可以办起来的。为什么这么说呢?因为"政府官吏与公民接受同一法院的裁判的措施",是一切像美国那样的国家达到"柏拉图在2000年以前所预言的由哲学家所组成的政府"③ 出现的基本条件之一,而理论上正是首先根据这样"伟

---

① 转引自[匈牙利]卢卡奇:《历史与阶级意识》,杜章智等译,商务印书馆1992年版,第158页。
② 参见[美]约翰·罗杰斯·康芒斯:《制度经济学》(上册),于树生译,商务印书馆1962年版,第1—2页。
③ 参见[美]约翰·罗杰斯·康芒斯:《资本主义的法律基础》,寿勉成译,商务印书馆2003年版,第452页。

大事物"的出现来考虑一个法律体系完满、自足、正义以及它的成就的趋势。而符合合法程序的合理业务规则就这样可被用在如此多的方面,连荣誉和骄傲、公民义务和道义,甚至关系本身、被告和原告关系等也纳入了"买卖的交易"的研究对象。

因此,制度经济学总是不断地为下述误解层层围困:无可避免地通向自由市场的路是通过法之业务机构的运行规则方面呈现出来的,所以还把这种呈现为市场中的法律关系看作普遍的社会关系。这样看来,似乎这些知识就成了现实或实存。所以人们就还在经济活动的主体与法律关系对立中发现不了任何需要限制的情况。反倒是因为从事经济活动的主体没有超越这些法律关系,因而这些关系的概念在他们的头脑中也成为固定观念,也就是按照纯粹的法学亦即罔顾真实历史的学说来规定伦理和公正的资源分配了。在此惟一必须强调的似乎只是司法机构有能力进行审判、执法,即不仅仅强调办案效率这样一种具有经济意义的指标,更重要的在于检验法律和司法机构的公正性。凭公正的法律没有什么干不了的!

其实,人们认为首要的问题,即人类关系的必然性至今为止还是以法律的形式被思考,这至多也就是一门作为现代社会科学的法律学科之重要罢了。但法律科学为什么要深究合法性、对正义的追求?是不是为要把强力者、强力行事者的意义掩盖起来甚至削弱?恰恰相反,因为这是资本主义的前提条件,其本身就是一个矛盾体。所以,已经如此规定的法院之本质就应从产生这个前提的"买卖的交易"这样一个关键视线来深究。既然它所要做和能做的事情确定了,自然就把强力者标明为理所应当的存在。法被定义为财团制定的法律,或者,产权被定义为"人们或产商可以对他们的财产做什么的法律规则"①。这个看似是后补的定义,却使我们看清"买卖的交易"的资本主义社会法律专权如何对人们的社会关系起作用。在此,找到根本确信之一条,就是"个体对国家整体的普遍关系"在资本主义制度的历史研究法的结论中是缺席的。在它面前,"公共事务本身反而成了每个个体的普遍事务"②。因此,我们现在可以说,唯物史观就是对资本主义偏爱形式理性的法律秩序的超乎寻常的质询:如果构成一个经商牟利的公式,仅仅考虑到人的关系是法定关系的话,那么为什么人的最高关系的必然表达是法定形式?答:从一开始,市场经济就规定了对它的意识产生影响的本质,即预设了具有自主能力的个人主体范畴之上的法的形而上学。其中,市民社会的成员都非常清楚地知道:法律不仅对人有效,而且始终受统治着的整个自私自利世界的限制。现代个人的个体感性存在直接站在类的存在对立面前了!

再次,在社会呈现为市场的情形下,法律形式超越于商品形式是否可能或更好?马克思提出这个疑问。依马克思,若"人的最高关系就是法定关系"这个原则不受限制,那就意味着无论是唯心主义的还是唯物主义的巧妙解决利益矛盾的办

---

① 参见[美]平狄克、鲁宾费尔德:《微观经济学》,高远等译,中国人民大学出版社1997年版,第524页。
② 参见《马克思恩格斯文集》第1卷,人民出版社2009年版,第45页。

法，它们都是想使市民社会的成员意识到所有的特定行为（比如商业上的策略）都能变成法律，所有极端的事情（其中信用证付款的法律强制像夏洛克一样是最明显的①）都能变成公正。但在这里，所谓市场的中立性实质上是建立在被多数法院认为"受到合理的贸易限制的"（自由、垄断或金融）资本主义发展之上的，而这种限制又是建立在不断提高司法地位的激情之上的。从这个地方来看，我们可以洞察政治经济学为资本主义而冒用"人民资本主义""善意的资本家"这些个荣誉名称之完满实现及其用心，这绝不是说，"对人民有利的东西"就是法，而是说，美国式的政治经济学家的判断要兜售给流行的世界，并且掠人之美地把社会主义国家法律的根基——人民——当作自己的基础。这样的僭越与其说有着前后不可协调的矛盾，毋宁说是当代西方政治经济学对制度性质的掩盖。按照马克思的观点，这种掩盖是透过名称上的掩盖而暴露出来的：譬如，"公司"的名称覆盖了"国家"，"科学"变成了"技术"，"公正"一词掩盖了"怪诞"，"合法"涂抹了"非法"，"治理"一词替代了"政治"。这一"公司—技术—治理—合法—公正"的系统具有与市场同质的巨大优越性。然而，误导我们的努力洞见其本质的是，表面上承认并尊重法律秩序，其实另一个秩序在背后起作用。法律形而上学只是通过商品公平交易提供了名称性的掩体：既然一个国家看上去就如同一个一般公司，那它的法律总是预设将被分散的资本

---

① 参见马克思：《1844年经济学哲学手稿》，人民出版社2000年版，第168—169页。

第二章 国家的本质和法权正义之间

所有权奖给那千千万万的"穷苦的孩子"①。无论这种法律的功能究竟是涉及物质生产关系的协调和控制还是一般地满足一切当前已随时被合同安排和解释,在现代金融资本主义社会中,人们臆想着的所有权扩大的本质,不再是抽象的本质,而是高度的经验本质。现在,所有权作为阶级公正的垫脚石已然变成了与现实事物相对立的上层建筑。

实际上,在这些观念联系中,是得不出哪怕最模糊的暗示,说明保障资本主义"必然条件"就在于法制的不断的"公正要求"中,相反,如果站在这些外在观察的立场上,与之相联系的却是它的地方性知识包括实地调查的资料的局限性。在这里,如果把这种特定的、有意保障经营的利己主义关系的组织化规则看作那极好的法学动力热情以及有充分根据的制度自信,那么,我们的问题就显而易见了:资本主义的法律是以哪个意识形态为基础的?资本主义社会的法律意识形态在如下这句话中找到了它的规范公式:法律乃是有预期"使用"的东西②。用这个公式,国家可以像公司那样经营,所有消除野蛮表象之后的利己主义表达都能变成法律。因为,所有互相对立的、孤立的主体间的关系都通过彼此承认对方是私有者的

---

① 参见 [美] 约翰·罗杰斯·康芒斯:《制度经济学》(下册),于树生译,商务印书馆1962年版,第567页。
② 通常商业法似乎只对商人具有意义,但就其发展的动力和趋势观察,它是否就是民法还成问题。康芒斯从财产的习惯含义出发引申出商法的含义。有关私有财产的法律方面的论述并不见得重要。重要的是,他把经济现象中的交易要素与法律现象紧密勾连。一个最大的效果在于呼吁人们关注这样一个事实:我们的法律差不多都是商业法。(参见 [美] 约翰·罗杰斯·康芒斯:《资本主义的法律基础》,寿勉成译,商务印书馆2003年版,第15—28页。)

法制表现了出来,"正像等级制度中和行帮制度中人的关系通过特权表现出来一样——是通过同一种行为实现的"①。所以,在法律真正开始发展及其昌盛的资本主义时代绝不会涉及谁是正义的,而是谁会成功。强力就是有理!或者说,正义仅仅是支配者与从属者关系的逻辑中的正义,而非被平等地划分出来的之间的正义。因为资本主义法律作为信仰产生于社会高度分化带来的风险,这里必须要有一个勉勉强强避免政治国家和市民社会分裂的道德纽带。之所以法律为道德所认可是可能的,是因为法律作为一种道德规则,是既定分裂社会的"和谐"的表达。但是,现实的历史告诉我们：法律就是人为的一个制度,它的存在仅仅是因为我们的意志意愿功能。就如马克思所发现的,鲍威尔在《塔木德》中的发现也基本上承认了这样的事实：即犹太人适应于资本主义的手法,就是规避这些"起统治作用"的法律。由此可见,神奇的宗教笃诚演变出同样神奇的"这个世界的主要伎俩"。马克思对犹太人的现代资本主义倾向的领会指向一个确定的批判视野：资本主义的"毫无根基的法律只是一幅对毫无根基的道德和对整个法的宗教讽刺画,只是对自私自利的世界采用的那种徒具**形式的**礼拜的宗教讽刺画"②。这一番理解,当然不仅是说,在普遍竞争的压力之下的法律主体脑海中,道德、宗教只是赤裸裸的谎言,毋宁说,资本主义生产方式的不稳定性、暂时性必须饰以法律宗教。或者说,在其主要意识形态理论中,处处都有混乱

---

① 参见《马克思恩格斯文集》第1卷,人民出版社2009年版,第45页。
② 参见《马克思恩格斯文集》第1卷,人民出版社2009年版,第53页。

的、偶然专横的、任意的、经常是迅猛的介入，并且存在大量的衡平与严格的法律权利之间斗争的结果性规定，而大多数人并没有理解这一点，仍将资本主义法律整体塑造成一个连贯却同样混杂的总体。由此透过马克思犀利的眼光来看，尽管非常多的可能性使公正或不公正混入法律的框框里，但非法活动反倒起着更大的作用。

为什么非法活动的形式非常重要而合法活动的形式反倒不重要？这是问题所在。就资产阶级经济学科学而言，现代警察国家制度比强权更好，前者能够促进生产。可是，就政治而言，决定的基础是对经济关系本身的考虑。不能忘记了，"强权也是一种法，而且强者的权利也以另一种形式继续存在于他们的'法治国家'中"①。因为法律关系本质上是一种权力所产生的权利关系。在此情况下，尽管生产上的紊乱往往发生在某一刚刚产生或者已经衰亡的社会状态中，但在遇到上述这个问题之前，已经有多种多样的现存生产关系或财产关系得到了昭示、探究。

实际上，这也意味着最完整的法律活动形式和非法活动形式的联结对应着个人主义政治学所占据的模棱两可地位，在它们支持或反对法律方面，总是把某个人对其他人或对所有人所行使的自由财产权的程度作为原则。直接说，非法的活动形式被作为公正总是通过"对既得物的保护"等等滥调来标明的。当马克思祛除了附加在现代法上的魅力之后，他清醒地意识

---

① 参见《马克思恩格斯选集》第2卷，人民出版社1995年版，第6页。

到，正如一种交换形式如果没有被建立在经济基础上而服务于同一目的的更好的其他形式所取代，那它就不能或不会被废除。至于财富在这种还是那种财产形式下能更好地发展的问题，在这个从长计议的范围内还根本不能够谈及。因为，绝大部分人似乎根本就不会遇上这个问题。简而言之，绝大多数人都在把合法性与非法性进行比较，而不是把享有特权的合法性与平等的合法性作比较。而且在任何生产、任何社会，"什么也不占有的占有，是自相矛盾"① 的。基于这一点，如果我们在法学领域拥有一个马克思，他能够相当清晰地向我们阐明，我们是怎样类似于他所批判的资产阶级意识形态家，对于共同财产非常惧怕，对于我们的共同性的力量认识错误，但是如果我们的力量被唤醒，那么以下的信念便会占据统治地位，即通过与资本主义各种法律体系的比较，我们可以专心致志地探究中国特色社会主义的法律体系，站在这些创造物面前我们能更好地领会我们自己的法律体系的内容。我们迄今的法（实在法）必然还远远未及这样一种问题的根本视野。

三、不存在马克思主义者的法律理论吗？

如果我们今天要求法律要为社会主义国家服务，这肯定是一个必要而且合理的要求，但仅此就把本真的事情要求得太少甚至未作任何要求。马克思主义的问题，即法律从人对人的社

---

① 参见《马克思恩格斯选集》第 2 卷，人民出版社 1995 年版，第 6 页。

会支配或平等的资产阶级意识形态转变为将普遍的个人之各种目的联合起来时的社会团结所内藏着的意愿要求得更多、更深远。这一切并不是事先在一种康德式道德世界观的有效运用意义上出现的,而是这一要求的基本立场与态度自身就是历史的、具体的。为了获得科学的也就是说首先是资本主义法律原则与立场的根本改变,我们的社会主义法律理论就需要一种完全不同的法本身的思想、根据、原则。因此,常常有批评者认为,严格意义上说,不可能存在马克思主义者的法律理论。

现在,疑问正在于这里,因为,在法学和马克思主义者之间横亘着误解了的或者干脆说是"不科学的"唯物史观解释史。今日的马克思主义者想进入法学大门,但事先倚重以唯物史观法律批判理论替代法理学的治学态度,结果使他不得其门。传统马克思主义者的疑虑似乎主要有这样几点。首先是,马克思"只是在经济领域内""才谈得上创立了一个或多或少完整的理论体系。相反,他的理论中最有价值的唯物主义的辩证的历史观却只表现为**一种研究方法**、一些天才的指导思想"[①]。在马克思那里,法的理性主义要素被打落为为阶级斗争服务的工具角色。马克思主义理论中说出来的叫作"法律"的东西,从严格意义上讲,只能被当作资本主义世界观,即体现商品生产者之间的市场机制产生了最发达、最普遍的有效的形式规范体系,同时,也创造了作为人与人之间外在"正当形式"的法权,也就是说,是正义的平等形式或一般形式,

---

① 参见李宗禹编:《卢森堡文选》,人民出版社2012年版,第101页。

而这，恰恰不能被当作用于理解和改造人类社会的圣火，不能被当作普遍的社会组织方式，不能被当作从根本上解决了普遍个人解放问题的出路；其次，法被马克思主义用于直窥这个资产阶级法治国理想而从其中表现出来的腐败堕落的东西。在如此直窥这个资产阶级法治国理想的时候，我们就必须把一切可以伴随市场制度而来的正当化法律性决定、法律内的及超越法律的法的续造，作为服务大众之物质基础的法律以及市场中产生的衡平的精神、践行者的法之慧眼等视而不见，从积极的意义，无非是从不值得重视的意义去勿视，即撇开这些东西。这里，如果没有一种不一样的法治精神统治我们的法律生活，那么想让公正原则在各个不同集团利益之间进行国家调节以改变我们的现状，就是不可能的。

　　首要的问题是关于得到一种新的社会主义含义的问题。社会主义向来重视经济技术问题的解决，但它既不接受经济决定论命名的市场体制，也不把所有的事情托付给国家权力和行政机器。或者，一般地说，我们常常批评社会过于市场化。这有几分类似于批判把经济决定论之形而上学当作唯一的市场经济体系的另一个名称。我们需要捍卫的是，当社会某些领域不需要或不存在市场因素时，就不要让其实体化。但无论如何反映在资产阶级经济事务中的自私、竞争、好斗的本质等往往容易被实体化。另一方面，那些相信社会主义概念受唯物史观奠基的人，肯定会反对经济决定论或技术统治为基础的极权主义。因此，马克思主义者不断地批判"坏的"以经济决定论或资本主义名下的市场经济中的用"法"，以便赞美在"法"之后诞生的社会主义"新用"。但是新生同时是死亡。这样一来，对于"即将到来的法律消亡"的情形，就有点儿像小孩子成人后玩着不再用得着的东西，不是为了保留它们的无从追忆的孩提时代就开始存在的（法律）经典之用，而是"为了将它们决定性地自其解放"①。这意味着从必然王国向自由王国的飞跃。是快还是慢，这对传统的马克思主义者无关紧要。因为在历史逻辑上，没有比从必然王国向自由王国的飞跃那样更重要、更急迫的事情了。同样，在历史而非逻辑上，法律是可有可无的。这一切就是使社会主义成为命令的马克思主义教谕。

再次，在法律以及代表它的各种权威面前证明社会主义"法制"基础的唯一方式，就是把曾经具有效力的自然法原理以及现行有效的纯粹的理性的资本主义法律形式，表现为一项空白的原则，以便从那里获得完全不同的根据、理念以及理念的解放力量。社会主义的法律原则仅基于概念的理由就不是以抽象的普适性为出发点的法律体系，而是重新被创造的，或是实质定义可以为我们做成的，因为它允许一个重新的定义。或者说，这相当于说，主要公共机构可以不采用市场作为主要生成性的参照系。而且，在本质上，只有思想才能杜撰出内在地从属于单纯的市民偏见，即最初法的正当形式。这就是为何马克思主义者要揭露，谁要说出"法律"这个词，就是在为资本主义自利的一般前提立名。

最后，既然社会主义法律原理必须从头建起而且不能从

---

① 参见［意大利］吉奥乔·阿甘本：《例外状态：〈神圣之人〉二之一》，薛西平译，西北大学出版社2015年版，第100页。

"法律"中（比如，实在法）建立，那么社会主义国家一开始可能是由习惯规则来填补社会组织方式的空白。在其中，习惯规则就是全部公平或好听一点地说其实就是照"历史的进行方向"或"社会的发展法则"即在历史中这个认识来办理。我们当然不能因此得出结论说国家—法律形式在社会主义那里不存在。实际上，过去，超越国家—法律形式的后果就约简为从平均分配到按需分配的线性进化，这是一个时代的错误。是否有人因此把一个野蛮社会误读成现代社会正义的天平，就像曾经的一场运动或多或少那样，误把专制意志当作社会主义国家的严格规制。这一点对于马克思主义者关于法律即将消亡的预言是一个侧击。对于他们而言，其实问题不在于是否还能用"法律"这个名称来证明唯一正确的社会秩序调整形式，而在于一种值得注意的征候：资本主义法律丧失目的上值得"敬重"的意义。法律，只不过为了获利的意识形态的把戏，没有意义或精神却具有效力。[①] 一个没有意义或精神的法律，就其性质而言，就是一个受制于维持获得财产的不平等秩序的能力。其唯一的形而上学根据，乃是维护经济上强有力的平等的任何一个人，并且越来越受庇于金融资本、以数字这一伪科学标准来服务于财富聚集的市场秩序。对于社会主义法律文明建设而言，这是私有财产权体制的困境：它愈益与那些提供其安身立命之本的价值相分离，实际上也是一个需要重新面对如何奠定生活世界的意义及其完整性的问题。不论其是否可能长久或短暂有

---

① 参见［意大利］吉奥乔·阿甘本：《神圣人：至高权力与赤裸生命》，吴冠军译，中央编译出版社2016年版，第76—85页。

效,调整、改革都意味着要实现社会正义的实质上的要求,并进入某个非同寻常的、超越了某个传统所给予法律的法律性。而这,假如只是一个简单的类似态度的宣示的结果:就像那些所谓的马克思主义者强调的那样,凡是法律都是资本主义法律,凡是用法权去肯定的东西,都是不合乎马克思主义法律理论的分寸的。马克思主义法律理论的分寸是通过历史把法律和陈旧的国家形态送进坟墓,那么,我认为,那些所谓的马克思主义者又使自身陷入"一只眼"那样的无明状态。

我们这里的意思是说,从马克思主义者的角度看,即意味着从受到法秩序的压迫的阶级的立场观察法律,"要求一种一般性法律理论是要求他冒着堕入所谓法律拜物教的风险"[①]。因此,在批判"法律体系是社会秩序和文明的重要组成部分"时,会造成一种假象,似乎马克思的社会和法律理论完全遮蔽实际和有效的、现实的法的价值,而惟在于在一个更高的层次上解蔽来自法律自身引起威胁社会的现代性状况。这就是说,马克思的社会与法律学说的现实性在这里依然只不过是"对那些需求满足和决策过程中紧密的、主观性的、地方性的制度的松解"[②]。因此,当马克思主义者真的想研究一般的法律理论(即"通过对历史给定的法律素材进行概括,有可能得到越来越一般的概念和原则")的时候,他们看到的多半是越来

[①] 参见 [英] 休·柯林斯:《马克思主义与法律》,邱邵继译,法律出版社2012年版,第10页。
[②] [德] 尼克拉斯·卢曼:《法社会学》,宾凯等译,上海人民出版社2013年版,第53页。

越固化于"契约自由",亦即"自由竞争原则"的资本主义的痼疾。它实际上是历史的特殊现象。西方社会独特的法理型统治乃出于成熟的资本主义市场经济的选择。从逻辑上说,不同的国家并不具有相同的发展过程或组织结构,很难去推断市场经济的发展会对经济基础不同的国家的市场体系中存在的法律效力产生维系整体的同样效果。如此即将表明,法律的独立性得以浩荡前行。确切地说,法律的形式化终究是从资本主义成熟的市场经济中成长起来的。

问题变得如此复杂。马克思主义者中有些人,仍然是属于把法律结合不到一块、把握不住、摸不清楚本质的一些人。但是,与此同时,我们也清楚即使是资本主义法律,也在发展创新。今天的中国特色社会主义正处于马克思所没有预料的情况之下,比之曾处于资本主义经济中的一部分的社会主义,法律,对于处于全球化经济秩序中的现在的社会主义,究竟有什么根本不同?一种社会秩序的转变总是从承载这个秩序的载体起作用的观念的转变表现出来。支持中国特色的社会主义法律秩序正当性的,已不再是指望经济或社会正义之单一的国家治理理念来解决经济的问题,也不再是根据一种私法与公法之间存在的尖锐反差的正面信仰。或者说,从法律上考虑,在某种情况下,传统社会主义理论要求,集体获取生产资料的全部所有权,财产则归属于全体个人,这与它原本应为之服务的自由联合起来的个人的共同价值关联产生脱节,也就是说,它乃是从作为未来的现实收获自由中得到规定的。现在,由于以市场为导向的生产也居于支配地位,各个人有可能利用偶然性。私法也从以往形成的理想的共同体解体中发展起来。而私法的发展若进一步引起工业和商业方面的结果，必然会改变我国社会的整个生产方式。由此也说明我们现在对时代巨变的经验和认识：为什么谈论有计划的"民法的价值中立性转变"，谈论如何把私权置于它被推动的各种社会事实变化与社会主义价值的关联之中，等等。质言之，我们在谈论权力的同时又讨论了权利。现在似乎比过去更清楚：有人声称，"鸦片战争以来，中国的治理转型深受传统权力本位的逻辑制约而难以成功。中华人民共和国成立，特别是改革开放以来，国家治理呈现出由权力本位逐渐向权利本位转变的趋势，取得了卓越的治理成效"①。诚哉斯言。然而，马克思主义的法律理论所指示的发展方向意谓着：如果为了社会主义法律的本质而争论，那么恰恰证明了这样一个事实，即发展中的社会主义经济是不可能不联系其实际的经济组织存在方式的。同时，反过来说，"那种本身建立在社会生产方式的基础上并以生产资料和劳动力的社会集中为前提的资本……与私人资本相对立，并且它的企业也表现为社会企业，而与私人企业相对立，这是作为私人财产的资本在资本主义生产方式本身范围内的扬弃"，"因而是一个自行扬弃的矛盾，这个矛盾明显地表现为通向一种新的生产形式的单纯过渡点"。② 有充分理由认为，马克思肯定了资本—企业家的工作具有革命特色，尽管它也还常有强有力的纯精神

---

① 夏志强：《国家治理现代化的逻辑转换》，载《中国社会科学》2020 年第 5 期。
② 参见《马克思恩格斯文集》第 7 卷，人民出版社 2009 年版，第 494—497 页

动力混进来起作用。从马克思的观点看，社会主义倚重实质合理性的法律力度，不比资本主义偏爱形式理性的法律体系差。今天，马克思主义者忽视或敌视法理学的世纪必须结束了。因为针对法律调整的目标，即首先是中国特色社会主义法治追求所应承担的任务是至关重要的。

诚然，这完全不是不言自明的事。原因在于，如果把对这个任务的考虑当成对马克思主义者的法律理论考虑来解决并先行得出规范性原则的话，那么对马克思主义者的法律理论之本质的考虑便没有了科学基础。实际上，若要呈现马克思主义者的法律规范体系形成之任务及其可能性，应该将社会作为一个整体来研究两者之间的关系，其结果是产生一个社会学法学理论。然而，就社会学要考虑社会中的方方面面而言，社会学视角中的法律不过是社会的子系统。它实际上会与法律这一特殊领域保持"一个冷静的距离"①。也就是说，首先是打破了法权自以为是的孤立状态。完全以这一视角来解读，如果实际存在的权利关系唯独依靠预先被规定好的所有制等概念而存在，那么，以所有制和权利这样的话语来诠释法律科学和法学原理的马克思主义的、社会主义的内容，必然是一个泥沼。

从本质上讲，在实际上要对社会主义法律开始把捉时，唯一的结论就只能是我们必须重构如下的问题：究竟为什么法的存在问题比它合乎正义问题更重要？如果国家只是为了私有制而存在的思想渗透进人们的日常意识并取得威信，那么，各个

---

① 参见［德］尼克拉斯·卢曼：《法社会学》，宾凯等译，上海人民出版社2013年版，第39、40、430页。

第二章 国家的本质和法权正义之间

人相互之间关系的建立或不建立对于私有者都具有极为明确的经济界限又该如何解释？关于这些提问，不管会纠缠成什么情况，我们不得不从对相对主义法哲学批判的思考开始。一般而言，流行的解答自始至终一直与相对主义的法哲学背景沾边。① 就像一段常引用的话所说，社会主义法律观念肇端从一开始就属于当时苏联国家的缔造者超验性的意识。因而，"随着他们逐步能够肃清他们的系统中所有的资产阶级概念，他们发现自己处于一种不得不运用与资本主义社会相同的制度与程序的境地之中，而它们对维持社会稳定又是至关重要的。这就使得智识上的某些撤退变得必要了"②。这段话，就出自所谓倡言"良法之治"的朗·富勒。据此想来，似乎又回到了那个根本问题——不存在马克思主义者的法律理论——上来了。因为如果"智识上的某些撤退"意味着学问思索上批判资本主义能力的退化、放弃，意味着倒退至学问之思索只是一个资本主义和社会主义的相对主义之混乱和谬误，竟至于我们在解

---

① 究其源头，它大体可以追溯到法实证主义的兴起。更具体地说，法律的理想规范的根源，正如凯尔森理解的那样，乃是社会关系学说，而不是传统的"生活"学说。其背后的观点，凯尔森补充说，"如果资产阶级自然法理论的代表们，从资本主义社会关系中得出了资本主义法律的理想规范，那么，他们的法律知识是'正确的和科学的'，正如从社会主义社会的社会关系中得出了社会主义法律的理想规范的苏维埃学者的法律知识，也是正确的和科学的一样。"（参见［奥地利］凯尔森：《共产主义的法律理论》，王名扬译，中国法制出版社2004年版，第152页。）在这种特殊的意义下，凯尔森等人把共产主义国家法与资本主义国家法视为无区别的相对公正，二者的差异仅此而已。
② 参见［苏联］帕舒卡尼斯：《法的一般理论与马克思主义》，杨昂等译，中国法制出版社2008年版，第151页。

释与继承马克思的法哲学批判时,对资本主义概念的理论解释力量也在心中无数了,那这还算是个什么马克思主义理论呢?

事实上,这里面对的是正面的观点碰撞。对此事实,必须展开一种完全不同的哲学基础奠基。而我们没有理由不可以清晰地理解,那相对于相对主义法哲学要理解的东西而言的不是不可靠的、不明确的、摇摆不定的形态,不是不可把握的经济法则之上的永恒的法,而是必然要为一种增长的社会主义经济提供清晰方向的法律原则。从公平角度出发,它都应该是唯物史观所要关心的。如果没有正确理解唯物史观,就不可能认识社会主义生产资料集体所有制的变迁问题(一种交往关系,哲学家们称之为具体"实践政治"的问题)。马克思主义者所没有解决的问题,因而也是马克思之后的社会主义所有制理论所要面对的问题,就是规定如何使"各个人控制了自己的生存条件"同其前提条件协调。也就是说不使它为自身的前提条件——"社会全体成员的生存条件"——取消。[①] 在这个意义上,马克思主义者和他们的反对者并没有意识到,将社会主义国家的实在法的根据与资本主义国家的实在法的根据作对比,就意味着将"存在与不在"进行对比,而这种"存在与不在"不是关于市场机制的,而是关于"人类的社会"或"社会化的人类"方面的。

在我们眼中,与经济决定论对应的社会,只不过是嵌入市场体系中的社会。使社会变得"现代"的正是市场机制及其

[①] 参见《马克思恩格斯选集》第1卷,人民出版社1995年版,第121页。

广泛影响。这相当于说全方位地用市场活动来规定经济活动。马克思说,这时候法便在所有国家……开始真正地发展起来了。此外,作为英、法等国家的"现代"法律的基本特征,是私法作为法律秩序的核心,其评价方式却是非常"古典的"。在这个意义上,它不是上升为一种具体化的历史的处理方法,而是"不得不参照罗马法的原则"。由此便产生了一种错觉,好像私有制关系是"普遍意志的结果"[①]。国家,其法律、监狱和正义不过是平等或其实就是原罪。然而,另一方面也是确定无疑的,随着历史阶段的不同,个人之间联合的情况也是完全不同的。故此,马克思倡导将人与人的关系作为研究财产问题的指南,而这已被证明是卓有成效的。

这就引出了马克思主义者的法律理论的任务说明。社会主义法律与资本主义法律是两种不同的法律,但在实践上,社会主义法律与资本主义法律都从法律的实现中获得了前提条件。从唯心论者的角度看,好像法律成为了普遍有效的抽象实体,也就意味着在两种不同的法律中实现了自身或自我的规律性发展。但是,唯心论者根本未曾达到如下的现实性洞见,这里也存在着把种类的差异错当成程度的差异的危险。它使得双方在这一点上,即批判资本主义法的角度之不同(比如,从社会主义观念这一角度或从自由主义的角度等)的区别也被抹杀了。因此,由于这种对批判力的损耗是从经济基础自身产生出来的,并且归根结底是由经济基础自身之 20 世纪乃至 21 世纪

[①] 参见《马克思恩格斯选集》第 1 卷,人民出版社 1995 年版,第 133 页。

的历史所决定的，所以中国特色社会主义法律建设的境况就愈加严峻了。

至此，我们已经得到了很多细节性的把握，但研究的总体结果还是如下的一个原则性概括。

第一，由于社会主义是超出国家和民族范围的范畴，但现在它对外仍然需要以民族的姿态出现，对内仍然需要组成国家的形式。换句话说，没有地域和民族特征的社会，至今是不具有产生法律和秩序的可能性的。在这个意义上，中国社会主义法制建设和法学进步与适合于我们民族本身而属于它的国家制度，是同一个意思。与时代的表面潮流不同，我们提出，首先是实践锻炼，然后是理论把握，亦即首先是像近代德国法学那样形成并获得文化自信意义上的独有特色，而不是按预先外在摄取达到内在集中。由此我们才可注意到"吾人之规"和"他人之法"的"所取"或"所用"的辩证法两极。

第二，围绕法律的斗争，首先是私法，然后是公法。这并不是说私法和公法之间的区别是亘古不变的，恰恰相反，它们之间的价值关系和高低位阶服从于历史发展和价值世界观。从一种老看法来看它们之间的关系，私法乃是资本主义国家观的基石，而公法优先适合社会主义国家观。但从一种新看法却也是老看法来看，在此要把国家或公法领域作为市民社会或现代人所谓的"私人领域"的基础，那就落入唯心史观之窠臼了。就在前已谈过的唯物史观意义之下市民社会与政治国家之间的关系而论，为我们今天的中国人说来，法治的追求到底是为满足"有生命的个人的存在"，即便是为提高心灵的道德境界，也不可能趋避于这种自然的理念。但是，从社会的现实角度看，仅仅"有生命的个人存在"不是"人的"存在的定义。除此之外，让国家维持在个人利益加总的水平上，无从端出一套充足的"善治"理论来。因此，如果说在资本主义法律中，自然正义和合乎人性说的是一回事，那么，唯物史观中的自然的意思却别有所指，马克思说："**社会**是人同自然界的完成了的本质的统一，是自然界的真正复活，是人的实现了的自然主义和自然界的实现了的人道主义。"① 换言之，对于社会主义，自然法不仅仅指苹果落下，也指飞机升空。这当然不是生态学意义上的自然法。正确来理解即是，社会主义法治理念莫过于人与自然和谐。

第三，首先是今天的法律，然后是过去的法律。这个原则特别重要。这是因为，断言法治理想是我们这个时代的中心问题，是触及了我们文明危机的根本。这样一个说法意味着一个基本假设：法律并非万物始终或根本。因为看起来，人与人之间甚至还有"违背"或"逾越"法律关系的互助、友爱、宽恕，等等，也绝非不真实。然而，迄今为止，法学实质上的发展方向不是如此。比如说，至今私法回应公平之称的方式，是"给付与对待给付""损害与赔偿""劳动与报酬"，而不是人与人相互承认的声誉、尊严、威望。② 即便是坚持"按劳取酬"这一形式正义原则，也不能以相应的优越眼光来把这些

---

① 《马克思恩格斯全集》第3卷，人民出版社2002年版，第301页。
② ［德］参见古斯塔夫·拉德布鲁赫：《社会主义文化论》，米健译，法律出版社2006年版，第119页。

关系经历与承认为社会主义法制的力量。这一点令人难以置信,相形之下,我们今天社会主义在这种意义上发展法学的主要任务,就是把作为对于自由主义而言的所谓狭义的保护性框架的公法对比着私法状态摆到优先地位,把社会关怀意义上的人际正义与私法的形式正义间的对比看成为批判性反思并摆到优先地位。这是一个必然出现的关于当代中国精神重建的力量动源,它使社会主义走入历史深处。对于我们这个时代,这诚然是不能不走的道路。

第四节 城市和人口思想

治国理政首要的问题是:治谁的国,理谁的政?或者说,治国理政的对象是谁?这是一个与财富、资源、物质、领土这些东西关联和交织在一起的历史问题。也就是说,对城市的设想或者计划不会根据此时此地完美实现的静态观念来进行,如果说希腊人以城邦的名义进行治理,那么,国家是领土、人口、政府等要素的总和。从词语研究和语义分析的路径看,在现代之前的欧洲政治语言中,政治及其关联词都是专指城邦,它被理解为一种共同体,即人们在相同的法律统治之下共同生活在正义之中。正义与法律调节着人们的感情,让他们不仅有安全感并且有美好感地生活。按照亚里士多德的观点,国家(πολιτεία)是一个城市(πόλις)或地区的居民的共同生活

第二章　国家的本质和法权正义之间

秩序。而这种共同生活是自然给定的。① 与此相对应的观点强调，城市和人口问题是民生和治理问题的应有之义。回顾历史，在漫长的封建时代，我国并没有"人口"概念，而只有"臣民"概念，即使在统计学出现的知识视野之下，它所对应的政治实体是"全体人民"。或者还可以如福柯那样说："如果权力问题确实是在君主权的理论中形成的，那么面对君主就不可能有人的存在，而只可能存在法律的主体这样的司法概念。反过来，当所面对的不再是君主权力，而是政府治理和治理艺术的时候，就有了人口。"② 我认为可以说，人口问题与城市治理问题息息相关。比起福柯来，是马克思首次开辟了理解城市社会生活的道路。他大体认为，城市突出表现了资本主义社会的盲目治理的现状。城市也是资本主义时代的梦幻和革命的中心。城市哲学应当按照资本积聚与社会分配之间的冲突去理解，也应当按照国家控制与市民自主性之间的冲突去理解。按照马克思的看法，城市的建造是一大进步，但由于对各个市民来说，他们的生活条件全都是共同的和不以每一个人为转移的条件，这是他们希望在城市中过上美好生活的愿望必然受挫的阶级根源。从城市文化批判角度看，文化人与大城市生活的紧张关系最为凸显。西方世界尤其是欧洲对此现状深感不满。波德莱尔式的个人知识分子在现代商品化的城市找不到家

---

① 施米特将"πολιτεία"译成"国家"。在希腊语中，πολιτεία 有"政体""政府""宪法"之意。参见［德］施米特：《宪法学说》，刘锋译，上海人民出版社2005年版，第5页。
② 参见［法］米歇尔·福柯：《安全、领土与人口》，钱翰等译，上海人民出版社2010年版，第64页。

园。但从生产的社会关系角度,马克思更关注的不是家园意识的失落、变迁,而是大多数人在城市生活中痛苦的现实根源。这里面涉及了一个被马克思称为资本主义生产过剩同构性的问题,即人口过剩问题。无产阶级政党不能把人口本身看作抽象的,也不能把构成人口的个人看作脱离具体阶级状况的。通过生产力的发展而使大量人口能够体面地、像人一样地生活这构成了马克思城市理想模型的基本要素。最终,城市使人交往扩展的优越性意味着,城市要比野蛮人聚居地更好。

一、如何在历史唯物主义中给城市哲学理论定位

今天,对于城市哲学的日益重视,显然是全球范围内加速推进城市化进程和工业革命的直接后果。如果说以非农业性为特征的社区人口集中的过程就是社会学话语说的城市化过程,那么所谓城市文明,就是不同于采集—狩猎、农业、牧业乃至工业处理人类物种内社会组织问题的崭新的方式。但是,遗憾的是,人们并没有通过辩证的方法来说明这种方式。正如列斐伏尔所注意到的,从哲学上,突出地重提"城市的问题构成"不同于"工业化进程的问题构成"是必要的。虽然工业化可以在理性限度内规定城市化,但它所包含的"劳动分工的理性"不同于"城市理性",它是一种"新形式的理性"。[①] 这

---

① 参见 [法] 亨利·列斐伏尔:《空间与政治》,李春译,上海人民出版社2015年版,第3、51页。

里，也许有人会想，西方文明的本质是城市文明，一般地说，是在城市中孕育了近代西方文明的承担者——市民阶级和市民社会。但是，市民社会和市民阶级恰恰是城市治理失败的征兆。巴黎或伦敦的贫民窟则是马克思批判资本主义治理的失败例证。可是说来也怪，怎么没有一种专门的马克思主义城市哲学对之加以解释呢？比如说，马克思等人的著作为克服地域局限而避免使用"城市哲学"这个名目，并非因为它们没有对城市治理问题的哲学反思，而因为它们力图对社会关系变化的根源加以更深刻的客观研究，因为它们当然主要只能谈资本主义社会的发展的动因，具体而言，就是重新构造出一个从人统治人的城市权力和"穴居人状态"中解放的、友好的新环境。在此意义上，我们可以说，避免对文明概念之城市起源的强调是很关键的，而关键在于，如果对此作过分普遍化的理解，会导向越来越深刻的矛盾，即空间与时间相对立的那个陈腐老套的矛盾。列斐伏尔说过，"零向量"对城市的定义是很关键的。[1]

的确，城市（农村也一样）之于资本主义社会的发展进程实质上是被视为与环境条件相关的。黑格尔对这一状况作过很好的描述：在11世纪到13世纪这一时期，由于安全、市场经济、城市空间的商业拓展等方面实际的需要，意大利、西班牙和佛兰姆各海岸城市发达繁荣，"一天天变得重要起来，就

---

[1] 参见［法］亨利·列斐伏尔：《空间与政治》，李春译，上海人民出版社2015年版，第55页。

替一切创造了主要条件；这一层是现代研究历史的人们的好题目"①。基于这一观点，我并不认为今天的马克思主义者需要为"马克思主义理论中没有一个符合西方标准的城市治理哲学理论"这一点而感到无力。一个人，假如根据这些观点断定，我们实际上根本没有脱离资本主义社会发展的真正的城市问题，那么他离真理并不太远。但是，他要是说，"城市社会"绝非一片在空间上不存在的乌托邦，那可并不就等于说，它是已经完成了的概念，再也用不着更进一步讨论了。这也就是说，作为"全部社会生活的要素集中形式"②的城市，按其本性来说不可能在理论上完成，而是只能在实践中完成。城市生活之所以被演化出来，本来主要是为了应付原始的生存环境，但未必在其现实性上真正满足了有其丰富的需要的工业或后工业社会的环境。

面对如此重要的变化，习惯于探寻历史事物原因的人不会满足于单纯的事实，而是会去寻找社会变迁的特殊矛盾。用历史唯物主义术语来说，说明市民的社会交往方式与资本家的生产方式之间对立乃是"城市的治理问题构成"的一个关键面相。这要说明什么？

首先，这里所说的市民社会不是我们狭义上的资产阶级社会，而是经济制度在社会各历史时期中的发展，即决定政

---

① 参见［德］黑格尔：《历史哲学》，王造时译，上海书店出版社1999年版，第396页。
② 参见［法］亨利·列斐伏尔：《空间与政治》，李春译，上海人民出版社2015年版，第54页。

治制度和意识形态的物质关系总和。认识到资本主义制度与社会主义制度皆起源于政治经济学意义上的市民社会，会对进一步的研究助益良多。我们现在对市民社会和资产阶级社会的区分，虽然从我们现在的狭义历史唯物主义观点来看是有道理的，但却造成了一个弊病，即我们完全忽略了市民社会概念在马克思本人固有的视角——一种寻求优越于资本主义制度的新制度——当中应当受到的重视。不得不承认，我们现在流行的哲学特有的主张已然将"资本原则"（"唯利是图"）与"市民的社会原则"（"实际需要、利己主义"①）相提并论。抛开本源的市民社会（这指的就是在小规模自由土地所有者的社会交往这一"更为自然的"历史阶段上所理解的市民社会）不谈，如果人们把原子式个人、自私自利理解为植根于人民生活之中的精神表现，结果我们的生活也是颇成问题的。② 因为中国人"没有对于内在的个人作胜利的拥护"③，虽然从中被揭示出来的"城市人民"生活意义只存在于教科书当中，但不适于此处问题的讨论。记得马克思和鲍威尔之间的论战所例示的那样，在马克思看来，虽然汉密尔顿上校的话无可辩驳地说出了基督教各国人民的实际生活和精神——讲究实际需要和自私自利，但鲍威尔却不愿意相信，认

---

① 参见《马克思恩格斯文集》第1卷，人民出版社2009年版，第52页。
② 参见吴晓明：《论中国学术的自我主张》，复旦大学出版社2016年版，第46、50页。
③ ［德］黑格尔：《历史哲学》，王造时译，上海书店出版社1999年版，第143页。

为这种情况是虚假的。① 鲍威尔就是这样来抹杀西方的现实的。这本身就说明,当今世界,城市社会本应能够给人们的生活注入某种新的含义。

其次,对于今天的中国而言,市民有了经济上的财产权、买卖权,在很大程度上解放了自己。可是,还是在不久的过去,他们甚至觉得自己在市场上买日常消费品都是丢人的,而如今其中有些人却已经实现了商人资本高度发展到前所未有的程度,虽然城市镜像的另一边是"地摊式的经济"发展;一般说来,对于欧洲人讲的"精神"而言,则在实际上和理论上都具有更为朴素且更加日常化的意义,考虑到黑格尔简要地提示过早期日耳曼西欧民族才是适合基督教的世俗化原则②,作为精神标准的"普遍智能"(源自马克思的《政治经济学批判大纲》的阐发)简直就是当代信息技术的典型代表。"市民"(城市人民)毫无疑问地变成或正在变成尚未存在之物的、自由的理想创造者。从历史唯物主义角度来说,最早出现的城邑、城墙、宫殿、圈围和边界深深地交织到人类建构的世界中,并因此而形成特定的概念,例如,城市、都市,等等。由人类建造的城市,构造了圈围而成就新的事物,这就是宗教、法律和政治等集体生活的初始形式。城市精神不是违反历史,而是通过历史保持下来的。只要城市治理哲学理论不满足于简单的描述,那么尚未诞生的一切还会或正在诞生。

---

① 参见《马克思恩格斯文集》第 1 卷,人民出版社 2009 年版,第 50、51 页。
② 参见[德]黑格尔:《历史哲学》,王造时译,上海书店出版社 1999 年版,第 352 页。

第二章 国家的本质和法权正义之间

我们可以推想出，起初，在建立城市的时候，一切都还算井井有条。城市社会的生长是由于人们找到了满足其安全及其简单生存需要的路径。城市与道路相关，与诸如工匠和其他劳动者住处和一些简单的联合和互通有无的机制相关。起初，人们也是以"劳动者等于所有者，或者说所有者本身从事劳动"① 的方式理解财产和经济，市民社会的集结是直接从生产和交往中发展起来的。若人们持守这样一些看法，结果人们的生活就颇为自由。但这是以抽象掉私人所有、人格之间的关系的结果。根据这一切，也许我们还可以说：这些人对于市民社会的看法跟马克思历史理论的看法有一种共同的基本特征。望月清司发现，马克思是"将过去、现在、未来看成是一个关于共同体、市民社会、社会主义社会的理论"。他说这话的时候，脑子里想的是早期日耳曼的西欧世界。而他认为，对近代资产阶级的社会的谱系形成再也没有比关于日耳曼的西欧世界的走向更好的描述了。② 因此在表面上，近代资产阶级的社会只是西欧的日耳曼世界的继续。因为在他看来，马克思并不想以点概面，绝不断言资本主义前的所有共同体类型都能长出近代市民社会。与此相反，也许马克思是根据他自己在这一带所读到的许多文字记载，以及根据他自己的种种观察可以说，如果古代日耳曼部落的共同体土地所有的社会实践能够产生令人感到信服的社会样本（即近代市民社会）的话，那么，一种

---

① 《马克思恩格斯全集》第30卷，人民出版社1995年版，第490页。
② 参见［日］望月清司：《马克思历史理论的研究》，韩立新译，北京师范大学2009年版，第499、4—6页。

优越于资本主义制度的新的社会制度在世界范围内的崛起，也就不会令人感到意外。其中有着一种崭新的精神，即在拥有城市这个定在这一点上，与资本主义制度不同，世界必须由之而扬弃对生产资料的个人所有制的固执。我们需要认真听从的是历史的自由置产原则，因为不这样做是冒犯了封建保障的保护关系下发达起来的自由原则。这就是说，"自由是从它的不自由那里发生出来的"①。从这些原则发生的区别和对峙，便是城市和农村之间的分工。这个分工实际上可以被叫作市民社会的社会联系——它也是等价交换的关系。简而言之，这不是乡村城市化，而是城市乡村化。② 在市民社会谱系的详细形成过程中，这个阐述关涉对现代的历史和中世纪（日耳曼时代）的起点的区分。

再次，经济学关切的是具有人性的大规模社会人聚合在一起后所产生的集体行为，真正的大城市治理在这里只能看作真正的经济结构上的一个整体。从这一视角出发，今天城市治理问题的研究已将马克思主义经典作家的阶级冲突化约为二阶关系的产物，或者说阶层的产物。有人说当今社会不再是现代的、资产阶级的、工业社会的，而变成后现代的、后资产阶级的、后工业社会的。这里同时也假定了现在那种声称把阶级分析作为经济整体来理解和把握的理论，人们的确都看不出它在如何可能真正地用阶级表达城市生活。单纯的社会冲突对一些

---

① ［德］黑格尔：《历史哲学》，王造时译，上海书店出版社1999年版，第396页。
② 参见《马克思恩格斯全集》第30卷，人民出版社1995年版，第474页。

人来讲似乎已经是一种由气候、土壤的自然特性等引起的变动。一旦热情投入,他们将越来越深入地追溯到当代冲突的生态问题(包括关注对环境和自然资源保护的自然生态学和关注人类关系,特别是代际关系等的人类生态学)中去。因此可见,人们对城市生活的把握已然不再像马克思的时代那样以现实的总体方式来批判和概括。

从马克思历史理论角度看,资本主义社会是以冲突而非报偿为核心的。因为,一方面,现代城市治理问题的根本,实质是资本积聚与社会分配之间、国家控制与市民自主性之间冲突及其冲突的焦点。另一方面,一旦人与人联合已经处于城市崛起状态,它们同时就会既不断预期又不断抵御中心权力的形成。城市离散化和碎片化乃是资本逻辑使然。马克思对西欧整个城市人口阶级历史和阶层处境的分析显示出:在整个中世纪,是城市对短工的需要催生了平民阶级。现代,是商业城市特别是沿海城市支持了大资产阶级势力占统治地位,而工厂城市是小资产阶级势力占统治地位。[①] 无疑,对于一些人来说,这种阶级刻画会在全球化的复杂现代性中得到解释,因为它在一定的解释层面上能预测这些现象的生成和发展,它应该包含在解释新出现的社会现象之内。不管他是互联网连接的大都市公民也好,还是劳动大军中的一员也罢,只要我们仍然以现实的总体思考城市治理与人的问题时,我们就必须在人与城市治理之间发现持续的矛盾。若是不遮掩城市间或人与人交往扩展

---

① 参见《马克思恩格斯选集》第1卷,人民出版社2012年版,第186—191页。

之优越性最终所依赖的唯物主义原则，城市何以比不公、不义、不信的野蛮人聚居地更好，就应当被揭示出来。

马克思认为，一个城市治理不是简单的人口聚集以及各种生产方式的分配问题。或者换句话说，人们不能只是关心建造一座功能型城市（集体消费中心或政治首脑中心），而不关心在这个城市中加入其他的要素，比如，城市中劳动的自由。马克思把这一批判推到更远。现存的城市治理理论坚持分层的社会存在论，缺乏作为一种总体性的哲学。如果说现实总体的观点不应该堕落成直接直觉、经验等范围中被确定的抽象片段，那么人与城市的关系就应该在运动中表达出和谐一致。

二、基本问题："人口"作为"一个具有许多规定和关系的丰富的总体"

当我们说"城市"这个词时，我们不应把它理解为被外部形式（驻军、宫殿或建筑）所表现出来的城市，而应理解为人们进行各种交往活动的场所，应从人们交往活动的矛盾的描述中得出关于城市治理问题的本质性认识。政治的任务并不是单纯承担所有维修、民生福利的功能，而是结合多元的性格，在和谐的基础上集结人们，形成一个城市共同体。

在城市治理与人的关系中，有一个主题越来越显豁，这就是有关在治理技术这个词所意指的范围内的人口问题。然而，人口是什么？最经验地、最直觉地说来，就是成群的个人。在大街上或地铁里被熙熙攘攘的人流推推搡搡是19世纪以来城市生活的主要意象。在这个意象中，人口通常也是被视为政府的政治经济治理行动的对象显现出来。我们可以从这些人口意象中引出一个想法来，它首先便是"人太多了""过剩了"。但是，更严格地说，这是错误的。马克思认为，人口就是"作为全部社会生产行为的基础和主体"[1]。在这一种意义上，"人口覆盖了古老的百姓概念"[2]。并不需要太多的脑力就可以看出，如果只是作为"关于整体的一个混沌的表象"，而不是作为"一个具有许多规定和关系的丰富的总体"，城市人口意象不过就是人群的喧嚣。它并不能阐明现代城市生活无法予夺的根本特征。福柯曾经指出，马克思与马尔萨斯在政治经济学范围内关于人口问题的争论都是从李嘉图那里出发的。他们相通之处在于："对于马尔萨斯来说，人口问题主要是作为生物—经济学问题来加以考虑的""而马克思则试图绕开人口问题，甚至消除人口这个概念，但是他这样做只是为了避开生物—经济学的形式，而采用阶级的历史—政治形式"[3]。或者说，这是假定应当用阶级的语言来表达城市治理与人的关系的实质，从具体的生存实践的角度使用人口概念，使它与吹嘘安闲的价值、城市社会的适意和生活的欢愉文化含义相区别。简言之，这就是把人口当作一个现实的总体来理解。

我们可以从多样性方面来考察人口，而人口却以它的物质

---

[1]《马克思恩格斯选集》第2卷，人民出版社2012年版，第700页。
[2] [法]米歇尔·福柯：《安全、领土与人口》，钱翰等译，上海人民出版社2010年版，第33页。
[3] [法]米歇尔·福柯：《安全、领土与人口》，钱翰等译，上海人民出版社2010年版，第62页。

反映获得了理论说服力和魅力。马克思把人口视为生产的基础和主体。对于人口的理解应该通过一种按相应比例增长的民族、国家形式来获得建构。这里显然出现了城市生活中特有的人口问题，即各个阶级生存博弈。我们一定不能将马克思的阶级博弈理解成无规则或任意的机械动力学。否则，"人口"无法同围绕在它周围的众多相关现象例如"民族、国家、若干个国家等"区别开来。①

或许正因为如此，在各个领域比如首先在城市社会学领域掀起一场争论。一方认为，如果人有和同类交往的需要，城市的功能就是"人们表演各种交往活动"的社会"剧院"，人们没有憎恨大城市的理由。因为，为了一个不只是更好的生活还更要是不同的生活；而另一方认为，城市以及规模的扩大所带来的，不是重要的社会交往，而是不断被区隔，结构不断地失衡，因为城市的扩大不是提升了市民交往活动的可能性，相反，人群邂逅的机会越多，它也越不可能成为一种必然的联合。城市社会学正是从这种"我"和"我们"之间的对立以及"合群性"评价的角度来考察"一个城市最合适的人口是多少"这样的问题。

站在社会学的立场甚至站在城市公用事业管理机构的立场来看，城市的大小总是有个合适的数值。从城市治理历史看，扩大了的城市给人们造成这样一个印象，这就是财政数字和数目化管理的障碍。这种逻辑，在充满希望和危机的社会主义建

---

① 参见《马克思恩格斯选集》第2卷，人民出版社2012年版，第700页。

设时代，城市规划者又把它翻找出来，他们借此证明城市总是要满足人们对自由交往的需求，但是，对于其他学者来说，并不一定能够理解这一点或不愿相信这一点，甚至可以说每一学者都会用不同的和相反的尺度来衡量什么是城市最合适的人口数。持自由自发秩序论者往往强调"城市的大小可以通过自然繁殖进行自我生产"①。对于生活的某些方面，他们怀疑任何事物都有一个合适的数值的想法，而坚持事物可以自行管理自己的进程。这当然只是一种说法。它可能仅仅是围绕城市化而产生的许许多多观点之一，由于那种让连绵不断的市区覆盖大半个中国大陆，以致像舟山那样的海岛城市也服从于这种城市化进程，这个工程范围之大，后人是无法凭震惊的现代性经验尺度来验证这种说法的，至少对于有限个人来说是这样。

我们认为，应该和抽象的人口理论决裂。可以说，过去的治理措施对过去是适用的，但不适用于现在的我们。我们应当以历史唯物主义的方式来说已经被人说过的话，甚至不曾被人说过的话。历史唯物主义是符合人们现今感知方式的，而这完全取决于城市共同体交往扩展的条件。所以，人们从这个矛盾出发，就会发现城市与人是不断地适应和分离，即一边是解放，另一边是束缚。如果说在马克思的作品中，"城市的建造是一大进步"，那么马克思的作品最终要表现的正是这种悖谬在人身上产生的后果，即由于"各个市民的生活条件"，"对他们来说全都是共同的和不以每一个人为转移的条件"，这是

---

① 许纪霖主编：《帝国、都市与现代性》，江苏人民出版社2006年版，第196页。

人们想在城市中过上好的生活的愿望必然受到挫折的物质根源①，也就是说，个人力量（在这种力量之下，"每一个人作为人超出了他自己的特殊需要等等，他们是作为人彼此发生关系的，他们都意识到他们共同的类本质。而且，大象为老虎生产，或者一些动物为另一些动物生产的情况，是不会发生的"）转化成了物的力量（在此力量之下，劳动者的联合，"表现为**资本的生产力**"，"劳动的集体力量，它作为社会劳动的性质，是资本的**集体力量**"）。②

三、所有制不同形式和城市治理所表征的阶级关系

首先，城市和城市制度是以特定条件下的生产方式为前提的。马克思看到，古代的起点是城市及其狭小的领域，而非乡村。与此相反，"现代的［历史］是乡村城市化，而不像在古代那样，是城市乡村化"③。若"城市""地域"这样的字眼和概念，真的和一种"国家"发展的不同方式相对应，那么，希腊语中的"城邦"（"polis"）所指就表现为城市这一集中居住的形式。但重要的是，古代人如希腊人和罗马人总是与外地保持着某种开放的联系，而没有这种联系，城市生活则是不可思议的。工业尽管被古代希腊人和罗马人视为是"有害的职

---

① 参见《马克思恩格斯选集》第1卷，人民出版社2012年版，第197页。
② 《马克思恩格斯全集》第30卷，人民出版社1995年版，第197页。
③ 《马克思恩格斯全集》第30卷，人民出版社1995年版，第474页。

第二章　国家的本质和法权正义之间

业"，是属于"释放的奴隶、被保护民、外地人干的事情"①，但是前者借助后者，他们的需求以及满足他们需求的途径得以广泛地建立。在历史研究中，马克思做了一个很新颖的尝试。他按照地域发明了地域历史唯物主义。他指出，在西欧，随着封建制度的瓦解，也就开始出现了一个流浪时期。迅速繁荣起来的工场手工业，特别是在英国，渐渐地吸收了这些人数众多的流浪者。在马克思所谈到的历史发展里，城市与国家以不同的方式发展着，但两者之间存在互补性。

现在，地球上两个人中就有一个人居住在城市里。对于今天大多数人来说，城市都是继续活着或是活动的区域。但人们为什么集中住在城市？从国家意识形态的角度看，城市象征着安定、文明。它是人类物种内社会组织问题或治理问题解决之道的产物，也就是国家从游牧的战争机器转变成定居的国家形态的产物。

现在，有一种普遍的观点认为，在我们时代，城市并不欢迎人们来栖居。但这是在什么意义上？是城市治理吗？是，也不是！十分清楚，从城市文化批判角度看，文化人与大城市生活的紧张关系最为凸显。我们在时代的困境中研究窘迫的自我的最遥远的精神源头，研究光怪陆离的城市文化的合法性根基和最古老的精神传统，我们寻求家园感。我是城里人，是中产市民，是祖国文化熏陶的子孙。我的祖先是为了显示城市是真正的"联盟"而只身流入城市的平民。他们作为城市的平民

---

① 参见《马克思恩格斯全集》第 30 卷，人民出版社 1995 年版，第 487—488 页。

可以说是"毫无力量的,因为他们都是只身流入城市的彼此素不相识的个人,他们无组织地同有组织、有武装配备并用忌妒的眼光监视着他们的力量相抗衡"①。由此可以理解,当有些人"从一座扩展得漫无边际的都市里找到解放时,另一些人则为此感到恐慌"②。如同波德莱尔式的个人知识分子在现代商品化的城市找不到家园一样,"他们由于憎恨大城市,所以也产生了对货币经济和生活理性主义的憎恨"③。历史唯物主义会发现,文化这个概念及其文化批判是苍白无力的,但历史唯物主义又拒绝接受文化堕落为商品、成为人们所占有的对象(如在消费领域)的实际现实状况。因此,问题需要转换:马克思从生产的社会关系理论对劳资关系的考察意味着什么?资本主义为什么会有所谓"过剩人口"呢?一个城市究竟有没有最合适的人口数?比如,北京市2020年的人口规划被设定为2300万。这个数字被要求长期保持。这个数字为什么应该被视为北京市发展的合理标准呢?反过来说,如果我们现在城市规划、环境规划是不完善的甚至失败的,那么那些多余的人口意味着什么?人们可能还能提出一系列类似的非常重要的问题。

我认为,应该看到,马克思的城市理论、群体、阶级以及整个社会的社会学是融合在一起的。正确的结论不仅仅需要超

---

① 参见《马克思恩格斯选集》第1卷,人民出版社2012年版,第186页。
② 许纪霖主编:《帝国、都市与现代性》,江苏人民出版社2006年版,第261页。
③ 参见[德]齐美尔:《桥与门:齐美尔随笔集》,涯鸿译,上海三联书店1991年版,第264页。

出城市社会学的理解，还需要城市治理革命和国家管理革命的批判，并获得对人口问题的社会主义的理解的基本原则。值得注意的是，在前资本主义时代，由于自然和技术的原因，人口过剩或多或少是绝对的。在工业革命以后，过剩人口状况变化表明，内在于人口表面的问题，也唯有对在一定历史阶段的生产方式的核心加以批判的思考，才有可能求解。因为正如马克思所见，资本主义与银行城市和商业城市的崛起密切相关。过剩人口问题是与资本主义过剩生产问题同层次性的问题。因此，在所谓人口过剩问题上，我们必须对资产阶级意识形态进行批判。对于历史唯物主义来说，在最严格的意义上，只有经济社会问题——怎样生产生活资料以保障生存问题，在不同的社会（或不同时期的某个特定的城市社会）才会有不同的现实解决之道。将生产方式理解为人类进行自我组织以面对生存问题之后，马克思从生产所体现的社会关系角度更关注的就是大多数人在大城市生活的痛苦。他认为工人从他的活动中获得的内在满足的可能性已然化为乌有。该痛苦导致了"人不仅没有了人的需要，他甚至连**动物的**需要也不再有了"①。但对于习惯于酒店的奢侈而享受着大城市的国民经济学家和资本家来说，恰恰忘记了"生产过多的有用的东西就会生产出过多的无用的人口"②，因而这种交往形式越来越被资本主义社会加紧利用了。

其次，正如以上指出的，人口的增长的规律（其"解

---

① 马克思：《1844年经济学哲学手稿》，人民出版社2000年版，第122页。
② 马克思：《1844年经济学哲学手稿》，人民出版社2000年版，第124页。

释")服从新的生产资料的增长规律(其"解释"),因而暴力、战争这样的野蛮交往形式曾经被利用。因此,单纯强调一个城市治理最合适的人口的观点是意识形态的幻象。众所周知,像北、上、广、深这样的大城市,一般为期20年的适度人口规模预测往往都会提前突破,与其说,这是对城市治理技术提出的挑战,毋宁说,这是对某个数字被视为城市发展合理标准的怀疑:适度的人口究竟是如何在这个至今仍然起作用的经济过程中建立起来的,而这个经济过程本身又是如何不合适的?当然,这一切只涉及那些看似客观的数字是怎样迷惑我们的理论问题。其实,人口不是抽象的概念,而是国家政治自身的表现。在实践中,我们将一如既往,不得不首先要求城市管理措施坚决和毫不容情。麻烦也就出在这里。我感到,在以往时代,城市化往往以管治式管理为基础,例如,在古希腊,城邦表现出来的结构模型导源于在城市广场上通过对话确立的规律性原则。一般来说,作为对城市的治理的技术,现在要做的似乎只能是观察和认识它们的规律,获得相关的知识,国家则对此加以利用,从而发展国家的力量。在这种情形下,马克思认为,无产阶级政党不再可以把人口本身看作抽象的,也不再可以把构成人口的个人看作脱离具体阶级状况的。由此可见,如果无产阶级政党对城市管理一筹莫展却又不得不执政,那么终究可能会去实行那些并不直接符合我们的利益,而是符合一般的或抽象的革命的利益,有时是资产阶级利益的东西。也是在这种情况下,我们将不得不把城市管理革命和人的革命进行到底。

第二章　国家的本质和法权正义之间

这里所出现的一种国家现象的本质是，资产阶级政党的城市治理者或设计者们答应满足人的需要。但是，如果人，说到底，不是从别的什么东西，而是从19世纪以来所说的效率、经济增长或社会道德秩序出发加以思考和定义的东西，是在19世纪以来的国民经济学加以反思的东西，最终，人就不会是别的什么东西，它是过剩人口。它是适度的败坏者。"这个国民经济学的原则在它的人口论中最鲜明地表现出来。人太**多**了。甚至连人的存在都是十足的奢侈。而如果工人是'**道德的**'……那么他就会在生育方面实行**节约**。人的生产表现为公众的不幸。"[①] 与此同时，在这一意识形态背景下，我们看到，经济学把人口问题主要作为相关生物境遇问题处理，而直到马克思的经济学研究之后，才在人类物种内的社会组织中看到了人口特有的历史—政治形式：如果考虑城市应该负担哪些社会功能，出生、地位、身份与等级就出现了。也就是说，由此才确立起所谓适度与不适度、恰当与不恰当的意识形态。马克思由此看到了，国家对城市发展的任何影响的意识形态性质。

在批判意识形态试图掩盖或抑制过剩时，除了马克思，还有恩格斯。在《共产党宣言》的一个脚注中，恩格斯指出，意大利和法国的市民，从他们的封建主中购买或争夺到最初自治权以后，就把自己的城市共同体称为"公社"。"公社"是一个中国说法（《礼记月令》），在《共产党宣言》中是指中古欧洲

[①] 马克思：《1844年经济学哲学手稿》，人民出版社2000年版，第126页。

自治城镇组织。公社成员虽然彼此之间互相协助帮忙,但是中古时代的欧洲公社一般是有钱公民主导的寡头政治,而不是民主政治。这给日后现代国家政权所代表的适度、恰当提供了政治基础。站在马克思主义的立场上看,现代的国家政权不过就是管理整个资产阶级家庭和社会的共同事务的委员会罢了。因此,人口过剩的实质不过就是国家的权力不可遏制的过剩的表现。简言之,人口过剩这种现象对于资本主义的剥削是必要的。国家意识形态所声称的历史处境中的人口适度的前提正是国家权力的剩余。

再次,适度、恰当的人口数字对于城市治理问题而言并不是最重要的。因为,就如同酒鬼将什么称作最后一杯,酒鬼对于他所能够承受的量有着一种主观评估。他所能承受的恰恰正是边界(终点?)。所以,最重要的问题恰恰是,如何来了解一定计算方法为什么会变成某种不可思议的权力。马克思在论述东方城市形成时指出,战争、人口以及不存在土地私有制这三者对于了解东方国家的重要性。他还援引贝尔尼埃记述军事状况的游记。令马克思意想不到的是,在东方城市形成方面,大莫卧儿等国的国王居然依靠独特的管理制度养活了一支庞大的军队、众多的商贩和随军的妇女。由于自然和技术条件,"这样庞大的一支军队,这样多的人和牲口在行军中靠什么生活,如何生活,是难以理解的",但"只要了解国家的情况和独特的管理制度,对所有这一切就不会感到奇怪,因为国王是国中全部土地的唯一所有者,由此必然产生的结果是,整个首都,如德里或阿格拉,几乎完全靠军队生活,因此当国王要在某个时期出征时,全城的人都得随同前往。这些城市一点也不像巴黎,它们实际上是军营"①。马克思接着说:"甚至马尔萨斯也承认过剩人口对于现代工业来说是必要的,虽然他按照自己的偏狭之见,把它解释成工人人口的绝对过剩,而不是工人人口的相对过剩。他说:'在一个主要依靠工商业的国家里,如果在工人阶级中间盛行慎重地对待结婚的习惯,那对国家是有害的。'"② 这里,马克思当然并没有直截了当地认为资产阶级国家在此必须欺骗群众,把人口的计算方法变成了某种不可思议的权力,但这个问题(即为什么让我们相信一些假数据)是无法避免的。像当代激进思想所指出的,我们可以换个角度,在城市中我们是不是比在乡村中看到文明现象更多一些?这里讲的文明当然远远不只是城市生活形态的感觉化,而是涵盖了与国家安全问题相关的才智、地位、尊严、身份等精神政治的统治状况。

在马克思那里,良好的举止之所以理所当然地被认为是城市文明的象征,这是因为剩余、不恰当在城市中仿佛是不可感的。如果国家政治获得合法性和正当性,它就必须使得没有理由被看见的东西变得可看见。这实质上等于说,"资产者只是资产者这个类的一个标本"③。他不是粗人,他不再是普通人。这种说法的前提是:在国民经济学家看来,资产者这个阶级是

---

① 参见《马克思恩格斯文集》第 10 卷,人民出版社 2009 年版,第 111—112 页。
② 参见《马克思恩格斯文集》第 5 卷,人民出版社 2009 年版,第 730—731 页。
③ 参见《马克思恩格斯选集》第 1 卷,人民出版社 2012 年版,第 197 页。

先验存在的。马克思告诉我们，国民经济学家一直雄心勃勃，要证明作为城市、作为城市图景和城市性格，资产者在无可否认地以繁荣都市做舞台的资产阶级社会里发挥作用。因此，马克思说："国民经济学不知道有失业的工人，即处于这种劳动关系之外的劳动人。小偷、骗子、乞丐，失业的、快饿死的、贫穷的和犯罪的劳动人，都是些**在国民经济学看来**并不存在，而只在其他人眼中，在医生、法官、掘墓者、乞丐管理人等等的眼中才存在的**人物**。"① 在虚幻的意识形态中，这些边缘人似乎更接近于城市中那些只能用羞愧来抑制自己所受到的伤害的不可感的对象。如果一个城市的风景就是它的建筑的话，马克思又几乎觉得一个城市的风景就是它讲的意识形态语言，就是作为国家的或王权系统衍生物的城市语言。谁把后一种风景变成了视听对象，谁就唤醒了城市的旋律线和国家的和声部，因为城市既是国家中心权力的衍生物，也是它的固化。在这一层面上，马克思不止一次指出，资产阶级国家除了坚持各种美好的愿望，强调人要热爱他人，并没有其他更实际的立场。这是生活在繁荣的伦敦、巴黎等都市社会的马克思对城市的观察。

今天，那些宣布了结构性价值革命的人给我们传来划时代意义的信息。他们说，市民中产阶级的生活形式已经寿终正寝。我们正处在生产的末期。古老的西方，命中注定要被在东方崛起的新世界彻底吞没。这话有道理吗？有一点点道理。今

---

① 马克思：《1844年经济学哲学手稿》，人民出版社2000年版，第66页。

天，城市之间的政治、经济联系已经变成普遍的了。有一种观点认为，"在某个美国城市的所谓贫民窟里发生的骚动可以波及莫斯科、北京、约翰内斯堡、汉诺威、伦敦以及其他遥远的地方并且与它们紧密相连"①，但是，明确承认这个联系是一回事，认为这种联系将对西方市民中产阶级的生活形式真正造成形态改变，又是一回事。这种生活方式与作为人类社会一般基础的物质生产联系过于紧密，以致把它放在世界上任何城市都不会显得无足轻重。而且，今天，我们说"中国特色"和"市民性素质"培养，不是为了练习意识形态语言，也不是为了迎合全球资本主义。对于我们来说，马克思讲述的不再是市民的儿子如何变为资产者的故事，而是他如何变成自由劳动者，如何谈论以后的历史发展所引起的城市制度的多种变化。过剩资本和过剩人口这种荒谬现象，不是由于需求饱和而是由于利润导向的制度周期性产生的。从马克思对这种有效总需求不足所引起的荒谬现象的分析中，人们可以看到，"生活资料和现有的人口相比不是生产得太多了。正好相反，要使大量人口能够体面地、像人一样地生活，生活资料还是生产得太少了"②。在马克思思想指引下，社会主义将会对人以外的自然的态度更好地说明我们的生活方式。因为"只有在社会中，自然界对人来说才是**人与人联系的纽带**，才是他为

---

① ［德］利奥·施特劳斯：《作为严格科学的哲学与政治哲学》，见贺照田主编：《西方现代性的曲折与展开》，吉林人民出版社2002年版，第102页。
② 《马克思恩格斯文集》第7卷，人民出版社2009年版，第287页。

别人存在和别人为他的存在"①。所以,不是如亚当·斯密这样的市民经济学家,而是马克思这样的无产阶级革命家,才阐明了城市生活方式革命的实情。

---

① 《马克思恩格斯全集》第3卷,人民出版社2002年版,第301页。

第三章　国家治理对象与平等者共同体

导　语

自由主义针对的问题是：国家业已存在并合法，因而关键是怎样约束国家权力以使得经济自由获得必要的空间。现代国家始于一种精打细算的治理实践。按照现代政治学语言的用法，国家是在一定领土范围内，一个有组织的人群拥有的政治状态。国家是领土、人口、政府等要素的总和，是权力运作的一种实践。这只是一般性的解释，而不是定义。即使算定义，如此定义肯定不能算从治国理政概念角度来说明的定义。它根本就不充分。这不是说我们必须对它弃之不顾。我们至少得承认，这种定义仅仅满足于治国理政问题研究中的那些肤浅的泛泛而谈。因而，把治国理政视为服务、税收、效率、外交、军队、司法、国土边防、保证公共产品或诸如此类的东西，这本身大概就是治国理政的表象，而且也肯定没有把握到治国理政概念的本质。虽然符合国家经验表象或实例，但以为收集整理一堆与此相关的东西并标上治国理政的名称或标题，按照某种观点列出一份"治国理政"对象清单，便可以从中归纳出治国理政的本质及对象，显然是不得要领的。

从语法和逻辑上讲，人们从不将治理一块土地等同于治理一个政治结构、一个国家，人们也从不将"管理"他人这种行为等同于国家政治权力关系。一切经验性的知识都有形而上学的基础，反之，形而上学如果不能表明它针对现实的事物，亦即必须具有经验性表征，它就不值得思虑。如海德格尔提醒我们的那样，从形而上学意义追问一个国家的存在是必须的。

那么，国家的存在在何处呢？海德格尔作一系列追问："在于国家警察对罪犯进行拘捕呢？还是在于政府大厦内打字机声响成一片，打印着国务秘书和部长们的指令？抑或国家'在于'元首与英国外交部长的会谈中？国家在。但是这个在藏身何处？这个在根本到处都藏身吗？"[①] 显然，从海德格尔的追问中，我们多少感觉到现代国家凭技术座架或者今日当权

---

① ［德］海德格尔：《形而上学导论》，熊伟等译，商务印书馆1996年版，第35页。

者赋予它的多少具有威慑力的支配力量，国家已经徒具形式的东西，隐藏着某种不合法性。在跳出强加的启示性古代国家真理的油锅后，国家学又落入形式理性的同质性的火坑中。或者说，在有关"公民社团"目标和"国家"强制性特征或国家全面控制权力定义之间这个相似的问题上，天真的人们发现了一种满意的配合。比如，被不断重复的卢梭的《社会契约论》，现代个人仍然构成国家的基石。用海德格尔的话来说，是遗忘存在的意义。对于国家政治之形而上学追问来说，"国家"，不同于"政府"，不同于法律体系，不同于法律上被定义的人民的工具，不同于单个人加总中形成的任何其他的亚范畴，等等。而现代面临的核心问题是，在上帝消隐之后，世俗秩序的根基往何处寄托。

围绕这个问题，启蒙以来大致有两种思路。一条是康德所谓的完全以个体理性为基点的秩序追求；另一条是黑格尔基于民族国家为价值承载者的秩序追求。无论如何，依据传统政治叙事，权力的行使者只能是主体，要么是个体的主体，要么是集体的主体。无论是什么主体，从人民为中心的视角看，权力关系的产生逻辑上基于主体之间存在着的差异性，这种主体之间的差异性在权力运行中实际上意味着政治的不平等。一种政治体系中的不平等现象还远远没有消除、不能消除。有关社会治理和服务的同样信念，也促成了那种认为某些活动与社会共同生活没有关联的错误观点。我认为，基于马克思主义政治哲学的权力关系解释，要比从传统权力本身叙事的角度来说明治国理政更好，也更正确。因为自由主义针对的问题是：国家业已存在并合法,因而关键是怎样约束国家权力以使得经济自由获得必要的空间。马克思主义要解决的问题是反向的,现代国家乃是从无到有的否定性规定,必将经历从有到无的转变。

现代国家治理体系远未达到理想状态。国家权力这个范畴在马克思的思想体系中必然触及"真"这个问题,即触及"虚假的共同体"与"真正的共同体"之间的历史演进。也就是说,"在过去的种种冒充的共同体中,如在国家等等中,个人自由只是对那些在统治阶级范围内发展的个人来说是存在的,他们之所以有个人自由,只是因为他们是这一阶级的个人。从前各个人联合而成的虚假的共同体,总是相对于各个人而独立的;由于这种共同体是一个阶级反对另一个阶级的联合,因此对于被统治的阶级来说,它不仅是完全虚幻的共同体,而且是新的桎梏。在真正的共同体条件下,各个人在自己的联合中并通过这种联合获得自己的自由"①。因此,从社会主义意识形态视角看,如果国家治理框架中的权力关系导致人与人之间虚假的屈从关系,那么国家治理落脚于某单个人的关系就不是真实的。自由主义最大的困境就是不平等:法律面前的平等、机会的平等可能意味着实际状况的不平等。因此,当国家治理术聚焦于个体而非群体时,在很大程度上也就背离了我们社会主义国家治理的原初理念。我们应该认同"国家"的条件就是为人民群众满意的条件。因此,中国特色社会主义

---

① 《马克思恩格斯选集》第1卷,人民出版社2012年版,第199页。

国家理由必须包括它所有成员的目的,而不是任何特殊成员——政府、学校、军队等在整体之内都有着自己的组织特征——的目的,我们要理解这些组织特征,只是为了使国家对我们自己来说,比以往达成更全面、更透明的理解。

在我们看来,我国国家治理的对象及落脚点是人,而且是处于群体关系中的人。按福柯的观点,可以简单地判定,西方的治理概念,存在两个维度,即是自我和他人的维度。这种区别只能说被限定在治理历史的以下两种错误观点中,即社会整体之善高于个人之善,或者说,个人之善仰赖于对社会整体之对抗。然而,与此对照,我们国家治理是一种面向群体关系的治理模式。由于中国共产党的领导以及调节行政管理机关和政党关系的所有立法机关,使党和国家相互一致。或者说,国家政治权力本质上是一种关系。最重要的关系有三种,即干部与群众(见第一节)、男性与女性(见第二节)和教师与学生(见第三节)之间的关系。我们之所以要接受这种粗俗的区分方式,是因为像西方个人主义之中的杂多个人,并不适合作为我们国家新的治理实施的对象。我认为20世纪社会主义历史的经验教训是,要更加重视与制度质量以及政治运行之效能紧密相关的问题。越来越多的专家不再把这一重大问题看作技术问题,也就是说,治国理政的主要障碍并不是缺少技术对策,问题在于关系的治理。真正的国家治理,只能将目标勘定在群体或群体之间的关系上。我们所作的区分应当是清清楚楚的,分开的两边应该是对等(平等)的。换一种说法,在这样的一种区分中,治国理政思想在面向国家的同时，又超越了国家。我认为，党治国理政须落实于不同的社会群体之间的关系治理。这是中国特色社会主义隐含的逻辑使然。

毛泽东发表《论十大关系》的报告是中国共产党探索我国社会主义道路的开始的标志。他的治国理政思想是紧密交织于以下大胆的断言：其一是大胆断言治国理政就是要处理好社会关系，社会实在就是社会关系性；其二是国家不是一个有着有限辨别特征清单的"社会"，它是作为实体的社会拥有涌现的关系存在整体。它不能基于"社会契约论"或"合作正义论"，而只能依据"关系人"进行理论分析。《十大关系》对理解当今治国理政的启示当然是极为深刻的。从概念上讲，我国国家治理是一门科学，更是一门艺术。这门科学和艺术是要把所有人组织成一个"积极的整体"，这个"积极的整体"的基础就是平等与和谐。因此，为了要让工人、农民以及社会各个阶层中的人们自己发声，让人民听到自己的声音，相信他们有能力表达自己的需求和激情。原本是英雄史观传统的、凌辱"下层人群"的历史内容就这样被反转而变成了政治层面的平等诉求：一旦人民登上历史舞台，他们需要一个他们时代的伟大政党，一个能用知识的庄严为他们计划加冕的光荣的政党。而与人或毋宁说群众的关系则是治国理政的最根本的对象。在这一新的政治范畴之中，对人的统治权，正借由"人民群众"以及"男女""师生"等关系概念，实现权力运行的平等化、祛魅化或物化。

如果要我们回答为什么说治国理政要基于"关系"范式，

那是因为很多这方面的理论和实践既不把关系本身看成一种实在，也不把它看成一个问题。或者说，"关系"尚未被发现。事实上，从秦始皇开始的治国理政，都似乎关乎一人，关乎一家一姓，至多关乎"一个由少数人组成的统治集团"。哪怕统治阶级不断反省"治谁的国，理谁的政"，却从来没有"人民"什么事似的。"尽管他们的作为在客观上也有符合人民利益、推动历史进步的方面，但即使是最英明仁慈的君主也不会将人民当作主人，更不会实行起码的民主。他们对历史所起的积极作用，也无一不是以人民付出的巨大代价为前提的，而这些代价本来是完全不必要的。"① 从这个国家之初，人民匍匐在地上就被视为不言而喻的。只有在毛泽东将该问题理论化翻天覆地之后，它才成为一个问题，由此促发了关于"社会引力定律"（历史周期律）的讨论。由于这些讨论，国家的兴亡虽然仍然是遵循一定的周期规律，但是有了科学的分析之后，周期规律能够被把握，并且以警钟长鸣的方式被考虑。国家作为人民的国家——治国理政要凸显以人民为中心——被认为是理所当然的。

第一节　群众的政治性意义

今天，我们都感觉到中国是一个真正意义上的"民为邦

---

① 葛剑雄：《分久必合，合久必分——统一分裂与中国历史余论》，该文原载《学说中国》（江西教育出版社1999年版），此处转自北京大学社会学系网站。

本，本固邦宁"的国家，在国家治理层面，最大的热情来自底部，西方国家则似乎相反。一旦对此有可疑之处，通常可作一番中西比较的研究。在开始这项研究之际，我们发现，对群众的政治意义，直到现在都少有比较研究。群众无法参与原有的资产阶级国家治理体系，成为人民中间令人不安的不稳定因素，然而，把人民放在群众这个位置上来看，我们发现它与马克思所谓"创造历史的人"的必然联系恢复了——在他们能达到的某种并非身处历史舞台之外的纯粹观众的意义上恢复了。

现代性政治的许多特征都能够追溯到群众现象，群众的发明是唯物史观的重要成就之一。群众不是一个抱团取利的特定集团，不是一般无意志的存在，而是一种无限开放的、创造性的历史力量。群众的概念具有历史普遍性、通用性。如果没有群众，无论资本主义商品生产还是社会主义平等政治都将是不可能的。事实上，在今天，一种关于群众、阶级、政党、领袖之间的创新性设置是社会主义国家政治生活的中心问题，也是历史唯物主义式治理哲学之当代阐释的核心问题。

对历史中的强者观念的学术研究，以及对其完成方法和影响力的探讨，始终是西方精神和权力政治的一大主题。在我最为熟悉的历史唯物主义领域，一位西方哲学家将自己的立场归结为"英雄史观"或者是"反平等主义者"，恐怕是一件再正常不过的事情了。而我们知道，我们这个社会从没有真正相信过英雄史观。要是我们这个社会真的相信英雄史观这一套，大家就需要有效的理论分析。或者更直接一点，我们不但不该以物化视角去理解群众的存在，相反，我们应该揭露那种把群众存在贬为"物"（工具）的错误性质的根源。我们还应该认为，群众在存在的政治这个棋谱上，绝非是棋谱里面的棋子。或者说，从存在的历史的立场来看，在群众被政治性地建构中，含有对政治现实所作的历史—哲学基础上的理解。我们不能闪烁其词地掩盖历史上这种对群众的种种凌虐。群众在历史场域终究不可能像棋谱里面的棋子那样被操控。所以，我撰写这个篇章大体上有两个原因。

一个原因是，西方学者曾围绕共产主义运动来对政治进行哲学反思。大体上说，它是对"20 世纪是个什么样的世纪"问题进行政治—哲学定位。从考茨基、梅洛-庞蒂到巴迪欧、阿伦特等，他们都把 20 世纪视为"人民群众登上历史舞台"的时代。在他们看来，"革命""无产阶级""法西斯主义"这些词汇绝不是空洞的词汇。它们是现实的、可把握的政治性概念。因为它们都涉及"人民群众登台的景象，浸润着强有力的集体表演"色彩。巴迪欧称像布莱希特这样的剧作家为"20 世纪的一个标志性人物"。在其中，深刻包含着关于人的命运戏剧化的问题："个人的命运与人民群众的历史性登台之间的关系是什么？或者这个问题可以这样来问：在一部什么样的演出中，谁是演员，又在一个什么样的舞台上演出？"[①] 谁要想追问这样一些问题，他便会想到的 20 世纪在"人民群众

[①] 参见［法］阿兰·巴迪欧：《世纪》，蓝江译，南京大学出版社 2011 年版，第 47 页。

的登台"的历史事实性的意义和马克思主义的政治分析之间并不含糊的联系。事实上,从那个时代一直到今天,几乎整个学术界都有各自的与此相关的典型问题。我们可以从中听到西方学术界有一个强烈的声音:不能忘记历史。不能忘记那代人的危机(如海德格尔、施米特那代人)。"忘记,不能帮助我们防止历史一再重演;忘记,使我们在处理各种难题和批判性的问题时陷于不自信和无助而不能自拔。而记忆却可以解放我们,给予我们力量,有意识地塑造我们的现在和未来。"① 可以说,这呼声是西方整个学术界基本的政治导向的呼声。我国马克思主义哲学界则相对沉寂、不太关注。

与此不同,中国学术界,一般不涉及如下这样一个巴迪欧式的"世纪"反思:在上个世纪,那些为所谓的无产阶级专政政权服务、辩护或者歌颂的人,他们是什么角色?对于西方巴迪欧那代人来说,这些问题很复杂:比方说,罪过能不能归咎于个人的道德?如果能够,问题就会变得更复杂,因为它关涉,是个人的过错还是集体的过错?西方许多人相信,我们再也不能依靠传统的道德范畴去帮助我们理解我们的时代。既然如此,对于崇拜"毛主义"的西方人来说,是不是可以像海德格尔那样,用他关于有限的人类本体论进行分析,认为:"文化大革命"是个人还是集体的过错,这根本就并非我们今人的过错,也不仅仅归咎于我们的父辈的过错,而是归咎于从一开始就贯穿了中国历史的一种经历。最终一切都必定逼向这

---

① [德]贝恩德·吕特尔斯:《卡尔·施米特在第三帝国——学术是时代精神的强化剂?》,葛平亮译,上海人民出版社2019年版,第2页。

个问题：这个是存在的命运吗？答案则是："这种经历对所有历史学家的眼光都将永达不到，但它确实在从前，在现今，在将来都发生。"①

我们在这里并不是偶然地依照西方学者来追问这些问题，因为我们经常受到这些问题的困扰。在这个意义上，这些问题原本是我们自己的问题。假如我们不回避问题，或者把问题说成假问题，那问题就不会自动跑掉。

从政治思索看，20世纪的历史是什么？也许可以说是个清楚的问题，但确实从特定意义上讲也是个没有丝毫用处的问题。黑格尔曾说，任何人通过对历史的反思所能够了解的唯一一件事情是，没有人曾通过历史了解任何事情。在这个意义上，假如可以按照这样一种存在的历史观来看，我们之所以不讨论西方学术界反思"海德格尔事件"或"文化大革命"那样反思历史的问题，最可能的根据在于，西方人关于唯物史观的思想资源的重新利用出了一些问题。有种观点认为，唯物史观关于历史规律决定与历史运动主体的组织化（"被唤醒的"无产阶级大众）是自相矛盾的。如果像马克思那样认为，"任何一个民族，如果停止劳动，不用说一年，就是几个星期，也要灭亡，这是每一个小孩都知道的"②。如果说这是马克思从进行历史哲学研究的早期就具有的关于无产阶级的主导观点，这一观点从根本上支撑着并规定着唯物史观，那么今天纠缠着

---

① ［德］海德格尔：《形而上学导论》，熊伟等译，商务印书馆1996年版，第37页。
② 《马克思恩格斯文集》第10卷，人民出版社2009年版，第289页。

西方那些马克思的批评家却认为,既然如果停止劳动,不用说一年,就是几个星期,也要灭亡的话,那么工人阶级为什么不罢工几个星期,促使资本主义决定性灭亡或至少决定性瘫痪呢?我们看到,这种观点的荒疏在于,那些西方学者硬要我们相信马克思把"无产者当做神"。而马克思自己会认为,这种观点是和胡搅蛮缠发生牵连的。无产阶级的胜利"无论如何决不会因此成为社会的绝对方面,因为它只有消灭自己本身和自己的对立面才能获得胜利。到那时,无产阶级本身以及制约着它的对立面——私有财产都会消失"①。我们可以说,马克思的这一认识更为直接与真实地呈现出我们称为"无产阶级"和"群众"的政治性意义。

一、人民群众登台的政治性意义

如果说唯物史观和群众史观的理论上还存在着很多模糊的地方,那么,这也一定会在实践或行动中表现出来。为此,我关于群众和它的存在的政治性意义提出若干方面的批评。为方便起见,以下我称这些方面为论点。

论点1:哲学家如何可能对群众讲真话

马克思主义哲学是扎根于群众当中的哲学。这跟所谓旧的哲学完全不同。旧哲学远远离开群众。之所以要离开群众,是因为,据说,哲学发现了"自然",即认为"高贵的人"须坚

---

① 《马克思恩格斯文集》第1卷,人民出版社2009年版,第261页

持自己的信念,而群众(人民)不知道自己需要什么。所以,西方哲学史编纂了少数人与多数人的二元对立。就像在柏拉图哲学课堂上一样,群众进进出出,影响课堂纪律是小事,而群众仅仅通过感官来形成什么人幸福、什么人不幸的意见,这才是大事。他们只对柴米油盐酱醋茶的知识感兴趣,对真理没有兴趣。这点上,旧哲学好像说得很准确,板上钉钉。古希腊哲人苏格拉底搞哲学狼狈不堪,就是因为他不肯迁就群众的感官上发生的意见。这便导致所谓哲学家为何必须对群众放狠话、说谎话的原因。

唯物史观和旧哲学是两个对立面。它们是不同世界观的不同形态。从认同模式来看,我们习惯性地将"唯物史观"理解为"群众史观"。马克思主义哲学家对人们宣告,郑重其事说出历史事实的真相,不管群众的资质如何,历史是群众创造的。这是什么意思呢?可以简单讲,马克思主义得到群众的支持而获得崭新的硬实力。与群众史观相对的是英雄史观。英雄史观是唯心主义哲学家的谎言。而唯物史观对群众说了实话。然而,值得注意的是,在马克思强烈反对唯心史观、英雄史观的时候,他无疑把一些哲学论述与其历史社会分析、政治分析交织在了一起。反对马克思的人以为马克思就这样授人以柄了,因为马克思使用"群众"一词来攻击资产阶级使用该词时所表露的轻蔑,实际上是无产阶级意识形态的表露。它是相当于主观逻辑、被意识到的概念。它是关于社会关系思想代表方面代表无产阶级的意识。从资产阶级立场来看,马克思在哲学上也有矛盾,左右摇摆。直接地说,马克思允许用革命最终解决问题也是谎言。

但是，我们说，资产阶级意识形态家的反对是无效的，即使它们作为对革命的符咒、作为谩骂有其意义也算不上成功。之所以如此，是因为，一是，在无产阶级世界观中，所谓马克思的矛盾、左右摇摆，不是马克思思想的缺点，而是旧哲学自身的本质所带来的疑虑。二是，对马克思而言，不论是关于社会关系的思想抽象也好，还是关于社会关系的思想代表也罢，它们根本不存在。反之，在这样所谓思想代表的方式中充满的是幻想。直截了当地看，自马克思之后，哲学是否应当对群众讲真话的问题就丧失了问题的可理解性。用《共产党宣言》中的话来说，"从宗教的、哲学的和一切意识形态的观点对共产主义提出的种种责难，都不值得详细讨论了"①。唯物史观便是一种能够使我们摆脱英雄史观这种谎言的学说。也就是说，问题的关键只在于，不要被轻率的理论所诱骗。在《〈黑格尔法哲学批判〉导言》中，马克思告诉人们：理论一经掌握群众，也会变成物质力量。从理论上讲，群众观点就被当成历史唯物主义暨政治哲学的基本条件。马克思主义哲学或政治哲学本身就排除了旧哲学在思想和行动之间人为的区分。

论点2：建立在关系本体论上的党群关系

在传统意义上，"群众"是和马克思主义政党学说联系在一起的。在我国，中国共产党无处不与群众照面。从中国共产党的概念源头看，我们党的一个主旋律就是，千万不要同群众

---

① 《马克思恩格斯选集》第1卷，人民出版社2012年版，第419页。

分开。我们党的要求，其具体形式就是，"党"，不仅仅是某个特殊的集体，而是一群具有创造历史之活力的"有效群体"，这是一种重塑民心而与群众不可分离的本质要求。我们在寻求党和群众的这种不可分离的可能性与现实性原则时，习惯于说党与群众"同甘共苦"。但是，从理论上看，它不是属于宣传的口号。在实践或事先也并不知道什么叫"同甘共苦"。曾经在某一特定历史阶段被当成"同甘共苦"的思想原则，从现实实际角度看，的确曾成为引发党与群众分离的效果，与预期恰恰相反。比方说，我们党在有的地方未能正确处理人民内部矛盾，把群众视为"复数"的人民。所谓"复数"的人民，一个被认为是更多地是通过聚众闹事或乌合而不是众志成城来对许多事情构成一种更好的判断的人群。

那么，这个涉及作为错误的群众判断的问题的本质是什么？实际上，从治国理政哲学的角度看，所谓"永远"与党保持一致的党群关系并不存在。恰恰相反，正是党的革命精神性的群众动员创造了跟党走的群众，而不是先有革命群众。这意味着，党群关系，它不是建立在超验的形而上学基础上，而且，随着历史发展，它总会有变化、转折，总会有不可逆转的极限。在这一点上，马克思说，"共产主义要废除永恒真理"，它要废除永恒的宗教、道德说教。[①] 我们必须承认唯物史观的非凡预见性。回顾过去，在那个真实的、革命激情燃烧的岁月里，作为"我们"的党和群众就是"同甘共苦"，就是"心连

[①] 参见《马克思恩格斯选集》第1卷，人民出版社2012年版，第420页。

着心"。这是"信念""忠诚""听党的话",也就是革命精神动员。对于中国共产党人来说,它具有政治规范的作用。尽量简单地讲,认识到民心,是我们党取得胜利的法宝。与此同时,是群众在支撑、激发中国共产党的革命斗志。党与群众不可分离就是从严治党的关键原则。这在中国共产党的历程上是得到充分印证的。

但是,关键问题在于,从其绝对性来看,就从来没有达到真实得足以不让人对规范不起动摇之念的程度。之所以动摇,是因为一种主观上更让人信服的信念,也让人觉得更可疑。更确切地说,一种主观上更让人信服的信念,也更强烈要求在逻辑上变成真实。比方说,在理论尚未掌握群众之前,我们党对群众的集体动员的能力或理由仅限于一些物质性的实际问题,因此相应的群众动员也具有物质实在性的性质。其理由都是历史性的实际利益。与此同时,在中华人民共和国成立之前,我们党与国民党展开了民心塑造的竞争,也开启了各种信仰之间的竞争——一种信仰战胜另一种信仰。

值得注意的是,抽象地讲,群众虽然与党心灵高度相通,却未必团结如一人。那终归是比喻。这个时候,在群众之中,很可能是,有信仰就必然求证实。巴迪欧由此发现了所谓革命的现象,即"在革命的巅峰状态中,对自由如饥似渴的渴望不停地宣称,那里有越来越多的叛徒"[①]。也是在这个意义上,对所谓国际共产主义治理党、群众、领袖的关系的失败之处,

---

① 参见[法]阿兰·巴迪欧:《世纪》,蓝江译,南京大学出版社2011年版,第62页。

巴迪欧一直是一名不留情面的批判者，即使我们不同意他的某些极端说法。比方说，他认为"中国的'文化大革命'是历史上第一次可以被命名为共产主义革命的革命"[1]，他还是准确洞察到民心、党心再造的棘手难题，而任何马克思主义的捍卫者都必须面对这些难题。

在这一切之中，最大的难题是，如果说民心固然重要，但是认识到这一点并不等同于解决了凝聚民心问题。从概念上看，对于中国共产党人来说，它不是与群众分离的特殊集团，而是具有团结一切可以团结的人的集体概念。而对于群众来说，它的确也不希望看到另一个独立于或凌驾于群众自己之上的集体。因此，有人想当然地问，中国共产党的领导作用又在哪里呢？有人同样会想当然地认为，群众的历史作用与政党的领导作用之间的区别只在治理理论上而言具有一番重要性。甚至有人会认为，这种区别只能是口头语言上说说的区别。而且，事情总会有正反两个方面。比方说，在革命时期，难道就没有"别有用心"之人挑唆党和群众之间的关系吗？可是，我们仅仅在口头上、在思维中，也就是在想象中能够解决问题吗？当然不是！哲学史的经验表明，不要在哲学上走得太远，否则，无论如何，在群众或作为政党的中国共产党那里没有什么存在着的东西是符合概念分析的。

可以说，历史唯物主义的一个巨大贡献是其对党群关系的本质理解，不是基于独立的个体或实体之间的关系，而是基于

---

[1] 参见张一兵主编：《社会批判理论纪事》（第5辑），江苏人民出版社2013年版，第36页。

关系的超个体本体论的理解。这意味着，即便现当代政治哲学把"群众"规定为公民社会成员，把所有人变成"孤立的原子"，并承认其存在的差异性政治的真理，依然是局限于个体/总体的对子中摇摆。我们对党群关系的本体论讨论，实际上意味着揭示一个多重关系代替关于人的个体及群体间关联的讨论，这些开放而非封闭的多元关系其实包含了一系列过渡、转换，或者说，群众与党可能时而联系紧密一些，时而可能松散一些，这种联系全然取决于历史中的意识形态斗争的条件和状况，包括群众是否有更多的获得感，同时，党和群众也就完成着从"领导"与"服从"到"同一"与"和合"的关系建构。

论点3：群众和人民的含义辨析

现在，我们一下子说到"群众"这个词的含义了。群众是什么？群众史观为什么不叫人民史观？碰到这些问题，已经有诸多分歧了。我们发现马克思、恩格斯的文本中，群众是指"masses"（英文）、"massen"（德文）。"群众"在英语世界和德国古典哲学中似乎有负面意味，有时，比乌合之众中"暴民"（mobs）略好一些，即众志成城不分你我的集体比起"众人"（crowd）来说更具有高相似性；有时差不多，也即可能形成"貌似群众"的现象，比如战争年代保家卫国的特殊情况下，但此群众具有临时性。如果是人民史观，那就用"people"，用"masses"有矮化之嫌。因为在历史唯物主义中，"people"具有一定的历史能动性，而"masses"则更多体现了一种力量的集合。此外，马克思在《共产党宣言》中说到的是"工人群众"(德文，arbeitermassen)。群众(masses)的力量是一种客观的存在，其能动性和组织性需要一定的外在条件。在无产阶级运动语境下，那就是需要一个革命的工人政党来激发群众的力量，使之成为一种历史现实。[1]

按照"群众"这个词与其他相关语词在英文、德文中的含义对比，它在汉语中的马克思主义哲学中的含义基本是褒义的。在我们社会主义国家基本原则理论意义上"人民"往往是和"群众"连用的。在唯物史观语境中，它们之间，与其说是价值序列位高位低的问题，不如说是语用习惯问题。值得指出的是，"people"和德语中的"volks"对应，是作为民族主体的人的集合，是历史诸如形成的精神性载体，是与暴民相对立的时代精神。因此，赫尔德提出"volksgeister"指民族精神（亦是黑格尔的国家精神）。

论点4：人的政治的存在和社会的存在状态

我们之所以作如上术语的区分，是因为有各个时代的政治理论上的考量。简单地讲，是认同形式上的模式区分。它们是与所谓关于"我们"（譬如，野蛮人和文明人、中国人和美国人乃至辛苦的教师、农民等身份政治价值的承担者）的叙事联系在一起的。要言之，它们是社会状态与政治状态上的区分。这是人的两种不同但又有联系的治理状态。

首先，人是社会动物，他与生俱来就有人的需要和情感的联系。从哲学的角度看，同一性或相似性是社会生活中情感和

---

[1] 这里词义的考证由浙江大学马克思主义学院包大为研究员给出，谨致谢意。

心理的基础。对同一性或相似性的分析有助于理解人民、民族一直到民众团体这一层面之间的联系。所有这一层面，包括团体、家庭、部落都被看作同一性或相似性远远胜于差异的。这样一些概念所反映的是社会的状态。社会状态是一个规范的标准的概念。社会状态是什么？我们常常用马克思的话说，"我"无论在这里还是在那里，不是单个人，是社会关系的总和。社会有机体类似于人的身体，它的整体结构有助于把"众人"变成"群众"。这种构成整体有机联系的社会力量能够传递给所有人。

但是，马克思认为，这并不是社会的全部真相。因为最终，社会和谐是人们消除自私自利后的"市民社会"运动的结果。从历史的描述来看，在社会最强大的时候，也就是在政治最弱势的时候，民众似乎不需要政府官员，他们同时充当着自己的主人和统治者。此时，有人认为，人民的声音就是主人的声音，甚至就是上帝的声音。确实如此，从现代国家看，"国家制度一旦不再是人民意志的现实表现，它就变成了事实上的幻想"[①]。在这里，马克思说，"必须使国家制度的实际承担者——人民成为国家制度的原则"[②]，直到共产主义到来，国家消亡，人与人之间建立起全面依赖的关系。

其次，随着君主和统治者的职责与民众分离，随着差异性胜过同一性，就从氏族社会的内部或外部产生出政治状态。人们就从赶集市的爱好变成了上街游行、聚众闹事的爱好。由城

---

① 《马克思恩格斯全集》第3卷，人民出版社2002年版，第73页。
② 《马克思恩格斯全集》第3卷，人民出版社2002年版，第72页。

邦生活中的自由辩论的爱好转向贸易、农业和各种征战活动。这样，人们就处于霍布斯所谓的自然状态。因此，政治的本性是什么？施米特说，政治是涉及划分公共的朋友和敌人的对立；当然，政治还有别的定义，比如，超越互为对手的政治定义；协商民主还是抗争性民主，等等。总而言之，政治状态是描述分离性的范畴。政治状态是表征一个民族与另一个民族、统治者与被统治者、主人和奴隶之间的关系。这种关系本质上是大规模人群冲突的关系。在政治中，对抗是基础性的。当然，政治关系也不一定是敌友关系，也可以是对手关系，更可以是摸不清是敌是友的关系。过去，我们曾经认为，如果社会主义国家生活中，摸不清是敌是友的模糊是很危险的。但是，奇怪的是，社会主义本义应当强调社会状态，强调表征人与人之间的精神政治的平等共生关系。为什么一度因为政治正确的名义会觉得这个人是好人、那个人是坏人？从今天看来，是否社会整合以及阻止重大分离危机的发生仍然需要强大的政治变革？回答：当然是的！因为，经济发展并不能自动带来社会和文化的健康发展。只是，在这一点上，从历史唯物主义和非马克思主义的分野来看，历史唯物主义思考的是使用实践力量的人和人的解放，而现代西方政治哲学思考的是公民（哲人）和政治自由。

论点5：唯物史观视野中的群众不是一个否定性概念

与唯物史观的论述相对，"群众"另一种含义意指传统政治哲学和政治经济学领域流传下来的诸多概念，比如，黑格尔的"贱民"，斯宾诺莎的"诸众"，福柯的"鄙民"，德勒兹与加塔利的"游牧民",利奥塔的复数小写的"犹民",阿甘本的"凡异民",朗西埃的"没份的那部分",等等。① 这些概念既跟群众概念有联系,又有区别。我们可以相对容易地看出,在这里,唯物史观意义中的"群众"可能不存在,看出"群众"最终用不着在这里,而且根本用不着存在。因为,对于唯物史观来说,形成群众的一个关键条件是:群众虽然具有精神上的同理心和人群数量的大规模性,却在历史发展动力上具有合历史正当性之高度创造性。显然,在这个意义上,"鄙民"等概念并非在唯物史观上有客观存在。但是,对马克思来说,它们在政治经济学学术化的视野中具有重要性。18世纪英国经济学中的"人物"即使没有直接与"鄙民"等概念挂上钩,也已经在很大程度上成为一种它的隐喻。它与社会抽象之物的影像及社会急剧变动影像相结合,连黑格尔学派也使用这样的词汇,因此,"鄙民"等概念每每成为社会变动、不能直接注意到的、"幽灵"一般的存在,也就是国民经济学的扭曲的自由主义象征。群众难以治理。马克思说:"小偷、骗子、乞丐、失业的、快饿死的、贫穷的和犯罪的劳动人,都是些在国民经济学看来并不存在,而只在其他人眼中,在医生、法官、掘墓者、乞丐管理人等等的眼中才存在的人物。"② 这样看来,在这里,理解一个概念意义的最好方式——这里说的是"群众"概念——就是用固执的反对者(国民经济学家)

---

① 参见〔法〕阿兰·布罗萨:《福柯:危险哲学家》,罗慧珍译,漓江出版社2014年版,第3页。
② 参见《马克思恩格斯全集》第3卷,人民出版社2002年版,第82页。

的眼光去审视它。反过来说,国民经济学家掌握这个概念的含义及其微妙之处恰恰就是想要把这个概念从经济学理论和实践的视野里抹去。这意味着,国民经济学不曾告诉我们在此时此地如何通过变革既定的具体社会现实,以使它和未来理想社会人的存在相符合。恰恰相反,它只是为了在国家或政权之外建立另一个以资本为依据的权威统治,以"同一个资本"信仰去另立中央(经济基础),通过建立对精神领域的拜物教而最后达到统治一切市民社会的心灵。马克思因此认为,那相信劳动价值论的国民经济学家,实际上只是一个诗人。面对劳动关系之外存在的人,国民经济学家不是像一个政治家那样反应,而是像一个浪漫主义的诗人。所以,"鄙民的存在"实际上是落归不到唯物史观含义的"群众"中去的别的东西的存在。

这个别的东西是什么呢?我们重新如此追问这个问题,在前面的讨论中并没有提到,而在这里可以依据马克思现实地表现出来,即,它们是"一种被治理对象""一种人物""住在英国地下室深层或法国高高的屋顶阁楼里的人的粗糙的躯体""精神的真正敌人""进步的对立物""需要解救的"群众。① 总之,群众的这层含义,最主要是黑格尔学派发明的。在黑格尔学派那里,群众不外是被证明了的、损害精神进步的东西。而如果我们发现不了这种群众,那么群众藏在哪里呢?马克思认为,这件事情还必须归属于"纯粹的、纯哲学的哲学"② 的头上。传统的德国哲学还停留在18世纪初的那个地方,在他

---

① 参见《马克思恩格斯文集》第1卷,人民出版社2009年版,第255—359页。
② 参见《马克思恩格斯文集》第1卷,人民出版社2009年版,第359页。

们的著作中竟然找不到"民主"一词。或者说，他们只是意识到这个概念，仅仅满足于为这个概念找到一种虚构的存在。这些被哲学宣布为"精神的对头"的人，就是群众。因为在黑格尔哲学那里群众不知道在哲学中有自己相应的表现，群众不能猜到的体系，就如同群众只会局限于部分一样，不能分享预见整体和全部的喜悦。在《德意志意识形态》中，马克思、恩格斯立刻洞察到，思辨哲学在黑夜行路给自己吹口哨壮胆。从某种意义上说，哲学家自己是用思辨的、隐秘的历史发生的"暗语""黑话"把群众驱离哲学舆论场，反过来把群众当作精神的"废物"加以摒弃。一句话，黑格尔学派视野中的群众是并未留下任何痕迹的无名氏。

围绕观念、思想、概念，整个德国哲学关于政治的思考因而一直围绕从柏拉图到卢梭和黑格尔的政治思想史中极为重要的问题，这也就是创制生活尺规者或给予法律者地位的问题。希腊哲学凭靠政治英雄来创制出生活尺规。黑格尔所提到的绝对精神涉及哲人—立法者地位，哲人没有特别的本事，他只是事后才能获此殊荣的。① 这些旧哲学家憎恨"诸众""鄙民"这样的概念，因为他们把这些概念定义为回避政治统一、反叛秩序、永远不能达成最后协定联系在一起。马克思立刻指出，德国哲学的过错在于，存在于政治事件和观念史这两种旨趣之间的地基地带，要么是作为物质的人类的其余部分而被视为无法分析的领域，要么被"纯粹的"理论、哲学视为不值得研

---

① 参见《马克思恩格斯文集》第 1 卷，人民出版社 2009 年版，第 292 页。

究的领域。同样,"德国人那种置现实的人于不顾的关于现代国家的思想形象之所以可能产生,也只是因为现代国家本身置现实的人于不顾,或者只凭虚构的方式满足整个的人"①。这正是哲学依唯心主义条件制造群众的原因。但事实上,群众是更具创造力的人,是人类的未来美好可能性需要的物质基础。在国家层面,跟在历史的地基层面一样,最大的热情来自底部、群众。哲学自从由天上往地下沉降,就会发现它在增长。关于群众的辩证法表明,市民社会是黑暗的自然基础,它在燃烧,由这一基础自下而上燃起国家之光。就像赫拉克利特说的,这种宇宙之火、群众之火,是在一定分寸上燃烧、在一定分寸上熄灭的。

论点6:辩证法的认同和组织问题

前已说明,我们讨论党和群众的正确关系的标准指针,只能在关系本体论而非实体主义中找到。问题只是:从辩证法、行动辩证法的角度来看,党与群众存在差异。这种差异可能历史地表现为,群众要么喜欢信任他们的党、领袖,要么喜欢批评他们的党、领袖。在理论上,党和群众之间的这种经常不断的辩证的相互作用,就涉及卢卡奇提出的组织问题。共产党的概念,如卢卡奇所说,它告诉我们的当然不是"被看作纯粹的技术问题"的概念,而是"革命的最重要的精神问题之一"的概念。② 从卢卡奇的阶级意识角度看,党不是群众,领导人

---

① 《马克思恩格斯选集》第1卷,人民出版社2012年版,第9页。
② 参见[匈牙利]卢卡奇:《历史与阶级意识》,杜章智等译,商务印书馆1992年版,第453页。

不是党，党不是无产阶级，因此，存在一个阶级意识、阶级意志的统一问题。也就是如何领会这种差异的本体论地位在处理国家政治生活的问题，领会这种差异在社会历史过程总体内部的职能问题。①

如何解决革命的组织问题呢？梅洛-庞蒂认为，在革命高潮的时候，"无产阶级就是革命，党就是无产阶级，领导人就是党"，二者具有高度的统一性，这没有什么含糊的余地，但是，革命总不能不断地进行，革命不能成为常态。"对于那些不是职业政治家的人来说，有的则是工作和娱乐，战争与和平，活动和休息"，在革命之余，群众就是由"官员们所代表"②。群众的革命精神是由执政党的党员、领导人代表了的。所以，列宁说："谁都知道，群众是划分为阶级的；只有把不按照生产的社会结构中的地位区分的大多数同在生产的社会结构中占有特殊地位的集团对立时，才可以把群众和阶级对立起来；在通常情况下，在多数场合，至少在现代的文明国家内，阶级是由政党来领导的；政党通常是由最有威信、最有影响、最有经验、被选出担任最重要职务而称为领袖的人们所组成的比较稳定的集团来主持的。"③

在这里确实有一个假设：在成熟的党组织中，党的民主制度、争论的自由、革命的友爱是辩证的、灵活的统一。然而，

---

① 参见［匈牙利］卢卡奇：《历史与阶级意识》，杜章智等译，商务印书馆1992年版，第417页。
② 参见［法］梅洛-庞蒂：《辩证法的历险》，杨大春等译，上海译文出版社2009年版，第100—101页。
③ 《列宁选集》第4卷，人民出版社2012年版，第151页。

梅洛-庞蒂认为，一旦一个国家的组织和结构是由少数杰出个人创造出来的时候，马克思主义便遇到了组织困难。对于梅洛-庞蒂来说，"没有任何标准或几何学定义允许我们抽象地、不考虑境况地谈论什么是无产阶级的，什么不是。但存在着实践的标准：可以向无产阶级说明的，可以为无产阶级接受的就是无产阶级的——不是在单纯的服从中，而是在意识中。党的行动不应当从细节上进行评判，正像一个人不应当依据他的面部抽搐或美人痣来评判一样。但它可以依据一种方向，一种方式，归根结底，依据战士与他的关系来获得评判"①。这里，梅洛-庞蒂不是作为真正的马克思主义者发言的。因为，在政治问题上，他没有认识到，人的政治性与社会性一样是人的在世状况的表达。由于人的社会化生产与人的生存需要联合，或者需要让人们凝聚成长期的、精神上较为统一的群体的因素，如果我们想对社会化生产的基本动力有个明确的认识，那么就需要处处遵循少数对多数群众实行领导这一社会组织原则。历史唯物主义认为，要理解这种与政治共同体相关的组织原则，我们需要一种从哲学上将"自然"历史化的视角，这时就会看到，政治共同体不是一蹴而就的。

论点7：专名问题及政治辩证法

组织问题也是群众历史活动的政治性意义和存在如何通过"阶级"—"政党"—"群众"—"领袖"这"专名"得以命名或

---

① ［法］梅洛-庞蒂：《辩证法的历险》，杨大春等译，上海译文出版社2009年版，第147页。

安放的紧张关系问题。巴迪欧将我们时代最困难的问题理解为如何制造出通用性的群众概念。如果说人民群众是一种无定形的力量联合，那么形成群众的关键条件是超越利益、地域等的普遍精神。形式上，它涉及谁是群众的代表的问题，其实也是名义的问题、占有专名的问题。众所周知，哲学一直是靠真理与意见分治下的哲人与常人、群众与杰出个人之区分获得相对甚至绝对的信誉保证的。事情当然必定也是以"署名不署名"的区别方式发生的。如此一来，政治过程就不是客观现实的个别表达，而是在某种意义上与这个现实分离。巴迪欧在《哲学与政治之间谜一般的关系》中认为，"从群众的创造性环节过渡到对于阶级矛盾的真正思考"，存在着困难。困难在于，从传统马克思主义哲学看来，原本是对各种群众性对象进行肯定的研究，现在，却发现这种研究受到政治历史进程生成变化的虚假总体的象征性对象的束缚和扭曲。假如我们把唯物史观的群众史观放置到诸如斯大林主义或托洛茨基主义的结构中，也就造成与群众的历史活动不相干的局面。问题源于这样一个事实，即"集合性总体的某个部分在法定构想的范围之内实际并不存在"。巴迪欧由此认为，置身于一种占有专名（诸如斯大林主义或托洛茨基主义）的结构之中，实际上，它是"虚构的"。之所以虚构，是因为它有别于真正的马克思主义哲学的某种别的东西。[1] 实际上，它是假借群众之名。

在马克思看来，这种"名的"世界，也就是"政治"世

---

[1] 参见［法］阿兰·巴迪欧：《哲学与政治之间谜一般的关系》，李佩纹译，中央编译出版社2017年版，第38—51页。

界。在政治世界里，任何人可以随意发表议论，冒充代表群众或所谓主流民意，甚至只是讨好多数听众感觉的意见（我们习称的"民粹"），就可能发生劣币驱逐良币一般的消（真理之）音作用。它会不断地贬低、否定和改变特定的群众性的对象，特别地，在国家机器陷入贫乏和僵化时，它所引发的现实的对立是政治性的，因为人们可以看到群众将会以种种方式从特定社会中被排除出去。或者说，国家会以"不愿参与社会发展的人"为名把他们"从国家中排除出去"。而这样的国家被哲学家视为所谓"完备的国家"①。

因此，马克思认为，一个国家所采取的法律形式，可以是现实的群众的社会主义的，甚至可以是绝对的因而想象出来的社会主义的，但是，社会生活的政治结构、法律形式不可能是将群众主体的构建变成一种铁板一块的、普遍化的、超验性的存在。否则，谁也不能弥合那条把"现实的群众"的社会主义和曾经的"绝对化"的社会主义分隔开来的鸿沟。显而易见的是，唯物史观的群众史观不能再被官僚机器或党派纷争毁灭了。如今，在中国的政治理论领域，不会再有人用一个缺乏真实联系而冒充为客观社会团体的名字形式（如"文化大革命"时期的所谓"工宣队""内部人民"等）来理解社会主义国家的群众问题了。我们的结论是：群众，在唯物史观视野中是一个丰富的概念。值得注意的是，尽管马克思也谈论所谓阶级、政党、领袖、群众"四方域"，但在他那里并没有哲学

---

① 参见《马克思恩格斯文集》第1卷，人民出版社2009年版，第299页。

概念体系所凭据的"四方域"区分,而是宁可让这"四方域"各自承让,从而我们可以说这"四方域"的区分只是给予合理界限的约束而已。如果政治上使用得当,可以很好地给中国重现民族之复兴指明方向。今日之有主心骨的中国正在探索新形式的政治共同体的道路。

二、马克思对"神圣家族"的批判

众所周知,西方基督教社会发明了令人眼花缭乱的政治形式,发明了一种作为少数人(牧人)统治多数人(羊群)的怪异的精神统治形式。从灵魂的牧师神学过渡到对人的等级政治治理上来,这里存在着历史的联系。但是,正如福柯言明的,权力的关系的存在必然会导致对这种权力的反抗,也就是说西方基督牧领历史上其实一直存在着对这种权力机制的反抗。这个观点印证了福柯是一位"不带引号的马克思主义者"。如果我们认为德意志意识形态指的是一种精神政治的机制,以及批判哲学把矛头对准群众,而德意志国家靠这种机制运作的话,那么需要一种智力的工具,探测和维护国家理性。于是,治理国家、改造社会的事业"被归结为批判的批判的**大脑活动**"①。

而马克思说:根本不是这样。马克思的发现在宗教批判场域,这引发了一场丑闻,也就是说,黑格尔派所认为的批判的

---

① 参见《马克思恩格斯文集》第1卷,人民出版社2009年版,第293页。

形式其实仅限于宗教层面的批判。于是，1844年《神圣家族》以实践的唯物主义为主导，通过考察黑格尔派在精神这个论题上的反对群众的政治的神学的多个面向，为重新定义合乎时代精神的政治的可能哲学路径留下了深刻的标记。唯物史观在其产生之初，就希望澄清黑格尔的唯心主义体系的性质。但唯物史观并不是要借助超乎寻常的理论权威得到普遍真理。依据《神圣家族》的观点，唯物史观描述了"世俗的胃"与身外世界的关系，并揭示了黑格尔派的"心灵的深处"如何因此落入感性之物。我们阅读《神圣家族》，仿如黑格尔吹嘘的"全体"真理的洋葱皮被层层剥去。我们通过马克思对"精神"的思考、对哲学家（作为历史的"证人"）的嘲讽，可以洞察到人类思维中的某种普遍倾向，即超凡脱俗是人类思维的广泛的共通性，它是人类的政治的神学的思维的反映。而黑格尔派使西方哲学沉溺于形而上学关于真理问题所思虑过的一切可能性本身，当然得在精神和群众、哲学和日常意识等议题之间的隔膜应予突破所造成的场合中努力。只有这样，我们才会同情和理解那种对思辨的形而上学和一切形而上学的谴责，同时领会那种将它与对神学的政治的种种前提的批判配合起来的做法，就像在1844年《神圣家族》中那样，就像在那里、在实践领域里体现了历史唯物主义的时候那样。

我们看到，于哲学上和政治判断上，马克思等人在使用"神圣家族"一词谑称青年黑格尔派时，语气带着嘲讽、轻蔑。这是因为这些人的做法完全偏离了对历史的真实研究，他们把自己奉为主体、神物。若我们把对群众的蔑视称为"文化野蛮"，则无一哲学家会赶上"神圣家族"那样过分的程度。它给自己造成绝对哲学界限，在此偏狭中，轻视尘世的感性。若我们要公开它的秘密，就必须让群众史观关照和批判的非群众史观之迄今为止的未尽之意展示出来。但如此多的人反对黑格尔哲学体系，却严重忽视了该体系是政治神学。在我们看来，忽视此主要事态，如同忽视黑格尔哲学是哲学一样。关于马克思认定的时代精神，其至高之事，是领会群众的存在和意义。

黑格尔派以绝对精神为前提，宣扬精神和自然、哲学和政治、思想和行动的二重撇分，同时从事主体主义的启蒙规划。启蒙在其起源中就表达出西方文化中普遍蔓延的真理和意见、群众和精神、群众和少数杰出个人等的二重撇分。可以看出，启蒙虽反对信仰，但却也是一种"宗教"。黑格尔则以辩证的方式展示了他的哲学之宏观宇宙构造区别于流俗识见的二重撇分。他的哲学要害在于，自上而下地勘定神人秩序：神、理智本质、超人理智、物质世界、人、群众以及畜类。或者，从公共崇拜的神（比如，上帝）、真理到个体的臣服和庇护。从历史和辩证法看来，这既是关于世界秩序的赓续或中断、政道之历史变更，也是作为这样指点出来的关于政治思想绝对权威的重建。然而，正如 19 世纪自然研究在普遍的革命中发展了一样（例如，哲学在达尔文进化论面前暴露了自己夸耀的"绝对精神"的奥秘："一切被当做永恒存在的特殊的东西变成了转瞬即逝的东西。"①），哲学也在展开实体的重封密锁，这被

---

① 《马克思恩格斯选集》第 3 卷，人民出版社 2012 年版，第 855—856 页。

我们说成是马克思哲学重述精神和自然差异的背景。现在，我们的出发点不是如黑格尔体系那样自上而下，而是自现实个人的物质需要系统开始。或者说，现实的个人生存就是这个存在序列的起点。

三、对于黑格尔历史哲学的智识动机与基督教的智识动机相似点的阐释

黑格尔的学说不是局部地而是整个体系植根于一个特定民族勿论何时对人间正道（公道）之神学的关联之中。从黑格尔学说之基督教背景转圜出发，正当政治秩序的哲学基础在于"辩证法"和"历史"。

在黑格尔哲学的真实意义被马克思揭示出来以前，"历史哲学"这个词已然相当流行，并且为各种类型的人和处在不同意识形态中的人使用，包括那些理论家和历史学家的使用。马克思洞悉青年黑格尔派和黑格尔本人的唯心主义观点依然深陷在德国民族性的泥坑。因此，马克思认为存在一种不言而喻的东西，这就是，每个民族不管他自觉还是不自觉，都有一种历史哲学。比如，黑格尔历史哲学让绝对精神作为绝对精神去创造历史，所以，它制造的历史行动也"仅仅是德国人**本民族的**事情，而且对德国来说也只有**地域性**的意义"[①]。与此同时，法国人和英国人至少都坚持认为，对历史现实的认识也是

---

① 参见《马克思恩格斯选集》第 1 卷，人民出版社 2012 年版，第 174 页。

有其哲学基础的，那就是感性世界的基本原理。现在，人们可以把"人类历史乃是抽象精神的历史"理解为这样一个观点，这就是，除了哲学的、思辨的大脑活动或者符合精神本身的逻辑之外，没有任何别的历史（知识）。就此而言，只有合乎哲学家意识到自身创造力的世界精神的东西才能被认识。但如果人们把"合乎哲学家意识"这个词以及公共教条把哲学视为"把握真理或永恒秩序的努力"联系在一起，那么黑格尔历史哲学的那个观点也会呈现出另外一个意义。在马克思看来，黑格尔历史哲学正是最后通过绝对知识代替全部人的现实，证明它自身是基督教日耳曼教义。在黑格尔那里，"实体""绝对""上帝"，就像一支统一的军队在同一哲学旗帜下战斗着。

首先，关于黑格尔的历史哲学，我们通常想到的，就是一种通过理性至上论来对作为经验的、公开的历史及其性质进行抽象否定。除此之外，人们也谈到作为黑格尔的历史的绝对精神的材料，这种材料是通过哲学家观审、因而也同现实的群众相脱离的哲学家意识的活动和变化而获得的。简言之，黑格尔把现实的哲学家个人变成自我意识的人，变成不再受对象世界约束的绝对精神。按照黑格尔理性主义来把握历史哲学的概念标准，不得不说，世界获得解放的能力就应归结为：把少数头脑作为落实那种"客观必然性"加以利用的唯一抽象能力。最后，在现代世界"获得自由"的能力不得不停留于反对宗教的批判。在现实的政治和社会实践中，这种客观必然性是通过强迫不自由的人变成自由的人体现出来的。这里要说的重点，与其说是黑格尔哲学遇见政治的时候，他总是把政治自由当作自己哲学信仰的俘虏,毋宁说,黑格尔哲学理性至上论触动了它的对抗者即人民至上论。他也不得不以"政治本来又不过是神学的借口"① 撤退到自己的主体性中。

因此,就黑格尔派历史哲学的关切而言,马克思区分了历史哲学批判和历史神学。或者说,历史哲学批判的严肃主张并不是说世俗的应服从宗教神学的批判,而是政治国家这些世俗的东西落入历史并不像它所声称的那样是世俗的批判。问题的关键是,一个国家存在。它的存在在哪里?在于人们通常认为的"警察科学"那里所遇到的学术观点,还是在于现代国家的各种机构运行?抑或在于以现代的形式造就这个社会的政治首脑?不言而喻,通过这样的追问,马克思看到,《神圣家族》中的黑格尔派是"把实体了解为主体",实际上是把"有目共睹的属性当做由他发明的规定塞进来"②,这等于说是用名称或言辞更正着世人对国家的理解。对马克思而言,黑格尔派照此非现实的理智本质造出的国家,这个国家到处"在"根本上还藏着呢!问题的实质在于,在德国的理论家那里存在的是历史神学而非历史哲学。在1840至1844年即德国哲学斗争的时代,不断讨论着如何能够"从神的王国进入人的王国"这样一个重要问题,就是一个明显的例证。

在这里绽露了一个难题。若此处表明,思辨哲学确实呈现出历史"哲学"或历史"神学",则或许应区分形而上学的主体与现实的人类个体或有限性。但如何可能按此行事呢?马克

---

① 参见《马克思恩格斯文集》第1卷,人民出版社2009年版,第311页。
② 参见《马克思恩格斯文集》第1卷,人民出版社2009年版,第279—280页。

思看到，思辨哲学依附一种手法，也就是，它伴言拥有哲学（静观）能力，但其实是一连串的"思想"的运动，如同"果品""忽而表现为苹果，忽而表现为梨，忽而又表现为扁桃"，美、善、真、宗教，都是黑格尔的政教体系之"诱饵"。因此，这种哲学之追求自身最高目标所依靠的方法有它自身的基本特征。这就是，一个观点成为另一个观点的"饵料"，"其中一个吞噬一个"，最后同"自我意识"交织在一起。至于它认为只有借助于"不信神"才能摆脱"神的王国"而进入"人的王国"，则这种"观点"顶多不过是"观点"和"用观点来评判观点"，而"神的王国"对于现实的人来说之宗教抚慰由此加以保留。马克思看到，对德国历史哲学来说，恐怕对历史不着一词才满足这个要求。所以，从马克思的观点来看，整个德国古典哲学中没有"历史"这个词，而只有强调现实世界会被知识或概念所决定的"观念的历史"，这种历史是"在历史方面描述了'真正的神正论'"。①

人们可以看出，没有"真正的神正论"，无论在"存在"的或"本质"的方面，都没有永恒不变的观念世界、没有相应的主体哲学、没有超凡脱俗的脱离物质群众的主体。与此同时，立足于这种意识形态之上的历史哲学当然就有理由来推究存在之法——"存在"与"本质"符合。

在这里，对我们来说，可能存在着两种类型的法：能够被改变的法和不能被改变的法。不过，我们在这里只有在这些大

---

① 参见《马克思恩格斯选集》第1卷，人民出版社2012年版，第181页。

而化之的笔触中才能摸清楚：所有存在者都服从于它们不能改变的法。但是作为理智存在者又怎么会服从于那些它们能够改变的法？如果历史按照思辨哲学的这种区分来对待真理，那么对哲学家何以是最大立法者的问题追问确实而且多大程度上逐渐成为历史性的？我们的意思是说，黑格尔哲学所展示的"法"的优点并不在于"新"，而在于诱使读者把思辨的阐述看成"法"。思辨哲学的创造即判断就可以自诩为"法"即"政治正确"，而这就意味着，这一点在多大程度上可以适用于上帝——是否上帝拥有那些他自己能改变的法，面对这个问题，黑格尔派只能去猜测。像上帝的那些并不神圣的行为（例如他与恶发生联系）在黑格尔派眼中是那样深奥费解，首先是因为它把政治的问题当作仅仅是对时事问题的重新解释来处理。于是，我们注意到，黑格尔派因为局限于宗派之见，所以在这个问题上确实不怎么相信"上帝只有一个化身"。他们似乎无法知道，此哲学或彼哲学是否如"缸中之脑"般来自群众"这一锅不纯的稀粥"。但是，有一点是肯定的，此哲学只会认自己正确而彼哲学错误，反之亦然。但假如人人为"上帝"，岂能获得最高真理！所以，人人为"上帝"的真理性依赖属于黑格尔派自己的更高的原理，即"有多少事物就有多少化身"[①]。当我们理解到黑格尔哲学是这样一套开动出来的功夫的时候，我们才可以看到为什么黑格尔"规定"哲学（"绝对知识"）是人类崇高而恒久的努力，而非人的随便

[①] 参见《马克思恩格斯文集》第1卷，人民出版社2009年版，第278页。

一种行为。

看来，黑格尔哲学最天才的辩护是，只有唯一一种"正确的"哲学，而在这一"正确的"哲学降临之前，所有哲学都以为自己是强大有力的，它们竟把自己的"一家之言"冒充为"人间正道"。黑格尔认为，群众就是这样干的！"如果历史按照群众的这种态度来对待真理，那么这样一来，群众的判断就是绝对的，准确无误的，是历史的规律。"① 在黑格尔那里，这种在他看来是在我们"之中"常常发生的事情，显然他的哲学不能为之提供任何场所。因此，真理对于黑格尔派来说必须"规定"。马克思看到，"规定"在此实际上是说，他们只想确立对现存的事实的正确理解，但他们并不想提出"政治对历史进程的真正历史性的干预"② 的要求。历史的现实的关系在黑格尔主义法学、政治学中成为永恒的概念。在这里，概念因具有现实性、独特的本质，既不存在发展，也不存在飞跃，政治在永恒不变的意义上就是合理共同体的概念在哲学家头脑中的固化。

这样，从整体上看，现代德国哲学对历史问题的探讨，给自己划定的活动范围主要在于政治史，即联系德国的国家哲学和法哲学所具有的主导地位及其对观念演化史的专注。

那么，所有这些伟大的专注所讨论的是什么问题，才促使它们集中视线，专注于所讨论的特定论点？按照前面的讨论，

---

① 参见《马克思恩格斯文集》第1卷，人民出版社2009年版，第285页。
② 《马克思恩格斯选集》第1卷，人民出版社2012年版，第176页。

思辨哲学一般地讲来,并不仅仅是围绕观念、思想、概念的主观循环,而且它一半在为其正义承诺一种周全的形而上学体系,因而同时可以认作是黑格尔主义所信奉的新教政治神学的推论。比如,把神学中的奇迹的角色与黑格尔理性主义"特有的自打包票"(施米特语)或如先知般预见未来进行比较,这可以导向理性立法者问题的一个深刻向度。这种向度深刻表示在柏拉图—黑格尔哲学的理智寻求里。在这里理智的意义约略相当于我们所说的完成了的哲学。

一般来说,个人对智慧的"爱"无可厚非,但黑格尔哲学不愿重犯古希腊人在"哲学本质"这一问题上的老毛病:个人对哲学的追求最终不过被迫编制了一份个人灵魂的内在秩序表。对于黑格尔来说,哲学就是真理,是创制生活尺规者或给予法律者,而在此说的不完全是希腊哲学凭靠政治英雄来创制出生活尺规,而更是就黑格尔绝对精神之立法者本性——发现目的的自我实现——而言。

譬如,黑格尔哲学宣称自己是一种客观现实性的哲学,尤其包含有一种绝对完满的对于上帝和神性事物的认识。在马克思看来,这种认识是人的理性所完全不能掌握的,但在黑格尔派看来却是通过他的哲学而实现的。青年黑格尔分子如施特劳斯断言,必须利用国家的制度和措施把哲学家吸引到宫廷中去。这里,黑格尔对伦理国家的看法其实已经完全被肤浅化了。黑格尔本人对政治领域的领会是,一个国家如果没有等级区分及其职业分工而独立化,这样的国家犹如高度发展的动物机体没有器官功能的分化,这是不符合与一个绝对中心联系之完满的理智原则或"上帝的仁德"① 的。在熟习于黑格尔辩证法的马克思看来,对于理智原则的如此领会的任务来说,关键在于,一个特定国家是不是功能健全,理智原则必须有或者为了一个第三者即一个旁观者,它才能得到检验。而黑格尔哲学说:"有第三者,而有一个第三者,就有了哲学,因为哲学不仅把一种存在,而且还把思维,亦即自我作为上帝的命题的谓项,认定上帝是两者的绝对同一性。"② 现在的问题是,这个第三者或旁观者又位于何处呢?总是动身太迟的"密纳发的猫头鹰"只能被当作政治权威来引证了。最终说来,问题就是,理智原则应当为着一个哲学家而经受检验是什么意思?这意味着,在黑格尔那里,哲学家——立法者地位决定了他是历史的旁观者——如同上帝并不认为现实世界属于"它自己"一样。这里有一个好处:只要哲学家是沉思的、冷漠超然的,他就不会被事件的不可抗拒的涌动卷走。他就是事后才获"立法者"殊荣的。③ 这样,对黑格尔自己来说,理论和实践的一致实现,不在于哲学家帮助民众自己提升至哲学的高度,而在于哲学家的眼光转向历史,在精神的不断解放中达成。

但对马克思来说,黑格尔这样的历史意识连同内在地具有一支世界精神的先头部队的先锋主义阐释是非辩证的,甚至是反辩证的。按照马克思的观点,辩证法的辩证性不在于一个精神的体系降临,而在于承认从连续的历史到间断的历史。承认

---

① 参见[德]黑格尔:《小逻辑》,贺麟译,商务印书馆1980年版,第175页。
② 黑格尔:《耶拿时期著作》,朱更生译,人民出版社2017年版,第280页。
③ 参见《马克思恩格斯文集》第1卷,人民出版社2009年版,第292页。

第三章 国家治理对象与平等者共同体

不是少数头脑，而是工人阶级即将带来新的世界秩序。在加上引号的"选民"问题上，"英法两国的无产阶级中有很大一部分人已经意识到自己的历史任务，并且不断地努力使这种意识完全明确起来，关于这一点在这里没有必要多谈了"①。这条路是马克思洞察出来的。面对法国大革命、巴黎公社、工人大工场生产等事件场景，哲学家在进行思考之前，真理就已经具体产生了。马克思主张说，若工人阶级"能够扮演这个角色，就必须在自身和群众中激起瞬间的狂热。在这瞬间，这个阶级与整个社会亲如兄弟，汇合起来，与整个社会混为一体并且被看做和被认为是社会的**总代表**"②。当黑格尔辩证法的理性内核被马克思碎裂成两半时，我们就有可能理解辩证法何以与事件（独一无二的、非普遍的）学说勾连了。我们就需要依靠追溯马克思对欧洲主要大国中工人问题的考察来标明此看法之最初的基本特点了。

因为，西方的传统认为，政治是人类生活的决定性因素。作为历史的结果，在理论方面，它把经济差距塑造成人类学差距，并把无产阶级及其广大群众作为低贱的第三等级、第四等级与有产阶级区分开来。对人们、宇宙还有上帝而言如此根本的等级制，作为中世纪残存，实际上对现代意识形态政治概念的塑造也是决定性的。这一被政治浪漫派证明了的即被意识到的所谓"世界天命"，仿佛是高于人的存在者。在这一态度下被理解的政治理论，仍然与神学问题关联紧密。这个政治理

---

① 《马克思恩格斯文集》第1卷，人民出版社2009年版，第262页。
② 《马克思恩格斯选集》第1卷，人民出版社2012年版，第13页。

论，继续用某种形而上学的态度来描述自己的任务，即人作为理性的生物普遍而崇高地实现的东西。任何一种哲学，当它与这个政治任务发生联系，总是要在一个问题上面要么与之契合，要么与之冲突。这个问题就是哲学解释最高者或最高权威的方式问题。当传统形而上学中的最高和最确定的实在即上帝被抛弃后，人与历史就替补它的位置并成了两种新的世俗实在。甚至直到今天，它们作为两个新的创造者主宰着一种哲学理解和满足着一种哲学思想。仿佛从这个地方来就可以理解人从哲学以致生物学的"目的"这个称谓所做出来的事情。

　　毫无疑问，在我们刚才讲述的这个德国哲学里，就是这样对立着的：一方面，基督教日耳曼教条同样需要对于人的创造性行为的肯定，而另一方面这种创造性行为恰恰正是它想要加以否定的。对于那些满腹狐疑和想要追求启蒙的人来说，后世关于黑格尔的"有神论的"解释与"无神论的"解释或许具有同样的启发性。其中包含所固有的难题已经在劳动、行动以及对"群众"的革命性质的理论分析方面渐次凸显出来了。在这方面，最令人费解的是，马克思说，以前的一切形而上学"都已化为绝对的批判的英明同绝对的群众性的愚蠢的关系"①。过去从来没有人这样直截了当、这样露骨地宣称，哲学的基本"意图、趋向、解答"只是为了超越普通理智，进而由此成为哲学。如果黑格尔派认为哲学本身既不为群众所作亦不会为群众而配制，它就会是党派和宗派

---

① 《马克思恩格斯文集》第1卷，人民出版社2009年版，第283页。

论战。

现在我们还可以从这一视角中知道，首先让地位、身份、品级这些抵抗民主的东西都摆出来了。在这样的对立中，哲学家自诩的真理是并不被群众所掌握的。如果考虑到我们这里所说到的，哲学家一直自视甚高，喜欢追求智慧，同时还有顺带将他发明的关于"群众愚蠢"的理论发表，那么我们必定要领会哲学家何以如此工作，这种工作是以认识"谁是愚蠢"的可能性而完成那种绝对主体所完成的工作。但与黑格尔派认为"群众"是"一锅不纯的稀粥"、是一堆属于用肤浅的方式不得不被历史提出来讨论的杂多的"意见"① 这件事本身展开而言，黑格尔派看来或多或少是绕不开对群众性对象进行研究的。因为通过世界包括群众的世界，哲学才存在起来。换言之，黑格尔哲学即使为了研究自己、崇拜自己也得从贬低、否定或改变群众性对象中得到享受。可见，从少数思想体系至今仍然相信定义的实体性，陷入凭精神的真确概念就能领会诸如社会学、国家学，而且可以从这些概念推演出其余一切的话，即使"真正的"哲学也更加不怎么能摆脱与"群众打交道"的命运。与此同时，如果我们还记得马克思如何嘲笑黑格尔派概念法学、概念国民经济学，那他就马上明白概念的构造会有多么不同的价值，而这种不一致又必定各有因由。我相信，我们现在可以断言，一门学科所运用的概念越普适、越抽象，人们就越难用它表述现实，越可能与意见为伍。从这里，可以明

---

① 《马克思恩格斯文集》第 1 卷，人民出版社 2009 年版，第 282 页。

白,"一"和"多"被当作黑格尔派种种对立而受到了形而上学的礼遇。黑格尔补充说,"从概念来看","抽象的多"需要作为"一"或者"精神"中矛盾的东西重新扬弃而存在。① 所以,从马克思的观点来看,黑格尔学说可以有很多不证自明的方便的前提:一方面,哲学不必认识到群众自己会提升到哲学的高度,但另一方面哲学根本不必自贬至群众,与群众划界。"界"是思辨哲学赖以开端的事情,即构成"哲学界"。看来,与群众史观比堪,黑格尔之"哲学界"居功至伟的本质是,一种颠倒的世界形成,一种居于上对下的倒错,一种智者对愚民的塑造关系,一种居于最高的、最终的、包揽一切的思想的崇高位置。

在这样的情况下,黑格尔历史哲学如何开头就几乎已经是无所谓的了,他自己忌惮的原子论的政治学就几乎是无所谓的了,因为照后者看来,个人的自主的意志本身就是国家的创造原则。所以让黑格尔随便怎样开始吧,也许立刻就碰到那种开头遇见的困难,即:每个想要谈论其他人(例如这里的群众)的愚蠢,或者想要让这样的谈话颇足令黑格尔派哲学家自豪,自然都必须设定"他自己并不愚蠢",而且在此也有意表现出德国人之对其他民族——国家而言存在可统治的历史任务的优越感。可见,在黑格尔哲学所关心的事情中,作为"精神"、作为"绝对知识"和作为"主观性的群众"的概念起着多么重要的作用。但这样起的作用是从德国哲学之"先进"与德国

---

① 参见[德]黑格尔:《小逻辑》,贺麟译,商务印书馆1980年版,第213页。

民众之政治"落后"中表现出来的。因而一再激发起对于理论与实践关系在哲学上的兴趣，首先是因为不是德国而是其他国家敢于革命，其次是因为在信仰上的分裂及其基于两种具有同等优势的黑格尔左、右派在德国并存。鲍威尔、施蒂纳的纯粹的批判尽管有其革命意义，但仍然是个人主义的哲学和反群众的。马克思发现，现代自由社会的巨大政治讽刺之一，正是看上去似乎要激发一种个人主体把世界当作其能动性和创造的文化社会形式，最终产生的并非是有趣的个性，而是社会，即类生活本身的齐一化。"自我安慰"① 或自欺是黑格尔派理论的本质。

今天，只有政治上的迷信还会妄想，群众只是经由哲学来体现历史的绝对精神的材料。马克思认为，这些被哲学宣布为"精神的对头"的人，因为他们不知道在哲学中有自己相应的表现，还因为仅仅适合这个或那个相关哲学家所熟悉的诸神战争把他们当成精神的"废物"加以摒弃，但事实上群众是最具创造力的。这恰恰是被隐晦的黑格尔派的奇思怪想包裹着的事实。即使在最显白的语言中也是如此。由于真理是通过语言揭示出来的，而我们自己已经身处于语言习惯之下，诸如"从现象上来说""从本质上来说"或者"哲学上认为"就是这样一个习惯，这习惯对于我们来说或对于围绕启蒙规划而构造政治解放模式来说是可利用的，而且无论如何都是容易理解的。然而，此情况引起过各种关于语言哲学的争论，我们在此

---

① 《马克思恩格斯文集》第1卷，人民出版社2009年版，第318页。

不追究这些争论了。只有一点须得从这里去弄清楚一些。为什么"群众"在日常生活里没有使用"精神""世界观"这些词？此问从令我们来讨论其可追问之处的马克思的辩证法就可看出来。这既是因为在历史上起作用的群众尽管聪明，但却"不说出来"，而哲学家自诩聪明，这一切被写下来的哲学，早就被说出来了，而且带有情绪。他们的唯心主义哲学体系"之所以不肯承认这一点，是因为它已经宣告自己是历史的唯一创造因素"①。但是，群众会觉得这样的"种种真理"已经一目了然了吗？为什么群众想从根本上由实践而非语言方面来吃透"自由、平等"这一类已有的概念？与此同时，群众就一眼盯住：在唯心主义所臆想的"圣物"中"没有用德语给我们提出任何一种思想。表达它的思想的语言还没有产生"，正是在这个地方，马克思看到，"群众给历史规定了它的'任务'和它的'活动'"。②反过来，如果按照思辨哲学的循环说法，竟然就连创造性与愚蠢之间也是难解难分的。

从理性主义的政治正确来看，群众性政治运动和鲁莽或愚蠢之间自古以来就存在一种内在关系。但也许这种关系能给我们一点启发。显然，马克思恰恰不会沉溺在对黑格尔非群众史观的抽象中。与其说这是由哲学造成的，还不如说是由德国生活的实践形态和经济现状造成的。而就此来说：只要不透过哲学独一无二的概念滤镜，自由、正义就是人民群众的生命表现。这绝不是一种事后追认。看来，因为唯心主义为了让我们

---

① 《马克思恩格斯文集》第 1 卷，人民出版社 2009 年版，第 262 页。
② 参见《马克思恩格斯文集》第 1 卷，人民出版社 2009 年版，第 263、285 页。

远离和害怕群众，我们必须最先把从施特劳斯到施蒂纳的整个德国哲学批判的效果摆出来。其实我们连这样的说法——我们到群众中去就是我们自身的此在在着——都不能说。因为诚然如马克思所说，迄今为止的全部历史活动和思想通通归属于"'群众'的思想和活动"。但仍然值得注意的是，当我们生活的全部成就并不能从哲学（永恒）问题的视角得到圆成，在此却出现一个不能回避的问题：马克思所标举的"普通人理智"的情况在何处并如何符合人作为类存在物的实现？是什么承担并指引了这个实现的使命？对此我们说，最后成为实践中的东西，也是历史中"普遍性的现实的共同性"①。

四、政治的形而上学前提澄明

黑格尔主义以虚假的自由方式先验地造出了抽象的对立，即"作为积极的精神的少数杰出个人与作为精神空虚的群众、作为物质的人类其余部分相对立"②。如果黑格尔主义把这一对立物扩展为仅仅是哲学家们所熟悉的万神殿里的诸神的战争，当其激烈到足以把人类按照"精神"和"精神的对立物"划分阵营时，不仅能够用这一想象的对立物给群众下定义，而且还能够发明出新（既不旧又不合主流）的对立即关于精神世界或者说是政治的对立。在其中，我们可以看到那种特定政

---

① 《马克思恩格斯文集》第 1 卷，人民出版社 2009 年版，第 285、286、345 页。
② 《马克思恩格斯文集》第 1 卷，人民出版社 2009 年版，第 291 页。

治现象的含义：迄今为止曾经存在过的政治制度都建立在此一方与彼一方（治人者/被治人者）的关系的政治（政府）过程中。如果现代政治的本质在于确定哪些群众可以被称作人民、另一些则不配享有这一资格，那么，自由，这种关系中的自由，并不是指个人自由，而是指精神政治的自由，自由认同和被迫认同就是精神政治的本质。

唯物主义也把关注现实物质利益的政治运动看作富有精神的政治运动。在这方面，马克思曾援用19世纪40年代初的热门话题即"犹太人问题"来说，认为犹太族群要求自由而又不放弃自己的宗教，这就是在"从事政治"，在提出与按照自己的意愿选择信仰自由而非被迫认同符合的条件的自由。选择则意味着克服和超越某种特殊社会要素，意味着判断和政治。而人类判断始终面临着一个它无法掌控的现实，所以它仍然必须完成不能完成的与现实的"和解"。当犹太精神世俗化了的时候，鲍威尔还不敢按"现代犹太人和基督徒获得自由的能力在于经商牟利的能力"的观点来表达政治解放的思想，而社会形势的发展以及政治理论的进步说明这种观点本身已经陈旧过时了。这里，马克思在试图突破对问题的神学提法时，政治问题，就意味着进而应该正视政治解放与人的解放之差别。

此时可能有这样的事：黑格尔主义对群众获得解放能力的定见是根深蒂固的。马克思鼓励我们从作为黑格尔派虚拟的"敌视进步的'人格化的对头'即群众"，从作为政治神学的黑格尔主义主要象征的拜物化——"一小撮杰出人物"等这

第三章 国家治理对象与平等者共同体

些使我们对政治理解能力受到限制的诸多羁绊中解放出来。或者从非哲学的角度看，马克思要求我们知道，关键问题在于弄清楚，黑格尔主义是如何走到把群众的因素绝对排除在哲学活动之外这种地步的？这个问题当然关涉形而上学问题的根本。马克思首先从这样的角度解释，即黑格尔那些关于现实问题的著作，乃是阐明所有精神可被定义为当代精神的宏论。它关涉整个体系。它是充满特定政治性的，并体验着他自己受到现实问题感动或改变的本体基础。但是政治现实所指并不是某种形式的政府合乎理想或者逻辑上逐渐上升的最高级。政治现实按其生态或活的统一体说来乃是在历史中、在绝对知识中实现真正的伦理国家。换言之，黑格尔相信的是，诸如自由之类的恒久观念激励自我实现，并塑造着历史。而正如我们所见，上帝，是这一政治化的唯一主体也是黑格尔唯心主义自我实现的"热心保护人"。由此，黑格尔不会以"非政治的"纯粹性思维（因为政治生活充满"五颜六色的"个人分歧）去彰显历史主体本身。马克思指认，黑格尔哲学的真诚在于，它热情地相信社会应该满足实现意识建构绝对者这样的任务的条件。也就是在哲学中要求，不该不加证明地设定什么。或者说，应该剔除当下流俗之见，即绝对者或上帝仅仅是哲学担责的一种**假说**。对于黑格尔来说，这种意见会令人对神人秩序误判。但只是我们无法通过理性排除这些意见。所以，黑格尔认为，同以往的哲学不同，"他能把哲学的各个环节加以总括，并且把自己的哲学描述成**这种**哲学"。所谓全部哲学史都是他的哲学的逐步前进和事实上外在的发展。通过他，哲学才深入到思维，才达致真理。这话的意思是说,说话者(黑格尔)意识到,他所做的事情会和其他一群名声不怎么好的"哲学家"扬弃他们自己做过的事情联系在一起。

这话当照马克思的意思来理解。黑格尔实际上做的是一种特定的职业活动,就像法律工作者"执法"一样。在现代社会,哲学家是"公民"。哲学原本是任何人都可能或可以从事,却因社会分工而不能每个人都可能或可以以之为生活方式的活动。但黑格尔或许不愿承认这一点,他直认不讳地认为自己是"参与"哲学活动,但绝不会成为他们(群众)这群人中的一员。换句话说,"哲学"仅仅在其他哲学家做的事情意义下是贬义词,因为它们是拙劣的冒牌货。真正的"哲学"这个词与没变化毫无瓜葛。因此,"他的科学是绝对的"[①]。马克思认为,这是对自身完全非批判的态度。说话者似乎还洋洋自得地说:"我不是宗教信徒,因而从芸芸众生中的基督徒对基督教所作的各种各样的歪曲中超拔出来,我只是爱上帝,即信任基督教及其基本观念。"假如是这样,我相信黑格尔所不知道的是,他的哲学只能是对德国唯心主义"断言的天真"的一点补充。因此,绝不能够要求其对"非对象性的、唯灵论的存在物"的空谈加一道堤防。而对那必将走向解体的形而上学,黑格尔确实是半信半疑的。或者更准确地说,黑格尔越是在某种范围内克服抽象,其主—谓判断结构尤其是笨拙的形式与生动的辩证法内容之间的冲突便越是以形而上学的方式

---

① 《马克思恩格斯全集》第 3 卷,人民出版社 2002 年版,第 320 页。

增强着,哲学发展似乎在19世纪的国家(特别是普鲁士国家)思想中达到顶峰。正是在这一意义上,马克思立刻指证了形而上学"在德国哲学中,特别是在19世纪的德国思辨哲学中,曾经历过胜利的和富有内容的复辟"①。

如果黑格尔派客观知晓此事发生的规模,或者如果鲍威尔客观知晓尤其如法国唯物主义感兴趣的事情的本质,也因为形而上学在实践上信誉扫地而令哲学改头换面——18世纪法国的机械唯物主义理论附和笛卡尔的物理学假说来促成17世纪的形而上学的衰败,与其说这是哲学造成的,还不如说是因为人们对这种理论运动本身是用资产阶级社会的物质利益同他的政治利益发生冲突来解释的,是用当时法国生活实践归纳出来的理论来解释的。而且一般说来它是对现存政治制度、现存宗教神学和形而上学的抵制。也就是说,在人们足够长久地把上帝与其他有限性并列作为一种设定之后——如果鲍威尔对此果真有客观了解,他怎么还能从黑格尔那里知道,自然神论和法国唯物主义是"承认同一个原理的两个派别"②?其实,鲍威尔应当从黑格尔那里知道,如果他尚未忘记此处在谈哲学,那么他就不能以他所"虚拟的群众"作为借口来理解其中的事情。换言之,即使在把存在视为绝对概念的黑格尔学说中,形而上学也还仍旧是"物理学"。因为马克思在此明确看到:**"黑格尔的神奇的机器让'形而上学的范畴'(从现实**中抽出

---

① 《马克思恩格斯文集》第1卷,人民出版社2009年版,第327页。
② 参见《马克思恩格斯文集》第1卷,人民出版社2009年版,第327、329、336页。

的抽象概念）跳出使它们溶化于思想的'**单纯性**'中的**逻辑学**范围，并采取自然存在或人类存在的'特定形式'，也就是说，让它们显现出来。"① 至于体系的最初形态，我们对它只能从它所留下的一些破缺性的废墟来作不充分的想象了。

我们今天要说，政治黑格尔主义，最有可能的是，它不像政治亚里士多德式的（如古典政治），后者把政治看作明智（实践智慧）的思想。在黑格尔关于政治权威的来源论述中，"好政治"的建立根本不是一个民族和一个国家获得它或者得不到它的事；"好政治"就是最高的存在的方式。在黑格尔眼里，假如尊重个人意志的原则，被公认为政治自由的唯一基础的话，这样的观点总是可以随时从这个或那个着眼点出发来被接受，与观点之不同相适应，显示出来的国家的权力安排、组织或机构随之而异。因此，在黑格尔眼里，民主政治只是出名而已，而且如此出名已经成为非常可疑的事了，已是一种永无休止的商谈或党派口水政治的这样吹吹那样吹吹后的伪假之事了。对于黑格尔，看起来，"虽然以人民的状况为依归，可是把人民仿佛看做是不主要的而且偶然的"。而出现这种情况的时候，我们还根本看不准：至少是由宗教、艺术和哲学等各种精神力量决定了的一部好宪法的可能性。这种宪法不但"得到了更高的承认"，而且"确定了它的绝对的必要"。② 整个18世纪，欧洲社会极度关注法国大革

---

① 《马克思恩格斯文集》第1卷，人民出版社2009年版，第339页。
② 参见[德]黑格尔：《历史哲学》，王造时译，上海书店出版社1999年版，第46—48页。

命，甚至痴迷于此。这对黑格尔而言也是如此。黑格尔把法国人在他们的政治实践中已经展示出来的东西在反对政府和反对自由派的思考中极端地推向终点，以致近视的政府和近视的自由派误以为，在那里，现代国家的存在是符合它的本质的，而马克思在那里所看到的却是黑格尔的启蒙："当时的普鲁士人有他们所应得的政府"①。当然从马克思的角度看，黑格尔依然只是思想而已，这毫无疑问。黑格尔主义是具有调和的意识形态政治含义的，所以，他所择取的政治的看法应该同整个国家和国家伦理联系起来。但只要他使用"政治神学"的终局立场，那么他的出发点就是人的非自主性，人的先天的与后天的能力的非自足性。照此，黑格尔理性主义强调的并不是为人自己的生活建立内在、理性的根据的可能性，而是人有确信（有信仰的确信）。这里主要是说，国家在他的心目中是绝对的目的本身。② 在这个意义上，黑格尔几乎站在启蒙的反面了。

一旦黑格尔把人的意愿和应该嵌入形而上学语境中来时，他的政治发明不得不借助于形而上学或"精神"来思考"群众"范畴。例如，假如我们把量变到质变的辩证法论述用在经济领域，便足以成为我们在经济领域激发的阶级对立的处境中进入每一个涉及物质利益的课题。马克思认为，人们不再像从前的目的论者那样看待历史变化，相反，他们认为，只有把

---

① 《马克思恩格斯选集》第4卷，人民出版社2012年版，第221页。
② 参见［德］黑格尔：《历史哲学》，王造时译，上海书店出版社1999年版，第54页。

变化放在诸如物质利益这样局部合理性语境中讨论才有意义。但是黑格尔将人的意愿和应该放置到了某种形而上学语境之后，它便表达了这样一种认识，即由哲学加以分隔。如果在绝对者中设定受分隔者，而受分隔者使绝对者与它对立，然后，又把双方当作这种永久不变的两极彼此对立起来，那么随之出现一种在质上崭新而剧烈的分隔（化），比如，财产集聚并超越一定的"量级"变成政治"权力"，就从所谓中立化经济的领域转变到政治权力领域。从"权力"的本义上讲，它是朝向某个目标迈进的行动力、发挥支配的影响力以及对其他个体的宰制力。政治变得比以往更形而上学化了。在黑格尔那里，也许因为他把革命内化为辩证法的原则，所以，这种政治本质只是在思维中、在哲学中才表露、显示出来，在现实的运动中却是隐蔽的。用马克思的话来说，只要撇开不谈这一对立物（即作为"精神的对手"的群众）的**现实**运动，那么，"关于群众的意义和存在"，"所能说的只不过是某种完全不确定的、因而也是毫无意义的东西"。因此，马克思看见青年黑格尔主义根本没有为黑格尔哲学解体"动过一个指头"。[①]

在马克思说这番话时，尽管实际上是用在批判布·鲍威尔等人宣扬的唯心史观身上的，却也是适用于19世纪而成为这个世纪的不祥的谶语。在伴随黑格尔主义"每日每时以群众的愚钝无知来证明它自己的超群出众"的政治咏叹调中，这个哲学分隔的进程同那个所谓左翼和右翼的"救赎政治"联

[①] 参见《马克思恩格斯文集》第1卷，人民出版社2009年版，第290、295页。

动起来而不断发酵。在黑格尔派从"绝对的'一开始'"就不允许"群众"变化的"臆造"中①，毫无疑问群众就不存在了。亚里士多德对人下的定义"政治的动物"，翻译成拉丁文就是"社会的动物"。看来，被抽象出来的"群众的社会"只有"笨拙的理论或者理想的"笨拙的政治算术才有可能。这意味着对马克思来说，"群众的社会"乃是以种种方式（例如，君主教育的理想或公民宗教的理想）从哲学所准备的社会形式中被排除出去的社会。既然人的社会性本质上与政治性密切联系，那么，在一种关于统治的神学意义上而非社会学的意义上，"群众的社会"才会被排除出去。被排除出去的"群众的社会"之所以是一个真实的本质，首先就在于有一个受专制者统治的社会和它相对立。

还应指出，这里所有关涉的现实利益问题其实均变得具有了政治性。比如说，在法国议会的辩论中，或更准确地说："在法国的实际生活中，犹太人实际上也并没有受到基督教特权的压制，然而法律却不敢确认这种实际的平等。"② 布·鲍威尔认为，在法律和国家范围内，人为了能够获得普遍人权，就必须牺牲"信仰的特权"。在此，布·鲍威尔试图让公民只相信一种信仰，以此达到信仰冲突的政治解决。马克思立即指证，它的错误在于，只要把这个局部的政治矛盾看作"普遍的"矛盾，就会触及政治解放的可能性（或者不如说：不可能性）和人的解放之间的矛盾关系。布·鲍威尔在政治上实

---

① 参见《马克思恩格斯文集》第1卷，人民出版社2009年版，第285页。
② 《马克思恩格斯文集》第1卷，人民出版社2009年版，第315页。

在无足轻重。因为,当精神被证明不可能应付他们自己创造的人造物,即自由的政治国家的"异化"同足够庞大的群众面对时,他们通常都求助于把政治精神化(神化)的做法。这意味着,他们以为自己是用大大高于"政治本质"、其实是大大低于这一本质的方法去寻求自己矛盾的解决。我们这个充满了重述"人是政治动物"的主张——除了理性之外还有信仰——的世纪,几乎就是一部关于这些趋势、意图的深刻的教科书。

从马克思对政治的领会看,若根据黑格尔主义的打通知识和信仰之政治思想的意义,则貌似采取了一种更高的其实是更空洞的姿态。因为,渴望得到满足的并不是现实"利益"和"热情",而是"一种思想"或理性、正义、自由。与此相应,哲学家的讨论采取一种崇高的姿态,因而它不仅必须经常为自己制造出对立面,而且在他的"职业状态"方面,也就是在他思想方面必然具有了公然反抗不合公理世界的"身位"。因而,在外观上,他也为不理性的政治类型,即救赎政治打开大门。而顺着群众的立场说话,对于群众的热情的重要性,问题在于政治感情,而非受热情蒙蔽"去自欺欺人和俯首听命。应当让受现实压迫的人意识到压迫,从而使现实的压迫更加沉重;应当公开耻辱……而各国人民的要求本身则是能使这些要求得到满足的决定性原因"①。这里马克思完全真实地呼吁,人们要想站起来,仅仅在思想方面站起来是不够的。对于马克

---

① 参见《马克思恩格斯全集》第3卷,人民出版社2002年版,第203页。

思来说，这已经是要直接铲除产生哲学偏见和现存国家的现实基础了。当一个普通人说有少数杰出个人和群众对立的时候，他并不认为自己说出了什么非同寻常的东西。尤其是在当代，似乎人人都有世界观，人们不得不承认任何有别于哲学家的人、任何有别于我的你，等等。因此，在这里，从世界观看，还可以说到人民和所谓诸众之间的对立。但其间的所有争论并不陷入要不要或该不该由少数杰出个人参与社会秩序建构的政治偏见中。这个偏见早在人类之初就被冲淡了：一个没有少数杰出个人的社会就不是社会。所以，这个偏见，凭直觉所指尤指少数杰出个人所指的"群众"问题——用马克思观点之极其简洁的方式说，就是在历史上如何能够实现人数众多的而非仅仅由少数人组成的群众的现实利益。

对我们来说，最紧要的问题是要关注政治和治理实践在何种程度上体现了群众的现实利益。马克思说，群众是历史活动的承载者。群众之令马克思感动处，在于他不会用思想的枷锁套在现实的感性的头上。他的身上依然有着哲学家已经失去的因而有更广泛的理解的无数可能性。假如人们再回头看看黑格尔派的理论，就会发现，群众作为传统唯物史观阐释视为根基的政治主体，是被黑格尔派的"群众性"理解撕裂或抛弃了。三十多年来，在英美和欧陆的政治思潮中并没有获得重新规定。福柯的"鄙民"、德勒兹与加塔利的"游牧民"、奈格里的"诸众"、朗西埃的"没份的那部分"等，它们所具有的历史或社会学意义上的特征无非是，这群缺乏实体的"群氓"，相对于权力，将以"倒错"或"极限"的姿态现形。在黑格尔主义精神政治的"如意算盘"内,所谓不凭自己的良心和情感来生活的"群众",是相对于可由法的或国家的形式规定的自由和天职之间先定和谐的人。只要另一个(精英)存在,一个(群众)就不存在。或者说,沿袭思辨反思哲学,仅仅"根据其绝对的性质在登场时将立即发表与众不同是'箴言'",群众性就必定作为受分隔者而无力保留(扬弃)并且永不失去这种形式靡定、反复无常的固定特征。今天,我们如马克思那样质询起黑格尔的辩证法的"精神空虚"来。通过揭露绝对精神的全部伎俩——无外乎"不断地变为精神的空虚",要给哲学一个新的意图和出路,即使在历史观方面,也不能忘记,绝对精神始终有一个对其施以狡计的对手。这个对手就是"群众"。

值得注意的是,马克思哲学是通过多么复杂的、曲折的道路,也就是首先通过反宗教的斗争,然后间接地也是通过政治斗争的道路才走向现代的历史运动。当我们说"必须用普通人的理智夺走哲学的独立存在的地盘"时,其实我们的意思是,哲学家曾经与神学家分享的区分、定义特别是托词已不再有效。现在的人们已经不再知道,那在当今时代已经成为共同财富的东西,那在19世纪德国哲学界被一切具有形而上学思维和宗教情感的人视为如临大敌的东西和卑贱的事物,在当年是通过艰苦的斗争赢得的。这些东西里面尤其包含着一个信念,即那过去人们根本不敢想象的东西,如今成了经验领域里的事情。我们所讲的狭义上的哲学,例如,这里通过黑格尔这个人想出的绝对观念,或许比群众信念更严格,但在实践上以为能够达到在现实中实现这个绝对观念的地步,往往是因为绝对观念并不绝对。或者用恩格斯的话说,这个观念如何说也说不出来。今天,如何把握绝对观念对同时代人的实践的政治要求的高度,如何为之保持一种将来之来临或一种许诺与兑现的辩证运动,这是马克思哲学的思考以及它的真正贡献所在。

今天,我们如马克思那样反唇相讥质询起黑格尔的辩证法的"精神空虚"。通过揭露绝对精神的全部伎俩即"不断地变为精神的空虚",要给哲学一个新的意图。我们不能忘记,全世界可能不都拥有同一个哲学,但在通向真理的级梯上大多数人的协作是绝对必要的,这不仅在史实上,也是在马克思哲学实践基础上。因此,在认识到人是更复杂的动物、是人的全部活动和全部状况的基础之后,如果哲学还能够发明出新的范畴,促进这些变化,那么像它现在正在做的那样,就须重新满足群众的需要。在这种情况下,理论哲学的任务就完成了,而实践哲学刚刚起步。这就是我们对马克思当年尚且受到黑格尔、费尔巴哈影响的时候,但他却是对自己开辟的一条道路重新予以考量。这依然附属于对治国理政的前提性思考。

第二节 性别和政治制度

在言说治国理政的时候,我们总是发现人们回到那些在人他们看来毫无疑问的原则。人们曾经常提及和反复说,一种国家治理体系的提出和施行最初是对于自由与控制之秩序的不断维护和修正。自由与控制的主题恰好可以追溯到霍布斯所谓的国家起源,即自然状态与公民或政治社会之间的矛盾关系(有多种不同的描述)的形式,再后来采取了市民社会与国家之间的矛盾的形式。从历史上看,虽然"国家治理"这一概念不属于马克思主义研究传统,但对于国家治理问题的"前历史"研究早已经存在于马克思、恩格斯的文本里。在马克思主义的国家学说中,恩格斯的《家庭、私有制和国家的起源》是最为重要的文献之一。在这部著作中,恩格斯对治理体系的研究没有局限于国家之内,而是在更广阔的历史发展视野中探究国家的起源和消亡,考察了治理体系从"国家之前"到"国家之后"的发展历程,展出他关于治理问题的重要观点。在恩格斯看来,在原始公有制下,氏族社会的治理体系是一种充分体现民主原则与公共利益的制度体系。和今天人们相信的那样,恩格斯相信,自由民主是善治和性别平等的标志。但是,国家治理却是对这种原始公共治理的异化。接近打开腐败的通道是关键的因素。"随着生产的继续发展,治理体系经历'否定之否定',实现自由人联合体——原始公共治理方式'更高级的复活'。"[1]

我们看到,既有的研究成果,很少有研究会吸纳性别关系分析。迄今为止的分歧主要分为两类:一种观点认为,性别与国家治理是没有太多联系的现象,强调"不相关"或"假相

---

[1] 李洋:《"美妙制度"的"异化"与"复活"——〈家庭、私有制和国家的起源〉中的治理观》,载《福建论坛》2020年第5期,第27页。

关";另一种观点认为,社会中的性别差异对国家治理有重要作用。罗斯坦等人提出了"为什么女性比男性更不容易腐败"的问题。① 我们的观点很简单,对某一领域案例研究需要有理论基础。在此,我们将依据唯物史观重新对国家治理与性别差异问题课题化,并将其概念化为性别与政治制度关系问题。特别是,爱能否提供政治制度建构的基础?

从历史上看,自由主义同其对手社会主义的差异,原本具有实际的内容。自由与控制的主题只是在现代之初得以主题化。我们在马克思、恩格斯的著作中可以找到这种立论的依据,特别是恩格斯对家庭与国家起源的描述正是我们要倚重的。多纳蒂认为,马克思主义是以"一种完全物质主义类型的实在主义"还原论来研究社会关系的,"即在微观层面将社会关系概念化为一个生物机体的具体条件;在宏观层面概念化为社会阶级之间的关系,而社会阶级取决于对生产工具的占有和生产方式"②。换言之,如果我们在坚持这种论点的时候加以谨慎理解,那么我们是否可以认为,"与隔离的社会相比","将大量家庭统一起来的中介(爱)"是可能的?我们是否可以认为,"也存在什么制度能让多数家庭(至少在确定条件下)作为一种整体来运行"?从唯物史观的视角看,作为一种初级社会群体,家庭有其超越社会的一面,家庭之所以超越社

---

① 参见[瑞典]索伦·霍姆伯格等主编:《好政府——政治科学的诠释》,包雅钧等译,北京大学出版社2020年版,第242页。
② 参见[法]皮耶尔保罗·多纳蒂:《关系社会学:社会科学研究的新范式》,刘军等译,格致出版社、上海人民出版社2018年版,第91—92页。

会，是因为它反映了完全关系性的需求（必要性），这种关系性在日常生活中促进了越来越复杂的（权宜性）安排形式，如国家制度等。梅因曾经指出："迄今为止，所有改革型的社会进程都是一场**从身份到契约**的运动。"① 这意味着从社会古代史及现代观念的联系角度看，古代法律关注的是所谓扩大家庭之间关系的具体问题，而不是个人之间关系的具体问题。在家庭的起源及扩大家庭的秩序过程中，家庭的个体成员完全受制于家长。罗马的法律观念彰显了父权制。个人身份的规定性完全取决于父权统治的背景。古代，一国的原住民往往认为，国家是因为原住民的血缘关系而凝聚。男女感情与制度对立统一，这是同一个历史叙事的另一个部分。因此，我们的研究来自一个诧异：当人们将国家政治定义为一个伦理理念现实化场所时，他们总是专注且深入到社会、政治组织的问题细部，而非从最初级社会群体形态，亦即从男性性别、血缘的观点与原则出发。可以说，传统的国家治理研究从来不关注女性群体，以及这样的群体对象与关系。福柯是例外。治理术的概念被福柯扩展成为广义上说的，引导人们的行为和程序。治理儿童，治理灵魂或者意识，治理家庭、国家或自己。福柯发现，在古希腊文学中，"文学上的动物形象：作为'被治理'的要素或目的性的引导的羊群不会说话，一群群母羊间也无互动能力，

---

① ［英］亨利·萨姆纳·梅因：《古代法》，郭亮译，法律出版社2016年版，第91页。

牧羊人的行动仅为了很单纯与正当的理由"①。以一种理性的视角，黑格尔与福柯不同，在黑格尔《精神现象学》那里，这个比喻却是非常重要的。它所关注的女人问题，是在客观精神初现的阶段。女人对黑格尔的意识而言完全是"训诫"的。黑格尔在"一个共同体的内在敌人即女人"的主题所渲染的正是这一"训诫"。但是在更为深刻的经济、政治分析而言，在女人伦理内容背后，展现出来的是家族血缘、民族和国家之间的深刻矛盾。黑格尔所谓对敌人的承认其实是关涉爱本身的。唯物史观在女人问题上回应了黑格尔的精神探索，回应了其把个别性融入普遍性的内在要求，及其这种道德热情，向我们描绘了另外一种版本的"女人问题"，也即不同于理性的总体性视角下所理解的女人问题。"女人问题"的形式本身也已经不可避免地产生了对"女人问题"的批判，唯物史观在人类史前史哲学考古学探索以及世界历史的劳动诞生史研究中找到了对"女人问题"的批判框架，这样的批判框架就本质而言是非历史决定论的，任何人的预成未来以及"总是未来的东西好"的叙述已经不能再引起唯物史观的兴趣了。因为，这一批判框架所针对的是某一个别民族政治、经济制度和友爱的、伦理的共同体之本质关系，而不是性别视角与腐败之间的关系。

由此，历史唯物主义式的国家治理哲学研究已经进入了深水区。我感到，一是，不能抽象地提出历史唯物主义之外是否

---

① ［法］阿兰·布罗萨：《福柯：危险哲学家》，罗慧珍译，漓江出版社2014年版，第22页。

存在马克思主义国家治理哲学这个问题;二是,从国家治理哲学问题领域中清理出马克思主义,不采用第三人的意见并与之交锋是不现实的,不卷入一场还没有结束的对话也是不现实的。这里我要集中关注的话题是,唯物史观中的女人与政治制度,这个话题是我根据历史唯物主义立场所拟想的。熟悉哲学史的人一定会感到惊讶:哲学家在大多数记载中都被刻画成"一个有智慧的男性"。好像是说哲学家是男人帮。这成了哲学家群体性别的刻板印象。现如今,哲学正面临着诸多性别平等争论方面的问题。而如前所述,性别平等是善治的标配。相比于非政治哲学研究者,政治哲学研究者更能够看出哲学史遗产对性别平等问题的重大影响。也就是说,虽然哲学的这一早期、中期或许近期的自我定义已经变成陈年旧账,但它的政治方面的影响还在左右着治理哲学研究的视野。比方说,根据某些女性主义故事,哲学除了应当将马克思主义打入冷宫并与黑格尔主义拉开一段距离之外,还要"修正""改动"性别特殊论的伦理内容。就像许多故事一样,从政治性上,某些女性主义会明确表现出对从福柯/德里达/利奥塔等微观政治学达成对尼采大政治的发展的兴趣。

我这里不谈这个微观政治哲学的种种结构性趋势。下面将集中讨论马克思和恩格斯有关妇女解放的论述,致力于打破人们一直持有的"国家神话"。马克思和恩格斯都对异化和性别压迫提出过批判。我们看到学界运用马克思和恩格斯批判成果的也很多。但是,我们也应当看到,马克思和恩格斯在对文明和资本主义商品生产进行批判之后其实还缺一篇文字。这篇文字是用于认识妇女解放之政治制度基础的问题。缺失这篇文字已经产生非常严重的后果。比如说,激进马克思主义认为,马克思和恩格斯在这方面要么总是解释不清、要么是关于妇女解放的解释没有什么价值。当然,我们这里不想纠弹激进马克思主义以及引申出的问题。任一公允的读者都相信,从马克思和恩格斯的著作中,我们可以看到,他们都重视探索社会自然包括人的身体所参与构成的劳动诞生史的"秘密",他们都不满足于"无人身的理性"意识形态的那些抽象空洞概念。我目前接受和肯认学界的论点是:在社会演化进程中,与其说,我们应当像女性主义那样关注女人的地位更高还是更低的问题意识,不如说应当将经济基础和上层建筑之间关系的教条主义理解看作是有问题的。只有这样,我们才能将引起那种男女地位的现实生活条件的考察与政治制度的变革结合起来考察。

我们在这里注意的是,马克思和恩格斯心目当中的"上层建筑"的核心,并非主要指文化,而是指政治、法律秩序。比如,在《家庭、私有制和国家的起源》中,恩格斯检视的正是这种上层建筑的核心。所以,恩格斯自己说,他写的《家庭、私有制和国家的起源》是为了实现马克思的"遗愿"。

接下来,我将讨论两个问题。第一个是,对黑格尔的"女人是共同体的内在敌人"这个判断的批评和评注;第二个是,关于唯物史观的"爱的共同体"的澄明的可能性问题。我以为这样两个问题是带领我们走向历史唯物主义式的国家治理哲学研究深处的引线。

一、黑格尔的女人政治伦理观

马克思和恩格斯没有关于女性观点的系统化论述。但是他们的理论对当代西方政治法学思想批判的形成有着重要影响。我们可以在关于黑格尔哲学批判中找到这种重要影响的印记。我们可以从两个层面来理解这件事情：首先，黑格尔用"女人是共同体的内在敌人"①这个判断，把哲学的实质精神男性化。他的判断具有讽刺味道，但是他的判断却激发了马克思反对黑格尔理论的动力以及论据。这个论据想证明：两个具有不同自然属性的个体（例如你的父亲和母亲）只是一个永恒（比如，无论历史如何变迁，我们的骨骼还保持恒定的数量和形态）但历史性的显现形式（比如，在男女的具体行为中呈现个体心理活动状态）。作为差别的身体状况是不能独立成为活动着的、现实的历史（作为事情本身）的真正显示形式的。马克思会问，作为男人或女人，作为社会的人，是否具有人类社会历史普遍的属性？根据马克思的论述，很明显，社会不只是有两个个体，而是包容了第三个人。这是社会关系的前提。马克思指出，探究人类的起源不能抽象地问：谁生出了第一个人和整个自然界？马克思的理由是，男人和女人都是独立的，就像我们去问解剖学家"人的骨骼怎样形成"，那么他会说没

---

① 参见［德］黑格尔：《精神现象学》，先刚译，人民出版社2013年版，第269—299页。

有男人不行，而没有女人也不行。黑格尔所谓"观察的理性"的各个环节，现在已经被世界历史的诞生所展现。为了避免世界历史所谓"谁生了第一个人"的争吵，马克思提出的解决方案是人与自然的统一。此外，这一方案还捍卫了马克思在一个关于性别话题以及我们常常说的"身—心"关系的争辩方面的历史唯物主义基础。

一般都认为，马克思对黑格尔的批评主要在于马克思不满足于从黑格尔那里继承抽象的概念体系。按照我们的说法，这是对女性的歧视的概念体系。我们看到，黑格尔在撰写《法哲学原理》伊始前十五年就强调了女性与男性之间的差别。在这里，我们无疑可以依稀辨别出黑格尔一生为特定的政治理想而著书立说。因此，黑格尔的宇宙论是有性别的。这是伦理道德的证实，也是宇宙论的证实。古希腊人比如柏拉图和亚里士多德已经提到过它；黑格尔重新发现了它。在《精神现象学》中有一些关键性的段落，黑格尔论述了关于性别和家族血缘关系的历史意义。黑格尔在作为真相的精神即伦理这个片段讲述了这个内容。黑格尔有一个特别的想法：人类精神意识的发育成长并非一蹴而就，它的完善化是一个过程。这个过程中有很多大大小小的阶段。其中有一个阶段，它相当于现实历史的古希腊城邦社会。在古希腊城邦社会，人与人之间的伦理关系初步却完满地建立起来了，它让有教养和没有教养的人都用家庭、家族为主体的民族伦理方式来思考自己的行为、来决定自己万金难买的人生。

黑格尔于这个阶段提出的希腊伦理生活是别有深意的。他所谓的希腊世界的人伦关系，实际上是指人类社会行为的规范，比如伦常礼俗与政治法律的体现。或者说，若对西方而言，当下现代性是一个历史展开中的特定阶段的话，对于黑格尔来说，作为西方文明源泉的一个体现，古希腊城邦社会是一个无所不包的永恒当下的典范。黑格尔觉察到的是，理性的精神已经在社会生活中客观化了。社会关系的实际作用反倒让主观精神变成客观精神的内在要素的发展。黑格尔把体现在城邦国家、民族伦理的力量与所谓人的规律和规范家庭的神的规律联系起来。我们可以看到，黑格尔在这个地方提出人的规律和神的规律之间的关系，大家就都会很在乎。因为黑格尔把社会伦常与个体在共同体中确定身份排位提到规律的高度。言下之意，搞政治建设是要讲规律的。一则，违抗它是不现实的；二则遵从自然法（既是"伦理总体性"，又是"绝对实在的伦理秩序"）也就是正义的。在黑格尔的眼里，人的家族血缘关系就是天生的，不是人力所可以左右的。所以，它是神的规律。有诗云："自古帝王多薄幸，最是无情帝王家。"人们对无从把握的命运的认识，正对应着关于难知究竟的天意的认识。

　　黑格尔接受了这些前提，也就同时接受了通过它们能够证实的结论。黑格尔由此加进一个关于男女性别的规范论定义。对黑格尔来说，男性公民都热衷于政治，他们之间会彼此承认对方为公民，家里面的妻子和孩子则另作别论，而且妻子和孩子都处在官方社会（意识形态）之外，也会因此蜕变为一些更为疏离的身份要素。黑格尔在《精神现象学》中，采用了古希腊城邦社会对女性的传统定义的表达。好比认为，女性的品质只有在私人领域才大放光彩。大体说来,黑格尔是在亲密的家庭生活象征中寻找女性的位置。诸如煮汤、烹饪佳肴、制作美酒、照顾孩子,等等。想必,这些女性的象征惊醒了普遍记忆。在每个人的头脑中跳动着这样的普遍记忆。也就是说,女性的伦理意义被黑格尔规定为是否定的——一个"本身"并不存在的纯粹的失真的实体。女性个体是还没有完成观念的自我认同。当她的活动限制在家庭以内才能得到赞扬,当她胆敢突破范围时就会遭到谴责和嘲笑。

问题是,黑格尔关于女性的这种定义意图何在?很明显,黑格尔将社会、民族精神化了,也是男性化了。他对个体与社会民族之间的关系作了相互对立而又相互依存之辩证定义。从中他看到了一种危险。这种危险是由于把血缘家族凌驾于国家或共同体这样的伦理"权威"之上所带来的。黑格尔相信,女性在共同体中是危险的、难以控制的。因为女性在本质上不能成为一个公民,有些"特殊"。对黑格尔来说,实际上,人的规律涉及一种普遍的实存,涉及共同体,涉及一般意义上的行动。这些几乎与女性无关。因为人的规律涉及个体与社会、政府的关系。也就是说,涉及男性与社会及政府的关系。[①] 这意味着,人的规律与家庭守护神的规律发生冲突,与女性所主导的家庭的独立孤立化相冲突。总之,与男性相关的事业会与家族血缘产生不可调和的矛盾。另一方面,黑格尔是个调和派。与亚里士多德类似,黑格尔又主张,家族血缘与人的规律

---

① 参见[德]黑格尔:《精神现象学》,先刚译,人民出版社2013年版,第293页。

不是毫不相干的，恰恰相反，男性公民自身的生存和繁衍必须植根于家庭，就像公共政治领域离不开家庭私人领域一样。但是，黑格尔是观念论者，他给我们提供的是从社会到民族到家庭或公民个体的演化顺序。好像是说，家庭需要民族社会及政府，没有民族社会及政府的家庭是无法存在于社会内部的。而在唯物史观中，这种主词—谓词的颠倒却被颠倒过来了：这一过程反向演化才是客观的。家庭是一个起源性存在，既是男性公民自身生存的起源，也是人类个体的起源。

我们将看到，什么样的推演就有什么样的社会结合力和凝聚力。根据黑格尔的观点，社会共同体凝聚力的原理是通过对抗形成的。它统治着一个从社会到民族到公民个体的秩序演化过程。其中，女人的存在无非是这个演化顺序的附属证明。在黑格尔关于人与人之间社会政治关系的看法中，个体与社会民族协同一致的原理是人的规律。一般意义而言，家庭只是人的规律的要素。个体成员自觉皈依的意识是整个社会民族普遍的、有所行动的基础。在这样的解释中，黑格尔想当然地认为，共同体只有通过破坏家庭幸福并将一个个体的自我意识消解在共同体的普遍意识中才能获得持久存在。公民的意识是十分重要的。至此，黑格尔讲这些话当然有政治背景，但我们更多看见的是这些假设带有的神话色彩。不过，我们还弄不清，黑格尔究竟意指一种体制，还是相反等同于血誓。因此，若要达成一种体制的设想，那么索性拒绝承认女性能够为共同体、民族所容纳。共同体的敌人从定义上来说是与共同体貌合神离的。女性就属于这一类，这些"人"虽然也叫作人，但已是共同体的敌人。

黑格尔对女性的抹黑不是没有原因的。在他看来，共同体内部存在根本性的分裂或者结构性的冲突。这个冲突与他对女性政治伦理的主要特征的确认密切相关。非常奇怪的是，在某处，黑格尔提到诡计。为了解释演化顺序，作为肉身存在的黑格尔将对为母之子的考虑放在一边，反而求助证言，认为女性诡计多端、损公为私。黑格尔的原话是："以下情形可以说是对于共同体的一个永恒讽刺：女性通过诡计把政府的普遍目的转化为一个私人目的，把政府的普遍成果转化为这一个特定的个体的事业，把国家的公共财富转化为家庭私有财产的饰物。"[1] 然而，这些情况是否真的与女性有关？为此，许多学者留意到，黑格尔是正统男性中心主义者。而现在人们对男性中心主义者批判的根据在于，"女性"一词的负面含义恰恰指"男性"的夸夸其谈。比如：那些"男性"脱离现实世界中的深刻的经济与政治的原因而进行所谓女性研究，或者说，男性针对女性的抽象概念的纸上谈兵；还有"男性"从来没有想过，共同体的敌人从定义上来说是无法存在于共同体内部的，"她们"只能从外部造成威胁。"她们"不是公民，那是因为"她们"不得不处于经济上的寄生状态，并且处于法律上的例外状态而被驱逐出共同体之外，等等。关于这些原因的分析，在唯物史观中已经成为常识了。

当然，我们需要看到，黑格尔这里有很大的迷信。按照从

---

[1] 参见［德］黑格尔：《精神现象学》，先刚译，人民出版社2013年版，第293页。

基督教自身发展出来的"正—反—合"辩证结构来说,黑格尔认为,将女人从个别性中"拯救"出来,这是男人的责任。但是在这两个相互对立又相互定义的个体——男人和女人之间,黑格尔的思辨,有点像一个在习俗伦理和政治之间演算一个复杂的调和方程式一样。不过,这是题外话了。而我们想要理解为什么共同体可以被黑格尔想象成这样。为此,就必须理解这一点:马克思认为,"女性"的负面含义已不再指过分的放逸和个别性,事实上,现代世界不但肯认、接受女性特质自身,也肯认、接受个别性精神。而这一转变背后的原因则与现代的"道德姨妈和宗教姨妈"的践踏密切相关。早在《巴黎手稿》中,马克思就已经面临着女性问题。确切说,妓女问题。正如马克思在那里所提出的问题那样,如果女人只能存在于政治的共同体之外,女人怎么能有美德呢?如果女人什么都不知道,除了身体之外没有任何知识技能,女人怎么会富有良心呢?

至此,马克思发现,撇开黑格尔有关贬损自己的母亲和姊妹的辞藻不谈,现实告诉我们的是,国民议会的政治家与普通男女生活在不同的世界中,前者回到家中享用仆人即他的女人烹饪的晚餐,而后者在每一次面包涨价时都感到胃疼。但对这样的经验生活,黑格尔只能回归到自我意识镜子中同样将夸张且矛盾的思辨贯注到人的自然性上。当然,黑格尔也肯定意识到了这种阶级鸿沟。1806年的有关社会差异的生活经验,似乎让黑格尔正视国家与市民社会的分裂式发展。黑格尔正是于1806年10月完成了《精神现象学》的撰写。他就是从思辨上填补"国家"与"市民社会"的鸿沟。但这位穷困潦倒的思辨哲学家是从上层、从统治者、从男人的角度看政府、国家的。黑格尔实际上又掘开了一条鸿沟。某种意义上，马克思就是要从客观的角度揭示出这一鸿沟。相比之下，对于马克思来说，关于人的规律就是关于一个现实的、活动着的个人的规律。所谓的政治国家的普遍的自由必然意味着盲目地超越家庭和市民社会这一地基。

在这一点上，必须要追问的是悬而未分的神的规律。在《黑格尔法哲学批判》中，马克思发现，黑格尔所谓的"活人"的规律乃起源于"神"。"神的规律"涉及个人与家庭及家族对于阴曹地府中神灵的信仰。众所周知，家庭与家族是一种以爱和感情来维系的天然的伦理共同体。但如何处理在家庭扩大至家族、民族与国家之后，人们面临着这种天然纽带的维系力量的松懈呢？这是个现代性问题。但这不是某种可以被不谨慎地化约为治安管理之类的范畴。因为，处理得恰如其分会被人们理解为是政治艺术。马克思从中看到，一方是代表家庭的守护神，另一方是声称就是神的普遍精神，它们之间的对抗与调解，这是黑格尔的逻辑学。

需要注意的是，男女有别是一个古老的概念。黑格尔哲学在面临这个古老概念时为什么会把女性变成"共同体内在的"敌人呢？黑格尔总是极为矛盾的。而矛盾是发展引起来的。黑格尔为什么一边说女性"对于伦理本质具有一种最为强烈的敏感"，一边又说因为家庭规律所以女性缺乏理性和道德的坚韧，这又意味着什么？我们知道，这部哲学著作在多个重要的方面是黑格尔本人的心造。比如,黑格尔的传记作家雅克·董特认为,问题就在于黑格尔这一时期的中产者的生活方式。1807年2月,黑格尔同他的女房东生下一个私生子。"正是通过家庭内部的私生子现象,中产者社会隐约地意识到了自身内部的不和谐以及自身瓦解的危险。中产者社会更喜欢认为威胁来自自身的边缘或外部,而不是来自自身的内部深处。如果有了私生子出现,这可不是什么愉快的声音!私生子破坏了家庭的稳定,腐蚀了传统价值中的信任,带坏了正统思想,嘲弄了主流意识形态。"① 董特的这一解释,真是恰到好处,尽管不太引人注意。

我们将这一章节同马克思的著作《黑格尔法哲学批判》加以对照阅读,也是恰到好处的。这就是说,如果黑格尔在普鲁士袒护长子继承权,实有难言之隐的话,那么在别的地方比如在英国却是需加以谴责的。当然,这一点是否意味着黑格尔在社会地位上认受这个女房东。现在我们已经没有办法确定了。"既然爱情没有了。剩下的就是烦恼了。"奇怪的是,黑格尔还有一个特别的想法:家庭整体与社会整体是一致的,但是由于家庭整体相对于社会整体而言,仍然是个别的。个别与整体之间存在各种不平等。如何保持家庭和社会之间的公正,仍然是一个有待黑格尔在人的规律和神的规律里解决的政治问题。陷入困窘境地的黑格尔的想法就是普通人一样的想法,即对爱与公正进行辩证思考。这里所谓的辩证法,一方面是指承

---

① 参见[法]雅克·董特:《黑格尔传》,李成季等译,上海人民出版社2015年版,第202页。

认不公正并不是源自共同体（黑格尔眼中的"绝对政府"），而是源自自然界，源自那些"阴曹地府的势力"（死人统治活人之宗教神灵信仰）。正因为如此，黑格尔才会说，作为个体，在消除他所遭受的不公正待遇这回事上，如果只是反对共同体，那又是一个没有出口的死胡同。因为从所谓"科学"领会的自然法角度看，爱与公正之间最初就存在差别，所以，黑格尔认为"共同体并没有让他遭受不公正待遇"呀！不仅如此，我们还应当承受"不公正"，因为"不公正是**存在**的一个**抽象的**普遍性"。① 另一方面，黑格尔讲道理的方式看起来总是那么自相矛盾。因为爱与公正之间实践的调节总是脆弱和暂时的，以致这个"公正"是与"死亡"联系着的。黑格尔对此坦然地作出论断：一个人活着的时候属于社会，死后属于家庭。死亡似乎就是对公正的直觉理解。男男女女既无需外求公正，也无需等待。无论是谁，他死了，他本身得不到任何安慰。不过家庭则使死者避免屈辱，把死者送入大地的怀抱。为死了的亲属追授一个共同体成员的精神位格。死者在精神上永垂不朽，这似乎是所有人都可以理解、听得懂的道理。

但黑格尔当然不能注意到，他的《精神现象学》恰恰维护了他想要去反对的立论的根本立场。马克思对此进行了批评，他认为："**死**似乎是类对**特定的**个体的冷酷的胜利，并且似乎是同它们的统一相矛盾的；但是，特定的个体不过是一个

---

① 参见［德］黑格尔：《精神现象学》，先刚译，人民出版社2013年版，第283页。

特定的类存在物，而作为这样的存在物是迟早要死的。"① 男女虽然有别，但同时彼此又处于个体与类的统一中。这并不是说，公正是通过这一既是个体也是人类的终极可能性的死亡加以证验的，这仅仅是人们数个世纪以来的思维惯性。不过，这种思维惯性潜伏在我们的言行中，观念影响力远比大多数人想象的要大。而黑格尔这个以其"共同体内在的敌人"来定义女性的思路，实际上是"表现了人在对待自身方面的无限退化，因为这种关系的秘密在**男人**对**妇女**的关系上，以及在对**直接的、自然的**类关系的理解方式上，都**毫不含糊地**、确凿无疑地、**明显地**、露骨地表现出来。人对人的直接的、自然的、必然的关系是**男人**对**妇女**的关系。……因此，从这种关系就可以判断人的整个文化教养程度"②。

二、爱的共同体与历史性

我们在开篇所做的铺垫，使黑格尔关于伦常礼俗与政治法律规范最终以唯物史观为奠基。准确地说，在恩格斯对原始家庭的人类学、历史学隐喻的解读中，联合在一起的男女平等关系成为现实本是期望之中的。现代人会觉得男女联合是很自然的。在旧的氏族制度解体并在自身之上创立的国家法则取而代之后，这种联合关系迅速成熟起来。女性或男性最终从人身

---

① 《马克思恩格斯全集》第3卷，人民出版社2002年版，第302页。
② 参见《马克思恩格斯全集》第3卷，人民出版社2002年版，第296页。

依附关系之中被成功解救。人们或许可以注意到,从马克思和恩格斯的著作中,作为一个历史前提,家庭、氏族最初通过血缘的天然纽带而形成家庭共同体,与此同时,还为未来社会兄弟姊妹情谊逐步成型留出的空间,并随后从父权的权威中解脱出来。

可以确定的是,唯物史观的自由人的联合体被设想为包容一切。这当然需要共产主义革命的兄弟姊妹情谊。但迄今为止,政治联合体的实质精神已经变得狭隘化了。比如,不足够认真地包容女性。像种族、性别等诸多概念以及问题的处理被隐含在单一而且同质的经济问题中。在一个充满了利益竞争急需公正仲裁的政治领域,除了快乐、实用之外不再有真正的支援意识,也不可能出现真正的社会共同体。今天我们有所谓的社会共同体,但它的形成不得不求助于强制性的政治与法律措施的维系。因此,唯物史观对狭隘的共同体的批判一跃而成为最著名的政治理论。

首先,我们必须强调的是,唯物史观比其他社会演化规律的总结更有力量地指出,穷人和有钱人之间的斗争是政治生活的基础。不过,有些人对唯物史观的理解,就仅仅止于此。后马克思主义对此进行批评,它们认为直接的政治行动并不适用于强调"交往哲学"(即调节人们交往的中介的哲学)的今日社会,更不能适用于全人类。很明显,马克思主义在政治和哲学上已经彻底过时。近些年来这些观点已经成为后马克思主义的标签。有的时候,在学术界这套说辞俨然等于为差别政治、身份政治、性别政治等学术话语张本,借此来拒绝马克思有关聚焦经济问题反资本主义之演化规律的普遍适用性。有人认为，如今网络文化已经将男性和女性视为自反性名词。也就是说，马克思主义的性别压迫背后的经济根源问题自身也被质疑了。至少从表面上看，在资本逻辑推动下，大众文化进一步强化超级男或超级女"'性'质地"之间的斗争。这种斗争反过来又聚焦于单一而且同质化的男女间可以感官上体会到的差异。大众文化逻辑是趋向一切人反对一切人的战争。按照德勒兹的说法，"难怪这些人对人采取憎恨的态度，并且制造后者的负担"，"一个男人不被其所爱的女人所接受，他便联想到女人的水性杨花、满腹谎言，以及其他古诗中常常咏叹的弱点。但只要这女人回心转意，前者对她的一切诅咒与不满顷刻间便化为乌有"。① 至于文化矛盾，它虽然能对自身提出质疑，但不可能通过文化本身解决有待解决的性别压迫问题。就像黑格尔哲学所引出的解决之道一样，它是无效的。

至此，我们的主题和盘托出了：感情、爱在黑格尔所谓民族公认的伦理规范与国家颁布的法律命令中起不了多大作用。对于黑格尔来说，这里有个麻烦的事情就是家庭般的情爱，一旦扩展就会变味。透过黑格尔对神、人规律的讨论，仿佛就可以理解政府在与社会的关系中该做什么事情。根据黑格尔，政府在政治关系和血缘关系之间起着协调作用。像政府这样的机关不是兄弟或兄弟姊妹般的联盟，而是从一切对立中抽身而退。这符合它的地位。随后用一根法杖放在政府的大堂上。政

---

① ［法］吉尔·德勒兹：《斯宾诺莎与表现问题》，龚重林译，商务印书馆2013年版，第278页。

府就是正义的化身。在诸多思想家中，马克思看到，这明显违背我们的直觉理解。在这一点上，包含最让人混淆的东西。黑格尔不断地在"爱"这个词的两种可能意义之间摇摆不定：爱，要么是力量；要么是暴力。也就是说，家庭的，以及更加具体的家庭同宗的友爱，能不能产生一种普遍的联合之推动力，仍然是悬而未决的事情。简言之，对于民族国家共同体来说，那种作为政治问题的情爱问题是说不明道不白的。但是，对马克思来说，在将来的社会中究竟存不存在这样一种友爱的机关的可能，并非无关紧要。

那么按照唯物史观来说，友爱共同体是否可以言说呢？马克思认为，家庭的，以及更加具体的关于"四海之内皆兄弟"的隐喻，有一种普遍的推动力。《〈黑格尔法哲学批判〉导言》将无产阶级认作德意志民族革命心脏。无产阶级代表没有丝毫物质财富而能够自由地支配自己的人身、行动与对彼此维持有关人类感情的友爱的理解。无产阶级是一个完整的人类概念。这是建立在唯物史观的前提下，即劳动和生产力是人类联合起来的根源。按照唯物史观，人类社会存在一种历史的秩序，其根据是生产力高低。社会分裂为单个的、互相对立的家庭这一点，是以最初家庭中自然（性别、年龄）形成的分工为基础的。但是，在人类历史演化中，没有一种特质是严格的男性化或女性化的，起码那些广泛分布的人类行为或特质（比如与自然的亲近）不是。现在应该已经很清楚了：无论是根据黑格尔哲学之道德与社会的重要性，还是根据唯物史观给予生产性劳动的重视，人类未来之联合无法被想象成是西梁的女儿国或希腊阿陀斯山孤独的男儿国。在列举社会结构构成时,唯物史观反复强调的是其人性内部的多样性和巨大包容性。

一般认为,唯物史观是用人化自然和自然人化观取代了神化观,从而主张性别差别只是博大的"自然"展开和自我发展的表现,这里也表明唯物史观洞悉了如今所谓"自然之死"的历史根源。近代欧洲知识界的主流世界图像是机械论的。人的多重性被归入或高或低程度的形式普遍性的抽象观念当中。我们在这里可以证明,哲学,以及政治哲学,至今再也无法否认它们是起源于惊诧,起源于对人的多重性的惊诧。阿伦特甚至认为,真正的政治哲学必须把人的多重性作为惊诧的对象。"根据《圣经》的说法……上帝并没有创造出人,而是'创造出了男人和女人',这就像他们必须在无法用语言形容的惊诧中接受宇宙的奇迹、人类的奇迹以及存在的奇迹一样。"[①] 按照女性哲学家阿伦特的说法,男人当然是奇迹,女人当然也是奇迹。阿伦特的观点是有特殊效力的。而要记住这种特殊的效力,我们必须重温恩格斯例举的观点,当时罗马人的观点。在罗马人看来,德意志人对于女性的尊敬表现得几乎不可理解,并且它之后成了"齐维利斯领导德意志人和比利时人动摇了罗马人在高卢的全部统治"的积极因素。恩格斯由此看到了妇女占统治地位以及妇女在特定阶段被贬损的客观基础。妇女当然是为了解决人类生存问题而被尊重或被贬损的。如果这一看法是正确的,那么它显然比黑格尔在《精神现象学》中对

[①] [美]阿伦特:《哲学与政治》,见贺照田主编:《西方现代性的曲折与展开》,吉林人民出版社2002年版,第366页。

第三章 国家治理对象与平等者共同体

男女两性的自然本质的克服解释得更复杂也更正确。如果对人类生存问题的应答，要符合在黑格尔给定意义上男主外与女主内的主张，想必，读到黑格尔故事的现代读者都不会赞同。而且，由此可知，对于那个世纪最伟大的哲学家所想象的共同体是一个虚构联合体，它必以略带讽刺的装模作样来间接暴露理性和权力的荒谬。

从我们对唯物史观的认识来看，唯物史观想要解放的是整个人类。如果男性或女性的正面定义与生产力相关，与生产力之上的生产关系相关，如果有人要给予女性确定性的负面特性，那么就意味着特权。马克思和恩格斯清楚地知道，特权来自法律、私有财产。特权所代表的绝不仅仅是极其不公正的两性压迫，特权是一种迄今为止的体制的本性。而这种体制往往会狐假虎威。工具、语言、符号、仪式、书写和财产，一言以蔽之，象征性交换均被利用来区分人类和其他动物的外化形式。从这样一些带有技术进化性质的东西出发，人类解放实际上就被视为历史记忆的外化和器官的解放过程。用今天理论中的一个说法，男性特权是被标记的，而反过来女性定义是未标记的。用本雅明的话说，那些受压迫者的历史是未被书写出来的。当然，唯物史观绝不是这样的理论，不是人为编造的历史理论，不是一部关于伟大成就和文化财富的实证编纂"史"。作为一个历史唯物主义者，不会把历史当作堆满现成品的仓库。恩格斯看到，人们把一种对永恒的男女性别形象硬加到了历史的某个领域，实际上反映了那种将过去简单化的历史决定论的统治。所谓历史决定论不过是当代的暂时的形式。形象地说,"如果我要用一只手摸桌子,问自己用左手还是右手去摸;然而用右手摸了,决定论者就会说,我不可能采取别的方式,在此之前的全部宇宙史已经决定了我要用右手去摸,如果用左手就成了奇迹。但是,假如我用左手去摸,他们也会说同样的话:我注定要用那只手去摸。"① 恩格斯自己对历史决定论所持的批判态度是其史前史研究中的焦点。它集中反映了其家庭、私有制和国家起源观念以及他所设想的男人或女人的形象。

大家公认的是,恩格斯《家庭、私有制和国家起源》之所以现在还有理论力量,是因为它没有将世界历史的进步建立在掩盖阶级、氏族和民族的排他性上。恩格斯读过摩尔根《古代社会》、巴霍芬《母权论》、麦克伦南《古代史研究》、勒土尔诺《婚姻和家庭进化》等著作。恩格斯《家庭、私有制和国家起源》集中于将血缘关系即世系更迭的关系看作是所有从事生产的先民同时既融合又分隔的人的原像。在恩格斯那里,对于人类感情和爱的认识虽然很复杂,但是比通常人们所预料的要更加积极。恩格斯甚至认为,现代性爱施加给男女双方令人痛心的拿命一搏行为时也是有如此动人的积极因素的。现代人比古代人要更能够承认"性爱是以所爱者的对应的爱为前提的;从这方面说,妇女处于同男子平等的地位,而在古代的厄洛斯时代,绝不是一向都征求妇女同意的"②。恩

---

① [阿根廷]豪尔赫·路易斯·博尔赫斯:《讨论集》,徐鹤林等译,上海译文出版社2015年版,第191—192页。
② 《马克思恩格斯选集》第4卷,人民出版社2012年版,第88页。

格斯这个推理,我们说它是推理,当然是因为它是建立在哲学观基础上而不是实证的。由这样推理所建立起来的男女平等与爱情联系,其效力并非实际上并不存在。"现代的性爱,同古代人的单纯的性要求,同厄洛斯［情欲］,是根本不同的。"它规制了男女之间的关系。就仿佛是说,现代爱的平等,不是男女双方两种机械力势均力敌地僵持在那里,而是始终激荡着的。这与康德的理解大异其趣。于是,与古代人相比,"是不是由于自由的爱而发生爱的"?这是一个当今时代的新的道德标准。

然而,仔细考量,"自由的"一词并不必然意味着与平等之"男性和女性的联合统一"一致起来的。在封建和资产阶级的政治实践中,有关财产、财富和地位的问题变得更加突出。不自由、不平等、不由当事人决定自始至终是存在着的。按照资产阶级的理解,婚姻是法律行为,而且是一种最重要的法律行为。既然婚姻是一种法律行为,它就对男女双方终身的肉体和精神问题作出了理性主义的、法律的规定。谁也没有可能要求真正的自由决定。如果按照民众黑格尔主义的说法,所有的"敌人"不信守誓言是合法的,那么谁也不用承担这个错误的不要求真正自由的主要责任。恩格斯为此提出这样的问题:"既然彼此相爱是夫妇的义务,那么相爱者彼此结婚而不是同任何别人结婚不同样也是他们的义务吗?难道相爱者的这种权利不是高于父母、亲属以及其他传统的婚姻中介人和媒妁的权利吗?既然自由的、个人审定的权利已经无礼地侵入教会和宗教的领域,它怎么能在老一代支配下一代的肉体、灵魂、财产、幸福和不幸这种无法容忍的要求面前停步呢?"① 所以,恩格斯这句话的意思一言以蔽之,就是我们应该造资产阶级婚姻制度的反。而类似这样一些问题,在社会风尚发生日新月异变化的时候,是必然要提出来的。重温这些问题时,我在想:资产阶级正忙着去占据全球市场,美洲、欧洲的男男女女们会不会真的不会互相沟通,不会真正沟通;妇女的权利会不会依然是例外的人权状况。我想说的是,现代人热衷于征服别人和积聚金钱。这样就产生了进步主义的假象。在这样一个资产阶级时代,马克思告诉我们看看资产阶级在文学中的浪漫故事和爱情幻想传统就知道了事情的真相。文学和婚约的实践一样,一直是由资产阶级的发财欲的目的领导的。

对此,恩格斯不是不知道的。② 现在恩格斯要回返史前史而不是未来史。而现代男女统一所构成的伦理规范也习惯性地追溯到自我保存了,这是不幸的征兆。正如恩格斯在原始先民例如易洛魁人中看到,对于原始先民来说,自我保存不仅涉及肉体、财产,也涉及灵魂和荣誉、幸福和不幸。与形而上学家霍布斯"同意"的观点相似,自我保存就在对"荣誉"的欲望中,而不是相反。也就是说:自我保存同其他行为关系一样是一种在空间上有确切所指的人与人的关系,而不仅仅是时间持续关系。恩格斯告诉我们:对"荣誉"的欲望,这个事实本身就是"完全确定的、异常郑重的相互义务"的欲望。这

---

① 参见《马克思恩格斯选集》第 4 卷,人民出版社 2012 年版,第 92 页。
② 参见《马克思恩格斯选集》第 4 卷,人民出版社 2012 年版,第 92 页。

些义务的总和构成了易洛魁人的"社会制度的实质部分"。①就像古希腊城邦,在政治艺术和社会道德艺术这两种生活艺术中是统一的。古代先民的生存发展显然有着他们的独特优势。什么是这种独特优势呢?简言之,就是作为社会的统一和伦理生活,不需要强制性的政治和法律。

当然,仅仅是赞扬不能说服什么。唯物史观的问题是,亲情和友爱是否只能基于血缘。而实际上,将来的友爱共同体的扩大一定是跨越血族限制的。恩格斯几乎肯定了这一点。比如说,从命名的角度上看,"易洛魁人的男子,不仅把自己亲生的子女称为自己的儿子和女儿,而且把他兄弟的子女也称为自己的儿子和女儿,而他们都称他为父亲。他把自己姊妹的子女则称为自己的外甥和外甥女,他们称他为舅父。反之,易洛魁人的女子,把自己姊妹的子女和她自己亲生的子女一概都称为自己的儿子和女儿,而他们都称她为母亲。她把自己兄弟的子女则称为自己的内侄和内侄女,她自己被称为他们的姑母"②。这些名称在此不是空口白话。它们一定是反映古代先民有限的慷慨和资源稀缺的真实状况。在恩格斯看来,对使亲情在人类社会中扩大既是必要的也是可能的来说,这样的名分对加强兄弟、姊妹关系的纽带和融合是一个主观条件,而且借此可弥补客观条件方面的资源不足。值得注意的是,这种融合常常不可能也不一定是母权制(正如母系社会也不一定是母权社会)的。但血缘和兄弟姊妹关系一定是制定原始先民之社会制度的

---

① 参见《马克思恩格斯选集》第4卷,人民出版社2012年版,第37页。
② 《马克思恩格斯选集》第4卷,人民出版社2012年版,第36页。

基础条件。如果我们认为，古代人对"荣誉"和"相互义务"的欲望一定受制于落后的生产力，那么这种荣誉和义务的张扬自然就后继乏力。按照恩格斯的观点，现代人再也不是一个狭隘的种族，再也不只承认女系或男系而固守血缘亲属集团的原则。现代人是一个地球人。我们的血早就变质了。人类的希望是不可分裂的，但此种希望只有主观条件和客观条件达到废除亲属制度的时候才能实现。

当然，迄今为止，废存亲属制度并不为大多数人所接受，它存在争议。关键是，我们应当如何理解以共同体之名的亲属关系以及制度的双重价值（好的方面和坏的方面，益处和害处）呢？其中至少有两种代表性的观点。一种观点源于利他主义道德观。它认为，如果人天生自私利己的话，那么当且仅当人们完全利他时，人们才确定亲属关系的死亡。但这是与人的天性矛盾的。另一种观点源于恩格斯以及人类史前史研究者。他们认为，从现行家庭形式中产生的亲属关系本身，是同亲属制度相矛盾的。比如，就父母与子女的亲情来说，谁能够得到亲情，有时是以某种实践规则例如收养法这样的规则决定的。如果我们由此可以认为，亲情不一定基于血缘，那么对此更好说明的另一个例子是婚姻制度。按照黑格尔概念来说，如果婚姻本身应当承认它的深刻的合乎伦理本质的话，那么马克思认为，"**真正的**国家、**真正的**婚姻、**真正的**友谊都是不可分离的，但是任何国家、任何婚姻、任何友谊都不完全符合自己的概念。正像家庭中的现实的友谊和世界史上现实的国家都是可分离的一样，国家中现实的婚姻也是**可以分离的**。任何伦理关系的**存在**都不符合，或者至少可以说，不**一定**符合自己的**本质**"①。马克思的这些话是针对黑格尔的。而马克思补充道："现代家庭在萌芽时，不仅包含着奴隶制，而且也包含着农奴制，因为它从一开始就是同田野耕作的劳役有关的。它**以缩影的形式**包含了一切后来在社会及其国家中广泛发展起来的对立。"② 由此可见，奴隶制是经济范畴、历史范畴，亲属制度显然也是如此。正像在自然界中，当恐龙完全不再适应环境时，灭绝自然就会来一样；正像世界历史会决定，一种占有方式是否已完全同家庭和婚姻的本质相矛盾，以致不值得继续存在一样。恩格斯通过史前史研究得到的结论是，既不是私人的任性，也不是立法者的任性，而是只有社会的经济发展才能决定，某种自然的血统的亲属关系和国家、民族之间胞族性纽带是否已经松懈。

从表面上看，恩格斯对古代友爱共同体的客观环境的论述是清楚的：确认基于诸如出生、性别、氏族限制的制度是一种"纯粹社会的制度"。在这种制度中，人们只有有限的友爱和亲情。但这种友爱和亲情却是在资源匮乏和氏族洗劫的正义复仇中前行的。然而，这种表述实际上是模棱两可的，这是因为古代的纯粹社会制度指的是：一个氏族之中某一群兄弟居于统治地位，其他群体只是臣民。而且，是什么样的兄弟结盟？比如，是最令人难以容忍的那种吗？是从轻视妇女的自然本性转而轻视妇女的观念本性的奴隶制吗？所以，为了明确恩格斯关

---

① 《马克思恩格斯全集》第1卷，人民出版社1995年版，第348页。
② 《马克思恩格斯选集》第4卷，人民出版社2012年版，第67页。

于史前史研究的含义,我们需要注意区别两种不同的共同体,即从由兄弟构成的友爱共同体到兄弟姊妹共同构成的友爱共同体,从女性退回家庭的共同体到重新回到社会国家公共事务的共同体。毫无疑问,一般的历史观往往把性别的差异及变化看作微不足道,但不足道并非等于无意义。而且,不可说的性质,不等于不值得我们去追究。换言之,不足道的真实意思,实际上是我们在谈论语言之外的东西时,没有逻辑上的一贯性。我们究竟在说什么、能说什么呢?正因为如此,对于达成友爱共同体这一点,恩格斯在《家庭、私有制和国家起源》中还指出,我们现在关切两性关系的未来秩序所能推想的,"主要是否定性质的,大都限于将要消失的东西。但是,取而代之的将是什么呢?这要在新的一代成长起来的时候才能确定"①。

正是在这个意义上,揭示社会的和政治的制度演化规律这个任务谈论起来极其复杂。人们可以断定这个任务的哲学完成是不可能的,但即便如此,这个任务最终还是必须通过少数伟大而单纯的特征把自身揭示出来。从唯物史观的观点看来,友爱共同体的达成当然需要从劳动这个观点出发。作为伦理和政治法律的规范,劳动不仅验证了人的社会政治双重归属,按照恩格斯的说法,这个双重归属界定了西方基督教文教制度的特殊性和生命力。事实上,这也验证了西方历史中从身份到契约政治制度的根基。在此,劳动一直保持核心作用。不过在我们的时代中,劳动概念不可逆转地被怀疑。按照鲍德里亚的说

---

① 《马克思恩格斯选集》第4卷,人民出版社2012年版,第94页。

法，对应于一场危机，在这场危机中，正是作为生产者的人的存在成为问题。在对唯物史观的理解中，为改造自然的人类目的而斗争，并为此设定人类的潜能的、肉体的和智力的一系列严格的条件，这被鲍德里亚等人看作是马克思主义的生产镜像。而且，这种生产镜像证实了生产也是推论性的一部分。它并不是处于"政治经济学符码形而上学"之外，恰恰相反，它（马克思主义）是助力"资本的诡计"的胜利的证据。① 的确，从唯物史观立场来看，否定鲍德里亚所指控的这一点是愚蠢的，因为在后马克思主义的这些补充论证中恰如其分地照顾到了今天的科学状况。然而，依据本文的题旨，我们必须真正领会的是，在这样的研究中，我们恰恰不会提出马克思和恩格斯所界定的"友爱共同体的内核"是什么这样的问题，否则就是乞取鲍德里亚所谓的生产镜像。事实上，恩格斯在其名著《家庭、私有制和国家的起源》出版序言中，陈述了他认为自己并没有发现以普遍规律为名的"家庭、私有制和国家的起源"。恩格斯说："摩尔根的伟大功绩，就在于他在主要特点上发现和恢复了我们成文史的这种史前的基础。"这意味着并不单单是恩格斯自己本人对史前史作出贡献，发现共产制家户经济"妇女占统治地位，乃是巴霍芬的第三个功绩"。恩格斯自己补充的观点是，妇女受到她的民族尊敬是跟辛苦劳动密切相关的。"外表上受尊敬的、脱离一切实际劳动的文明时代的贵妇人，比起野蛮时代辛苦劳动的妇女来，其社会地位是无比

---

① 参见［法］鲍德里亚：《生产之镜》，仰海峰译，中央编译出版社2005年版，第11—12页。

低下的；后者在本民族中被看做真正的贵妇人，而就其地位的性质说来，她们的确是如此。"①

今天，我们是新时代的人。尽管有着从过往继承下来的某些习俗和制度，我们却不再将生产劳动看成与政治体制有着总体的联系，这意味着我们在新的政治共同体的形式的门槛上真正发现了我们自己，但并没有以意识形态的方式意识到它。我们还必须澄清这个新的政治共同体的现实和意义。然而，我们这里谈论的新的政治共同体是要用来决定我们是否需要友爱这种感情。友爱这种感情如果要作为新的政治共同体中的要素，那么显然就不能还用黑格尔才能说的话来谈论友爱。否则，这就是乞题。如果这样的理解没有错，那么我们首先可以得出一个结论：像黑格尔这样瞧不起感情关系或爱的关系现实意义的人，从来没有将友爱的共同体确定为崇高的东西。或者说，在某种较为普遍的看法看来，感情与制度的对立在这种处境中是不能不提的。因为即便公共政治有感情的环节，但是因为一般看法认为感觉之上的感情是摇摆不定的、任性的。在这里，如果把感情当作希望达到奠定政治法律的基础，就会出现巨大困难。由此，恩格斯发现，再没有一门历史的学科像原始历史学，即通常所称的人类或文明起源学说，处在轻忽感情化的人际交往关系的糟糕处境中。其次，按照唯物史观的立场，像黑格尔那样否定从"爱"中可以找到制度分析的根据的人自己也否认他们可能正在创造任何形式的新共同体。对他们而言，

---

① 参见《马克思恩格斯选集》第4卷，人民出版社2012年版，第13—14、57—58页。

友爱共同体是神学政治的议题,而不是哲学政治的议题。既然血缘和财产权相关的是法律,而法律又是某种社会存在的本质元素,那么友爱共同体注定是偶然的。人们或许还是只能同情理解黑格尔的话:"人们在这里可以想象,每个人都必须等待,以俟时机的到来,并且每个人只能把他的爱情奉送给一个特定的个人。"① 这就是说,无论如何,友爱共同体的达成都不可能具有法律意义上组成现代国家这样的社会组织的形式。

  从上述陈述已经可以看出,我们关于女人及她共居生活的共同体的政治制度题材还几乎没有确定的处理方式和结论。恩格斯出色地所做的史前史研究都属于唯物主义传统,当其他人认为恩格斯的研究不可信任时,人们不过是求助于其他特定的政治理想以赢得信任。这里的关键问题是,"人的一般科学"已经没落,现在针对这个题材研究所提出的并不是对家庭、私有制和国家的起源进行研究,而毋宁说是对家庭、私有制和国家进行治理哲学考古学的研究。在列维-斯特劳斯那里,人类起源只能在一种"先天的超越性知识",一种"属灵的知识"方面被理解。② 因此,我们似乎应该抛弃那种把整体宇宙演化看作我们的遗产的决定论思维,不能因为我们自己信任唯物主义而囿于"唯物主义"(对唯心主义的解决方法的拒绝)。因为作为唯物主义者是现实决定的,在现实生活面前,没有一个人不是唯物主义者,在那种情况下,无论如何,我

---

① [德]黑格尔:《法哲学原理》,邓安庆译,人民出版社2016年版,第304页。
② 参见[意大利]吉奥乔·阿甘本:《语言的圣礼:誓言考古学》,蓝江译,重庆大学出版社2016年版,第150页。

们总是唯物主义者，否则，作为唯物主义者只是做作，只是一个姿态。

三、女人与政治制度

如前所述，黑格尔对女人提出了一个辩证的政治定义。女人即是伦理社会的"内在敌人"。她是作为一个普遍共同体中被否定的外人。在人类思想史上，这当然是非常传统的论断。但问题在于黑格尔思想的实现在西方政治的新趋势中会被重新提出或被反复阐释。而今，我们相信，是恩格斯通过马克思和他创立的唯物史观纠正了黑格尔关于女人的论述。恩格斯针对家庭、私有制和国家起源的分析，将性别集体主体之间的道德—政治对抗与人们在生产体系中的确定位置联系起来，同时，他在对女性自身、依赖和独立以及感情与共同体的关系这个主题上提出了极为重要的思想。他指出，随着经济生活条件和社会制度的发展，性爱和情爱的确都在运动中，但婚姻制度和社会的任何其他制度一样，它们是自文明时代开始分裂为阶级的社会的运动，是既不能解决又不能克服的那些对立和矛盾的一幅缩图。在世界历史过程中，随着后政治和后民主时代的来临，人们将要摆脱依存自然形成的共同体的脐带而迈向友爱共同体。

本节内容，是我主要根据历史唯物主义立场所拟想的，就这整个问题的理论讨论而言，在一定程度上，标题未必恰切，但就论辩的指向与意图而言是十分清晰的：透过我们时代所特有的一种为女人们朝向普遍解放的信仰的努力,有一种论点——女人作为历史主体不仅要"修正",而且还要"变更、改动"性别特殊性的伦理内容及其力量关系。这不是与总体性概念相关的"解放诺言",而是从诸如福柯/德里达/利奥塔等微观政治哲学达成的对尼采的大政治的发展,重点是政治性的。在其论证过程中,女性主义会明确表现出以上所考虑的观点背后隐藏着的哲学思路,即将马克思主义打入冷宫并与黑格尔主义拉开一段距离,以使"达成对尼采的发展"。正是在这个方面,女性主义试图凿穿男权的水泥围墙,以使"这样一个新故事的合适主体能够使所有多元化领域清晰可见,而这些领域往往以具有代表性的男人为主体所书写的历史中受到压制"①。被召唤来首肯它自己,并由此生成为女人。女人是生成的。

我暂时不谈日渐平行于这个微观政治的种种结构性趋势。我所要认证和辩护的则是马克思还有恩格斯那颗为妇女解放或反对男权中心主义而跳动的赤子之心。这里,某些看似固定的(普遍的)结论——例如,关于男性把自己作为"历史的纯种的证明"②,以及就女性这方面而言,关于女性把自己作为封闭在家庭内的最高的道德义务——被要求重新提出来审查。但谦虚地讲,我们必须承认马克思在"对文明,对商品生产社会,对我们现代社会的基本形式进行了批评"之后尚缺的一

---

① 参见[美]伽·斯皮瓦克:《法国女性主义回顾》,见汪民安主编:《生产·第四辑,新尼采主义》,广西师范大学出版社2007年版,第282页。
② 参见《马克思恩格斯全集》第3卷,人民出版社2002年版,第297页。

个篇什,就是为妇女作为"自主独立的个体"解放和自由之政治制度基础的辩护。这一点当然产生了非常严重的后果。如果人们愿意理解并批判地辨别马克思笔下的相关资产阶级叙事,那么拯救出一定的政治经济宰制之象征的男人形象要比争论的分析或一味地偏袒经济学的马克思主义解释收获更大。这仍然是一种为承认的斗争,然而这一过程显现的不是当事人双方的相互爱慕,而是那种迫使妇女容忍压迫的考虑。人们在资产阶级活动圈子里听不到他们妻子的芳名。在某种意义上,可疑的性别主义的表达不仅被承诺于而且在理论上被包含在爱的形象或形式之中。通过它,作为资产阶级的历史作用和形象定义就从所谓男性化的连贯叙事中诞生了。而这里的理论对手显然属于被牵强附会的女性主义予以固化了的马克思主义。然而,任一公允的读者都相信,对于马克思来说,关键是:问题不在于女人的地位应当更低还是更高,而在于对引起那种地位的现实生活条件的侦讯,以及由这些历史条件决定的社会制度的改变。要察见在此敞开的视线,必须植根于诸如原始历史学、人类学等在此处敞开的本质之中,所以,"在某种程度上",恩格斯说,他写的《家庭、私有制和国家的起源》是为了实现马克思的"遗愿"。①

在这里,恩格斯有一段评论摩尔根功绩的中肯说明:"确定原始的母权制氏族是文明民族的父权制氏族以前的阶段的这个重要发现,对于原始历史所具有的意义,正如达尔文的进化

---

① 参见《马克思恩格斯选集》第4卷,人民出版社2012年版,第12页。

理论对于生物学和马克思的剩余价值理论对于政治经济学的意义一样。它使摩尔根得以首次绘出家庭史的略图；这一略图，在目前已知的资料所容许的限度内，至少把典型的发展阶段大体上初步确定下来了。非常清楚，这样就在原始历史的研究方面开始了一个新时代。母权制氏族成了整个这门科学所围着旋转的轴心。自从它被发现以后，人们才知道，应该朝着什么方向研究和研究什么，以及应该如何整理所得的结果。"① 在此，我们可以看到，由原始的母权制到文明的父权制的发展，最主要的原因在于女性获取知识技能而非单单财富方面的可能性的变化，是由于人们现实生活条件的发展，并且引起了男女两性相互的社会地位的历史性的变化。我们可以在这个拒绝对"存在"与"生成"僵硬的对立的尝试下理解恩格斯对性别（gender and femininity）问题的解答。因此，照恩格斯看来，如果从父权神话推导出男人作为男性拥有自然存在的自然本体论优势，那这种观点不得不充填在现代意识形态之下的男权主义世界观和阳性中心主义中。

四、一个共同体之"内在的敌人"的建构

马克思（和恩格斯）虽然没有关于女性观点的系统化论述，但是他们的著述却对当代西方诸多政治法学思想的批判形成有着重要影响，而这种重要影响是经由批判黑格尔道德之为

---

① 《马克思恩格斯选集》第 4 卷，人民出版社 2012 年版，第 25—26 页。

道德、伦理之为伦理的规范秩序达成的。这就是为什么马克思在一个关于性别主义的权利话题的争辩方面奠定了历史唯物主义基础的原因。

如前文所述（第331页）黑格尔在撰写《法哲学原理》伊始前十五年就强调了女性与男性之间的差别，即伦理的差别。在《精神现象学》中有一些关键性的段落，对自我意识和精神出现，对性别、血缘在道德和精神的历史中出现的关键作用作了说明。尽管在此，黑格尔讨论的是精神发展的客观精神阶段，即第四阶段。它相当于现实历史的古希腊城邦社会。但是，它体现的东西却远远超过了人伦关系的希腊世界——或者说，若对西方而言，当下是一个展开中的历史一个特定案例的话，对于黑格尔来说，作为西方文明源泉的一个"替现"（representation），它是一个无所不包的永恒当下的特殊例子。理性的精神已经在社会生活中客观化了。其体现在城邦国家、民族伦理的力量，意味着人的规律和规范家庭的神的规律既对立又依存——对男女性别自身的定义。一方面，它既包含了在现代欧洲的一些对女性自身的传统含义：好比认为只有涉及私人领域的时候，女性的品质才能得到赞扬，这就是当它与表现家庭亲密生活（诸如汤、佳肴、美酒的制作，私宅守护，梳妆打扮，以及照顾孩子等一种跟生理欲望沾边的关联）相联系时。简言之，女性的伦理意义被暧昧地规定为是否定性的，或者至少受到尚未完成观念的自我认同，因而真正说来非自觉的、非实存的意识形态而不被赋予公民身份一样的限制：当她的活动限制在家庭以内才能得到赞扬，当她胆敢突破范围设定时就会遭到谴责和嘲笑。正如我们所看到的那样,这种直接的、基本的家庭伦理实际上隶属于既定社会的役使秩序(话语、行为和体制)。它直接被应用于身体并被迫嵌入主体的自由行动和强行弯向某个方向,最终呈现出两端的性别形式。今天来看,致力于公正的政体一定会为女性提供获得政治权力的机会和通道。另一方面,黑格尔也以揭示个别性(家庭)置于普遍性(国家或共同体)的伦理"权威"之上的最深刻、最危险的秘密为己任:他相信女性在共同体中是危险的、难以控制的。因为女性在本质上缺乏思想,要搞"特殊"。我们通常认为年轻人缺乏自我控制能力,而黑格尔将此特性赋予妇女。对黑格尔来说,"人的规律,作为一种普遍的实存,是共同体,作为一般意义上的行动,是男性。作为一种现实的行动,是政府。人的规律之所以**存在着、运动着、维系着**,原因在于,它在自身内镇压了家庭守护神的特殊化,镇压了女性所主导的家庭的独立孤立化,先是把它们消解在它的流体的连续性之中,然后保存下来。"这里黑格尔假设,政府、国家是塑造人的机关。它以法律调节着人的自然、出生,而不是相反。当然,这并不是说,家庭与人的规律毫不相干,恰恰相反,公共政治领域却离不开家庭,因为若家庭需要城邦,没有城邦的家庭是不完全的,那么相反的情形是,家庭是一个起源性存在,既是男性公民自身生存的起源,也是人类的起源。它是一个看得见又无处不在的强大形象。尽管在某种情形下会以可怕的肉体痛苦的形式发展成一对无法调和的矛盾,并"通过压迫的举动把它作为一个敌对原则制造出来"①。这同时意味着,与生活道德不同,这是一种救赎的道德。女人的存在无非是证明了这样的事实:"家庭又是人的规律的一般意义上的要素,而个别意识则是一个普遍的、有所行动的基础。共同体只有通过破坏家庭幸福并将自我意识消解在普遍意识中才能获得持存,在这种情况下,共同体为自己招致了一个内在的敌人,亦即女性……以下情形可以说是对于共同体的一个永恒讽刺:女性通过诡计把政府的普遍目的转化为一个私人目的,把政府的普遍成果转化为这一个特定个体的事业,把国家的公共财富转化为家庭私有财产的饰物。"②需要注意的是,今天,关于"腐败研究的一个共识是,要重点关注腐败的子系统,而这个系统由受益于腐败的利益集团的集体行动来维持。'老同学关系网'一词有时被用来说明这些子系统的持续时间,同时也表明,在大多数国家,掌权的女性相对较少。关于性别和犯罪的研究也有类似的发现:犯罪中最重要的性别差异是,有组织的非法活动中男性占了绝大多数"③。我之所以引用这一段落,是想对黑格尔何以被一般地指控为正统男性中心主义者这一问题给出某些实证想法。这样看来,恐怕由于黑格尔的上述指认,在具体的历史背景中,由西欧现代化主要推手的基督教自身发展出来的否定,变成了男

---

① 参见[德]黑格尔:《精神现象学》,先刚译,人民出版社2013年版,第294页。
② 参见[德]黑格尔:《精神现象学》,先刚译,人民出版社2013年版,第293页。
③ [瑞典]索伦·霍姆伯格等主编:《好政府——政治科学的诠释》,包雅钧等译,北京大学出版社2020年版,第245页。

人们复杂诡异的所谓责任意识。也就是说，将女人从放逸和欲望的个别性中"拯救"出来，这是男人的责任。在这个意义上，女性承担了实施共同体永远的反讽的角色，它包含着一种能动的家庭与普遍共同体之间的否定之否定的意义。无疑这种女人自身概念最自然不过的是黑格尔意识哲学推进的结果。严格地说，是源于黑格尔以"正—反—合"的辩证结构处理实践哲学问题的要求。

马克思如何对待黑格尔的这些论述？马克思承认黑格尔要获得"自然法"作为"正确理性"的古代含义的现代转化所具有的"客观思维"。但现代的"道德姨妈和宗教姨妈"和强制的必然性即压迫相关。马克思的任务是能够追问：如果我（女人）根本不存在，我（女人）怎么能有美德呢？如果我（女人）什么都不知道，变成除了身体之外没有任何知识技能，我（女人）怎么会富有良心呢？[①] 但是，黑格尔对女性伦理的全部看法和传统以及由此而来的口令为什么今天还占统治地位？为什么黑格尔的国家哲学在通常意识中却被本末倒置了呢？在马克思看来，国家只是特定历史阶段的现象，政治国家制度的原则不是在国家中的"自我意识的性质和形成"，而是"现实的人"。黑格尔既然把意识的（倏忽即逝）东西与用两手抓得到的东西认作是现实的，那他难免对"现实的东西"视为陌生的。上面所引述的段落打动马克思的地方正是包含其间之显而易见的真理要素：即寻回把黑格尔的"国家"下降

---

① 参见《马克思恩格斯全集》第3卷，人民出版社2002年版，第344页。

到"市民社会"层面的可能性,公正地对待源自"下层的伦理使命"。而今追问黑格尔的问题,它确确实实更多地是从上层、从统治者、从男人的角度看政府、看国家,而较少从下层、从家庭、从女人和市民社会的个人需要的角度来这么做。因此我们说,在马克思的实践哲学中,又必须突出来自底层的思想,以及相关的主体化过程与妇女解放的主题。然而,这里所说的个人,在马克思看来,却是一个"现实中的""活动着的"个人①,可是被黑格尔竭力地贬斥为"死者""非现实的、轻飘飘的幽灵"。② 明确地说,黑格尔的这个信念突出了政治国家之作为更高的普遍性的自由的对象和来源远远超过了家庭和市民社会之作为政治国家自然基础和人为伦理基础的源头。黑格尔对女性的疑惧,是和他对逻辑泛神主义的信念合拍合节的。或者换个说法,正因为在黑格尔看来"活人"的规律乃起源于"神",就像尼采宣称的那样,基督教中的上帝成为目的论的化身;"来世"的诉求成为现世实践的理由;"阴曹地府的势力"反倒在大地上才"发挥着效准"。③ 用马克思比较通俗的话来说,"制约者被设定为受制约者,规定者被设定为被规定者,生产者被设定为其产品的产品"④。这是黑格尔的逻辑学。人们在那里是以一种将偶像与幽灵,与作为活—死人的幽灵性

---

① 参见《马克思恩格斯选集》第1卷,人民出版社2012年版,第151页。
② 参见[德]黑格尔:《精神现象学》,先刚译,人民出版社2013年版,第276页。
③ 参见[德]黑格尔:《精神现象学》,先刚译,人民出版社2013年版,第281页。
④ 参见《马克思恩格斯全集》第3卷,人民出版社2002年版,第12页。

关联起来的。

也许黑格尔本来想讲的只是：个人（男男女女）欲求摆脱封闭性，并作为一个现实的个人归顺为男女结合起来的自然—自由共同体，但是这样，即只要人尚未理解公共生活普遍目标的真实分量，就仍然只能把它们理解成为实现"真实本性"个人之纯粹抽象的手段，那他（她）们就是共同体的一个"内在的"敌人。但为什么作为一个"内在的"（或者说不得不成为如此的）敌人恰好是女性呢？为什么女人的德性取决于男人的德性？硬说女性"对于伦理本质具有一种最为强烈的敏感"，又说"她之所以没有认识到伦理本质的意识和现实性，原因在于，家庭规律"①，这又有什么意思呢？我的意思是说，是否德性在两种情形中具有不同的意思？要知道，如果以历史考察的态度，父权制虽然符合西方人的自然理解，因为它与古代政治契合，但是世上可没有若合符节到黑格尔说的那种女人呀！准确地说，在黑格尔政治哲学中，正是共同体之内在的敌人（所谓"公敌"）这个相同的立场，使得高高在上的、正大光明发挥效准的人的规律成为可能（事实上，现代世界不但肯认、接受女性特质自身，也肯认、接受个别性精神。我认为，没有必要过分认真地对待这种黑格尔主义意识形态符合什么法或合什么理。它要说的是这些现象或东西的存在。随着科技发展，这一切个别性——诸如感官快乐、享受以及现实的行为等——已经在被资本化之余教人给侍奉到新的时

---

① 参见［德］黑格尔：《精神现象学》，先刚译，人民出版社2013年版，第279页。

代政治与社会建制中),其现实的生命力表现寓于"治者与被治者的同一"(所谓"治理")。也就是说,由男性和女性所定义的两端——普遍的、自觉的精神和特殊的、不自觉的精神——逐渐由反义词的男性和女性的同一性所取代。

于是乎,被视为是一个男人政治名分的最终否定,黑格尔也有它关于好的或坏的男女统治社会的不同想法。黑格尔是通过反面(两面性)去设想政治。生存经验已经让他领略了生存的政治艰难。① 马克思当然认为,"与生俱来的王权"也是可以取消的。如果黑格尔在普鲁士袒护长子继承权实有难言之隐的话,那么在别的地方比如在英国却是需要加以谴责的。② 当然,是否这一点在认受女人的统治方面也同样不能抽象地反对或赞同,虽然这一点我们并不清楚,但却是可能的。西方历史上出现过许多女王,而且她们不仅全盘掌握,甚至瓜分了整个权力。其实这一点黑格尔是很清楚的。但这不是我要在此提出的观点。无论这看上去有多么矛盾,对于黑格尔,哲学之所以要成为科学,并不是因为哲学应该通过它来作最后的辩护,而是因为哲学还没有以那个理所当然的样子获取无限知识

---

① 黑格尔与常人一样是一个充满矛盾的人。他指派给有产市民的德性仅仅是"诚实",其位势还不如他指派给军事贵族的德性"勇敢"。但是黑格尔却有一段激情岁月。随 1807 年《精神现象学》出版的另一个作品,乃是他的私生子"路易"。黑格尔研究专家雅克·董特认为,"正是通过家庭内部的私生子现象,中产者社会隐约地意识到了自身内在的不和谐以及自身瓦解的危险。"以当时的伦理标准来看,路易属于自然存在之事物的一种,即"内讧",即人们之间的离散纷争。它显然是黑格尔哲学人生的一个污点。(参见[法]雅克·董特:《黑格尔传》,李成季等译,上海人民出版社 2015 年版,第 202 页。)

② 参见《马克思恩格斯全集》第 3 卷,人民出版社 2002 年版,第 49 页。

(神的知识)去克服有限知识(人的知识)。从这个角度看,黑格尔如纺纱般缜密的思想是知识网络过多的线头。一种令每一个成员之间"公正"对待的旨趣便构成了黑格尔对男女之间整体平衡的阐述。在黑格尔看来,这种整体平衡之所以产生且具有活力,原因仅仅在于,"整体里面的不平等在产生出来之后,通过一种公正而复归于平等"。也就是说,"公正并没有分裂为一个遭受不公正待遇的人和一个位于彼岸世界的本质"①。这层意思可表达为,性别、血缘或其他同类或不同类的标准尽管限制了关爱的范围及程度,但是不公正并不是源自共同体(黑格尔眼中的"绝对政府"),而是源自自然界以及包括那些"阴曹地府的势力"(死人统治活人之宗教)。因此,正如我们都知道的,作为个体,我们尽管必将走向死亡,但在个人消除他所遭受的不公正待遇这件事上,如果只是反对共同体,那仍然是一个没有出口的死胡同——因为黑格尔认为"共同体并没有让他遭受不公正待遇",毋宁说,如果我们还未承认"不公正是**存在**的一个**抽象的**普遍性"②,那就更加严重误解了。的确,这里,这个"公正"是用"现在",总是而且唯独是"当今的"来体会的。黑格尔对此坦然地作出论断:我们每一个成员都是一个"作为原住民的精神",既无需外求公正,也无须能够等待,甚至等待一辈子。这里,无论如何,

---

① [德]黑格尔:《精神现象学》,先刚译,人民出版社2013年版,第282—283页。
② 参见[德]黑格尔:《精神现象学》,先刚译,人民出版社2013年版,第283页。

我们必须关注其结论，但我们也不能认为那就是黑格尔解释的终极结论。

在这里我们超越二者，我们看到，《精神现象学》俨然隐含着马克思主义的议题：一旦开始对象征了男人对女人统治的政治与社会经济的宰制给予"武器的批判"时，自由人的联合体才可以说于焉生成。因此，在这种自由人的联合体中，那种把妇女当作共同体之内在的敌人来对待的观点显然缺乏思想的深度。按照马克思的观点，这个在以其是内在的敌人的意义来规定女性伦理的思路，实际上是"表现了人在对待自身方面的无限退化，因为这种关系的秘密在**男人**对**妇女**的关系上，以及在对**直接的**、**自然的**类关系的理解方式上，都毫不含糊地、确凿无疑地、**明显地**、露骨地表现出来。人对人的直接的、自然的、必然的关系是**男人**对**妇女**的关系。……因此，从这种关系就可以判断人的整个文化教养程度"①。

五、爱的共同体之可能性

从宇宙整体角度看，所有物体要么因为它们的结构关系可以相互结合在一起，所以它们具有一种相似性，或者组织成分上的共通性；要么彼此对抗，不能直接结合在一起，而是呈现出差异，这些差异仿佛使得物体间的任何相似性都被排除掉了。另外，考虑到作为人类整体这个物种，自然是一个单一的

---

① 参见《马克思恩格斯全集》第 3 卷，人民出版社 2002 年版，第 296 页。

动物，在这个动物的身体中，其组成部分之间的关系在其隐秘的演进过程中产生变异。于是，共通性或相似性与差异性或对抗性在关于自然联合体的哲学中扮演重要角色。原因在于，按照家庭为单位连接联合体的两种形式（男人—女人或者丈夫—妻子、父母—孩子）是一切国家共同的起源。因此，我们会觉得这种联合是很自然的。但是我们已经看到，由这种形式联合起来的旧的氏族已经很不够了。无论是心灵相通还是物资交流均需突破旧的氏族组织。而且在不同的时候可能对联合或对抗产生不同的分际。对于有些人例如施米特来说，截然不同的人类活动均统摄于政治，即人类活动的动力是敌—友划分以及形成不同阵营的联合体。但迄今所谓的敌—友划分的政治都是特殊性的政治，这些政治根据出身、性别、血缘、财富、知识学问或其他同类的标准来限制敌—友政治的范围。

现在，唯物史观要考察现实的、好的联合体。引导着这一考察的问题是：政治联合体，即需要经过顽强而长期斗争的社会体，是否意味着包含一切的社会体，抑或只是诸如奴隶制阶段或雅典和罗马地区的社会体，即排他性的社会体？当然，一般地说，在除了快乐、实用或德性之外不可能有交往，也不可能出现社会体。而最大的、最原初的社会体可能是家庭（女人、孩子）和财产的联合体。所以，在这种情况下，唯物史观一跃而成为最著名的政治理论。而考虑到道德的或政治的根据存在于经济，就其经济发展的文明成果来看，同以前各个时代相比，我们的全部进步就在于从身份进到契约（梅因）、从家户经济进到扩展开来的普遍经济（即"对大家庭也就是国家的治理")、从自然状态进到自由状态。但我们马上又看到,人类的这个成就是不稳定的。正如自然从神性背景中剥离出来之后所呈现的现象一样,伦理与自然彼此分裂之后,文明世界却成就了"放任的野蛮"。历史的讽刺如今又应验了:网络文化已经将男性和女性视为反义名词。在资本逻辑进一步强化超级男或超级女"'性'质地"之宰制斗争中,它又只关注男人—女人间可感的和明显的差异、强分两极的作为。"难怪这些人对人采取憎恨的态度,并且制造后者的负担","一个男人不被其所爱的女人所接受,他便联想到女人的水性杨花、满腹谎言,以及其他古诗中常常咏叹的弱点。但只要这女人回心转意,前者对她的一切诅咒与不满顷刻间便化为乌有。"① 因此,这一点当然就意味着,我们有必要对建立在人生存的自然条件或自然本性上的道德政治进行理性省思。就这种省思来说,基于快乐的人的伦理学概念乃是当务之急。否则的话,一个从自由出发的爱之政治共同体难以成立。假如国家建立在快乐而非痛苦、友爱而非敌对的基础上,还有什么阻止它们融合成一体呢?故此,我们能够设想到的最激进的表达是:粗陋共产主义所说——比如女人、妻子和财产之类,就是"共同性"的东西②,直至"全世界四海为家者联合起来"③。这个有惊人创造力又显然远离当今现实政治的思想几乎就是对特殊性政治进行

---

① [法]吉尔·德勒兹:《斯宾诺莎与表现问题》,龚重林译,商务印书馆2013年版,第278页。
② 参见《马克思恩格斯全集》第3卷,人民出版社2002年版,第295—296页。
③ 参见[德]迈尔:《神学抑或哲学的友爱政治?》,见刘小枫选编:《施米特与政治法学》,上海三联书店2002年版,第288页。

解构的完美表达。

诚然,这大概是不可能的,因为这不仅意味着家庭般的友(情)爱的不变味之扩展,而且令新的人类或控制特殊性的人得以诞生。我们知道,举例来说,像政府和交易所这样的机关之间大概不可能结成兄弟或兄弟姊妹般的联盟。换言之,男女共同体近乎只能相关于家庭同宗的友爱。亚里士多德认为,"它是一个服务共同体,因此是政治共同体"①。而在将来的政治社会中究竟存不存在这样一种机关的可能,绝非无关紧要。因为它捍卫着那种作为政治问题的友(情)爱问题之可言明的共同体。最终依照唯物史观说来,只有能够自由地支配自己的人身、行动和财产并且彼此维持有关人类感情的友爱理解的人们才能联合起来。

按照唯物史观,社会分裂为单个的、互相对立的家庭这一点,是以最初家庭中自然(性别、年龄)形成的分工为基础的。但是,有关婚姻家庭起源争论的肤浅的观点只是停留于让人看见男女的分工差别:我们选择了一个容易被证实的可感差别。其实,性别差别只是"自然"之博大表现的展开和自我发展。它们起初只能归入或高或低程度的形式普遍性的抽象观念。至于它们之间无数的差别因超出我们的想象而被忽略。我们在这里可以看出,有些人甚至连想也没有想到,自然法对那些坚持男权者,"不置可否",因为自然法从来没有这样的规定——所谓规定即本质,也就是说它是什么,以及是什么让该

---

① [法]雅克·德里达:《〈友爱的政治学〉及其他》,胡继华等译,吉林人民出版社2006年版,第270页。

存在历时不变。即便自然法规定女人要服从男人，在诸原则上有一致性，或者说，这些原则超乎一切地得到贯彻，那也无法由所争论之理脉中得到推论。准确地说，相比起来，它反倒不确定地让人们看见其眼前发生之事的反面——比如说，在当时罗马人看来，德意志人对于女性的尊敬表现得几乎不可理解。"他们认为妇女体现着某种神圣的和先知的东西，他们甚至在最重要的事情上也听取妇女的意见……齐维利斯领导德意志人和比利时人动摇了罗马人在高卢的全部统治。"① 自此，对女性地位的这种政治上的承认，绝不是因为赋予母权制以价值并被视为男性服从女性的命中注定使然。在这方面，就正确的理解而言，显示出来的不仅是明定了的明确的东西，其中也包括了非明确的与非制约的许多细节。有如所有区分人类个体之间的外化形式，即令男性看来是完全受规制，他们仍维持一些意外和自由。若不预设一种基于自然或理性的权力，则男性的故作示弱或女性专横都是不起作用的。它必以略带讽刺的装模作样来间接暴露权力的荒谬。

当然，对于唯物史观而言，问题不在于通过理性或哲学本身将他（她）们联系起来——这样做易如反掌，而且无足轻重，只须让其中一个成为另一个的牺牲品（比方说，有人天真地相信：男/女分殊所产生的文化贫困有害于女性之处甚于男性。见诸流行的女性概念例如所谓"女汉子"就是例证。但真正关键处在于，一个伪饰者不正可能是一个从她个人的

---

① 《马克思恩格斯选集》第4卷，人民出版社2012年版，第155页。

"坠落"中兆示了更大文化危机的、道德规范无聊的日常生活批判者吗?)——,而是让他(她)们在新的共同体中一起站住脚。恩格斯早已说过,随着生产资料归社会所有,那个像一个女人或冒充一个女人或女人自身变得更为男人的现象,也要消失,而且如同从一切压迫下获得解放一样,人们对女人参与社会政治生活也会有更丰富的意涵和认受性。"最后对于男子也将成为现实。"①

在这样的意义上,唯物史观想要解放妇女的程度正如它想要解放男人的程度。解放什么呢?在文化上,是要选择的不是在男性和女性之间、理性和自然之间使此在某种意义上具有与其本性"相反"的本性。在人化过程中,选择当然是要做的。也就是说,工具、语言、仪式、书写和财产等是区分人类和其他动物的外化形式。从技术进化角度看,这实际上就是记忆的外化和器官的解放过程——恩格斯似乎只是在广义上肯定人化的过程实际上也是一个器官的解放过程。但在唯物史观中,即便在这么一个区分中悬搁一个压迫的历史叙事,受压迫的受害者为维持他(她)们的人性似乎也要还原它的存在。因为历史作为记忆,它能帮助我们记忆,故此也造成了被遗忘的记忆(对牺牲的记忆)。所以,在男权或母权的经验发生后,像恩格斯那样思考的那些人会认定人性只有一个(两个侧面),不是两个(一个侧面)。一切问题似乎都在于看到特殊性的人的潜力,以及性别化是无法被实体化的。如果没有这样一种最起

---

① 参见《马克思恩格斯选集》第4卷,人民出版社2012年版,第87页。

码的"大政治"(即从对文明问题的洞察中得到政治结论)的视野,那么即将到来的古代自由、平等和博爱思想的复活,不可避免地只是在很低级的形式上的复活。不妨这样说,它仅仅是诉诸家庭化的博爱概念的复活。这是反政治的。但是在"现代部落生活"里,他发现不了他已经陷入与社会体隔绝的泥沼。很显然,这就是我们为什么必须进入某种友爱政治当中,并进入被讲述给我们的几千年的兄弟(姊妹)歃血为盟的历史的原因。至于我们一开始就借以感受到黑格尔辩证转化理论视域中的"内在敌人的必要性"问题之难以避免地出现。它也需延续到压倒一切的真正的感情共同体思想的出现。

因此,暂且撇开一种历史性的追随——也就是黑格尔主体的主体哲学方面在今天要求我们重新思考宗教的问题(在这一点上我完全同意古代宗教所谓神和人之间的爱是无条件的,共同体是无限的。而被体制化了的基督教这里,共同体被赋予了有限性,与人类起源相关的爱是受限制的观点①)——不谈,我在此处必须请那些想认真对待我对"爱的共同体"这个词的使用的读者重读恩格斯《家庭、私有制和国家起源》。我们知道,恩格斯在读摩尔根《古代社会》、巴霍芬《母权论》、麦克伦南《古代史研究》、勒土尔诺《婚姻和家庭进化》等,恩格斯召回了常常被西方社会重复的名言:"动物社会对于推断人类社会确有某种价值——但只是反面的价值而已。"②

---

① 参见[德]黑格尔:《法哲学原理》,邓安庆译,人民出版社2016年版,第300—313页。
② 《马克思恩格斯选集》第4卷,人民出版社2012年版,第41页。

而此时我们跟随恩格斯已经回到了那位古代的古典爱情诗人老阿那克里翁那里。对于这个老阿那克里翁来说,"现代意义上的性爱竟是如此无关紧要,以致被爱者的性别对于他来说也成了无关紧要的事情"。更确切些说,"现代的性爱,同古代人的单纯的性要求,同厄洛斯[情欲],是根本不同的"。关键的差别在于,"是不是由于爱和对应的爱而发生的"?这是当时的一个新的道德标准。然而,在封建和资产阶级的实践中,这种新的道德标准自然总是与那些只索取不付出的人身上同样存在的光芒和语调联系在一起。这不仅在诸多伟大的小说创造的人物中是这样,更在伟大哲学家笔下的启示中是这样。与此相适应,那种付出而不索取的热情倏忽蜕变为复仇事业,或者,他(她)现在知道,终于到达人们再也不能给予、不能索取的时刻。从此之后,这座从天而降的新城,这座"为了能彼此结合,双方甘冒很大的危险,甚至拿生命孤注一掷"①的圣城,因为根本上的自然败落即经济—技术原因而被淹没在硫磺湖中。这是恩格斯给予我们的一道道德遗嘱。

这就是我们眼下迫切的难题。我们知道,自然道德可以追溯到自我保存,但正如我们在原始先民例如易洛魁人中看到的,自我保存不仅会造成对"荣誉"的欲望,而且会造成对于某种与从自我保存中衍生出来的正义(此处,即"完全确定的、异常郑重的相互义务")的欲望。对于原始先民来说,这些义务的总和构成了他们的"社会制度的实质部分"②。然

---

① 《马克思恩格斯选集》第4卷,人民出版社2012年版,第88页。
② 《马克思恩格斯选集》第4卷,人民出版社2012年版,第37页。

而，就友爱共同体将来跨越血族限制来说，对"荣誉"和"相互义务"的欲望必定因受制于落后的经济因素产生某种先天不足。我们在前面已经看到，世俗世界是通过否定而形成禁忌的。要说现代人之世俗世界无神圣可言，则意味着曾经神圣的东西已经不再神圣了。他们的血早就变质了。我们再也不是一个狭隘的种族，不再想只承认女系或男系而固守血缘亲属集团的原则。我们更多地是一个地球人。选择做人则意味着承认世界性、承认我们是所有世代的后人。从这方面看，禁忌或戒律是沿着与亲属制度废存的方向运动的。与此同时，它们会越来越明显地释放出自相矛盾的情感脉动及其力量。

同时，恩格斯肯定了这一点。比如说，从命名的角度上看，"易洛魁人的男子，不仅把自己亲生的子女称为自己的儿子和女儿，而且把他兄弟的子女也称为自己的儿子和女儿，而他们都称他为父亲。他把自己姊妹的子女则称为自己的外甥和外甥女，他们称他为舅父。反之，易洛魁人的女子，把自己姊妹的子女和她自己亲生的子女一概都称为自己的儿子和女儿，而他们都称她为母亲。她把自己兄弟的子女则称为自己的内侄和内侄女，她自己被称为他们的姑母"[①]。这些名称在此不是空疏的，而是以这样的名分来加强兄弟、姊妹关系的纽带和融合。也许这种融合常常不可能也不一定是母权制（正如母系社会也不一定是母权社会）的。但兄弟、姊妹关系是制定原始先民之社会制度的基础，而作为我们的政治伦理遗产，这是

---

① 《马克思恩格斯选集》第 4 卷，人民出版社 2012 年版，第 36 页。

极其肯定的血缘亲属关系的否定表现。一俟这些名称构成能指与所指的特定联系，那就危险了。因为"从现行家庭形式中产生的亲属关系，也是同亲属制度相矛盾的"。一方面，随着人们期待的占有方式不同，家庭和婚姻的意义也会发生改变。在恩格斯看来，社会的发展因经济的原因会激发出一种不断松懈自然血统的亲属关系以及后来的国家和民族之间的胞族性纽带。正如易洛魁人的"永世联盟"：如果人是他人的兄弟，如果他值得被"尊敬"，那不是因为他属于一个氏族，也不是因为他是一个氏族的酋长，而仅仅因为他是一个"自尊、公正、刚强和勇敢"的人，他是一个"站在社会之中"的人。作为大写的人，他已失去令他变得"愚蠢""权威"或"暴力"的所有性格。"从前人们对于氏族制度的机关的那种自由的、自愿的尊敬"是自然而然的。① 它是以德性、智慧和快乐的贤人制度的兄弟关系为基础的民主制而建立起来的。但另一方面，确认摆脱诸如出生、性别、氏族限制的制度是一种"纯粹社会的制度"。这种友爱是在同质性中前行。对于古人来说，兄弟姊妹问题很重要，也就是全体兄弟来源于同一个父亲，可以说是构成兄弟与姊妹对立而神秘地组成一个氏族的基础，一如在后来经过深刻文化、民主政治转型的希腊，一套对兄弟同姊妹关系平等描述词汇的出现加强了共血同宗的关系。从本质上看，它是和国家制度不同的。因为从由兄弟构成友爱共同体到兄弟姊妹共同构成友爱共同体，也许只有使得性别形

---

① 参见《马克思恩格斯选集》第 4 卷，人民出版社 2012 年版，第 106、109、188 页。

态标志着的差异及变化而显得微不足道才有可能。而一旦现代国家产生,"我们"(即兄弟同姊妹)将与其他或所有氏族共享的形式就成了幻影。为什么说是幻影呢?因为,当人们的生活条件和氏族制度不相适应时,生产生活资料方式绝不可能不变了。这是摧毁氏族制度的第一步。这种情况有一个无法避免的后果:先民所知道的一切知识都只限于这个组织制度之内,而连年变化的生产方式,会产生一种"仿佛从外面强加的冲突"[1]。国家只能运用权威越来越削弱那些不可同化的多种强力。或者更准确地说,建立国家的最初动机,就是破坏氏族(民族)之间的联系。所以恩格斯说,"国家是承认:这个社会陷入了不可解决的自我矛盾,分裂为不可调和的对立面而又无力摆脱这些对立面"[2] 的产物。在我们这里的语境中,这些对立面就是男女两性分工基础上建构起来的二元论中的对立性权力关系的产物。正如马克思补充的:"现代家庭在萌芽时,不仅包含着奴隶制,而且也包含着农奴制,因为它从一开始就是同田野耕作的劳役有关的。它**以缩影的形式**包含了一切后来在社会及其国家中广泛发展起来的对立。"[3] 对于这一点,恩格斯还指出,我们现在关切两性关系的未来秩序所能推想的,"主要是否定性质的,大都限于将要消失的东西。但是,取而代之的将是什么呢?这要在新的一代成长起来的时候才

---

[1] 参见《马克思恩格斯选集》第 4 卷,人民出版社 2012 年版,第 126 页。
[2] 《马克思恩格斯选集》第 4 卷,人民出版社 2012 年版,第 186—187 页。
[3] 《马克思恩格斯选集》第 4 卷,人民出版社 2012 年版,第 67 页。

能确定"①。

然而，就我们的主题来说，试图重新找出什么是真正"以所爱者的对应的爱为前提的"路标，它与共同体、与政制理解、异质要素中作为敌对的部分之间有哪些联系呢？在哪个性别上去指称"谁是朋友"呢？我们现在所说的，不应仅限于人类学，而要遵循"人—未知动物"实际的紧密结合。但"人—未知动物"的意思是什么？事实上，基督教赋予集体灵魂以一种表面的个人形象——小羔羊，恰恰就是一头一边撕咬、一边喊着"为了我们共同的利益"的狮子。多么奇怪的形象。正是这一点将使得世界历史的讽刺神秘莫测。我们今天太过旺盛的民族主义，只是十分单纯质朴的氏族洗劫的较为文明的形式，但它却必定要为"二元性别构造进行解域"（德勒兹）或"友爱政治"（德里达）打开一个决定性的缺口。它在恩格斯的眼中瞥见一缕妇女解放的曙光，即"第一个先决条件"。这个条件是"一切女性重新回到公共的事业中去"②，也就是说当女性回到公共的事业而成为劳动者之后，她们重新获得了本身的知识技能。所以，女性在这里更像是古典古代之人性的复归。当然，是否选举更多的女性成为政治人才能走向善治的捷径，是存在争议的。

因此，假如我们这样正确地以唯物史观为背景理论来看待社会制度变迁，那么再也不存在某个性别主体能够上升至普遍形象的地位途径了，不管是通过成功的途径或失败的途径。更

---

① 《马克思恩格斯选集》第4卷，人民出版社2012年版，第94页。
② 参见《马克思恩格斯选集》第4卷，人民出版社2012年版，第85页。

确切地说，我们的立足点不是思维，而是实践（"做事"）。此处，谈到社会制度重新现实化，令人想起从前的认识途径和方法，那就是像黑格尔那样以法律、伦理关系的制度化为前提，试图从这制度化中得出人们之间交往关系的定义并把它规范下来。然后依照从通常意识的种种感觉和现象，如法律或戒律在字面上规定男女双方平等——比方说，"你应当像爱你自己一样去爱你的爱人"，诚然在婚姻道德标准字面上，也是被承认的——妇女被吸纳于社会劳动生产等当中导出某个所谓"规律"论证，证实妇女意志是自由的。基于此，这些论证证明了，这样的社会能够产生怎样的男子，以及怎样的女子。但老实说，与其采用这种理想（或者说，实际上，这种论证"规律"始终停留于应当，但不具有任何现实性）方法，还不如直截了当地把感情（以自由和意志来说也是一样）当作被给予的实践观念的一个事实，从而不得不对它予以把握来得更究竟、更方便。因为法律和制度规制本身并不与感情和爱情直接相关。所以，恩格斯告诫我们，现代人已经在越来越大的范围内实现了"买卖婚姻"，迄今为止的订立婚约的法律和道德实践无论如何不能与资产阶级的爱情论协调起来。毋宁说，婚姻的伦理目的被那种看法——例如，爱情，本是心情，岂能是戒律——抛弃了。从唯物史观的观点来看，我们今日形成的国家制度，只是婚姻关系的文明形式，而带有一切文明形式的利弊。尽管如此，今日的公共事务比原始社会多得多，可是，丝毫也没有削减人们借由稳定的情感联结在一起的必要性和重要性。

第三章　国家治理对象与平等者共同体

因此，我们越来越有一种需要，对感情的本性以及在感情基础上是否可能建立任何制度予以更加彻底的认识。因为正如在《家庭、私有制和国家的起源》中对于野蛮时期和文明时期发展起来的社会制度进行历史考察所指出的，再没有一门历史的学科像原始历史学，即通常所称的人类或文明起源学说，处在轻忽感情化的人际交往关系的糟糕处境中。在某种较为普遍的看法看来，感情与制度的对立在这种处境中是不能不提的。因为人性中的温软一面在公共领域中是无关宏旨的。即便是作为一种情感的善行也只能作为"一个完全个别的行动"来看待，要把它从自然性和主观性中聚集为关于实体性或客观思维的东西，总需要进一步的阐发。然而，如果这里有人问：为什么从"爱"中找到某种交往互动模式不可能采取制度分析的形式呢？想必，恩格斯的回答必然是，如果没有存在过一种"尚不知道国家为何物的社会的组织"的情况，它就不能为瞻望以相互之间爱的形式提供稳定的条件，这是从人类学领域而非伦理领域引入制度概念的分析。至此，对我们来说，最好承认唯物史观不是在偏爱自然的需求的意义上来谈论爱的共同体的。而当前我的观点可能仅仅是针对此项要求的一种准备性研究。

在当代西方，男人与女人间的斗争只极边缘地牵涉到唯物史观。它是否应该涉及唯物史观当然完全是不刊之论。在马克思主义国家学说中，恩格斯的这个文献当然是最重要的。唯物史观试图在它自己的文化畛域和历史观中捕捉自然/文化的各种落差，这么做也不光是基于认为女性的以及反体制的种种运动仅仅是修正了的阶级斗争一类的观点的余绪,这是因为,在唯物史观的理路中——尽管不是至极重大——它本身是有其重要性及深刻意义的。同样真实地,从另一种观点来看,唯物史观对男人—女人这个问题的低度关注,反而使得此前这些曝出的成见对男人和女人间的各种不同之处加倍地忧心在意。直到最近几年,我们才得以在两者所共同具有的单义性之中比较充分地把握它的意涵。

第三节 智力平等原则与教育实践

　　治国理政有实然面和应然面。公共教育或政治教育属于后者。英国学者克里斯·桑希尔曾将德国政治哲学的特征概括为十个方面。其中,"政治秩序的概念与哲学人文主义的本质问题是联系在一起的",他认为国家必须"积极地促进理想的人类自由与人类属性能得到完全地实现",由此强调政治教育的必要。诺曼·安吉尔曾说,在苏联时期,"每一个学童都熟悉马克思的学说,都能背它的教义。有多少英国学童有任何与穆勒在他无与伦比的'论自由'的论文中阐释的原理相应的知识?"卡尔说:"几乎没有人再会质疑这个论点,应该以他的国家的官方意识形态来教育儿童。"[1] 由此可

---

[1] [英]迈克尔·欧克肖特:《政治中的理性主义》,张汝伦译,上海译文出版社2004年版,第43页。

见,在国家治理问题上国家对公民进行政治教育的必要性。但也许还有怀疑的余地:首先怀疑选定的政治意识形态的知识是否能够代替理解一个政治行为传统;然后怀疑权威和书本知识是否可以被认为本身就是有权力的。此外,政治教育是否可以是学会如何参与平等对话,对此我们需要作更加深入的审察。

在德国政治思想传统当中,国家在社会中的形象较高,"无论他们是来自于自由主义、保守主义还是其他社会传统,都力图把国家解释成社会协同的最高机构,相对于社会的其他部分来说,他们通常会赋予国家以结构性的尊严"①。这表明,在德国,政治精英是以相当的热情来看待政治教育理念的,以此为现代国家的前提,但是他们大都并不热衷于讨论通过政治教育以培育人人平等的意识。因为在他们看来,有社会就有统治,有国家就有压迫。按照马克思的某个特定看法,国家的实质是一个阶级对另一个阶级进行专政的工具。但是,严格地讲,另一条路还有待尝试,它的出发点是平等,是"把国家看作是相互教育的自由人的联合体",而不是"看作是被指定接受上面的教育并从'狭隘的'教室走进'更广阔的'教室的一群成年人"②。因此,政治教育应该给自己确定这样的目标:"要把国家由神秘的、僧侣式的东西变成公开的、人人了

---

① 参见[英]克里斯·桑希尔:《德国政治哲学:法的形而上学》,陈江进译,人民出版社2009年版,第2—7页。
② 《马克思恩格斯全集》第1卷,人民出版社1995年版,第217页。

解个个有关的尘世的东西,要使国家变得与公民骨肉相联"①。我们发现,在马克思的思想中,萦绕于怀、深切关注的东西并不是国家,然而国家却扮演着不能化约的角色。而传统以国家理由的治理所追求的主要目标只是国家本身的完善,是国家的财富积累。

对治理术这个主题的研究,福柯曾将牧羊的隐喻应用于某种权力模式。福柯认为:"这是一种照护的权力:牧羊人不'为他自己'而统治,恰恰相反,他的统治完全是'为了他人',羊群与属于这种模式的,不仅是全球的,也是个体的:他的所有都是为了照顾羊群。但根据那本非常著名的《圣经》之想象,牧羊人谨慎地看管每只动物,不让它们走错路。"② 福柯在古希腊著名教育家伊索克拉底的文章中发现:"关于优秀的执政者,尤其是一个应当监督青年的教育问题的执政者,伊索克拉底作了细致入微不厌其烦的描述。有一系列的责任和义务加在这位执政者身上。他必须照顾青年人,不断地监督他们,不仅要监督他们的教育,还要监督他们的饮食,使他们按照他们应该的那样行为、成长和结婚。我们看到,这也与牧羊人的形象接近了。然而并没有使用牧羊人这个比喻。……在所谓古希腊的政治字典中,牧羊人的比喻是很罕见的。"③ 只有柏拉图例外。福柯的观点表明,真

---

① 《马克思恩格斯全集》第1卷,人民出版社1995年版,第403页。
② [法]阿兰·布罗萨:《福柯:危险哲学家》,罗慧珍译,漓江出版社2014年版,第44—45页。
③ [法]米歇尔·福柯:《安全、领土与人口》,钱翰等译,上海人民出版社2010年版,第120—121页。

理是由权力和话语决定的，但是在具体的历史实践中，生产真理的最重要的形式就是教育。整个基督教的结构的本身就包含了与教育相关的组织、结构和功能。主教的真正的任务就是教育，所以制造、传播真理的教育功能其实是内建于基督牧领制度之中的。在人类的导师——牧民者与人群的关系中，成了某种权力模式。福柯进一步对政治下了一个定义："真正的政治活动是什么？政治的本质，政治家或者说政治家的行为到底是什么？就是联系，如纺织工人把经线和纬线联系起来。政治把不同的要素相互联系起来，把通过教育形成的好的要素联系起来，他要把多种形式的美德联系起来，这些美德各不相同，甚至相互抵牾；他要把相互对立的性格联系起来……国王的艺术因此绝非牧人的艺术，而是纺织工人的艺术，这种艺术是要把所有人团结成'一个整体，这个整体的基础是和谐与友谊'。"① 在此基础上建立一个自由与平等的世界。

如上所述，古希腊的教师与学生也有精神指导的功能，无论就整体意义上的哲学还是就特殊意义上的政治教育而言，在教学实践中，每个人都能行使检验的同等能力，智力平等的预设不仅有着实际的证据，而且有着教学主体的解放的价值意蕴。但是与此背道而驰的是，现代公共教育体制已经被建构在对这一预设的验证之外。为了发挥教学主体的能动性，我们应当根据当前的需要，必须首先重新开启或者促进一次有关智力平等的政治教育实践证明。依托我们平等智力下的预设来持续

---

① 参见［法］米歇尔·福柯：《安全、领土与人口》，钱翰等译，上海人民出版社 2010 年版，第 126—127 页。

地改进、完善诸如传承手段、教师的形象和教学的目标等方面的政治教育知识状况。

不过，在讲堂上，透过"识别模式"，智力表现不平等总是可以被观察到。教师被教育传统所规定的典型角色，是凭借需要或能够将接受识别分类者提升到知识和理解的更高层面，且筑基于学生是"无知的"教育体统之上。由此，它容易转化为大学的体制化的智力封闭的力量。当年，威廉·冯·洪堡在《论国家的作用》中看到："公共教育，也就是由国家安排或领导的教育，它至少在很多方面是令人担忧的。根据前面的整个推论，一般而言，一切的一切，至关重要的是最多样化地培养教育人。"① 若情况如此——即在国家指定给每个人的地位之前，每个人应该接受"培养单一的个人的教育"②，那么，为什么不是让国家选择发展成为一种平等的社会机构？答案很大程度上在于一种分化的逻辑："一种是强硬的不平等逻辑，它来自国家、资本或军阀，带有种族、宗教或其他因素；一种是缓和的不平等逻辑，它用一所大型学校的模式来理解世界。在这涵盖全球的学校里，人们分出那些优秀学生——某些个人或国家——因为他们内化了利益竞争的各种法则，也分出那些落后学生，因为他们无法摆脱那些'跟不上时代'的社会形式和那些'落后于时代'的理念。

---

① [德] 威廉·冯·洪堡：《论国家的作用》，林荣远等译，中国社会科学出版社2016年版，第71页。
② [德] 威廉·冯·洪堡：《论国家的作用》，林荣远等译，中国社会科学出版社2016年版，第72页。

各种政府转变成教师讲解人,讲解着一套世界通行的逻辑,将此作为无可更动的科学必然性。"① 而在知识观方面,对人与人的差异视而不见也往往导致智力非平等主义。有教无类的思想有助于智力解放。特别是在政治教育的思想实验下,当今我们的问题不是证明智力是平等的,而是在那样的预设下政治教育能做什么。把这一思想的规定真正当作原则树立起来,必须有更多的人实实在在地成为人民的教师,神使政治的思想形象凸显其永恒价值的魅力。

从亚里士多德、笛卡尔到黑格尔都曾从"求知""我思"和"思维"的维度预想过人人智力平等的原则。不难发现,理解这一原则一直是具有挑战性的事情。我们不知从何处去找寻问题之答案的线索。以西方哲学思想语法而言,就它总是以一种追求整体、追求普世的哲学而言,就总是充满了一种压抑他者甚至消灭他者的形而上学冲动。于是在原则上、在根底处,它就是"自我中心主义"的,就封死了任何通向他者和平等主义的出口。但这毫不意味着西方哲学思想的起点不被他者和平等原则所纠缠。让我们脱出这个隐含不平等的传统解释,它可能只是表现为"历史性的"解释。仅就希腊辩证法的论辩传统而言,它并没有避开另一种预想——理性中而非情感中包含的主观的平等预想。在我看来,辩证法作为方法,就涵养着人人智力平等的原则和思想习性。所有伟大的经典作家都盛赞希腊辩证法那令人叹服的理性特征:从苏格拉底的问题

---

① [法]雅克·朗西埃:《无知的教师:智力解放五讲》,赵子龙译,西北大学出版社2020年版,第5页。

中不断冒出新的问题,中间经过亚里士多德劈分辩证法与本体论和价值论,直到经院哲学——基督教思想。他们有一个意识:作为辩证法的辩证推理代表着认识的进步。可以说,在他们的知识观中,只有设定理性对话的互动者,但没有作为某种思想法权之人为设计者或独裁者。但是,令人既困惑又着迷的是,为什么从作为思想自由和平等原则的辩证法中演化出来了理性、独断的形而上学?在意识形态范围里面,这个伤脑筋的思想语法问题可能永远无法解决,因为它实际上用所有的预想回指所谓真意识(真信仰)和假意识(假信仰)的揭露。而这种揭露通常具有西方沿袭着理性目的论的圆圈,也就是说,是坏的圆圈,可谓丢失了我称之为锻锤智力平等的那种非常明确的作用。我们这里不想就这些方面说得太多。但将它作为引子能使我们洞见到我们应该把辩证法那种令人惊叹的力量归因于什么。我在此处试图给出一个答案。我以为最好去刻画辩证法在哲学教育方面之实际真相,而不是它们的想象方面。哲学不在于说服他人,而在于使我们自己头脑清明,并且弄清楚辩证法何以不能走相反的路,也即辩证法被宣讲法(有如强制阐释或灌输)代替。我们需要的不是关于政治教育的定义,而是对政治活动的哲学理解。所以,下面主要是通过哲学教育来凸显智力平等这一政治教育原则。

一、对当下智力不平等的哲学教育状况的考察

在政治的学术研究和教育中有一个必须考虑的部分——因

为缺乏一个更好的名字,我将称其为哲学的教学和研究。欧克肖特曾说,"反思政治活动可以在不同的层面上发生","有一个反思的领域,其目标是考虑政治活动本身在我们整个经验地图上的位置"。"就欧洲社会而言,探究已经发现,每一代都以它自己的方式提出各种知识问题,并用它所支配的技术资源来处理。"欧克肖特已经得出结论说:"政治哲学不是一门可称为'进步的'科学的东西","实际上,在某种意义上,它除了历史没有别的,它是哲学家们在普通的思维方法和他们提出的解决方式中发现的种种不融贯的历史,而不是学说和体系的历史。可以认为研究这种历史在政治教育中有重要地位,理解当代反思对它的转变,是一件有更重要得多的地位的事。"[①]不能高估教师增进我们在政治活动中成功的能力。相反,在今天,对大学政治学术(教学和科研)秩序的思考中,有一个问题挥之不去:在大学里,谁是"模范教师"?表面上,这是一个正名及其名分论问题,实质上也是一个与思想质料融贯在一起的伦理—政治教育方面的问题。但从语义论辩的逻辑学看,"模范教师"从来都不是一个含义清楚的词汇。让我们限于哲学教育来考虑一下目前几类典型的"模范教师"的形象吧:能够上"金课"、能够"超度学生到极其快乐的学习世界"、充满专业精神、能够透彻解释他所讨论的论题,等等。因此,有多少人花了整整七年时间跟着老师学习例如马克思的著作,结果仅仅是把他的哲学留在落满粉笔灰的教室里或把它

[①] 参见[英]迈克尔·欧克肖特:《政治中的理性主义》,张汝伦译,上海译文出版社2004年版,第56页。

看作是一种学者或教授的学说。这揭示了一个重要观点,即将马克思主义教育理解为纯粹本本解释的活动是误解了它。但想必,这样的或类似的教师往往可能被体制奉为"模范教师"。我们现在要问,在什么意义上、又为了什么,哲学教育的结构在此被简单化了?因为无论哲学教育的宗旨是什么,关于理性交往的哲学教学活动总是可以有最低限度的一致,使成为同一、识别,等等。撇开学院哲学家教授中那些高度技术的内容或像一座建筑物那样永远难以完成的知识积累,只要教师不走进真正的、交互主体的意义的哲学教育之前,看起来依然还只是把教师当作谈论惊奇的哲学主体独白的一次又一次花样翻新。它们共同的地方在于,关于教师与学生之间在教学中的辩证关系思考仅从观看—理论的角度出发,并由此也仅从认识论角度出发分析哲学教学活动:教师并不仅仅意味着他必须判断学生交来的作业,他必须对它们进行分类,他还必须解释处理问题的正确方法。在所有这些情形中,他精心进行活动的抽象表现出一种对认识论太过强烈的兴趣,太过于关注宣讲(有如教导甚或强行灌输,理由是,政治嘛!要求知识)。我们把这些教师的工作叫作"识别模式"。实际上,目前,"模范教师"就是通过这样的识别模式而干得非常好。为什么呢?因为,他们有保证各种事物理性秩序的力量作依靠,而且有经典作家的那些至关重要的句读作前提条件,甚至其系统表达,都提供了支撑。这样,在高等教育哲学评估领域里,人们习惯于从教师提供判断、分类、解释这一关于教学的"识别模式"方面思考教育方式,而不再是基于平等智力原则的考虑。

特别是在哲学教育领域，所谓"识别模式"，就是教师用心地使用言说的种种手段对哲学课程内容进行识别、查证，帮助学生把所有的认知能力应用于一个被假定的相同对象上，比如，教师说，"这是黑格尔的观点""那是马克思的观点"，就称其为"教学"。这里我们触及中世纪辩证法中以及人类经验中隐含的始终的对立，即类型和事物之间、形式逻辑与活生生的对话之间的对立。因为我们不是在一个充满类型的世界中生活，而是在一个原本是有差别的世界中，比如有的智，有的愚；有的贤能，有的愚笨。但孔子说得好：有教无类。然而存在一种悖谬的情形，最好的教师似乎必然要求一定的狭隘、偏执，甚至狂热。比如，这里可能会使教师相信他的主张，也即学生可以在同一时间看到、摸到、记住、想象、构想的全都是同一个对象。就像笛卡尔第二个沉思里谈到的那块一般的蜡时所说的那样，这就是"我看见的、我摸到的、我想象的那块蜡，就是我一开始认识的那块蜡"①。即使发生各种变化，蜡还是那块蜡。这是"我的"理智上保证的事情。可是，面对无穷无尽的事物和景观时，这里也必须与神志正常的预设相对照吗？如果各种感官都看不见面前的任何东西，情形又如何呢？实际上，人们不能随意推断或制造精神科学的对象，比如崇高、美这样一些主观感觉，但在课堂里却总是预设了人人都适用的主观原则，亦即所谓作为各种能力协调的通感。面对无穷无尽的学海，不管学生实际上有没有通感，老师都习惯说大

---

① ［法］笛卡尔：《第一哲学沉思集》，庞景仁译，商务印书馆1986年版，第31页。

家都知道"这一点"。就这样,在课堂上,老师往往就这样代理了我们的思考。这种方式实际上意味着,居于支配地位并引导着教学评价效果的哲学分析始终是"认知模式"。以 21 世纪而不是 18 世纪为背景重新解读"识别模式",就能更清楚地了解我们现今在哲学教育方面的实践与教学艺术的经验理论之间存在多么深的鸿沟。

如果考察柏拉图的《泰阿泰德》篇、笛卡尔的《沉思集》、康德的《纯粹理性批判》,不难看出柏拉图、笛卡尔和康德都属于我们前面提到能够上"金课"的"模范教师"。就拿康德来说,在康德看来:"辩证法在过去的时代曾被特别用心地研究过。这门技艺在真理的假象之下陈述一些错误的原则,并且试图根据这些原则,按照假象对事物作出主张。在希腊人那里,辩护士和演说家都是辩证法家,后者能够将民众引向他们所希求的地方,因为民众是听任假象欺骗的。所以,辩证法在当时是假象的技艺。在逻辑中,辩证法有一个时期曾在论辩术的名下讲述,这种情况下的一切逻辑和哲学是某些空谈者玩弄各种假象的文化。但是对于一个哲学家,再没有什么能比这样一种技艺的文化更不体面了。所以,此种意义上的辩证法必须完全抛却,代替它被导入逻辑的毋宁是对这种假象的批判。"① 康德这一解读是不公允的、错位的、故意造成时代错乱的,因为讨论欧洲思想史上辩证法的演化就得讨论前康德的或然知识的辩证法和康德-黑格尔的启蒙辩证法、克尔凯郭尔

---

① [德] 康德:《逻辑学讲义》,许景行译,商务印书馆 2010 年版,第 15 页。

第三章　国家治理对象与平等者共同体

的生存辩证法之间的差异。但是这些差异本身尽管或此或彼，却有启示作用，让我们了解两千多年以来的所得所失。亚里士多德、康德乃是本论域的主要参照点。亚里士多德从逻辑这门科学的角度思考了"思维的纯心灵模式"，即黑格尔十分看不上的形式逻辑。在亚里士多德看来："在严格意义上，逻辑代表对有效推理的格和科学方法的研究，而作为这样的需要，它不假定有关现存实在的本质的态度。"① 因此，在人类思想史上有重大意义：可公理化的思想自由平等的机制与所有辩证法所涉及的逻辑形式是分不开的。康德与亚里士多德不同之处在于：辩证法被看作制造思想假象的论说。在很多人看来，康德哲学是启蒙的，但是康德说这些话时，抬高了"作为智慧专家和教师的哲学家尊严"②。因此，在这一意义上，康德主义是反启蒙的化身。因为假象和真象也许不过是康德作为启蒙家的自裁而已。换言之，如果康德的哲学前辈利用辩证法制造言论欺骗民众，那么批判这些前辈用辩证法制造假象，因而具有启蒙作用。人们以为，"批判哲学"，就是一种垄断"批评"的哲学。他们关于思想的"认知模式"的取向，迄今为止都是诉诸权威的、反平等的。

这样一种取向至少有两个缺陷。第一，没有作出任何关于教师与学生之间平等的暗示，相反，一位康德式的"模范教师"首先表现为一位评判者。识别模式作为教学法在很大程度上已经被宣讲法所支配、所代替。在当今的哲学教育中，希

---

① ［英］吉尔比：《经院辩证法》，王路译，上海三联书店2000年版，第12页。
② ［德］康德：《逻辑学讲义》，许景行译，商务印书馆2010年版，第25页。

腊思想创立了隐含对话或平等原则的辩证法,但哲学教师使用的还是启蒙辩证法的非辩难的框架。第二,对于哲学来说,这样一种取向并不适宜。因为本来通感、共识、人人都适用的诸能力的协调都只能构成一种正统哲学的高级直观,在教育者的头脑里却成为一种理性妄自进行理智直观的乌托邦主义的工具。这样一来,哲学便没有打破教师与学生之间的结构性不平等。

当然,这同我们心目中应当称何为真正哲学"教学"相关。一般说来,喜欢一个老师,是因为教师讲课逻辑缜密、坚实有力,这种喜欢对求知的学生来说当然是很自发的,尤其是对初学者来说更是如此。但是,一般说来,教师应当知道学生在增长见识过程中内在的消化比外在的灌输要有效得多。准确地说,在课堂上,创造一种智力平等的精神基本上相当于创造一个能够克服某种特殊意见的教学环境和氛围。而哲学恰恰就是要克服所有特殊的意见。因而,一个成功的哲学教育是从一个理性面前人人平等的理论说明开始的。一个阐述者,比如韦伯,有一个牢固的理想——"价值中立",这个理想不一定好,但一定清晰明确并且至高无上,以致其他所有的东西都是附属性的。"一位真正的教师会时刻提醒自己,不要站在讲台上居高临下地把某种自己的立场强加给学生。"[1] 在此,韦伯向我们推荐一种所谓"价值中立"的教学理念。很明显,韦伯很矛盾。一方面,他引导我们担心那种对作为"专家"的

---

[1] [德]马克斯·韦伯:《科学作为天职》,见李猛编:《科学作为天职:韦伯与我们时代的命运》,生活·读书·新知三联书店2018年版,第31页。

教师的知识被政治性利用；另一方面，当韦伯受二元论困扰，同时要求保持与价值中立信念一致时，韦伯自己就仍然被意见束缚。

怎样设想事实的经验陈述与价值判断的区分，才能使韦伯自己能够声称自己的观点科学合理且变得更容易理解呢？虽然"价值中立"这个概括并不能清晰反映韦伯作为教师与自己个人的价值判断之间的关系。但是我们可以这样说，韦伯对"教课权"的规定是发人深省的。他实际上试图描述一种心灵和方法的习惯，以便让学生可以"独立地思考"问题。按理对于一个哲学家，再没有什么能比这样一种形式理性的运用更能避免诉诸特殊的意见了。因为，诉诸权威被降到最低地位。诚然，作为大学官僚体制的伟大批评者，韦伯在教师和学生之间如何建立起一种关于智力（能力）平等的关系，并没有深入分析。对于韦伯来说，"从来不能从科学上预先证明一位学院教师都应该履行什么义务，只能要求他具有理智的诚实"[①]。但是，在能够描述科学的理论气质之前，必须得到一种理论。在能够考虑可以形式化的法则延伸进入求知过程之前，必须定义什么是理性和什么不是理性。这一段关于理性的表白实际上相当于打出理性自我消弭的一炮。因为与一种广泛的观点相反，韦伯认为："在科学上，业余者出现的想法很可能与一位专家不相上下，甚至还要意义重大。我们有许多非常出色的问

---

① [德]马克斯·韦伯：《科学作为天职》，见李猛编：《科学作为天职：韦伯与我们时代的命运》，生活·读书·新知三联书店 2018 年版，第 30 页。

题和理论，都恰恰出自业余者。"① 韦伯这里所说的业余者，也必须与理性主义的背景相对照。我们承认，正像众多业余者的智力超过专家所表明的那样，专家的智力可能会不得不被扩展到容纳最众多人的智力的哲学理解，而且新的智力平等模式从那时起一直在被发展或者得到明确的承认。

那么，在课堂中识别模型是如何形成的？确定这种模型的实际起点很困难，但指出全部哲学教学法当然并不只局限于认知模型则比较容易些，特别是在哲学教育实践性实验史里有一个脉络，在该脉络中，教师一般说来讲他之所读。书籍的世界对他来说就是近乎一个真实的全部的世界。但是如果他读他们的著作通常可能是由于钦佩他们的论证的机智或文字的优美，从中可以得到知性的愉悦，而不是出于对这些著作的主题产生同情或共鸣，那么对于维系知识权威的传统科学训练而言，这至少给教育体制提供某些可以先验预设的条件。我们在苏格拉底那里发现，苏格拉底学徒时期的失望表明，他寻求真理，所谓的"心灵哲学家"却用种种假定打发他。作为"一无所知的"学生和"无所不知的"教师的存在，就是苏格拉底和阿拉克西曼德、阿拉克西米尼、阿拉克萨哥拉等"最负盛名的贤哲"相对照的故事。但实际上"无知"的教师被掩盖了，人们隐隐地看到在他们的逻辑和哲学之外的一些直接利益，只是在系统的教育体制中"无知"教师不像人们想象的那样明显罢了。

---

① ［德］马克斯·韦伯：《科学作为天职》，见李猛编：《科学作为天职：韦伯与我们时代的命运》，生活·读书·新知三联书店 2018 年版，第 14 页。

那么，我们如何重新发现已疏远生活实际的我们的教育世界？今天来看，我们并非对它一无所知，而正相反，是我们对它有过多的认识。我想，事情很可能是，哲学教育成为问题在古希腊时代就已出现。当时，"有学问的人"声称他们什么都知道，他们享有绝对话语权。对智者来说，哲学教师不要觉得自己的知识缺失，而应该觉得自己什么都知道。当时在场的苏格拉底说，这些哲学教师，只是"永远有理"的雄辩家。苏格拉底非常严肃地质问："一个雄辩家要被迫谈论他不懂的科学时，他只需向那些懂得的人求教，于是他讲得肯定还会比懂得的那些人好。"① 苏格拉底嘲讽他们，是因为这些人把练练嘴皮子的功夫当作谋取哲学声望的手段。人们要毕其一生追求的真理，到智者那里就不过被翻转为"语言和思想的技术化"。另一件事情尚需提请注意。也就是说，希腊伟大戏剧中所描绘的是，教师掌控了语言，正像神学进入礼拜仪式，便导致苏格拉底怀疑精神的光芒被遮蔽。由此，哲学所说的自由很难保持与"虚假的知识"的分离。真实的知识逐渐进入虚假的知识，"智者"游说技巧逐渐进入心理学，心理学逐渐进入伦理学，而且在某种意义上，用言语来对集体思想的控制和对公共意见进行操纵。它们都被一般的哲学所含括，最终将自身建构为社会和政治实体。如今来看，古希腊的智者，就像今天永远有理的政治家或新闻记者。这些就是实际必要性和学术精致性要求的难以避免的后果。

---

① [法]阿尔贝·蒂博代：《批评生理学》，赵坚译，商务印书馆2015年版，第126页。

这里正在悄悄地出现辩证法和宣讲法（所谓"传道""布道"）的混淆。从此开始，进入提问辩难使辩证法得以落实为一种思想机制却被思想假象吞并的时代。在黑格尔辩证法失效的地方，它就变成诡辩，使平等的提问辩难成为君临天下式的启蒙。由此，关于作为教师的苏格拉底的方法论，我们可以这样认为，苏格拉底"一无所知"的原则是用来对抗诡辩家的，而那些承认自己无知的人，苏格拉底就教导他们，用归纳法知道一些已经知道的，或稍微加以思考也能够知道的东西。也许，今天看来，苏格拉底的方法无甚高见，但显然他的哲学方法与实际生活风格差距不特别大。确实可信的是，千百年来的哲学教育，我们一直在经历着理智化的进程，要想理解当时究竟发生了什么，就必须明白当代教育批评者韦伯式的忠告：今天每一个通过手机阅读的人，并不比原始人对他的工具和环境知道得更多。如果人们补充说，在当代文化中，希腊罗马的一些老生常谈是作为死气沉沉的发现从其古人的坟墓中涌现出来的，那么韦伯的思想并没有陈旧的死气，因为他的理论目的从来没有像一座建筑物那样得以完成，而是有机地增长起来的。它不是"我们知道的东西"的累积，也不是"值得我们知道的东西"的汇聚。问题当然还是，哲学就是爱智慧以及爱智慧所尚未可能的东西。

二、平等原则下思考哲学教育的根据

什么样的哲学教育方法才是保证哲学学习所必需的？这是

一个非常棘手的问题，因为对提问者而言，总是对已经知道的东西的认识。在这个意义上，正是重复使得认识的同一性得以可能。但是，重复什么呢？是不是说，上帝之后不可能有创造的想法？所谓重复，就是人不能在自然之上添加什么，不能提出创新的想法？重复，就是如对原型加以复制或图示，一旦偏移或离开原型，便导致错误或假象？因而它只能像在柏拉图主义哲学那样，重复就是对一个东西确证、确认、认同。没有被确证、被确认、被认同，就等于没有发生、没有意义。比方说，政治教育以培育国家认同，是不是就是国家被确证、被确认、被认同？这可以被称为美诺悖论给人的启示。从本质上说，教育似乎首先就是一个重复结构。同样，"一个政治意识形态意味着预先提供了'自由'或'民主'或'正义'是什么的知识"①。但对于哲学教育而言，实际上我们却时不时地对这个基本前提提出质疑。因为对于在分类规律的支配下尚未发现自由而清晰思维的哲学教育来说，没有被确证、被确认、被认同的东西可能会引致一种智力解放，而不是束缚。这里就出现了一个问题：重复难道不总是对一个已经知道的东西的重复吗？或者反过来说，相对于已经知道的东西，重复不就是补充性的、附属的东西吗？的确，这是一个重大疑难问题。对于孔子的有教无类的思想来说，甚至是一个关系其整个教育思想之生死存亡的问题，因为他的教育思想的最开端之处就是：不管什么人都是可以受到教育的。教育原本不只是本原（原型）

---

① ［英］迈克尔·欧克肖特：《政治中的理性主义》，张汝伦译，上海译文出版社2004年版，第41页。

的机械的再造、非生产性的单纯重复。这是孔子教育思想的出发点。我们只是把这一点更严格地限制在哲学教育上就不会不使人们放心的。由于这个原因，几何学学习和训练是不是像柏拉图认为的那样完全有助于哲学教育就可能是令人怀疑的。至少数学学习在某个历史时期比如中世纪并没有像在近代被认为的那么重要。

问题在于，可靠地适用于一种思想方式是受到鼓励的，但是当人们感受到前后不一、矛盾之迷人而有教益时，辩证和辨惑同样也应当受到鼓励。我们之所以会在哲学领域中思考教育范畴，并且认同"有教无类"这个提法，都不是偶然的事。这样的提法满足了我们要在那种出自启蒙辩证法诉诸必然性知识欲望和作为平等对话的希腊论辩辩证法中产生或然知识欲望之间寻求妥协的欲望。而一种协调的逻辑不总是构成了哲学教育评价的标准吗？甚至疯狂，比如在黑格尔《精神哲学》中，不也必须与健康的、理智的意识背景加以对照？还是说相反的，这种协调本身不可能，甚至疯狂不可能在健康的理智的意识上加以讨论？[①]

我们暂时还不能完全回答这个问题，现在我们只能说，就最广泛的意义上理解，主观与客观的统一，相当于一种社会责任，这种社会责任的意思是说，比如，一个真正的医生既是懂得医术，也是在他身上技能—知识—语言表达高度统一的。例如，在古希腊区分真正的知识和假的知识的时候，我们就看到

---

① 参见[德]黑格尔：《精神哲学》，杨祖陶译，人民出版社2006年版，第173页。

了哲学作为知识型学科还没有同科学分开。当然，这个情况随近代社会和工业革命而改变。从此，科学成为科技。这首先可能意味着古希腊人在科学中寻求的整全性，现代科技再也无法提供。本来就丰厚的科学创造力，如今已被纯粹的理性目的性牵着鼻子走，更甚者，里面涉及的是对记忆的控制（记忆术）。斯蒂格勒认为，生产技术与记忆技术互相融合已经成为趋势。随着通信技术、信息技术和信号处理技术的出现，将会是对全球想象的东西的掌握控制。比如说，在远古，天空是一个广袤的舞台，人类在那儿学会了哲学凝思，也即学会了人生和宇宙思考。今天，GPS定位变成生活节奏、信仰、与过去和未来的联系的基本质料。用户本身变成了一种数据。认知活动占据了我们大部分日常生活活动。朗西埃说，以此方式理解集体和个人意识运作条件，无法真正理解现代民主和平等教育所要起的作用，也即无法验证每个人与其他人的智力平等这一假设。

当然，我们也据此看到，劳动分工造成的生产者和消费者的不平等，取代了古希腊意义上的平等民权。斯蒂格勒曾分析过知识传递的保留记忆的技术（例如摄影以及录音机）出现的后果。依据斯蒂格勒的分析，当人类对知识产生崇拜、对知识充满热情的时候，知识是令人动容、津津有味的。或许在你本以为浪费了一个课时里，学到了很多东西，只要你愿意想一想，这一课时里都教给了你什么，到底是什么呢？在不同的哲学系统里，当然有不同的思想语法。据说，有这样一些事物，一个有理性的人绝不想比一个普通人知道得更多。例如，

"有"不是"无","一"不是"二",这是无人怀疑的真理。可黑格尔却想让人进而明白,这何以且为何是真理,以至于到头来,你放弃作为对知识的爱慕而追求真正的知识、绝对知识,你自身是"有"还是"无",你都无法肯定了。这不就是"理性狡计"吗!没有人会像黑格尔那样总是要求我们以清醒的理性精神来讲话,而且一种生活的逻辑将容忍具有非凡想象力的辩证法。但是,今天,你正是生活在一个十分危险的"失忆"时代。曾经打开历史地平线的记忆变成关闭记忆的工具,其方法是借助以下借口:就其天性而言,思想的知识形式之世界划分就是以哲学学习达人和哲学笨伯为界。

因此,什么样的哲学教育才是保证正确学习哲学所必需的?这个答案必须通过对哲学的教与学之间关系的重新审视来确定,即重新审视被视为造成哲学学习障碍的首要根源:哲学教育也许已经将能否还原为知识的学习当作首要任务。从普通知性立场看,如果我们不是一开始就已经可以以知识的方式教学的话,我们一开始就手足无措了。这正是令人迷惘的事情。

消极地说,在今天,哲学处于匿名状态,或者说它正在变相成为一项让可怜的学生专门集中于一类确实性并用一种特定的方式思考和说话的技术。这样一来,对哲学教师而言,他应该让人知道他无所不知。而那种声称已经无所不知的人,还有那些由于自己的贫乏,以所谓优越的形态杜撰了某种与一切原理不同的原理的人,只会从一种意见摇摆到另一种意见。他不会认识到,这种意见是自己的还是别人的。因此,在这种教和学中,是没有生产性的。因为他提供出来的东西不是那种能够让学生领会他自己能够学习的东西,而是生成问题的特定方式,因而同时也是适用于特定的教的方式。显而易见的是,哲学的教和学应当含有宽广的、深刻得多的意义:我们应该把哲学看作是一门这样的学科,它在我们自身中应当不断唤醒为自由所做的召唤思想的准备。套用维特根斯坦的语言意味来说,哲学就是知性在企图突破语言的边界时造成的一些坑坑洼洼。

海德格尔早已经指出,在19世纪20年代的德国,显然"科学的'理智主义'"才是德国大学教育的支配理念。因此,将当时的大学说成是由某种专业教育主导的"百货商店"是恰如其分的。在此,海德格尔从科学之整体的角度强调了大学哲学教育的独特魅力,即具有"来到世界的近旁"或真理的优势地位。在如今这个我们将一切关于表面现象的知识积累或对知识的猎奇性收集之掌控都称赞为大学哲学学习的时代,我们可能会对其中所引致的某种风险很"无知"。所有被证实的规则,所有常态化的进程,都可能成为"有问题的"。由此观之,在真正的哲学教育中,问题化进程与常识化相对立。或者说,它采纳人们通常会持有的观点,但是随时准备以非常识观点为它们辩护。例如,人与人的差别没有作为一个经验陈述而被遗弃,而是被吸收到他的形而上学的核心里来。

当然,这并不意味着挡在人与人差异和智力平等之间的墙很容易被拆除。在大学里,只有遗传学、社会哲学和社会科学的研究对象关注平等问题。在以前,大学通常未被视为创建人人智力平等的场所,以致社会无法隐瞒真相:大学与我们平等和社会公正的理想背道而驰。相信有普遍的高等教育这种可能性,或者相信它能够带来实质性的地位平等,或许依然只是一种哲学的思想规定。而没有人能够设想被今天的社会哲学称之为"智力"的东西究竟是什么。很显然,它不能被客观地反映为语言规范的持久存在,倒不如像笛卡尔那样干脆说,智力(良知或思想的能力)是"人间分配得最均匀的东西"。这绝不是一句玩笑的话。① 一个人最后以及从"独立思考的能力"出发知道什么是正确的,这必须被看成是一个在一定的文化圈及其思想类型内自由地学习及语言运用过程的成果。尽管如此,像"智力"这样的东西也许因文化圈和民族气质不同而存在差异,但这也许是一个求得人类思想共通的自由平等的过程,这是一个没有终结的过程。

三、远大前景:通过智力完善社会平等

尽管本节的题目是哲学教育,范围比较有限,内容比较简单而且注重哲学式地谈论所谓接近智力平等理想的问题,但是我们仍然要必须考虑所有服务于国家的高等教育过程所涉及的智力平等的思想实验。基本的事实是,我们现代社会在如此多的方面与大学共同生长,使得社会无法

---

① 参见[法]吉尔·德勒兹:《差异与重复》,安靖等译,华东师范大学出版社2019年版,第232页。

离开大学。任何一个现代社会没有谁能够代替它们在知识上的传承能力。

那么，我们可以得出下面的结论吗？这个结论是：大众化高等教育促进实质上的社会平等。大家都承认，今天的高等教育已经大众化了。一个明显的事实是，不是像过去那样特定的这个群体或那个群体的人可以接受高等教育，而是普遍的、大量的人群可以接受高等教育。过去，大学叫作"象牙塔"，今天，大学叫"第三级教育"或"中等后教育"；过去，大学抱负"高级知识功能"或高级学问，今天虽然对大学的存在是为了高级学问的思想没有怀疑，但专业培训甚至实用性服务的增加，就必需更多的人实实在在地成为人民的教师。高等教育从"精英"到"大众化"的转变，实际上是伴随政治理念的转变，朝着经由智力平等接通社会平等的理想向前迈进。在这个基础上，真正落实人民当家做主、反对精英或特权阶层掌控政治的理念就得以盛行了。在今天的西方人眼里，民主应当优先于哲学。无论是罗尔斯还是罗蒂，他们都不认为哲学能够给予一个民主社会中的政治正义概念提供有效的基础。说实话，这场被罗蒂称为"后哲学的文化"运动把民主与平等的哲学基础都排斥了。但是，传统总是想发掘它们的哲学基础。在美国，有一种鼓吹民粹主义的情绪是从杰克逊式的革命开始的。过去，对大学没有多大兴趣的政治家们也都纷纷关注起高等教育，对那些要使大学对"人民"有用的计划作出积极的回应，自然科学必须成为"人民的科学"，人文社会科学必须停止作为财政的钱老板的工具。① 而对于中国人来说,在一个家庭中,以前从没有人上过大学的人获得大学学位,意味着他们家的社会地位和收入的提高。从一般市民到一个大学生的转变,因此不容小觑。与此同时,大学里出现了很多职业或专业培训的要求。这是对大学应该跟上时代、满足未来社会的需要这一信念的扩展和应用。这里出现的一个问题是,在同一时间、同一地点如何满足所有的人的大学梦想?抛开人与人之间的差异(如收入、职位诉求等)不论,大学是不是应该为所有的人服务?在我看来,答案是:是,也不是。如果我们把社会平等界定为机会平等,如果我们要全面理解机会平等,就要从能力平等的角度来确定、来评判。

今天高等教育的大趋势似乎接近哲学家已经宣讲过的人人智力平等的预想。众所周知,从亚里士多德所谓"求知是人的本性"到笛卡尔"普遍天赋的我思"再到黑格尔"人之所以异于禽兽在于他能思维",这些思想都全部或部分包含着人人智力平等的预设,也即知性能力是先天的、世上所有事物中分配最公平的东西。看来,"智力"或"能力"概念很要紧。比如,在康德那里,主体(个人),他的能力应归结为心的知性(自发性)的能力,但"那做成知识的冲动,来自纯粹思维"②。在这一规定中,无论是在美国还是在中国,思考是一种天赋能力,这种能力在每个人身上的分配是公平的,这都不

---

① 参见 [美] 爱德华·希尔斯:《学术的秩序》,李家永译,商务印书馆2007年版,第143—151页。
② 谢遐龄:《康德对本体论的扬弃》,湖南教育出版社1987年版,第96—97页。

是实际上的。确切说，这两点都不能从主体或个人上来理解。相反，大家都熟知的是，人与人之间存在差异。这种差异不仅在体貌特征上，而且也反映在智力、体能等个体内部特征上。所以说，排除明确的智力不平等，才能有所谓智力平等的原则，因为在现实性上对智力的比较往往是不完备、不清晰的。正如人们所说的那样，在讲坛上，"智力"在概念上是成绩差、旷课、在课堂上说闲话、不长记性诸如此类事情的反面，是一种认识能力的相关物。不过，这不是问题的全部。问题的简单事实是，可以想象，小孩没有教师或他人协助就能够建立起语言的能力。一般说来，一个人的语言能力是在自己母语中实现的，也就是说，是在他成长和生活的地方所说的语言中实现。这一点颇像小孩没有营养学知识就能够学会吃东西。推而广之，人人都能够学习其他科目。在这一意义上，智力系统应当被视为一种内在的"骨骼"，而不是一种"表皮"，是一种独立思考的相关物。朗西埃指出，在现代教学秩序中，对于许多教师而言，他们确实无法想象的事情是，学生的心智与他们自认为"学高为师"的人是平等的，而这种平等是任何自由人教育唯一的理性基础。不可思议的是，一个完全"无知的"教师能教会学生他完全不懂的内容，这样的教师难道不是"更聪明"吗？因为他的教学促进并催生了学生学习的发动机。同时，他首先重视"智力解放"，因为"智力解放"更为基本和重要。

　　此外，笛卡尔著名的建议——承认思考能力是世界上所有的东西里面分配最均匀的东西，这种主张的实际意义既不是要求改变用出身或财产或学问为衡量政治统治的合法性的实质内容,也不是要求大学录取学生的知识标准的改变。相反,事实上,大学依然故我地要求记忆力要好,想象力要丰富,或听力要棒,如此等等。这些要求无非基于工具理性。例如,在招生时我们特别会关注一种精神病,因为大学不是精神病的治疗所,所以大学不能接受一位精神病人。因而出现了这样的事例:有一些疯子由于尚未完全毁灭理性本性而获得天才般的创造,却被大学拒之门外。在审视这样一些根深蒂固的不平等时,这种看待个体智力优势的方法的局限性也是明显的。按照黑格尔的说法,疯狂并不是理性的抽象能力的丧失,而只是现存的理性中的错乱、矛盾,就像身体的毛病并不是健康的完全丧失,这样的一种丧失就会是死亡,而是健康中的矛盾一样。按照黑格尔此种看法,精神病不同于精神涣散,阿基米德、牛顿都是著名的精神涣散者,无论是阿基米德忘乎所以地深入一个几何学问题,还是牛顿把一位女士的手指当作烟斗的填塞器使用,这样的精神涣散都是他们过度地从事于科学研究的后果。① 但问题是,为什么一个大学可以接受像阿基米德、牛顿这样的人,但不能接受发疯了的尼采、阿尔都塞呢?一句话,从理性主义颠覆看,知识里发现的并不是疯狂的知识,更不是知识史,而是福柯所谓的疯癫史、临床医学史,等等。可见,智力平等只是一种哲学家的思想的观点,也就是说,在学究的位置上,师与生是平等的:学生可以学到的是自己已经学到

---

① 参见[德]黑格尔:《精神哲学》,杨祖陶译,人民出版社2006年版,第175—177页。

的。雅科托哲学思想实验的含义就是,"无知""无能"甚或智力表现"低下"很可能是一种可名之为平等的教育理念的哲学基础。①

这样,在理解智力平等原则时就不能忽视人与人之间的差异这个事实。在知识观方面,对人与人的差异视而不见也往往导致智力非平等主义。哲学家提出了一些不同寻常的思想和实践。在这方面,哲学家的使命是为来到大学接受教育的人提供思想的原则,发现新的真理。如果说哲学家能够对社会变革有任何作为的话,那么智力平等从原则上说是只能通过哲学给予思想的规定。既然是思想的规定,我们也不能仅仅满足于用常识或相反的经验事例来与之对立、反驳它。进一步说,由于目前依然并不能实现所有人平等自由地享受高等教育,因此社会平等并不能单单依靠智力平等的大学教育原则。对于一个健康的社会来说,智力或这种智力运用相协调一致的分配平等首先是应当捍卫的。例如,罗尔斯著名的"作为公平的正义"理论的一个基本要求是,富二代加上特别聪明的天赋并不一定造成不平等的收入。收入平等是罗尔斯的"差别原则"的基本诉求。当然,从现实上说,把智力平等当作原则树立起来无疑是困难的,而把这一思想的规定真正当作原则树立起来,正是这一点使哲学凸显其价值魅力的思想形象。

---

① 参见[法]雅克·朗西埃:《无知的教师:智力解放五讲》,赵子龙译,西北大学出版社2020年版,第25—55页。

四、智力不平等的现有的教育模式的再反思

我以前教过的一个学生,去牛津留学。初到牛津,第一周就被牛津教授问到,你们觉得牛津哪里能够让你们学到最多?大家的答案五花八门。有的说图书馆,有的说在讲座上,而唯独没有提到牛津大学本身。因为今天的牛津大学不是过去的牛津大学。因为今天的牛津大学特别重视的是那些吸眼球经济的技艺培养。比如说,据 BBC 报道,牛津大学 PPE(Philosophy, Politics and Economics)专业就是培养英国国王和首相的摇篮。它被赞誉为人文社会科学类最顶尖的专业之一。很明显,这里面的哲学教育,重点关注是跟专业名声相关的,特别是跟所谓学校的政治影响力或人脉相关的东西。在我们看来,与此前作为对传统古典学的补充的专业设置初衷不同,PPE 课程的专业理念如今变得成问题了。首先,从哲学的角度看,PPE 专业设置本来就不是要依循平等主义原则的,甚至必要的学术训练也不是它要得到的东西。要做政治家,似乎是 PPE 专业的唯一目标。有人认为,此专业目标越来越被刻画为培植"封建的野心"。普通男男女女渴求一所"每个人都有平等的智力"的大学,但却实际上是没有这样的大学。此外,在政商界取得成功,多快好省的技巧训练是重点。我们注意到,有学生回顾在里面学习过程的时候,认为这种教育缺乏某种东西,对于那种东西,我们无法简单地通过"头衔""绶带"和"勋章"之类的东西把捉。与此相应,如今我们到任何地方,都能看到一种特有的

浮躁难以抑制地浮现出来。其次,牛津大学的 PPE 专业设置的真正意味,不单是尽可能赢获"封建"意义上的威望,而是其基本逻辑逐渐贯彻到整个大学体制之中。与今天各个名校展示自己的精英人物很相似,大多数人所要追求的成功,比如,经营日子,促进家庭幸福,哲学教育似乎不再帮得上什么忙。特别是,"这种盛行的体制,试图把新的一代学者改变成学术'生意人',变成没有自己思想的体制中的螺丝钉"[1],今天所谓的紧跟世界局势的课程结构实际上是把自身全面推向了市场。

在这件典型的事例中,预设智力的平等将我们引向对高等教育的思考。我们这个时代的一个重要工作就是要发掘被不平等的智力表现埋没了的智力平等原则。如此说来,大学教学方法改革就是以能带来学生的思想解放的方式开始的。

在大学里,特别是谈论哲学教育时,人们往往会误解教师与学生之间在教学中的关系:教师并不仅仅意味着他必须判断学生交来的作业,他必须对它们进行分类,他必须解释处理问题的正确方法,而且意味着,他所肯定和确保的东西,以及人们应该如何接近或远离了正确的方法,都是确定无疑的。为什么呢?这里重要的是,人们习惯于从教师提供判断、分类、解释这一关于教学的"解释模型"方面思考教育方式。举例来说,在哲学教育领域,所谓"解释模型"就意味着,教师用心使用言说的种种手段对哲学课程内容进行解释,就称其为教

---

[1] [德]韦伯:《马克斯·韦伯论阿尔特霍夫体制》,见[德]马克斯·韦伯:《韦伯论大学》,孙传钊译,江苏人民出版社2006年版,第51页。

学。换言之,在这里有一种预设,那就是教师承担给出一种哲学解释的任务,因为他相信学生由此可以看到诸哲学问题上有什么收获。然而这种教学方式实际上意味着,在教学评价上,对哲学教育成效的考察都植根于教师传授的内容上,把它们作为框定的事实去把握,而且,在教学评价上没有作出任何关于教师与学生之间平等的暗示,相反,一位这样的教师首先表现出来的是一位评判者的角色。于是,被教师改头换面,人们自觉不自觉地将智力纳入社会政治体制论的背景。当年,韦伯在德国大学中遇到的情况也是如此:传统的科学训练原本是属于精神贵族的事情,国家必须服务于每个人按照其个性特点发展的理想。可是,教师在课堂上面对听众却侃侃而谈。当教师把教学能力宣布为"权利"时,听众陷入了一个不同的世界。他们坐在对面,默不作声。在韦伯看来,课堂上学生们是为着自己的前程而不得不来听老师上课的。这也是没有一个学生胆敢站出来回应老师、提出批评的原因。①

如今,我们难以估量如此对知识和权威的屈从究竟会对哲学教育产生何等影响。但是,明显的事实是,我国大学的基本教学格局依然是对现存教师与学生之间结构性不平等的逢迎屈从。由此产生的后果,更为显眼的是,在哲学领域,"解释模型"不是解放的,而是束缚的。在课堂上仿佛在教堂里,它具有锻锤智力能力方面压迫和臣服的印记。

当然,这同我们心目中应当称何为真正哲学"教学"相

---

① [德]韦伯:《马克斯·韦伯论阿尔特霍夫体制》,见[德]马克斯·韦伯:《韦伯论大学》,孙传钊译,江苏人民出版社2006年版,第10、31页。

关。一般说来，喜欢听教师就其所开设的课程作逻辑缜密、坚实有力的讲解，这种需要对求知的学生来说是很自然的，尤其是对初学者来说更是如此。但是教师一般都知道学生在增长见识过程中内在的消化过程比外在的灌输要深刻得多。从这个角度看，在决定教师的授课能力问题时，创造一种平等的精神基本上相当于创造一个教学需要的环境和氛围。韦伯曾经指出，真正的教师应当时刻提醒自己，站在讲台上不要居高临下，不要把某种自己的立场强加给学生。因为，老师以为让事实说话，其实所谓"让事实自己说话"往往是一种最不诚实的做法。① 在此，值得注意的是，我们用"价值中立"来形容韦伯的"教师观"既有准确之处，也可能有不足的地方。说准确，是因为韦伯引导我们质疑对作为"专家"的教师的知识被政治性利用。不足之处在于，"价值中立"这个概括并不能清晰反映韦伯作为教师与自己个人的价值判断之间的关系。我们可以这样说，韦伯对"教课权"的规定既发人深省又令人印象深刻，它不停地重复着这一观点：让学生还可以"独立地思考"问题，"这或许是最艰巨的一项教育任务"。② 韦伯这里表达了非常显明的否定观点，这是因为宗教感情的衰退和讲道者的平庸使得哲学远离了"通向真实存在之道""通向真实艺术之道""通向真实自然之道""通向真正上帝之道""通

---

① 参见［德］韦伯：《马克斯·韦伯论阿尔特霍夫体制》，见［德］马克斯·韦伯：《韦伯论大学》，孙传钊译，江苏人民出版社2006年版，第31页。
② 参见［德］韦伯：《马克斯·韦伯论阿尔特霍夫体制》，见［德］马克斯·韦伯：《韦伯论大学》，孙传钊译，江苏人民出版社2006年版，第11页。

向真正幸福之道"。①

然而,在教师和学生之间如何建立起一种关于智力(能力)平等的关系,作为大学官僚体制的伟大批评者,韦伯却没有对其深入分析。这是因为,对于韦伯来说,从来不能指望从科学上预先证明一位学院教师应该履行什么义务,充其量只能要求他具有理智的诚实。想必,韦伯并不去想教师该给学生带来怎样的自由,相反,他从中看到一种不平等的自由。而自由不会考虑教师该教什么。他似乎可以教任何想教的。从韦伯的著作中可以发现,他曾经想要建立一种责任伦理,这种伦理认可良心的指引,并且恢复"个人对自己所作所为的终极意义做出交代"的可能性。但是,在《科学作为天职》中,关于专家统治,我们会发现一个他关于智力平等的说法。韦伯认为,在科学上,业余者脑子中产生的想法很可能与一位专家不相上下,甚至还要意义重大。我们有许多非常出色的问题和理论,都恰恰出自业余者的思想。② 比方说,那个业余者把"零"称作"无",他已经通过关系而思考。而创造所依据的,与想象并没有不同。韦伯这里所说的业余者,想必不是人们所说的那种初学者、外行人或学业未成者,而是一些献身于科学的攀登者。如果说众多业余者的智力超过专家,专家的智力仍然是众多人的智力,这意味着智力平等是从实践中来的,它是

---

① 参见[德]韦伯:《马克斯·韦伯论阿尔特霍夫体制》,见[德]马克斯·韦伯:《韦伯论大学》,孙传钊译,江苏人民出版社2006年版,第94页。
② 参见[德]韦伯:《马克斯·韦伯论阿尔特霍夫体制》,见[德]马克斯·韦伯:《韦伯论大学》,孙传钊译,江苏人民出版社2006年版,第30、14页。

被实践证明的。但是，今天又有谁持这样的态度呢？

在课堂上，究竟能否让每一位合格的学者原则上都合法地拥有任教资格？这是韦伯提出的问题。正如韦伯所提醒的，一旦逾越了他所划定的科学专业领域，需要教师"提供解释"课程内容的地方，尤其是那种"万事通"般发号施令和教师的权威影响发挥威力的地方，在韦伯和我们看来，就颇有点儿知识的傲慢和理智的暴力意味。

那么，在课堂中解释模型是如何形成的？这实在是个深层次的哲学教育的历史问题。全部的哲学教学法的陈述当然并不仅局限于解释模型，但它却在哲学教学领域的实践性实验史里组成了一条延续最长的脉络。在该脉络中，教师一般说来讲他之所读。书籍的世界对他来说几乎就是一个真实的世界。他被教育传统所规定的典型角色，是凭借"教学需要"将学生提升到知识和理解的更高层面。对于维系知识权威的传统科学训练而言，这并不是简单地要求教学互动及使用正确的方法。这至少给教育体制提供一个牢固的基础和某些可以先验预设的条件，而其中最重要者就是"一无所知的"学生和"无所不知的"教师的存在。① 但实际上"无知"教师被掩盖了，只是在系统的教育体制中教师的"无知"不像人们想象的那样明显罢了。

我想，事情很可能是，哲学教育成为问题在古希腊时代就

---

① 参见［法］依夫·希顿：《"无知的教师"：知识的权威》，见［法］让-菲利普·德兰蒂：《朗西埃：关键概念》，李三达译，重庆大学出版社2018年版，第25页。

已出现。当时,"有学问的人"(智者,公元前5至前4世纪希腊的一批收徒取酬的职业教师的统称)声称他们什么都知道,他们享有绝对话语权。这样一来,被预设下来的事情就有,哲学教师不要觉得自己的知识缺失,而应该觉得自己什么都知道。我们姑且承认这一点吧!但于当时在场的苏格拉底来说并非必需且也不充分的。据说,这里所说的哲学教师,在苏格拉底看来只是"永远有理"的雄辩家。我们猜想苏格拉底会非常严肃地质问:在急迫状况下,一个雄辩家要谈论他不懂的科学时,他只需向那些懂得的人求教,于是他讲的肯定会比懂得科学的那些人还好。[1] 之所以出现这样的情况,是因为这些人嘴皮子的功夫练得过硬,并把它当作谋取哲学声望的手段。我们毕其一生执著追求真理的义务,到雄辩家或"智者"那里就翻转为语言技术和思想的技术化的东西。另一件事情尚需提请注意,希腊伟大戏剧中所描绘的是,教师掌控了语言,这导致苏格拉底怀疑精神的光芒被遮蔽,也意味着语言技术被定性为某种特殊功用的技能。哲学所说的自由遂成了"虚假的知识"。如果真实的知识和虚假的知识可以严格区分,如果在所谓"什么才是美德"问题上智者以偏概全地将美德的概念简化为具体的例子,那么古希腊悲剧时期活跃的"智者"游说技巧的那种危险性就此出现。因为智者的"游说技巧",为的是要将自身建构为社会和政治实体,以及这样的个体,他

---

[1] [法]阿尔贝·蒂博代:《批评生理学》,赵坚译,商务印书馆2015年版,第126页。

们用言语来求得"对集体思想的控制和对公共意见的操纵"。①这里所说的古希腊的智者，在我们看来，酷似今天永远有理的政治家或新闻记者。

我们还是回到一般的说法上来，如果用古希腊悲剧时代贯彻始终的一对概念就是苏格拉底"一无所知"原则来对抗这些诡辩家，如果千百年来的哲学教育一直在经历着理智化的进程，如果我们要想理解当时究竟发生了什么，那么我们就必须明白当代教育批评者韦伯式的忠告：每一个今天坐在课堂里的人，并不比原始人对他的工具和环境知道得更多。韦伯正是意识到这种特别的处境，才大费周章地揭露这一事实：我们总是把"我们知道"代替"值得我们知道"。从这一角度来看哲学教育，问题依旧，因此，我们这个时代的一个重要工作就是发掘苏格拉底哲学的基本准则："哲学就是爱以及爱所没有的东西"②。我们必须从这个角度重新检视哲学教育的开端。因为，问题在于，现代人并没有意识到，这样的体统不可避免地陷落于此：哲学教育是靠一种长久以来所证实的东西维持的——智力不平等。

五、什么才是哲学最好的学习

什么样的哲学教学方法才是保证学习哲学所必需的？这是

---

① 参见［法］贝尔纳·斯蒂格勒：《意外地哲学思考》，许煜译，上海社会科学院出版社2018年版，第55页。
② ［法］贝尔纳·斯蒂格勒：《意外地哲学思考》，许煜译，上海社会科学院出版社2018年版，第53页。

一个始终被看作非常棘手的问题，因为询问什么样的哲学教学方法才是保证正确学习所必需的，这就意味着对这样的哲学教学方法的认识，对提问者而言，总就是对已经知道的东西的认识，但实际上我们却会时不时地对哲学教育的基本前提提出质疑。比方说，在古希腊区分真理的本质的知识和虚假知识的一开始，我们就看到了哲学作为知识型的学科还没有同科学分开的时候，就与技术对立了。与此同时，哲学与当今意义上的意识形态（属于诡辩术隐蔽的伎俩）毫无关系。当然这个情况随着英国的工业革命而改变。从此，科学与技术结合在一起，不再对立。科学成为科技。这首先可能意味着古希腊人在科学中探寻而求得的东西，现代科学（技）再也无法提供。本来就丰厚的科学创造力，如今"已被纯粹的工业目的性牵着鼻子走，更甚者，里面涉及的是对记忆的控制"①。在精神分析学和社会学中，即在意识转化为他物和自我实现活动中，被人们以主体—客体模式来设想。人们（例如，法国政治哲学家朗西埃）肯定会再三说，任何以此方式理解集体和个人意识运作条件的人，并没有真正理解现代民主和教育所要起的作用，即验证每个人与其他人的智力平等这一假设。当然我们也该据此看到，劳动分工造成的生产者和消费者的不平等，取代了古希腊意义上的平等民权。这跟法国哲学家斯蒂格勒所分析的知识传递之保留记忆的技术（例如摄影以及录音机）出现相关。依据斯蒂格勒的分析，当人类对知识产生崇拜、对知识

---

① ［法］贝尔纳·斯蒂格勒:《意外地哲学思考》，许煜译，上海社会科学院出版社2018年版，第146—147页。

第三章 国家治理对象与平等者共同体

充满热情的时候,知识是令人动容、津津有味的。这正是《会饮篇》所说的情况。然而,当黑格尔提出哲学要"放弃作为对知识的爱慕而成为真正的知识"的时候,在《精神现象学》最后关于"绝对知识"的那一章中,通过将某种哲学编排进类型网络,诸神作为真理区分过程的牺牲品又作为活着的诸神"被记忆",如此,人性和欲望上有味道的知识就分崩离析了。"它跟过去几千年的心理以及集体个体化的瓦解过程重叠"。我们正是生活在一个十分危险的"失忆"时代。① 曾经打开历史地平线的记忆则变成关闭记忆的工具,其方法是借助以下借口:就其天性而言,拥有哲学学习能力的人和那些没有能力的人乃是思想的知识形式之世界划分。这是哲学传统最原初的分类冲动。正如海德格尔所言:"今天,诡辩术的力量'组织化了';诸多迹象之一就是关于哲学观点的类型学……深受人们喜爱。哲学变成了企业家的事务——一种卑劣的状况,本来就贫乏的科学创造力,如今在其鼎盛时期就已经被这种状况给扼杀了。"② 我们要明白这个处境造成的哲学教学的不适应。而最成问题的在于,哲学教育以否认智力平等而产生阶级分化。只是,这种对哲学教育的理解如今难道不是已经完全过时了吗?难道从教学领域的实践性实验方面不都显示出,哲学学习者有学习的意志和能够学习的能力吗?而惟有学习的意志和

---

① 参见[法]贝尔纳·斯蒂格勒:《意外地哲学思考》,许煜译,上海社会科学院出版社2018年版,第97、111页。
② [德]马丁·海德格尔:《黑格尔的精神现象学》,赵卫国译,南京大学出版社2018年版,第37页。

能够学习才是哲学教与学之间的所谓亲和性的基础。

那么，什么样的哲学教学才是保证正确学习哲学所必需的？这个答案必须通过对哲学的教与学之间关系的重新审视来确定，即重新审视被视为造成哲学学习障碍的首要根源：哲学教师也许已经将能否还原为知识的学习当作首要任务。从普通知性立场看，如果我们不是一开始就已经可以以知识的方式教学的话，我们一开始就一无所知。因而消极地说，在今天，哲学处于匿名状态，或者说它是变相成为一项围绕专业经营的职业来看待自身的学科了。这样一来，对哲学教师而言，教是给予、提供知识。他必须服务于他不应该说他一无所知，毋宁说，他应该让人知道他无所不知。而"那种在一切方面沾沾自喜，声称已经无所不知的人，还有那些由于自己的贫乏，以所谓优越的形态杜撰了某种与一切观点都不同的原理的人，只会从一种意见摇摆到另一种意见，尤其不会认识到，这种意见是自己的还是别人的"①。因此，在"教"中，提供出来的将不是那种能够让学生领会他自己能够学习的东西，而是可以知性学得的东西，因而同时也是可以教的东西。这样的理解非常简单，甚至过分简单而终归陷入荒谬。显而易见的是，哲学的"教"和"学"还应当有宽广的同时也是深刻的意义：在我们自身中应当不断唤醒为哲学亦即为自由所做的召唤思想的准备。

那么，究极而言，我们应当从哪种学术和学究意义上拓展这个问题的视野？因为自柏拉图在其学院入口处书有"不晓

---

① ［德］马丁·海德格尔：《黑格尔的精神现象学》，赵卫国译，南京大学出版社 2018 年版，第 48 页。

几何学者不得入内"箴言以来，哲学的"教"意义上的"学"与"教"本身相比已经错了位，并且通过"学术化"那不可跨越的门槛与我们上面所预设的每个人"愿学"和"能学"决然分开了。如同一个根本不必懂得欧几里得几何学基本原理的人，居然想要对一个诸如球体或其他形体进行测算，但哲学本身又被证明为是一种学术镜子中的自我观照。每个教师扪心自问：今天，除了智力，以及把"无知的学生"教育成有能力的"知道分子"（knower）之外，还有别的什么希求吗？回头看来，这同哲学是努力探究关于一切事物的真相有关，也同社会被隐藏的各种力量所统治有关，而这种隐藏的力量恰恰唯有通过哲学自身才能够发现。如果像哲学自身的看法一样，那么如今大学的哲学教学就变得更加问题成堆了。

　　海德格尔早已指出，在19世纪20年代的德国，显然"科学的'理智主义'"才是德国大学教育的支配理念。因此，将当时的大学说成是由某种专业教育主导的"百货商店"是恰如其分的。① 在此，海德格尔从科学之整体的角度强调了大学哲学学习独特的魅力，即具有"来到世界的近旁"或真理的优势地位。在如今这个我们将一切关于表面现象的知识积累或对知识的猎奇性收集之掌控都称赞为大学哲学学习的时代，我们可能会对其中所引致的某种风险很"无知"。举例来说，哲学史上，"哲学"是跟"好奇"联系起来的。至少在大众的想象中，康德用拉丁文写了一篇题为"火"的论文，这是康德

---

① 参见［德］马丁·海德格尔：《德国观念论与当前哲学的困境》，庄振华等译，西北大学出版社2016年版，第419—422页。

为成为一名哲学家的训练；莱布尼茨年轻时一心扑在研究一种叫作巴西土根药材的药用价值上。这无疑也是哲学家好奇的最好例子。但今天有些人会为他们的知识丰富而羡慕不已，认为哲学家是那种储备了很多知识的人，认为，"这些都是哲学嘛"。它最终将在一个智力分配不平等的预想条件中，不断地加深所谓知识渊博者与无知者之间的对立。在这种哲学教与学的某些环节上，一种特有的"愚蠢化"态度便浮现出来了。在此，我们提及朗西埃1987年著的《无知的教师：智力解放的五堂课》。在朗西埃激进的智力平等概念中，赋予知识并不包括知识的传递功能。朗西埃描述的是他所看见的"教会"与"愚蠢化"的合谋。其中发生的基本现象正是海德格尔所描述的："那些完成或即将完成学业的佼佼者们无计可施了，便是认识到，他们虽然对于他们的科学有最丰富的认识，却还是缺乏某种本质性的东西。还有到处盛行的考试作弊，单纯的专业与职业学习，对大学毫无敬意、全无所谓的态度。"①

我们不得不追问的是，什么才能让教学领域的哲学实践成为"哲学"？我们依照大学传统进行的科学训练，原本就是属于精神探究的事情。也就是说，哲学除了要求我们好奇、意志努力和反思以外似乎什么也不需要。当年，康德发现了知识是哲学的对立面。他希望费希特不要将他的精力放在徒劳无益的

---

① 参见［德］马丁·海德格尔：《德国观念论与当前哲学的困境》，庄振华等译，西北大学出版社2016年版，第419页。

知识学体系的改造上。① 他还在他的《未来形而上学导论》中认识到,哲学本身还从来不知道,它是否是知识,或者说,哲学是否可以由知识来规定。但这对于我们来说意味着什么呢?那就是,越来越强烈地要求求知者专心致志,哲学方可以越来越少地被一些虚假真理所消解。

我们注意到,在哲学教学能力方面,有关"以学生为中心"的教学方法改革是亟待解决的一个难题。我们缺乏某种智力平等原则,我们无法充分地把握学生积极的智力力量。在这方面,我们渴求一座能成为某种教学相长的现实性大学,但却真的没有这样的大学。如今我们到任何一所学校,都看不到真正可以称得上"以学生为中心"的哲学教学模型,在面对怎么教哲学的论题时,大多数的学校无法真正贯彻智力平等的理念。就此而言,我们的整个职业生涯都献给了艰难地确认智力平等的场所,而我们所确认的地方恰恰是教育结构和体制认为不存在的地方。众所周知,一方面,大学的哲学教学,它的教学机构的运转,都是以目标管理或结果评估之成功来定义高水平的。这似乎没有什么问题。但另一方面,在大学哲学教学过程中有一个秘密,亦即,理论所假设的智慧者和不智慧之人的区别之重要,使得这种大学哲学教学成问题的地方清晰可见

---

① 费希特认为,康德的后继者中没有一个人理解康德关于哲学的阐述之实质,问题在于,流行的包括康德的哲学概念,因为"知识学的整个结构和意义与迄今存在的哲学体系的结构和意义完全不同"。"我很清楚地知道,康德绝没有制定这样一个体系,因为不然的话,知识学的作者就用不着为此劳神费心。"参见梁志学编译:《费希特文集》第 2 卷,商务印书馆 2014 年版,第 677、701 页。

了。这个秘密就是,我们更远离智力平等。于是,"'我们永远不能说:所有智力都是平等的';颅相学家、神经生物学家、教师和其他智力测试的设计者们总会找到方法来测量类似智力能力的东西,而且按照他们偶然提出的某个指标来把智力的表现分成三六九等。这也许就是为什么渐进式政治议程想要把平等当作未来的目标……而不是作为一个预设,以其为基础可以建立一个平等社会"①。故此,今天,在学院化哲学教学方面进行民主化变革,就变得很必要了,对于学院的哲学教师来说是最有必要的。

六、教师的新形象

哲学教育应该预设什么样的目标?我认为,这个目标就是致力于每一个人都具有自我学习的能力。因为如前所述,所谓学习哲学的能力,不过就是好奇、意愿和自我反思。这就是我们自己掌握哲学的方式。既然我们可以以这样的方式学会了哲学,那么我们当然可以按照同样的方式掌握别的学问。除了哲学之外,我们能够以同样的方式学习例如法律和历史等。所以,在这个意义上,我们说,哲学教育乃是科学教育王冠上的明珠。

我们应当清楚,每个人都具有自我学习的能力。对这个哲

---

① [法]依夫·希顿:《"无知的教师":知识的权威》,见[法]让-菲利普·德兰蒂:《朗西埃:关键概念》,李三达译,重庆大学出版社2018年版,第25页。

学教育目标的认识具有更深远的内涵。这个内涵涉及教师在课堂中扮演的角色是什么。通常我们看到的情况是，教师把他的知识传授给学生。这有什么问题吗？好像是没有问题的。可细细想来，却不尽然。比如说，为什么"所有的人类小孩都有能力在不需要教师（或他人、解释者）帮助的情况下学习母语甚至任何语言"？"教师（或他人、解释者）的干预，反而不能帮助他们学习，相反，这种干预使得他们'愚蠢化'；它将他们建构为'无知者'。"因此，在此，教师角色中的问题不是传播知识，"问题是要揭示智力的存在"。① 这至少可以做到给出更多的时间，让他们自己自愿学习。我想，这是一种提供澄清问题的思路，借此可以说明教育中的问题应该如何进行分析。在那本颇具启发性的著作中，哲学家朗西埃曾经提到，雅科托的哲学实验是告诉我们如何才能在哲学教育中不畏惧"无知""无能"甚或智力表现"低下"的情形。他尤其想提醒"教师"应当做"解放者"。教师可以不提供任何学生"需要的东西（知识、理解力、智力、权力），而只是帮助他们移除障碍，这些障碍阻碍了他们发挥自己的能力"②。前提是承认人的智力能力的平等。但是，我们也看到，大学一直承担着"传承知识"的作用。这里看起来有一个悖论，真正意义上的

---

① 参见［法］依夫·希顿：《"无知的教师"：知识的权威》，见［法］让-菲利普·德兰蒂：《朗西埃：关键概念》，李三达译，重庆大学出版社2018年版，第38页。
② 参见［法］依夫·希顿：《"无知的教师"：知识的权威》，见［法］让-菲利普·德兰蒂：《朗西埃：关键概念》，李三达译，重庆大学出版社2018年版，第38页。

教师不可能以"无知"为荣，而是以"见多识广"为上。所以，我们不赞同那种认为简单地通过"化智成识"就解决问题的幼稚想法，而是对雅科托的这种表达必须予以补充。或者说，智力表现不平等总是可以被观察到，它由此变成统治者的思想及其表达方式。因此，一切问题的关键仅仅在于"智力解放"，即"我们的问题不是证明智力是平等的，而是看看在那样的预设下我们能做什么"①。

首先，我们看到，许多"老教师"把自己比喻为蜡烛，以便在促进那自行显示着的使命面前弄清楚能学而知之的思想的敏感。传统上，所谓的"蜡炬成灰泪始干"，拿这样的词来表扬老师的一种角色，它意味着什么？对此，我觉得应该有正确的理解。实际的意思应该是，在教师引导学生学习哲学的过程中，他所起的作用是有限的。直截了当地说，是工具性的，不是支配性的。如果在这样的理念基础上建立起哲学的教学方法，那么就会有两个基本的结论。一是，教师在哲学教学中的作用是让学生学会学习；二是，正向地影响学生的意志并让学生自愿学习。其实，对此我们自己都有体会。比如说，我自己并不完全理解《资本论》，但我却能够教会一个完全不懂《资本论》的学生。这是一种什么样的关系？我们可以进行一种教学实践。我们可以试问：设想你不懂一门科学，你对谁教这门科学能比懂得它的人教得更好呢？是向懂得它的人还是向不

---

① 参见［法］依夫·希顿：《"无知的教师"：知识的权威》，见［法］让-菲利普·德兰蒂：《朗西埃：关键概念》，李三达译，重庆大学出版社2018年版，第40—41页。

懂它的人？有人认为，应该承认是向不懂的人。但这种"教"本身实际上提供的是最贫乏和最无知的知识。这符合苏格拉底得出的结论。然而，苏格拉底在这里恰恰还强调说，他知道他自己在为一无所知本身为真理的这种形式竭尽全力了。当然，这里无法展开这样的教学实践。但在这种情况下，这些教师就会自己教育自己，他们不但不能够满足教导他人的那些要求，而且反过来有能力觉察到教师并非"万事通"，不是"样样都会"。总而言之，他的作用就是影响和正向改变学生的学习意志。在这个意义上，教师不仅仅是播种者，让学生喜欢学习的种子萌芽、开花和结果，而且是自我教育者。

在这个意义上，从哲学教育目标中所抽取的主要的教谕在于：由于学习意味着让我们在教学中之所作所为与任何从世界之整体上向我们发送的东西相应和，所以教师的形象应当围绕着平等智力预设的实践证明而展开。约瑟夫·雅科托普遍教学法认为，教师不是慷慨、博爱、给人启蒙又诲人不倦的形象，教师的新形象应当是智力平等的实践者。我们今天在不大好的哲学教育环境里搞哲学教育，只能更平等地去让思想自由和解放，以及去倾听和感觉。当前，各个民族国家中仍然存在严重的社会不平等，仍然只能按照出身或财产或学问来作为统治合法性的基础。在哲学教育领域最缺乏的仍然是平等智力的概念。最严重的消极表现大致有三个：第一，消灭学生的自学能力；第二，坚持并维护教师智力优越于学生的大学运行机制；第三，智力平等的教学实践途径被堵死。

最后，我们也看到，社会都需要普通智力能够理解的原则,但是真正的原则又好像非普通智力所能理解。但是大学要获得学术自由和思想解放,只要我们逃出黑格尔派考察方式的樊笼,在这里我们可以说,即使智力平等不能在现实的哲学教育中被观察到,也是因为智力平等本身是一个学的过程。尽管这个过程很困难。但在这个意义上,我们依然愿意套用海德格尔话来说,学着做智力平等的实践者是困难的,教别人智力平等却是很容易的。在这个意义上,学比教难。但是,我们说,大学教师要赢得社会和学生的尊重,自己必须带头学。真正合格的教师就是真正能学的人。

七、结语

总的来说,教师与学生之间的关系是对国家治理原则的一种隐喻。在这个意义上,福柯曾指出:"想把国家治理好的人,首先要学会如何治理自己,然后在更高层次上学会如何治理自己的财产,如何治理家业,如何治理自己的领地,最后,他才能成功地治理国家。这条上行线是那些君主教学法的一大特色,这种教学法在当时很重要。"[①] 从今天来看,国家正在转型,国家在社会中的形象被抬高,完全取决于它们转变为学习型而非教导型组织机构。相对而言,集权型国家治理模式的弱势在于利用知识、科学知识和专业素质的能力不足,这也是

[①] 参见[法]米歇尔·福柯:《安全、领土与人口》,钱翰等译,上海人民出版社2010年版,第79—80页。

显而易见的。随着我国国家治理环境的变化，近十多年来倡导学习型政府的势头愈发突出，国家应根据其与社会、与次国家政府之间关系的变化因时而动。

索 引

使用说明

一、本索引分人名索引和主题索引。

二、人名索引分外国人名、中国人名。人名按照字母顺序分类,降序排列。

三、主题索引按照全书的中心主旨和逻辑结构设置索引词并依此排序。每一个主题词下的子目,首先按照逻辑结构排序,其次同类子目再按照拼音顺序排列。这样便于读者明白作者思路、掌握内容的逻辑关系。

人名索引

外国人名

A

阿尔都塞,路易 37,38,42,46,84,432

阿甘本,吉奥乔 227,253,254,310,379

阿伦特,汉娜 85,88,297,368

索引

阿塔利，雅克 44
安德森，K. 186，187
安吉尔，诺曼 406
奥古斯都 98-100
奥肯 160

B

巴迪欧，阿兰 179，180，186-188，194，297，298，304，305，316
巴霍芬 370，377，398
柏拉图 24，71，123，199，243，301，312，327，355，408，416，423，424，444
鲍德里亚 233，376，377
鲍威尔 44，248，269，270，333，336，339，342，343
贝尔尼埃 284
本杰明，卡多佐 228
柄谷行人 135，175，192
波德莱尔 265，280
波普尔，卡尔 37，122，140
布哈林 187
布莱希特 297
布罗萨，阿兰 14，310，351，408

C

查士丁尼 196

D

德勒兹，吉尔 68，309，345，366，394，403，428
笛卡尔 65，135，339，411，415，416，428，430，431
董特，雅克 362，390
多纳蒂，皮耶尔保罗 349

F

费希特 48，176，177，178，446，447
弗洛伊德 160
福柯，米歇 4，5，14，22，37，57，68，72，73，76，84，88，91，92，111，127，227，265，275，293，309，310，318，345，350-352，381，408，409，432，452
福山 26-28
福斯，尼古莱·J. 115，116
富勒，朗 259

G

葛兰西，安东尼奥 84，97，174

H

哈恩，弗兰克 115

哈耶克，弗里德利希·冯　29，30，73，115-128，131，132，135，145，148-162

海德格尔　290，291，298，299，427，443-446，452

贺拉斯　99

赫拉克利特　313

赫勒，阿格妮丝　196

黑格尔　24，35，39，40，44，45，47，48，51-53，68-70，73，74，82，90，92，134，139，162，174-177，181，182，184，185，187，188，190，191，194，195，210，221，223，231，267-270，272，291，299，302，307，309，310-312，318-347，351-364，366-369，371，374，375，378-381，383-392，398，404，411，415-417，422，424，426，430，432，443，444，452

黑勒，赫尔曼　84，183

洪堡，威廉·冯　410

霍姆伯格，索伦　6，12，17，25，349，386

J

吉登斯，安东尼　174

加米涅夫　174

加塔利　68，310，345

杰斐逊　123

杰索普，鲍勃　37，38，84，98

K

凯尔森　164，242，259

康德　48，70，107，135，151，161，166，176，177，178，180，181，190，251，291，371，416，417，430，445-447

康芒斯　235，238，241-243，247

考茨基　174，297

L

拉德布鲁赫，古斯塔夫　263

兰克　51，90，115

朗西埃，雅克　310，345，411，425，431，433，439，442，446，448-450

勒土尔诺　370，398

利奥塔　310，352，381

列斐伏尔，亨利　266-268

列宁　46，83，139，140-142，146，174，184-189，314

卢卡奇　238，243，313，314

卢曼，尼克拉斯　13，14，228，255，

索 引

258

卢梭 17，153，154，291，312

罗尔斯 28，198-201，429，433

罗斯坦 349

马基雅维里 40，48，50-52，65，68，90

M

马志尼 12

迈内克，弗里德里希 48-52，65，68

麦迪逊 123

麦克伦南 370，398

梅林，弗 44，45

梅因，亨利·萨姆纳 12，13，104，350，393

米健 263

米塞斯，路德维希·冯 72，73，117，125，135，147

密尔 156，269

摩尔根 370，377，382，383，398

缪勒 89

N

奈，约瑟夫 6

尼采 22，352，381，388，432

尼禄 99，100

诺克，艾尔伯特·杰伊 12，123

诺斯，道格拉斯·C. 174

O

欧克肖特，迈克尔 406，413，423

P

帕舒卡尼斯 259

潘恩，托马斯 12，74

庞德，罗斯科 227，229

庞蒂，梅洛 297，314，315

皮埃尔，乔恩 3，21，133

普列汉诺夫 174

Q

齐泽克 174，186

S

萨拜因 181，182

赛德尔 42

桑希尔，克里斯 406，407

施米特，卡尔 12，52，87，89，112，166，178，182，185，186，242，265，298，309，327，393，394

施特劳斯,列奥 6,183,287,327,
 335
施托莱斯,米歇尔 54
史怀哲,阿尔伯特 19
斯宾格勒,奥斯瓦尔德 82,85-87
斯大林 139,187,188,316
斯蒂格勒,贝尔纳 425,441-443
斯密,亚当 59,61,62,211-214,
 288
斯皮瓦克,伽 381
苏格拉底 124,301,411,420-422,
 440,441,451

沃格林 48
沃勒斯坦,伊曼纽尔 134,142,143
伍德,艾伦 198

X

西蒙 123
希尔斯,爱德华 430
希特勒 100,166
谢林 48,177,178
休谟 150,157
许尔斯曼,约尔格·吉多 117,125,
 147

T

塔西佗 99
特赖奇克 51

W

望月清司 271
韦伯 90,242,243,418-420,422,
 435-439,441
维柯 122

Y

雅科托,约瑟夫 433,449-451
亚里士多德 6,129,264,340,343,
 355,357,395,411,412,417,
 430
耶林,鲁道夫·冯 167,221,232
伊安汉普歇尔,蒙克 196
伊索克拉底 408

索 引

中国人名

C

蔡元培 155
陈越 37,38

D

邓正来 118,131,149,157,182,227

F

樊纲 166
樊集 44

G

郭忠华 174

H

韩立新 271
何英子 38
贺麟 328,332
贺照田 287,368

黄仁宇 102

K

孔子 10,11,19,22,415,423,424

L

李洋 348

M

毛泽东 188,294,295
牟宗三 10,102,106-108

P

彭刚 183

S

沈宗灵 164
时殷弘 48,50-52,65,68

W

汪丁丁 156

汪民安　188，381

文长春　196

吴晓明　47，269

X

习近平　82，89，95，104，107，110，113

夏志强　257

许纪霖　277，280

Y

杨耕　137

仰海峰　377

俞可平　93，98

Z

张康之　16，152

张汝伦　11，19，20，155，406，413，423

张世英　129

张文喜　65，73

张效明　174

张雄　123

张一兵　53，305

赵汀阳　8，27

朱学勤　154

主题索引

道

　　政道（正道　政治理想）　1，6 - 11，13，15，18 - 21，23，24，27 - 29，34，35，78，86，91，101，104 - 108，110，111，113，114，320，321，326，355，379

　　治道（治国理政之"道"）　7，8，10，18 - 21，23，24，27，35，91，101，104，107，108，110，111，112，114，180

　　霸道　11，18

　　王道　11，18，19

　　道化　20，108

　　德化　20，108

　　物化　20，108，187，188，193，203，238，294，297，336

状态

　　自然状态　12，80，155，309，348，394

　　社会状态　201，249，307 - 309

索　引

政治状态　7，289，307-309

人

边缘人　286

道德人　19，228

经济人　228

理性人　228

自由人　58，133，152，161，179，348，365，392，407，431

真个人主义　154

伪个人主义　154

私人利益　见 利益

私人领域　16，95，191，193，262，357，358，384

私人的任性　171，375

人的幸福　59

人口过剩　266，281，284

人口适度　284

城市人口　见 城市

主体

个体的主体　291

集体的主体　291

积极的整体　294

人的分类与层级

等级　41，56，119，202，205，207，248，283，318，327，329

阶层　111，178，208，211，272，273，294，429

阶级　2，7，8，10，20，25，29，32，35，38，39，41-43，59，62，64，69，71，74，76，84-86，88，141，152，158，174，177，181，182，185-189，191-193，201，203-205，207，208，212，214，216，218，222，225，226，228，233-238，240，242，243，247，249-252，255，259，265-269，271-273，275，276，278，280-288，292，295-302，307，313-317，329，339，341，349，360，367，370-372，380，382，399，404，406，407，443

领袖　142，296，304，313-315，317

政党　8，87-89，188，266，282，283，293，294，296，302，305，307，314，315，317

百姓　10，95，275

鄙民　309-312，345

公民　10，12，27，31，54-56，58，71，100，112，158，168，172，212，243，244，273，284，291，306，309，338，343，348，356-359，384，385，407，408

没份的那部分　310，345

群众　7，8，31，59，127，128，210，224，285，292-297，300-

320，322，324 – 326，329 – 339，
341 – 347

人民　1，3 – 5，7，8，12，14，
21，24，27，28，32，37，38，
40 – 42，44，46 – 49，52 – 64，
68 – 74，76，82，84，86 – 89，
91，92，94，97 – 100，103，105，
109 – 114，116，123，125，133 –
135，139，141 – 143，146，158，
159，165，167 – 172，174，178，
181，182，185，186，188，189，
191，194，203 – 205，207，209，
211，214，217，218，221，223 –
226，228，231 – 233，237，245，
246，248 – 251，255，257，258，
260，261，263，265 – 273，275 –
281，283，285 – 288，291，292，
294 – 308，310 – 314，316 – 318，
320，321，323 – 326，328 – 331，
333 – 336，338 – 345，349，354，
357，359，362 – 364，368，370，
372，373，375 – 379，381 – 383，
386 – 392，394 – 403，407 – 409，
411，424，429，432，435 – 438，
452

游牧民　310，345

愚民　332

智者　332，421，440，441

诸众　309，312，345

人心

民心　303 – 305

认同　94，180，186，292，301，
307，313，336，339，357，384，
423，424

信任　10，11，12，15，27，153，
181，313，338，362，379

信仰　19，39，58，165，228，248，
256，304，311，320，323，333，
336，341，343，344，361，363，
381，412，425

历史观

唯物史观　28，30 – 32，73，140，
144，146，184，214 – 217，219 –
224，227 – 230，233，234，237，
238，245，251，252，260，262，
263，296，299 – 303，307，309 –
311，316，317，319，345，349，
351 – 353，358，359，364，365，
367 – 369，373，376 – 378，380，
393，395 – 397，403 – 406

唯心史观　262，301，342

英雄史观　294，296，301，302

群众史观　8，31，300，301，306，
316，317，320，332，334

物化视角　297

索引

两性

两性关系 376，402

亲属关系 374，375，401

婚姻关系 171，404

亲属制度 374，375，400，401

母权制 373，382，383，396，400

父权 350，365，382，383，389

男权主义 383

性别差别 368，395

性别平等 32，348，352

性别压迫 352，366

男女地位 353

女人问题 351

女性主义 352，353，381，382

妇女解放 见 解放

解放妇女 见 解放

解放男人 见 解放

爱的共同体 见 共同体

伦理规范 366，372

类

类本质 278

类存在物（类自然存在物） 138，335，364

类关系 239，244，273，364，392

类生活 139，329，333

类总体 144

社会

氏族社会 32，308，348

市民社会 16，30，31，42，43，55，59，63，68，69，76，93 - 96，172，181，182，190，192，205，211，212，237，245，246，248，262，267 - 269，271，272，308，311，313，348，360，361，388

政治社会 20，21，180，348，395

管治社会 165

善治社会 165

社会共同体 见 共同体

社会治理 见 治理

共同体

婚姻（家庭） 31，32，44，66 - 68，171，179，228，284，308，348，349，350，353，355 - 359，361 - 367，370 - 372，374 - 377，379 - 390，393，395，398，401，402，404，405，430，435

家庭共同体 365

血缘共同体 32

氏族共同体 32

民族共同体 6

人类命运共同体 7，14，173

地域共同体 32

城市共同体 见 城市

社会共同体 358，365

学术共同体 15

想象的共同体　101，369

虚假的共同体（虚幻的共同体）
　　166，292

爱的共同体（友爱共同体）　353，
　　364，367，373，375－380，392，
　　398，400，401，405

共同体的敌人（共同体内在的敌人
　　内在敌人）　351，353，354，
　　358，359，364，380，398

城市

城市共同体　274，277，283

城市精神

城市理性　见 理性

城市人口　270

城市文化　265，279

城市文明　266，267，285

城市治理（城市的治理）　见 治理

城市化　266，272，277，278，282

城市离散化　273

城市乡村化　272，278

乡村城市化　272，278

市民自主性　265，273

家园　266，279，280

国家

国家理由　4，5，29，48－53，56，
　　65，68，77，115，116，127，
　　208，213，293，408

国家形式　19，39，43，48，56，
　　68，70，89，105，188，194，
　　276

国家力量　21，59，65，95，132，
　　133

国家干预　25，26，174

国家控制　265，273

国家精神（民族精神）　22，307，
　　357

国家伦理　52，70，107，195，208，
　　211，341

国家治理　见 治理

国家治理体系　见 治理

国家治理现代化　见 治理

国家革命化　43

国家神圣化　195

利维坦国家　187

伦理国家　327，337

世俗国家　179

法治国家　10，90，239，242，249

强国家　21，59，115，132

弱国家　21

巴黎公社　2，191－193，329

马克思国家观　175

政治

精神政治　285，309，318，336，
　　346

身份政治　307，365

性别政治　365

索引

统治 2,7,8,10,14,20,25,32,34,35,38,39,42,66,68-71,74,84,88,99,100,109,112,127,131,132,168,172,173,180,189,195,242,245,248,250,252,256,264,267,273,285,292,294,295,308,309,311,318,332,343,350,358,361,363,368,369,375,377,387,388,390-392,396,407,408,432,438,445,450,451

管理

行政管理 4,73,74,77,293

公共管理 76,77,173

数目字管理 62,102

有限管理 165

无限管治 165

治理

治国理由 15,29,34,35,64,65,67,68,69,71,72,74,76-80,83-85,87,90,91,93,96,98-100,104,108-110,113,114

治国方略 50,65

治理对象 289,311

治理者 11,47,56,68,96,97,102,283

被治理者 11,47,56,96

治理能力 1,4,9,22,23,26,28,34,35,70,74,77,81,92,93,98,101-104,110,132,133,163

治理术（治术） 6-8,15,18-21,23,27,31,32,35,36,39,40,53,55-57,62,63,65,73,77,78,86,91,101,109-111,114,292,350,408

治理模式 3,16,25,81,83,108,114,116,165,293,452

治理体系 1,9,12,14,15,20,28,32,34,35,65,74,77-79,81,82,84,88,92,98,101-104,107,108,110,292,296,348

治理实践 4,5,20,41,43,44,69,82,92,101,102,289,345

治理的异化（公共治理的异化） 23,32,348

治理失败 22,24,98,267

过度治理（治理得过度 治理过度） 4,5,61,72,91

有效治理 17,63,78,82,93,97

协同治理 21

多层次治理 27

教育上的治理 33

城市治理（城市的治理） 265，267，268，270，272-279，281-284

社会治理 5，15，16，21，32，67，74，132，133，147，148，152，159，291

国家治理 1，4-9，12，15-18，20，22，23，26-29，31，32，34-37，39，42，51，64-67，69，70，71，73，74，76-86，88，91-93，95，98-104，107，108，110-112，132，133，163，165，173，256，257，289，292-294，296，348-353，407，452，453

国家治理现代化 65，93，257

国家治理体系 1，9，15，20，28，34，35，65，74，77-79，81，82，84，88，92，98，101-104，107，108，110，292，296

善治 9，39，41，98，100，164，165，263，348，352，403

法

自然法 12，175-177，183，204，206，207，226，234，236，253，259，263，356，363，387，395，396

习惯法 195，201，203，206，207，225

神法 183

法权 见 法权正义

合法性 7，17，38，106，112，125，165，167，187，198，235，244，250，279，285，291，432，451

法治理想 263

依法治国 6，35，64，95，112，113

理想主义法哲学 176

理性现实主义法哲学 176

权利

自然权利 176，178-183

抽象权利 183

主体权利 221

生命权 215，227

权益与分配

财产权 195，203，204，225，230，240，249，254，270，379

所有权 71，77，190，226，232，234，239，247，256

私有 7，31，32，40，53，72，76，91，106，111，202-205，209，211，213，218，224，225，232，233，235，240，247，254，258，259，261，284，300，348，353，359，369，370，376，377，379，380，382，386，398，405

共有 228

共同富裕 59

虚假的共同 166，292

贫困 59，147，226，396

资本逻辑 273，366，394

社会分配 265，273

利益

    私人利益 40，41，49，54，76，94，95，181，195，210，211，213，237

    公共利益（国家利益） 49，50，77，94，95，348

    普遍利益 105

    小集团利益 95

    特殊利益 53，55，105

    现实利益 343，345

    利益秩序 2

关系

    关系建构 306

    关系人 294

    敌友关系 309

    法律关系 146，215，221，236，237，240，244，249，263

    婚姻关系 见 两性

    劳动关系 286，311

    两性关系 见 两性

    平等共生关系 309

    亲属关系 见 两性

    亲属制度 374，375，400，401

    屈从关系 292

    权力关系 43，104，203，226，239，290，291，292，402

    群体关系 29，293

    社会关系 96，135，144，154，155，167，193，196，197，209，235，236，239，240，244，245，259，266，267，280，281，294，301，302，308，349，354，356

    统治关系 180

    血缘关系 350，355，356，366，370

    政治关系 146，309，358，366

秩序

    时间秩序 145

    空间秩序 173

    自发秩序（自发的秩序） 114，117，118，119，122，123，124，131，277

    人造的秩序 118

    自然秩序 176，177，181，208

    社会秩序 118，119，124，129，165，173，178，254-256，345

    政治秩序 17，19，173，321，406

    法律秩序 204，205，207，213，225，227，229，245，246，256，261，353

    教会秩序 184

    神人秩序 320，337

    世俗秩序

利益秩序 见 利益

买卖秩序 177，291

市场秩序 145，254

正当性秩序 183

秩序的捍卫者 233

平等

机会平等 430

能力平等 430

人人平等 125，407，418

社会平等 428，429，430，433

社会—政治不平等 32

师生不平等 32

收入平等 433

性别平等 32，348，352

智力不平等 32，33，412，431，434，441

智力平等（平等智力） 33，406，409，411，412，414，418，420，425，427-433，435，438，442，443，446-448，451，452

自由

抽象自由 183

否定性自由 149

个人自由（个人的自由） 30，97，128，149，152-155，158，163，180，184，292，336

公民自由 10，12，31

经济自由 75，156，238，289，292

意志自由 149-151

政治自由 30，75，152，154，309，322，340

自由和奴役 132

自由和权威（自由与权威） 132，134

自由和统治 132

自由与责任 30，148-150，157

自由劳动者 287

自由认同 336

暴力地镇压 132

不自由 155，160，162，272，322，371

放任的野蛮 394

放任自由（自由放任） 122，124，157

责任

责任感 151，156，157，159

无自由的责任 156

无责任的自由 156

强制责任 157

道德价值（品行） 161-163

正义

法的正义 196-199，201-203

法权正义 164，194

法治正义 164

公平正义 29，229

国家正义 165

交换正义 205

人际正义 264

索 引

社会正义　31，165，197，219，221，228，254-256

形式正义　218，263，264

永恒正义　171

自然正义　206，207，263

非正义　169，196，201，202

正义批判　194，196-198，202

合理性

统治合理性　14，71

管理合理性　14，77

治理合理性　31，66，69，74，77，78，135

任性

立法者的任性　171，375

私人的任性　见 人

理性

理性国家观　194

理性目的论　412

理性有限（理性不及）　29，114，117，120-123，128，129，131，132，160

理性主义　20，29，40，42，50，107，108，121-123，179，181，184，185，251，280，322，327，334，341，371，406，413，420，423，432

城市理性　266

国家理性　318

政治理性　31，35，36，39-43，49-54，57-59，61，65，73，98，194，195，211，214，318

治理理性　13，59

集体的理性　134-136，187

对话的理性　135

认识

自然认识　136，138，143

社会认识　29，132，134，136-138，140-143，146，147

群体认识　146

客观的理解　140

片面的理解　140

从后思索　137

自我批判　115，116，140

自然规律　见 规律

社会规律（经济规律 社会经济规律）　见 规律

历史规律（社会历史规律）　见 规律

历史必然性　144，216

经济必然性　144-146

严格决定论　143

直线性思维　142

不确定性　153，159-161，172，203

不可知论　161

规律

人的规律　356，357，358，361，362，384-386，389

神的规律　356，357，361，362，

384

自然规律 54，138，139，212

社会规律（经济规律 社会经济规律）138，139，222

历史规律（社会历史规律）140，299

教育

公共教育（政治教育）406，407，409-413，423

科学教育 448

平等教育 425

相互教育 58，407

哲学教育 412-418，420-424，426-428，434-436，439，441-443，448，449，451，452

专业教育 427，445

辨惑 424

辩证 1，24，34，35，42，64，81，107，109，114，142，144，158，221，251，262，266，313-315，320，321，328，329，334，338，341，342，346，347，357，360，362，380，387，398，411，412，414-418，422，424，426

识别模式 410，414-417

有教无类 411，415，423，424

教课权 419，437

模范教师 413，414，416，417

"无知"教师（"无知"的教师）420，439

无知 29，33，119，121-123，126，130，132，134，136，137，140，142，143，146，147，161，342，410，411，420，422，427，431，433，439，445，446，448-451

能学 445，450，452

愿学 445，449，450

智力解放 见 解放

解放

解放妇女（妇女解放）352，353，381，388，397，403

解放男人 397

解放者 449

普遍解放 381

人的解放 309，336，343

思想解放 435，452

政治解放 333，336，343

智力解放 32，411，423，431，433，446，450

（该索引由杜永明、杜方策编制）